上海：海與城的交融

SHANGHAI CITY: TRACE IN CHINA SHIPPING HISTORY

上海中国航海博物馆 编

上海古籍出版社

图书在版编目（CIP）数据

上海：海与城的交融／上海中国航海博物馆编. --
上海：上海古籍出版社，2012. 12
ISBN 978-7-5325-6696-9

Ⅰ. ①上… Ⅱ. ①上… Ⅲ. ①航运－交通运输史－上海市－文集②港口－交通运输史－上海市－文集 Ⅳ. ①F552. 9-53

中国版本图书馆CIP数据核字(2012)第244995号

上海：海与城的交融
上海中国航海博物馆 编

出　版　上海世纪出版股份有限公司　上海古籍出版社
（上海瑞金二路272号　邮政编码 200020）
（1）网址：www.guji.com.cn
（2）E-mail：gujil@guji.com.cn
（3）易文网网址：www.ewen.cc
发　行　上海世纪出版股份有限公司发行中心
印　刷　上海中华商务联合印刷有限公司
开　本　787 X 1092　1/16
印　张　18.5
字　数　360,000
版　次　2012年12月 第1版
印　次　2012年12月 第1次印刷
ISBN　978-7-5325-6696-9／K·1662
定　价　88.00元

目 录

序

15至16世纪由欧洲航海家所主导的新航路、新大陆的发现及环球航行，促进了东西半球的连接，并推动世界资本主义的飞速发展。新的生产方式、贸易关系、地缘政治等一系列巨变奠定了今日世界格局的基础，对世界经济及政治格局变化、国家兴衰及全球化时代的诞生产生了最广泛、最深远的影响。这一系列重大历史事件所构成的地理大发现，无不紧密关涉海洋权益、海上贸易及航线安全等重大问题，无不紧密联系“航海”这一核心概念。500多年来，以海洋为背景，以航线安全、海上贸易、海洋资源权益争夺为主要竞争内容的世界格局没有根本改变，航海与航运依然处在世界政治及经济舞台上的关键战略地位。

当前时代，世界进入新的发展阶段，世界各国对海洋、航运的依存度更高，世界货物贸易的85%依靠航运完成；世界最主要的经济带濒海而居、依港而建；世界最发达的区域依然是江海通达的三角洲地带；世界最主要经济力量的资金、物流、财富和信息的集散地依然较大程度地依靠海洋和航运。改革开放30多年的进程，证明在中华民族的复兴之路上，航海事业与航海文化的建设都处于至关重要的地位。

明清以来，依托濒江临海的特殊地理优势，背靠长江流域的广袤腹地，上海——这颗东方明珠越来越绽放出迷人的光彩。历史学者曾描述这座东方大港：“中外通商，昔以广州为首冲，今以上海为首冲，缘长江各口岸遍开商埠，而上海居长江入海之处，商轮由海入口，必于是焉始，是为江之关系。曩者外洋贸易，皆自印度洋而来，今则太平洋之贸易尤盛，而上海在太平洋西岸，南北适中之地，是为海之关系。故上海为中外通商第一口岸，亦形势使然云。”

上海因港而兴，上海的城市发展与上海的航运进程紧密相联，这座城市的发展与海洋、航运水乳交融。这种典型的港口与城市互动发展（腹地）、航运与经济晴雨关联并进而带动区域经济的港城互动关系值得深思和研究。

自20世纪90年代中央启动上海国际航运中心建设以来，这一重大国家战略就在上海的城市发展、经济提升、文化建设方面得到充分体现，而上海中国航海博物馆正是这一国家意志最重要的文化体现之一。

“上海：海与城的交融”国际学术研讨会于2012年在上海中国航海博物馆顺利召开，会议得到国家交通运输部、国家航海日办公室、上海市城乡建设和交通委员会的关心与支持，由上海海事大学与上海海洋大学予以协办。会议得到来自海内外30多位学者的深入互动，各方的积极努力为我们提供了诸多可供学习、参考的研究成果。会议的最终目的在于深入探讨上海这座港口城市与航运的紧密关系，分析研究城市与港口之间的良性互动关系，眺望中外港口航运文化的鲜明特质，并期待为社会提供智慧服务。

为更好地传递、交流这些思考及学术见解，我们遴选部分成果出版以飨读者。我们对论文的各位作者表示诚挚的谢意，对因篇幅所限而未收入文集的作者表示歉意。同时，感谢一直以来对上海中国航海博物馆文化、学术交流活动给予关注、理解和支持的海内外学者和单位。

二〇一二年十月

上海市轮船商业同业公会的变迁及其档案

董婷婷*
（上海市档案馆）

摘　要： 在上海市档案馆的馆藏档案中，有一批上海市轮船商业同业公会的档案资料，这批档案资料反映了上海（轮船业）同业组织发展的全过程，是研究上海轮船业的宝贵资料。本文梳理了上海市轮船商业同业公会的变迁过程，介绍了馆藏上海市轮船商业同业公会档案的分布状况及主要内容，并在此基础上简要分析了这批档案的利用价值。

关键词： 轮船业　同业公会　档案

上海地处长江出海口，又在中国南北海岸线的中点上，有着优越的地理位置。自古以来，上海就是重要的航运枢纽。1843 年开埠之后，西方殖民者纷至沓来，外国轮船频繁出入港口，中资轮船业也开始蓬勃发展，轮船业同业组织随之建立。在上海市档案馆的馆藏档案中有一批上海市轮船商业同业公会的档案资料，这批档案资料反映了上海轮船业同业组织发展的全过程，是研究上海轮船业的宝贵资料。

一、机构历史沿革

（一）上海航业公会（1925—1931 年）

上海市轮船商业同业公会的前身是上海航业公会。1925 年，商办轮船招商局、三北轮埠公司、政记轮船公司、肇兴轮船公司、北方航业公司、宁绍商轮公司、恒安轮船公司、鸿安商船公司、平安轮船公司、招商内河轮船公司等 10 家轮船公司依照北京政府交通部公布的《航业公会暂行章程》，发起组

---

* 作者简介：董婷婷（1984—　），女，上海人，硕士，上海市档案馆助理馆员，研究方向：上海近现代史。

成上海航业公会。同年11月1日，在上海黄浦滩7号半设立筹备处，并呈交通部暨江苏省公署备案，但因时局紧张未能召开会员大会正式成立。

1927年，上海航业公会改订章程，改会长制为委员制，并报当局批准备案。同年7月2日召开成立大会。选举虞洽卿、张德纯、盛苹臣、袁履登、李伟侯、李子初、陈干青、王伯芬等15人为第一届执行委员，并公推虞洽卿、张德纯、盛苹臣为主席团委员。同年10月18日，沪南商轮公会并入该公会。1928年1月16日，奉国民政府交通部命令颁发的《修正航业公会章程》，规定设执行委员3至9人，监察委员2至5人。

1929年12月21日，举行第二届会员大会，按交通部颁发的《航业公会章程》，选举第二届执监会。选举虞洽卿、赵铁桥、袁履登、王伯芬、李子初、陈干青、刘石荪、沈仲毅、郑锡棠等9人为执行委员，忻成义、郑效三、李伟侯、王伯群、虞顺懋等5人为候补执行委员；朱志尧、陆伯鸿、徐忠信、陈福臣、张德纯等5人为监察委员，丁锡钧、吕荫南、盛善卿等3人为候补监察委员；并由执行委员互选虞洽卿、赵铁桥、袁履登为主席团委员，呈报交通部备案。

(二)上海市航业同业公会(1931—1934年)

1931年5月，上海航业公会根据国民政府颁布的《工商同业公会法》和《工商同业公会法实施细则》进行改组，会所迁至广东路10号(1934年4月后改为93号)。6月底改组完毕。11月14日，召开会员大会，公会更名为上海市航业同业公会，重订会章，改主席团制为主席制，重选执行委员和候补执行委员，虞洽卿、袁履登、王伯芬等3人被选为常务委员，虞洽卿被推选为主席。1934年6月，召开会员大会选出第二届执监委，选举虞洽卿、袁履登、王伯芬为执委会常委，虞洽卿为主席。

(三)上海市轮船业同业公会(1934—1946年)

1934年，在向交通部备案的过程中，交通部认为“航业”包括了轮船业与民船业，而该会是轮船业同业的团体，应依照航商组织补充办法第一项，轮船业民船业分组同业公会的规定，定名为上海市轮船业同业公会，以正名实而符合法令。经过执行委员会议决，遵照办理。1934年12月17日，该公会改名称为上海市轮船业同业公会，并报主管机关备案。1936年6月24日，召开会员大会修改章程，选举第三届执监委委员，沈仲毅、冯又新、林熙生为执委会常务委员，推举沈仲毅为主席，虞洽卿、袁履登、王伯芬、李子初、陆伯鸿、陈干青、徐忠信等7人为监察委员。

1937年抗战爆发，上海市轮船业同业公会奉交通部命令办理各项应急事务，很多轮船或因运兵遭敌人炸毁，或为政府征用封锁要塞，总计因战事而损失的船舶约三十余万吨。国民政府西迁后，剩余的船舶随之撤退至四川，已为数不多，仅剩三万余吨小型轮船，会务暂告停顿。在敌伪时期曾有上海特别市民营轮船业同业公会，据称该会与上海市轮船业同业公会并无隶属或沿革关系，因为抗战胜利后成立的京沪区航业整理会称“此项机构系另起炉灶，与敝会毫无关系，敝会所有文卷、图记始终保守，并未移交”①。但相关资料较少，具体情况如何，现在就下结论为时尚早，也不排除抗战胜利之后航业界为撇清与汪伪政权的关系，从而否认与上海特别市民营轮船业同业公会有沿革或其他关系，笔者认为可以深掘相关材料做进一步研究。

抗战胜利后，各行各业相继恢复，上海市轮船业同业公会也恢复会务，当务之急就是先成立整理委员会。1945 年 10 月 28 日，市社会局指令杨管北、沈仲毅、虞顺慰、张树霖、林熙生等为整理委员，因杨、虞 2 人未到沪，改派李云良、沈琪代理。11 月 6 日召开第一次整理委员会，推沈仲毅为主任委员、沈琪为总务委员、李志一为财务委员、李云良为调查委员、张树霖为组织委员。延聘李云良为秘书长，姚书敏、徐挹和钟山道等为顾问，积极整理。

（四）上海市轮船商业同业公会（1946—1950 年）

1946 年 4 月 17 日召开会员大会，确立章程，选举第一届理监事。选举杜月笙为理事长，杨管北、钱永铭、虞顺慰、徐学禹为常务理事，沈仲毅为常务监事。6 月 8 日召开常务理事会，聘任本会理事、原任整理委员会秘书长李云良为本会秘书长，并遵照规定更正名称为上海市轮船商业同业公会。根据南京国民政府在 1938 年颁布的《商业同业公会法》和《工业同业公会法》，对同业公会进行分类整理，按规定上海市轮船业同业公会属于商业同业公会，应遵章更名，但因为当时会务已经停顿，未及改名，故而抗战胜利后恢复会务时重新定名为“上海市轮船商业同业公会”，会址仍设在广东路 93 号。该公会第三十四次理监事联席会议修改章程，规定上海区域内 200 吨以上及 200 匹马力以上的机器动力船舶、专营江海运输的公司均为该会会员，并决定迁址至汉口路 99 号。1948 年 11 月 6 日，召开第九次会员大会，选举第二届理监事。魏文翰为理事长，杜月笙、钱永铭、杨管北、徐学禹、李云良、程余斋为常务理事，沈仲毅、王更三、林熙生为常务监事，会址不变。

1947 年，在上海还成立了全国性的轮船业商业同业公会全国联合会，简称“船联”，杜月笙担任理事长，而上海市航业同业公会简称为“沪会”。“船联”的发起方就是上海市轮船商业同业公会。为了团结全国同业的力量，加强相互之间的交流，才发起了这样一个组织。上海方面在征得南京、汉口、天津等 24 处同业公会的同意后，于 1947 年 5 月 15 日召开发起人会议，开始进行筹备。同年 7 月 3 日召开成立大会。整个筹备工作全部由沪会办理。“船联”成立后，由于经费短缺，于是两家均在汉口路 99 号办公，该会会务也大多由上海市轮船商业同业公会兼办，实际是两块牌子一套班子。

上海解放后，上海市轮船商业同业公会在市工商联筹备会指导下，1951 年与上海市内河轮船商业同业公会、上海市汽船商业同业公会合并组成上海市轮船运输业同业公会，陈巳生为主任委员。1957 年经行业改组成立上海市水上运输业同业公会，魏文翰为主任委员。

二、相关档案分布及内容

上海市档案馆里馆藏的有关上海市轮船商业同业公会的档案约580卷，档案起止时间为1926年至1954年，主要涉及以下全宗：上海市轮船商业同业公会(S149)，上海市轮船运输业同业公会(S148)，上海市内河轮船商业同业公会(S150)，社、团、会全宗汇集(Q130)，联合征信所(Q78)，上海市社会局(Q6)，上海市工商业联合会(C48)，政协、政党、群众团体(Y4)等。此外，还有零星材料散布在中华海员工会上海分会(Q164)、经济部上海区燃料管理委员会(Q473)等其他全宗之中。

其中，全宗号为S149的上海市轮船商业同业公会全宗档案数量较多，共有503卷，档案排架长度达8.8米，起止时间为1926年至1952年，以1940年代的档案居多。该全宗为开放档案，其中五分之二的档案已有全文扫描件，可以通过上海市档案馆档案检索系统进行网上电子阅览。随着现代信息化建设的逐步推进，在不久的将来有可能实现公开档案全部数字化，从而减少对纸质档案的使用，节约人力成本的同时，也能对档案起到一定的保护作用。

从档案的内容上，大致可以分为以下几个部分：

(一)章程制度

上海航业公会成立后，根据国民政府不同时期对工商业同业公会的不同法令以及航业自身发展的需要，前后多次制订和修改章程。上海市档案馆馆藏中有1936年制定的《上海市轮船业同业公会章程》和1946年制定的《上海市轮船商业同业公会章程》。前者于1936年6月24日的会员大会上修正通过，共有8章43条，分为总纲、会务、会员、组织、职员、会议、经济、附则；后者在1946年4月17日的会员大会上通过，有7章45条，分为总则、任务、会员、组织及职权、会议、经费及会计、附则。前后两份章程有很大的变化，这从大章的设置上就能看出，将原来的组织和职员两章合成组织及职权一章，淡化了职员的概念。小条目也有了很大变动，如对公会的任务从原来设置的14项扩充到20项，进一步细化、深化各项任务，突出强调了会员的概念等等。

在一份"本会第三十四次理监事联席会议决本会章程修正条文"的档案中，对1946年的章程进行了修改。修改了其中部分条款，事务所的地址从广东路93号搬至汉口路99号；对申请入会的会员进行限定，要求其船舶吨位在200吨以上，马力在200匹以上才可入会；修改了违约金的金额，从1000元以下改为100元以下等。

1933年上海市航业同业公会组织"中国航业研究会"，集合了与航业有关系的各业同人一起研究中国航业的各项问题，为此制定了《中国航业研究会简章》，上海市档案馆有此档案资料。这是一份名符其实的简章，只有短短的两页纸，分为名称、宗旨、工作、职员、会期、会员、会费及修正。如“工作”一项，只写着“演讲、讨论、报告及出版等项”寥寥数字，由于实在太过简单，所以在“修正”一项里写道“本简章未尽善事宜得由大会随时修正之”。

此外，馆藏还有汉口市轮船业同业公会章程（1933年），上海市航业同业公会有关航业人员的“人寿保险”、“海员抚恤”等章程和办法（1931—1934年），上海市轮船商业同业公会组织的“中国民航海轮联营处”有关章程（1946—1947年），交通部全国船舶调配委员会的组织章程以及上海市轮船商业同业公会参加上海航政局船舶碰撞纠纷处理委员会的名单和章程（1945—1947年）等档案资料。

（二）会议记录

馆藏的该会会议记录多是1945年之后的，包括常规会议的会议记录、有特殊针对性的专项会议的会议记录以及联合会议的会议记录等。1936年的《上海市轮船业同业公会章程》中规定了五种会议形式，分别是会员大会、执行委员会、常务委员会、监察委员会、设计委员会。会员大会有定期会议和临时会两种，定期会议每年召开一次，执行委员会通常每月召开两次，常务委员会和监察委员会为每星期召开一次，设计委员会的召开则无定期。而到1946年的《上海市轮船商业同业公会章程》中只提及会员大会、理事会以及监事会。会员大会并无修改，理事会每月至少召开一次，监事会每两个月至少召开一次。

这方面的档案资料有：上海市轮船业同业公会专门委员会的会议记录（1935—1936年），上海市轮船业同业公会出席交通部召开的促进航业讨论会的会议记录（1934年），上海市航业同业公会组织“中国航业研究会”的会议纪录（1933年），上海市轮船业同业公会讨论“整理民营航业办法”的会议记录（1936年），上海市轮船业同业公会出席交通部召开的促进航业讨论会的会议记录（1934年），上海市轮船商业同业公会整理委员会第1—13次会议的记录（1945—1946年），上海市轮船商业同业公会（第1—9次）会员大会会议记录（1946—1948年），上海市轮船商业同业公会第一届（第1—47次）理监事联席会议的记录（1947—1948年），上海市轮船商业同业公会第二届常务委员会及理监事联席会议的记录（1948—1949年），上海市轮船商业同业公会各种专门委员会及各种小组会议的记录（1946—1949年），上海市轮船商业同业公会工作会议的记录（1948—1949年），上海市轮船商业同业公会与全国轮船商业同业公会联合会的理监事联席会议的记录（1947—1949年），交通部指令上海市轮船商业同业公会派员参加筹组“上海港务整理委员会”的有关文书以及该会查缉警卫组的会议纪录（1946—1947年），上海市轮船商业同业公会组织的“中国民航海轮联营处”的会议记录（1946—1947

年)，上海市轮船商业同业公会奉令输运政府公物、组织船舶调配委员会及船舶调配小组的会议纪录(1948—1949年)等。

(三)会员及相关资料

对于任何一个公会而言，会员是其最宝贵的资源，会员数量的多少直接影响到公会的规模和影响力，对上海市轮船商业同业公会来说也是如此。上海航业公会在1925年刚成立时，它的会员只有发起的那10家轮船公司，但随着上海航运事业的不断发展，以及公会自身的发展和壮大，到1935年时有会员66家，1945年时有会员74家，1947年时有会员129家。抗战胜利后的两年是其会员发展的高峰时期，这自然和抗战后各种物资的频繁运输密切相关，也未尝不是各轮船公司在抗战后急需发展的一种剧烈反弹。随着会员的大量增加，上海市轮船商业同业公会对会员的入会资格进行了限定，要求其船舶吨位在200吨以上，马力在200匹以上，并且要有航政局船舶所有权证书。对于机帆船则因其“与轮船构造性能、业务”的不同而“不适于同业业规的管理”，为避免纠纷、便于管理而应另组机帆船公会。馆藏的这方面档案有不同时期的会员名录，会员填报的调查表以及会员的基本情况等资料。

这方面的档案资料有：上海市航业同业公会会员名册(1934年)，上海市轮船业同业公会会员公司船名录(1940年)，上海市轮船商业同业公会会员名册(1949—1950年)，上海市轮船商业同业公会会员登记表(1945—1949年)，上海市轮船商业同业公会会员船舶吨位艘数统计表及民营会员公司在外埠船舶一览表(1949年)，上海市轮船商业同业公会会员公司变动情况统计表，民营会员公司在解放区船名录以及民营会员公司船舶内容表(1949—1950年)，上海市轮船商业同业公会未通过的会员入会申请登记表等文件(1946—1949年)，上海市轮船商业同业公会会员填送的“船名设备表”(1945年)，上海市轮船商业同业公会会员填报的“经济状况调查表”(1949年)，上海市轮船商业同业公会会员报送的“1947年10—12月实际营业额调查表”(1948年)，上海市轮船商业同业公会会员报送的“轮船旗帜及烟囱标志的式样”(1946年)，上海市轮船商业同业公会会员录调查表(1946年)，上海市轮船商业同业公会会员填报的“船员底薪调查表”(1948年)，上海市轮船商业同业公会会员填报的“公司负责人调查表”(1949年)，上海市轮船商业同业公会会员填报的“航行事业调查表”(1949年)，上海市轮船商业同业公会会员填报的“全国船籍调查表”以及上海市登记注册船名录补编(1947—1948年)，上海市轮船商业同业公会会员报送的“存货登记表”(1948年)，上海市轮船业同业公会会员填报的“营业盛衰状况调查表”(1935年)，上海市轮船商业同业公会部分会员的业务纠纷和劳资纠纷的文书(1929—1947年)等。

(四)人事管理

随着上海市轮船商业同业公会每一次的整理和改组，都会产生不一样的领导班子，从前期的常务委员、执行委员、候补执行委员、监察委员、候补监察委员，到后期的常务理事、常务监事，从而形成了相关的人事管理档案。这方面的档案资料大致可分为工作人员的名册、履历表、任免的文件以及相关的文件资料。

这方面的档案材料有：上海市轮船商业同业公会工作人员的聘任和履历表、解职以及辞职的有关文书(1945—1949年)，上海市轮船商业同业公会各专门委员的聘请及辞职的文书(1945—1949年)，上海市轮船商业同业公会会员公司重要职员调查表(1948—1949年)，上海市轮船商业同业公会理监事及工作人员请假的有关文书(1946—1947年)，上海市轮船商业同业公会各专门委员会的委员名单和通则(1947—1948年)，上海市轮船商业同业公会理监事名单(1947年)，上海市轮船商业同业公会职工请假登记簿(1948—1951年)，上海市轮船商业同业公会工作人员名册及履历表(1949年)，上海市轮船商业同业公会筹备委员名单(1950年)，上海市轮船商业同业公会筹备委员履历表(1950年)，上海市轮船商业同业公会有关人员的聘请、任免、辞职的文件(1950年)，上海市轮船商业同业公会工作人员任免、调任、违纪处分、管制等有关文件(1950—1954年)，汉口市轮船业同业公会历年改组成立的执监委员名单(1933—1937年)，交通部各地航政局的职员名单(1936—1937年)，交通部所属各航政司、局及各海关税务司、港务长的名单(1937年)等。

(五)公文往来

馆藏有大量上海市轮船商业同业公会与其他机构、政府部门之间公文往来的档案资料，这些档案资料反映了公会的业务情况及职能范围，可大致分为以下三类。

1. 协调同业，维护航业界的秩序和规范。上海市轮船商业同业公会在成立之后，统一了会员公司之间的运价，规范了航业市场；当会员之间产生矛盾时，公会充当调停者进行协调，保持会员之间的和谐发展；在制定航业规章制度过程中与政府部门进行协商，以及进行内部的管理。

这方面的档案资料有：上海市轮船业同业公会关于调整各航线货客运价事与交通部、上海航政局等的来往文书(1945—1949年)，上海市轮船商业同业公会为会员公司因海员工会强派各轮员工等有关劳资纠纷问题与交通部、中华海员总工会等的来往文书(1946—1948年)，上海市轮船商业同业公会关于各轮船厨工工资问题与中华海员总工会上海分会的来往文书(1947—1948年)，国营招商局江靖轮船与金保安帆船碰撞公断书及有关文件(1933年)，上海市轮船业同业公会关于提前设立海事法庭事与行政院、交通部、司法行政部的来往文书(1934年),上海市轮船商业同业公会关于各会员公司要求设立请愿警防止盗窃事与上海市警察局的来往文书(1946—1949年),上海市轮船商业同业公会关于与内河轮船及汽船两公会合并事与上海军管会航业指导会、上海市工商业联合会筹备会的来往文书(1949年),上海市航业同业公会关于内河轮船业拟航行申锡、申盛、申琴班事与上海航政局、内河轮船业公会等的来往文书(1930—1935年),上海市轮船业同业公会关于冬防期间各轮护航问题与上海公安局水巡总队的来往文书(1932—1937年),上海市轮船商业同业公会关于轮船在开行前应先装运邮件事与上海邮政管理局、上海航政局等的来往文书(1945—1948年),上海市轮船商业同业公会对设立于本市经营机帆船运输业务的公司要求入会事建议另组机帆船公会与交通部、社会部、上海市社会局的来往文书(1947—1948年),上海市轮船商业同业公会拟具改善水路军运办法纲要及关于调整差租基数倍数事与后方勤务总司令部、水路军运指挥部、上海军运办公处等的来往文书(1946年)等。

2. 联络外界,维护本会会员的合法权益。作为一个公会组织,上海市轮船商业同业公会为本会会员提供救济和保护措施,如在抗战时,政府曾征用大量船舶沉塞在长江要塞口,以阻止日军西进,抗战胜利后,上海市轮船商业同业公会设立了民营船舶战时损失要求赔偿委员会,要求政府进行相应赔偿。

这方面的档案材料有:上海市轮船商业同业公会为抗日战争中损失船舶要求赔偿并向日本交涉被日人劫夺的船只等事与行政院、交通部、外交部的来往文书(1945—1948年),上海航政局检发“上海区敌伪产业处理办法”等文件以及会员被日伪海军扣留船只名单和大通大达两公司要求优先购买敌伪船只事与财政部、交通部的来往文书(1945—1946年),上海市轮船商业同业公会关于船舶的被扣及控制维持费等管制办法事与上海港口司令部、淞沪警备司令部船舶管制处的来往文书(1949年),上海市轮船商业同业公会关于各航线船只的分配及被扣留事与全国船舶调配委员会、上海港口司令部等的来往文书(1945—1949年),上海市轮船商业同业公会关于军公运输差租费问题与后勤总司令部、交通部、上海航政局等的来往文书(1946—1949年),上海市轮船商业同业公会为将已被控制各轮迅予使用起租事与交通部、上海港口司令部的来往文书(1949年),上海航政局检发“复员期间航商接修船舶贷款办法”和民营事业申请政府保证向国外借款审核办法以及本会奉令疏散要求航业贷款事与财政部、交通部等的来往文书,上海市轮船商业同业公会为承运燃管会用煤的运费问题与行政院、交通部、燃管会等的来往文书(1948年),上海市轮船商业同业公会陈述航业困难要求免发职工差额金和工会要求改善船员待遇及发薪办法等有关工资福利问题与社会部、交通部、中国商船驾驶员总会等的来往文书(1947—1949年),上海市轮船商业同业公会关于组织成立济运联营处承运行政院善后救济物资事与行政院、交通部、善后救济总署等的来往文书(1946—1947 年)等。

3. 联系各方,维护本国的航业发展。上海市轮船商业同业公会作为地方公会不但保障了会员的合法权益,而且也维护了中国的航业利益。

这方面的档案资料有:上海市轮船商业同业公会为航行安全要求将浙海五处灯塔收归国有事与海关总税务司的来往文书(1946—1948 年),上海市轮船商业同业公会为中日交换物资应由本国轮船公司担任承运工作以维国家荣誉事与行政院、交通部、外交部的来往文书(1946—1948 年),上海市轮船商业同业公会建议政府收回香港、九龙两地以免阻碍我国航业发展与行政院、交通部、外交部的来往文书(1946 年),上海市轮船商业同业公会为维护航权建议收回外商在华内河船货和码头仓库以及反对开放京芜浔汉四口内河航行权等事与行政院、交通部、外交部的来往文书(1945—1949 年),上海市轮船商业同业公会关于海外航线事与上海航政局的来往文书(1947—1949 年),上海市轮船商业同业公会关于有外商资本的安和轮船公司申请入会事与交通部、经济部的来往文书(1946—1949 年),淞沪警备司令部关于控制黄浦江码头渡口的命令与上海市轮船商业同业公会的来往文书(1949 年)等。

(六)刊物、照片等其他资料

1938 年,上海市轮船业同业公会和全国轮船商业同业公会全国联合会联合编印《航业简报》,设有航业要闻、会务活动、文书摘要、会议摘要等板块,主要用于会员之间的互通有无以及了解航业界的新闻动态。馆藏有上海市轮船商业同业公会与全国船联会编的"航业简报"(第 1—31 号)(1948 年),船联和上海市轮船商业同业公会编印的"航业简报"及"航业简讯"(1948—1950 年)。该简报每期都由秘书长李云良签发,栏目不固定,长短不一,按每期的实际情况而定。

另外,馆藏有上海市轮船商业同业公会编印的"维护航权文电辑要"、"维护航权运动特辑"、"维护航权节略"以及秘书长李云良编写的"百年沧桑话航权"等资料(1946—1947 年)。其中,维护航权文电辑要包括:保全航权紧急会议决议录、维护航权联合宣言、《申报》上的我国航业界力主维护航权、吁请国民参政会维护航权扶植航业电等。此档案资料强调航权对于一个国家的重要性,上海市轮船商业同业公会代表中国航业界站出来发言。

此外,馆藏有上海市航业同业公会成立大会全体出席代表摄影的照片(1931 年)以及其他的一些档案资料。

三、档案的利用价值

馆藏的有关上海市轮船商业同业公会的档案对研究近代上海航运的发

展有一定的利用价值，至少有以下几个方面：

（一）研究上海市轮船业及某些知名轮船厂家的发展情况

上海轮船业的发展最早可追溯到元朝时期的沙船运送漕粮。1715年上海和崇明籍沙船业主在沪南集资创建了商船会馆，这是上海最早出现的航业同业组织。1925年，具有现代意义的上海航业公会组建，随后不断发展壮大，逐步规范化、现代化。从馆藏上海市轮船商业同业公会的档案资料中，我们可以大致梳理出上海市轮船业的发展脉络，探讨近代轮船业在上海发展的总体趋势。由于国民政府不同时期对工商业同业公会的要求不同而出台相应的政策，上海航业公会多次更改会名，馆藏档案为我们提供了相关的档案资料，在追溯公会历史沿革的同时也为我们理清了思路。同时，我们可以将上海市轮船商业同业公会作为研究近代中国工商业社团发展的一个案例，以此为切入口，进一步研究近代上海工商业社团的发展情况。此外，我们可以通过这些档案资料对作为公会会员的一些知名轮船厂家作进一步的研究分析，如在档案资料中有大达、大通两公司联营处的业务概况，有民生实业公司、海军马尾造船所、海军江南造船所、公茂机器造船厂等的档案资料。

（二）研究近代中国航运史的发展状况

优越的地理位置，使上海成为近代中国的航运中心。上海特殊的航运地位，使研究近代上海的航业发展对近代中国的航运史研究亦有裨益。从1873年中国人自办轮船招商局开始，悬挂双鱼龙旗的中国商轮开始进出上海港，从事沿海和江河航运，中国近代航运业开始发展。而随着外国势力的不断渗入，外国航运业不断发展壮大，对本国航运业造成了排挤，使之发展缓慢，步履维艰。上海航业公会的成立，一方面整合了本地航业的各方势力，加强了本国航运业的竞争力，另一方面又在一定程度上维护了本国航运事业的有效发展，以便与外国航运业进行抗衡。抗战的爆发，使国内航运业一度停顿。抗战胜利后，招商局等华资航业的实力在短期内取得较快恢复和增长，但内战的爆发又使得航运业陷入困境。馆藏的上海市轮船商业同业公会档案在一定程度上反映了中国航运业的发展历程，呈现了尘封的历史往事。

（三）研究航业界名人的活动往来

上海市轮船商业同业公会的理监事多由大的轮船公司的负责人担任，其中不乏知名的航业界人士，如虞洽卿、杜月笙、钱新之、杨管北、徐学禹、卢作孚等社会名流。杜月笙虽是集多种头衔于一身的上海大亨，但在航业界他算是后起之秀。1930年代初，上海滩较有名气的大达公司给杜月笙创造了机会，他利用跟大达公司有很大关系的杨管北收购了其公司股票，并最终控制公司，担任董事长。上海轮船业同业公会实力雄厚，杜月笙当然想涉足其中。抗战后他便利用大达公司董事长的身份竞选公会理事长，航运界也想利用他的地位和势力促进航运事业的发展，于是杜月笙被选为公会第一届理事长。馆藏上海市轮船商业同业公会的档案资料对研究航业界的名人有一定帮助，公会的实际运行离不开领导阶层，离不开一个个鲜活的航业界名人。

注释：

① 上海市档案馆藏档：1945年10月9日上海市轮船业同业公会致交通部京沪区航业整理委员会函，上海市轮船商业同业公会整理时期及召开正式成立大会的工作报告书、理监事名单以及章程向交通部、市党部等的报批文书，全宗号：S149—1—43。

Evolution of the Shipowners Association of Shanghai and Its Records

Abstract: There are a number of records about the Shipowners Association of Shanghai in the Shanghai Municipal Archives. These records reflect the whole process of the development of Shanghai guilds and these records are valuable to study Shanghai shipping. The article reviews the process of the evolution of the Shipowners Association of Shanghai, introduces the distribution and main content of the archives on the Shipowners Association of Shanghai in the Shanghai Municipal Archives. On this basis, the article briefly analyzes these records' value in use.

Keywords: Steamships, Guild, Records

上海—西雅图　跨越太平洋的中美门户对接

樊　琳*
（上海市档案馆）

摘　要： 从档案史学的角度探寻上海港和西雅图港在百余年中美航线中的历史渊源和关联；通过对新中国中美首航及缔结新中国首对友好港等事件的发掘，呈现上海及上海港、西雅图港在跌宕起伏的中美关系中所处的重要地位和特殊角色；回顾上海近三十年来在港口建设、航运方面的飞速发展和辉煌成就。

关键词： 中美航线　中美关系　上海港　西雅图港　新中国中美首航　新中国首对友好港

清乾隆四十九年（1784 年）2 月，从美国东海岸的纽约港驶出了第一艘直抵中国的美国商船"中国皇后"号，它开辟了中美关系的新纪元。清道光二十五年（1845 年）三月，美国商船"巴拿马"号轮船驶入上海港，由此开启了美国至上海的航线。清光绪五年九月五日（1879 年 10 月 19 日）上海的轮船招商总局派"和众"轮载客 400 余人试航檀香山，行驶于上海至美国的航线上。

向东是大海，天宇浩荡，水波淼淼。

中国是一个海洋大国，海洋线长达 1.8 万公里。上海，位于欧亚大陆濒临太平洋的漫长海岸线的中部，宛若一颗镶嵌在蔚蓝色帷幕边的璀璨明珠。如果说我们的海岸线犹如一张满弦的巨弓，那么，万里长江就是搭在这张巨弓上蓄势待发的一支利箭。上海港，正处在这巨弓与利箭的交汇点。

港口、航线、门户对接、太平洋……一个个关键词惊醒我们，曾经的上海距离国际航运中心仅一步之遥。

---

* 作者简介：樊琳，上海市档案馆编研部副处级调研员，副编审，长期从事档案史料方面的编辑出版，研究方向：上海史。

一、穿越百年的中美航线

上海建港的历史可上溯到隋唐时期；北宋绍兴元年(1131 年)、南宋咸淳三年(1267 年)先后在上海设置市舶务和市舶提举分司；清康熙二十四年(1685 年)上海设江海关；19 世纪中叶上海成为商贾云集的繁华港口，形成世所习称的“江海通津，东南都会”。上海的城市化，正是依托港口、航运业逐步展开的。

1840 年鸦片战争后，上海作为五口通商的口岸之一，正式开埠。19 世纪后期，上海的航运贸易大发展，航线辐射长江、中国沿海以及东南亚各国。上海开埠后，随着外国商船参与中国沿海贸易的日益增多，对上海港区的航政管理、基础设施都提出了更高的要求。1851 年，上海港迎来了她的首任港务长——由英、美、法等国领事推荐，上海道台任命的通晓航政的美国人贝莱士(N. Baylies)。美籍港务长上任不久，上海港就经历了近十年的战火考验。贝莱士拟订了《上海港口管理章程》，维持港内秩序，监督船舶进出。1852 年起上海取代广州成为中国最大的对外贸易口岸。1857 年，从上海沿海进出上海港的外国商船分别是 133 艘和 236 艘，分别占进出上海港外国商船的 26.9%、48.0%。到 1858 年，上海港已先后开辟了 3 条航线：上海—香港、上海—香港—加尔各答—欧洲、上海—纽约，上海港跃居中国沿海港口之首，同时也成为远东的重要海港之一。

清同治十一年(1872 年)陈兰彬、容闳率领首批官派留美幼童，包括梁郭彦、詹天佑等 30 人在上海轮船招商总局门口合影后启程赴美。光绪十八年(1892 年)，英商天祥洋行与美国北太平洋铁路公司联合经营一条自远东上海至美国华盛顿州的航线。光绪二十年(1894 年)，美国的花旗邮船公司开始派船来上海，光绪二十八年(1902 年)之后，该公司有 5 艘船行驶在上海——美国的航线上。

19 世纪末 20 世纪初，日本的邮船会社开设香港至西雅图的航线，东洋汽船会社开设香港至旧金山的航线，都是以上海港为中途主要经停港口。至抗日战争爆发以前，航运企业垄断着上海的远洋运输。这一时期，太平洋航线上行驶的船舶主要由美国航运势力所把持，主要有五条航线：上海经日本至檀香山、旧金山或温哥华；上海至西雅图、温哥华；上海经日本驶抵美国西海岸旧金山之后，通过巴拿马至纽约；上海经香港、墨尔本、悉尼至西雅图；上海经日本，抵旧金山之后至中南美洲各港。

1917 年，纽约 Fleming H. Recell Company 出版社出版了作家 Mary Ninde gamewell 所写的《中国的门户・上海印象》(*The gathway to China*)，上海俨然是西方进入中国甚至东方的门户。20 世纪 30 年代，上海港货物吞吐量达到 1400 万吨，列世界第七，成为远东最大的航运、经济、贸易和金融中心。可以说，这个时候上海距离国际航运中心不过一步之遥。可是这个繁华梦被日军的坚船利炮击得粉碎，随后的连年战火，使中国的经济走向凋敝，上海作为国际大港的作用日益萎缩，名次和地位也日趋后退。直到新中国建立后，上海港才逐步恢复了生机。

抗日战争胜利后，行驶在上海至太平洋彼岸的远洋运输，仍以美国的大美轮船公司、总统轮船公司、福来轮船公司为主，这三家船公司共有 50 多条船航行在上海至美国各港的航线上。其次挪威的顺享洋行、华伦洋行也有 23 条船行驶在太平洋航线上。

1949 年中华人民共和国成立后，上海与美国之间没有直接的远洋运输业务往来，而且新中国百废待兴，自己没有远洋轮船。直到 1961 年 4 月 28 日，一艘名叫"光华"的远洋巨轮，一声长啸，从广州黄埔码头拔锚起航，从此奏响了新中国远洋运输事业波澜壮阔的乐章。这是共和国拥有的第一艘远洋轮船，牵动了上至总理，下至百姓的心。从这天起，新中国彻底终结没有远洋轮船的历史。悬挂中华人民共和国国旗的"光华"号客轮，在广州黄埔港举行隆重的首航典礼后，立即驶往印度尼西亚雅加达港接运受难华侨回国。

1979 年，新中国同美国正式建立外交关系，在这一历史性事件的推动下，中国远洋运输总公司（以下简称中远总公司）和美国莱克斯兄弟轮船公司达成在中美两国政府海运协定签订之前，悬挂中国国旗和悬挂美国国旗的船舶可分别停靠在中美对外开放港口的协议。

1979 年 3 月 25 日，上海远洋运输公司（中远总公司在上海成立的分公司，1979 年 3 月改名为上海远洋运输公司）的"柳林海"号货轮由上海港启航，经日本神户，横跨浩瀚的太平洋，于同年 4 月 18 日顺利抵达美国西雅图港。中断三十年之久的上海至美国的海上运输航线重新恢复，而这距上海轮船招商总局初航美国恰巧整整一个世纪。

二、"登月之旅"在上海着陆、"破冰之旅"由上海起航

1972 年 2 月 21 日，美国总统尼克松在首都机场握住了周恩来的手。自从新中国诞生以来，这是中国第一次同西方握手。7 年后，邓小平访问美国，这也是 30 多年来中国第一次真正走进西方。

1972 年 2 月，正值春寒料峭之际，美国总统尼克松访华，这是新中国成立以来首位美国总统访华，由此开启了中美关系的春天。美国媒体早在尼克松出发之前，就已连篇累牍地进行报道。1972 年 2 月 20 日的《纽约时报》将尼克松的"中国之行"冠名为"登月之旅"，将正楷简体毛笔字"尼克松在中国"作为新闻图片，并刊载随行记者麦克斯 · 弗兰克尔的报道——《历史性之旅：一位不可思议的客人》，报道的首句是："尚在飞行途中的总统一行，兴

致比飞行高度还要高。”

上海是“登月之旅”在中国的首个着陆点，1972 年 2 月 21 日早上 9 点半左右，尼克松一行经停上海虹桥机场，原因是“接一位导航员，之后再飞往北京与中国领导人会谈”。《纽约时报》称：“他（尼克松）和中国官员们一同用了茶点，并在虹桥机场吃了个橘子，待了 1 个小时。”中方翻译人员仔细观察，尼克松对锦江饭店做的上海特色点心小馄饨、汤团、眉毛酥特别青睐，尼克松竟“一连吃了六只小馄饨”。

接近中午时，中华人民共和国国务院总理周恩来等中国领导人前往机场欢迎。在巨大的轰鸣声中，尼克松乘坐的美国总统专机“76 年精神号”缓缓地降落在机场的停机坪上。尼克松走下舷梯，主动与周总理热烈握手。周总理则把这次历史性的握手，对尼克松作了这样寓意深长的描述：“你的手伸过世界最辽阔的海洋来和我握手——二十五年没有交往了啊！”从尼克松与周恩来握手的时刻起，“一个时代结束了，另一个时代开始了”。

1972 年 2 月 27 日下午，中美两国间的第一个联合公报——《上海公报》在上海的锦江小礼堂预发。中美关系史上新的一页，由此郑重揭开。当天晚宴上，尼克松发表即席演讲说：“公报只是一个开始，今后要做的更重要的事情，是建立一座跨越16 000英里大洋和 22 年敌对情绪的桥梁。”并称“这是改变世界的一周”。

27 日的《纽约时报》专门有一篇介绍上海的文章，标题为“中国能量中心”。“这是中国最大的城市，也是尼克松访华的最后一站。”这篇文章介绍了上海从小渔村发展成中国最大港口城市的过程，称上海有“宽阔的街道、高耸的建筑、西式的两层洋房”，以及“大量自行车”，“只有少数空间留给卡车、公交车和偶尔可见的汽车”。

28 日的《华盛顿邮报》也详细描绘了上海，“外滩很美”，“女性的穿着相对多样化”，“孩童看到外国人也不会闪避”，“这个曾经有着‘华人与狗不得入内’牌子的城市，海关大楼的钟声是《东方红》的旋律”。

28 日上午，周恩来将尼克松一行送到上海虹桥机场。美国记者们几乎都报道说“尼克松在机场的心情显然很好，很满意”。为期 7 天的“登月之旅”终告结束。尼克松访华专机着陆的首座中国城市是上海，最后又由此告别中国。

1979 年元旦，邓小平出现在美国《时代》周刊的封面上，标题是“邓小平，中国新时代的形象”，这一天，太平洋风平浪静，人口总数世界第一的中国与经济总量世界第一的美国正式建交。就在 1979 年元旦到来的前一天，所谓的“中华民国”驻美“大使馆”降下了旗帜。《时代》周刊这样评论到“一个崭新中国的梦想者——邓小平，向世界打开了‘中央之国’的一扇大门，这是世界上气势恢弘、绝无仅有的一个壮举”。1979 年 1 月 15 日，柴泽民与伍德科克分别被中美提名为各自国家的首任大使。

1979 年 1 月 28 日，中国的农历大年初一，改革开放后的第一个春节。

就在这一天，中美关系史上至关重要的一页翻开了。早上8点半，时任国务院副总理的邓小平起程远赴大洋彼岸的美国进行为期9天的访问。早在1978年5月，美国国家安全顾问布热津斯基到北京与中国高层进行会谈，在中美两国关系如何进入正常等主要内容取得共识之后，邓小平在颐和园设午宴款待他，席间已具体讨论过邓小平访美之行的可能性。

按预定计划，访美专机先从北京飞往上海"加油"。而这一天的机长，正是基辛格和尼克松访华期间担任领航员的徐柏龄。可是当专机在跑道滑行时，突然接到上海有大风大雨的气象预报，上海虹桥机场能见度已降到1公里之内，根本不符合降落要求。专机不得不滑回停机坪等候，半小时过去了，赴美的日程安排得非常紧密，大家焦急万分。邓小平果断通知机组人员，要求他们起程。当飞机到达虹桥机场上空时，已是浓雾弥漫，能见度非常差。第一次降落没有成功，飞机立即被紧急拉起。几分钟过后，再次迫降，飞机终于稳稳着陆，大家欢呼一片。徐柏龄发现"小平倚着座椅，半闭着眼睛，像什么都没发生一样"。春寒料峭中，"破冰之旅"从上海的风雨中启航。美国东部时间1979年1月28日16点30分，专机降落在大雪纷飞的华盛顿安德鲁斯空军基地。

作为第一位踏上美国土地的新中国领导人，邓小平的才能、胆识和风度立即征服了卡特，风靡了美利坚。也正是这次"破冰之旅"，开拓了中国未来的国际影响力，并为改革开放、落实四个现代化建设起到了铺垫作用。

三、访美的收官之战——西雅图

邓小平访美既是一次文化之旅、亲和之旅，也是一次科技之旅、合作之旅。短短9天的访问，从华盛顿、亚特兰大、休斯敦、得克萨斯州到西雅图，从考察美国工业到领略航天科技，花费了近6天时间考察当地工业。这是一次不同寻常的考察，邓小平对于先进科技的了解尤为细致。

在访问亚特兰大的时候，亚特兰大市的首位黑人市长杰克逊为邓小平举办了有1 500多位社会名流参加的盛大午宴。邓小平在午宴致辞时更是直抒肺腑之言。他说，美国的很多成功经验对我们很有借鉴意义，我们愿意向你们学习，我希望中美两国人民的友谊与合作之船沿着稳定和富有成果的航线扬帆远航。

美国西部是美国距离中国大陆最近的本土地区，也是美国通往亚洲的西大门。大西雅图地区包括西雅图市、埃弗雷特市和塔科马三座城市。邓小平访美的最后一站选择了西雅图。

这里不是威尼斯，但处处可见湖泊海洋；这里不是纽约，却住着世界首富；这里不是巴黎，但浪漫气氛却丝毫不减。这里就是位于美国西海岸华盛顿州的重要港口城市——西雅图。虽然西雅图偏于美国西北一隅，但对中国人来说并不陌生:如今的西雅图不仅有“传统巨人”波音,还有“科技新贵”微软、“文化名人”星巴克,更是威振世界的中国功夫李小龙“振藩国术馆”的肇始地。

1979年2月3日的《西雅图邮报》首次在报头使用了通栏的中文:“欢迎中华人民共和国邓副总理小平来西雅图。”隆重庆典鸣放礼炮的规格各国不尽相同,美国国庆日鸣放50响表示每州鸣一声,日常来说国家元首来访鸣21响,当局领袖鸣19响,副总理级官员鸣17响。而这次例外了,邓小平1979年访美就特别鸣放了19响,表明了美方的特别礼遇。

邓小平在波音公司的总部,参观了波音公司的飞机生产线,仔细考察了6层楼高的747客机装配车间。之前中国刚刚订购了3架波音707,而访问时美国已经在生产747了。1972年,美国总统尼克松乘坐由波音707飞机改装的美国“空军一号”飞抵中国,中国开始认识波音。同年,中国就订购了10架波音707。1973年8月,中国的技术人员结束了在西雅图的培训,乘坐中国订购的第一架波音707飞机从波音公司机场起飞,到达上海。标志着波音飞机家族开始进入中国,波音飞机从此之后成为中国航空客运与货运系统的主力军。

访美的最后的一天,中国访美团被安排在西雅图港参观波音水翼船港服务。这座港口著名的称谓是“到东方的大门”,中国外交部长黄华会晤了西雅图高级专员考克等。中午举行的盛大午餐会上,邓小平说了一段朴实而意味深远的话。他说:“我们行程的最后一站就是你们这个被称为‘通向东方的大门’。太平洋再也不应该是隔开我们的障碍,而应该是联系我们的纽带。”

虽然没有解决最惠国待遇的问题,但双方仍收获颇丰。事实上,中美友谊与合作的这艘巨轮,借着邓小平访美的动力,已经鸣笛启航。在美期间,中美双方签署了科技、文化等合作协定,在教育、商贸、空间技术等领域达成协议,商讨了建立领事关系和互设总领事馆等事宜,并且同意在不久之后签订航空和海运协定、互派常驻记者等。这给新生的中美合作关系注入了强大的活力,为两国在各个领域的往来和合作开辟了广阔前景。

由于历史上遗留下来的冻结资产问题长期没有得到解决,1979年的中美两国空运和海运不能直接通航,银行也不能直接进行业务往来,而只能通过第三国进行。协议签署之后,中美开始了贸易往来。两年后,中美两国签订了大约35个协议,政治往来、经贸合作以及文化交流迅速开展。两国关系进入了一个蜜月期。

一个月后,被封锁近30年之久的台湾海峡航行禁区宣告突破。由于众所周知的历史原因,直到20世纪70年代末,在这片海域,外轮可以通过,国轮却要绕行。中远“眉山”轮等5艘国轮担纲首航台湾海峡的重任,虽然先行船遭遇台湾战机“护航”,但还是顺利穿出台湾海峡,安全抵达目的港日本名古屋。这不仅洗刷了在自己领海国轮要绕道的耻辱,也缓和了两岸对峙的形势。

仅仅两个多月后，悬挂着中华人民共和国国旗的“柳林海”号货轮便驶入了西雅图港，从此中国成为华盛顿州的第三大贸易伙伴。沉寂已久的海上丝绸之路被疏通、被唤醒。

四、“柳林海”满载甜蜜的首航

1979年4月18日，上午10点半，飘扬着五星红旗、来自中国门户——上海的“柳林海”轮缓缓驶进美国西雅图港，顺利停泊在86号粮食码头，中美之间封冻了30年之久的坚冰开始全面消融，太平洋东西岸门户成功对接。

贝汉廷，是喝黄浦江水长大、新中国培养出来的第一代船长，也是1979年作家柯岩发表在《人民文学》第10期上的报告文学——《船长》的原形人物。船长的故事激励了千千万万当时为四化建设而热血沸腾的中国人。几十年的航海生活，贝汉廷不仅积累了丰富的航海经验，还精通多国外语，他落落大方、不卑不亢的人格魅力，每每让打过交道的外国朋友折服。中美航线打通了，好钢用在刀刃上，贝汉廷被调到“柳林海”号担任船长，指挥柳林海轮承担首航任务。

作为开辟中美海运通航的友谊使者，行前他为这次特殊航行做了精心而充分的准备。“柳林海”轮前往美国途中，美国有关方面发来电报，询问“柳林海”的英文名称是什么？作风严谨的贝船长找船上的翻译一同仔细地探讨船名的准确翻译，回报中还专门附文，介绍了中国船名的命名规律以及船名所在的地点——河南柳林的情况。“人有人的风度，船有船的风度，国有国的风度。”这是贝汉廷船长的名言。航行中，为了让船员更多地做好准备，他专门在餐厅主持讲座，详细地介绍美国的情况、美语的特点，对船员进行外交礼仪及接待方面的培训。为了体现中国海员应有的职业高水准，他驾驶“柳林海”轮在预定时间4月18日精确抵达西雅图港。

《纽约时报》报道：“在中美海上航线在中断30年之后，中国的第一艘货轮停靠在西雅图港，军乐队奏起了欢迎曲，政治人物在料峭的寒风中等待着这一历史性时刻的到来。”就是这艘在春寒中驶进美国港口的中国货轮却预示着太平洋暖风的即将到来。

“柳林海”轮首航美国，美国政府从陆、海、空三方立体地表示了热情迎接之意。13个海军区带和西雅图消防处灭火轮提供了一个温馨的水上敬礼。码头上悬挂着“热烈欢迎中国第一艘货轮访美”、“中美人民友谊万岁”、“热烈欢迎我们中国朋友”等中英文横幅。整个码头人声鼎沸，鼓乐喧天。美国运输部部长亚当(Brick Adams)、国家海运总署代署长尼曼罗(S. B. Nimerow)、华盛顿州州长李莱(Dixy Lee Ray)、参议员麦克奴逊(Warren Magnuson)和杰克逊(Henry Jackson)、西雅图港高级专员考克金(Henry L.

Kotkins)以及金县县长等美国各界人士和华侨代表300多人到码头欢迎。中国对“柳林海”轮首航美国也十分重视，由交通部副部长彭德清率领的“中国交通部海运代表团”同日飞抵西雅图，中国驻美国大使柴泽民也应邀参加在西雅图港口码头进行的隆重的欢迎仪式。“柳林海”轮船员由船长贝汉廷率领列队下船。“我们跨越太平洋，建立了一座桥梁——中美人民友好往来的桥梁”，贝船长发表了热情洋溢而富有诗意的讲话。当日晚，美方举行了有500人参加的大型欢迎宴会，欢迎“柳林海”轮的船员。

“柳林海”号的首航，在西雅图乃至全美引起了巨大反响，各大媒体都以重要篇幅作了突出报道，“中国”、“柳林海”、“CAPTAIN BEI(贝汉廷船长)”一时成为高频热词。中国船员“具有中国民族优美的风格”，“不但是海员，而且是友好使节”。“你们这次首航西雅图港太成功了，我们也分享了你们的荣誉。西雅图的电台、报纸、电视台这几天是为你们办的。这里的人都向着你们”。美国记者赞赏贝船长比当地报纸介绍的还要才华横溢，当地人盛赞贝船长是“邓小平式的船长”——不仅神似更因为他的风度。在西雅图港口停靠的十天，贝船长承担了大量的外事活动，他拜访了港口和当地许多政府部门的重要官员，接待了一批又一批西雅图及美国各地来访的美国朋友及华侨同胞。他还通过电视同美国观众见面，表达了中国人民对美国人民的友好情谊。

“柳林海”轮是艘散货轮，时任上海外界运输代理的张立勇回忆起当年首航的情况时说，中远集运公司当时曾四处寻找发货美国的货主，找到一个要运的货是一批铁钉。但是，首航运“钉子”，以中国人的习俗怎么着都不能接受。为了给这次通航增加些象征意味，最终找到了一位向美国发送蜂蜜的货主，“柳林海”轮装上了一批蜂蜜以象征着中美航运事业今后能够甜甜蜜蜜。西雅图港务局局长丁斯莫尔(Merle D. Adlum)先生对当年中国“柳林海”船长贝汉廷说的一句话至今记忆犹新：“虽然我们开来的是空船，但却装满了友谊。”而此后中美的航海运输业也确实如人们所期待的，着实发展得甜甜蜜蜜。

86号码头，地理位置优越，背靠由海军拥有的90和91号码头。在20世纪三四十年代就是粮食专用码头。1970年新的86号粮食码头建成，拥有4.2亿蒲式耳容量电梯输载货物及大型谷物仓，是美国最大和最好的粮食设施之一，也是当时世界上一流的粮食转运码头。当整个西雅图为欢迎新中国第一艘商船的到来而欢呼时，贝船长一边做外事交流，一边有效地组织运输生产。然而当时的时代背景下，并非所有的美国声音都是和谐的。“柳林海”号原定于4月23日下午启航回国，各报都刊载了这一消息。可是，到了4月25日还无法启锚，原因是我方购买的37,000吨来自美国中西部的玉米，装卸公司说每天可装9,600吨，而事实上几天只装了6,000吨。船多滞留一天，光码头费就得多付2,000美元。贝汉廷明确指出对方是“违约”行为，但又声明不追究责任，立场坚决，态度宽容，并通过媒体采访敦促装卸公司积极配合“柳林海”轮完成装卸计划。在全体船员的齐心努力下，贝船长驾驶的“柳林海”轮圆满完成了首航美国的任务，1979 年 5 月 15 日返抵上海港。

五、新中国缔结的首对友好港

1979 年 5 月，在邓小平的促成下，美国企业家哈默率领 16 名随员访问北京，成为第一个叩开中国大门的外国企业家。

随行的三位却离队直奔上海，他们是美国西雅图港务局代表团一行 3 人。抵沪的当晚，在与上海港务局接待同志会晤时，立即掏出一份《美国西雅图港和上海港结为友好港草拟协议》，并迫切地表示此行虽以旅行名义，其实却肩负重任。在“柳林海”轮首航西雅图港时，他们就有此意。这次专程前来，就是为了达成心愿，说到恳切之处竟表示，协议签不下来就不走了。一份英文协议打开来，六大理由接连蹦出来：“鉴于，西雅图港是美国距离上海最近的港口；鉴于，美国来中国的第一艘船就是从西雅图出发；鉴于，中美已恢复正常邦交；鉴于，“柳林海”轮由上海首航美国西雅图港；鉴于……。”

西雅图港务局代表团在上海停留了 3 天，我方表示与西雅图港缔结友好港也是我们的心愿，但一切要按正常程序来办。西雅图港务局代表团表示如此任务完成了一半，也还算是有成效的。

美国客人刚离开，上海港务局即开始向交通部及时称上海市革命委员会外事办公室汇报情况，听取指示。经各部委磋商，中央指示原则上同意，但鉴于当时旧金山市与上海市正在协商缔结“友好城市”，不论地位与影响，旧金山市似都在西雅图市之上，相较之下，友好港在缔结时间上宜后不宜前。

迨至 8 月中旬，上海外办通知，中央已批准美国与中华人民共和国之间结成第一对公民伙伴关系——旧金山市与上海市结为“友好城市”（其实是 1980 年 1 月 28 日，上海市副市长赵行志与美国旧金山市市长范因斯坦在旧金山市政厅签署两市结为友好城市协议书）。而此时我交通部正邀请以西雅图港执行局局长理查德・福特（Richard D. Ford）为团长，包括数据和系统处理经理、总工程师、维修监督、分配经理各一名的港口技术代表团的一行人来访上海港，缔结友好港的时机成熟了。

也许是刻意而为，如同《上海公报》的签署地——锦江饭店小礼堂，友好港的签署地点也选在了锦江。

1979 年 9 月 25 日，这一天中共中央十一届四中全会在北京隆重召开。而因为临近中秋，曾中断 16 年的上海冠生园自制中秋月饼重新大量生产，恢复供应，淮海路上采购月饼的人熙熙攘攘，一片祥和圆满。

上午 10 点，上海港和西雅图港双方代表团各 5 人到达锦江，先休息、入座、就位，铺着白桌巾的长几上各放上两盆鲜花、两套文具，外办同志细心提醒不要在桌上摆放代表两国的小旗。仪式开始了，上海港代表团团长、上海港务局副局长李级三和西雅图港代表团团长、西雅图港执行局局长理查德·福特分别代表两港在协议书上签字，拍照、交换签字、拍照、开酒举杯祝贺，一切按先前双方仔细商议的程序有条不紊地进行着。西雅图港执行局局长理查德·福特先生开心而兴奋地说："灵感一来，就能写出美妙的长诗。"就此上海港与西雅图港在上海签订建立友好港关系协议，随后大量的技术知识和管理经验的交流陆续展开。

港口是国民经济发展的"晴雨表"，20 世纪 80 年代初的上海港，还处在"肩挑背扛"的时代。这急坏了一心要报效祖国的海外游子，范增胜、林明月这对台湾籍学子，从美国西海岸取道日本，来到了上海港。

范增胜，毕业于台湾当时的"海洋学院"，专业是港口管理，在基隆港工作过，回到祖国大陆后，对上海港早就心向神往。"我们接触过很多码头工人，也深深理解国家现代化的紧迫性。"范增胜回忆道。1982 年，上海港接受联合国资助，派范增胜率团赴荷兰鹿特丹港学习先进的操作技术和管理经验。从 1983 年起，范增胜连任五届全国人大代表，在 1990 年的全国人民代表大会上，时任上海市港务局副局长的范增胜等提出整治长江口主航道的议案，得到国务院、交通部等的高度重视，被列入"八五"计划，相关工程也得以推进。

林明月，台湾省桃园人，硕士研究生毕业。1971 年，她随丈夫到日本学习，1973 年夫妇俩又来到美国。1980 年 8 月，她随丈夫带着不满 6 岁的儿子到上海港务局，在上海港务局通信站做计算机系统开发工作。20 世纪 80 年代初，当计算机技术在世界先进港口被普遍应用时，上海港在这方面还是一片空白。作为一名专业技术人员，林明月决心用所学专长来改变这一面貌。1982 年，林明月被派往美国西雅图港学习自动化管理。1984 年任上海港务局信息中心副主任、主任，开创中国港口计算机应用的先河，从无到有一手创建上海港的信息化系统，被一致公认为对中国港口信息化影响最大的专家。为把上海港建成国际集装箱枢纽港、成为现代化国际大港，林明月又投入上海港信息网络建设。如今，全港 23 个生产经营性公司的局域网与局级网络实现互联，提升了上海港现代化管理水平，增强了上海港的市场竞争能力。

30 多年间，范增胜和林明月目睹了上海港从黄浦江向长江口、再到如今洋山港的跨越式发展。"现在的上海港货物吞吐量已跃居世界第一，集装箱吞吐量位居第二。上海建设国际航运中心的整个过程，我们是见证人。"范增胜充满自豪地说。

六、西雅图频吹中国风

作为港口城市，上海的兴衰与水运口岸的开放密不可分。1984 年 5 月，党中央、国务院决定开放上海等 14 个沿海港口城市。1990 年初，党中央、国务院作出了浦东开发开放的重大决策。1992 年春天，中国改革开放的总设计师邓小平对上海提出了“一年一个样，三年大变样”的希望。种种机缘，成就了西雅图和上海，特别是中美交往中的特殊地位。

和西雅图港建立友好港关系后，两港一直保持着频繁地友好往来与技术合作。1980 年 5 月，上海港友好代表团应邀访问了西雅图港；同年 9 月，上海港又派出四名技术管理人员赴西港学习；1981 年 5 月，西雅图港委员会主席布罗克一行四人抵沪访问后又与上海港代表团一起赴日本神户港出席三方四港（西雅图、神户、天津、上海港）活动。而这次西港访问团运来了纪念两港友好关系的高达 32 英尺的图腾柱，上海港举办了隆重的“西雅图港向上海港赠送图腾柱仪式”，隔年图腾柱在上港十区后方场地竖置起来，以志纪念。

1989 年开始中美关系变得跌宕起伏，先后经历了三次重大的危机，即 1989 年后的急剧恶化期、1995 年李登辉访美的低潮期及随后的“台海危机”，以及 1999 年中国驻前南斯拉夫大使馆被炸后的困难期。

1993 年 11 月，中美关系史上再次烙下“西雅图”三个字。江泽民主席应邀出席在美国西雅图举行的亚太经济合作组织领导人非正式会议，在江泽民提出用“认真、积极、向前看”的态度对待中美关系的情况下，两国元首的西雅图首次会晤取得了重大的成果，基本上结束了 1989 年后紧张的中美关系，打破了中美在人权问题上的僵局。1999 年 4 月 19 日，中远集团与美国西雅图港务局、SSA 装卸公司、加维舒伯特贝尔律师行在美国西雅图市举办了系列活动，隆重庆祝“柳林海”轮首航美国西雅图港 20 周年。时任中共中央总书记、国家主席的江泽民亲自为庆祝活动题词：庆祝柳林海首航美国二十周年。

2004 年 4 月 19 日，正值中美两国第三个双边海运协定即将正式生效和实施之际，中国远洋运输集团与西雅图港务局在美国西部港口西雅图举行纪念活动，庆祝中远集团“柳林海”轮首航美国 25 周年。中国交通部部长张春贤、美国运输部部长 Norman Mineta、中国驻美国大使杨篪、美国国会议员 JamesL Oberstar、中远集团高级顾问、美国前国务卿 Alexander Haig 将军等向纪念活动发去了贺信。美国国会参议员 Patty Murray、美国联邦海事委员会主席 Steven R. Blust、西雅图市市长 Greg Nickels、西雅图港务管理委员会主席 Paige MIller 以及其他来自中美两国政府、海运界和商界的嘉宾共计 200 多人参加了此次庆祝活动。中国交通部副部长洪善祥在活动上发表讲话指出，今年4月21日即将生效的中美海运协定标志着中美海运关系进入新的阶段，有利于保障迅速发展的双边贸易。美国西雅图港务局总经理谢尔顿表示，中远集团为当地经济发展作出了积极贡献。

西雅图港口管理委员会主席米勒在总结港口与中国合作的历史时认为，很庆幸西雅图当时抓住了历史的机遇。她说：我们感谢中远公司给我们带来了机会，我们一起成长，它有利于中国，也有利于美国。中远集团宣布该公司即将投入使用的两艘货轮将分别被命名为“中远西雅图号”和“新柳林海号”。这或许是对“柳林海”号和中远与西雅图港合作最好的纪念礼物。

西雅图不单是胡锦涛访美的首站，过去中国领导人多次历史性访美，都到过西雅图。邓小平在1979年历史性的访美行程，以西雅图为终站。当年邓小平向美国以至全世界展示中国开放改革的决心。胡锦涛此次出访美国，选择了西雅图为起点，当地分析就认为这表明中国将继续改革开放，与世界同步。

2006年4月18日，明媚的晴空或许代表了西雅图这座城市对中国领导人来访的心情和“热度”。中国国家主席胡锦涛将访美首站选择在地处环太平洋区域的西雅图，表示中国与美国经济重心的西部地区具有举足轻重的贸易关系。在出席华盛顿州州长葛瑞格尔举行的欢迎宴会时，胡锦涛表示，华盛顿州是美国大陆距离中国最近的州（从地理位置上看，西雅图也是距离中国最近的城市之一，从北京坐飞机到西雅图，只要8个小时），在中美贸易关系上华盛顿州也一直处于先锋地位。并说：“我还记得1979年的4月，‘柳林海’货轮抵达西雅图，为双方贸易往来开创了一个新纪元。”

翻开美媒档案，一向对国际报道相当“吝啬”的当地权威报纸——《西雅图时报》以“华盛顿州在美中关系中的份量”为题作了解读：

中国胡锦涛主席访美首站将抵达西雅图，他的行程将突显华盛顿州在美中关系正常化及其后的发展中所扮演的重要角色。

美中两国在1979年建立外交关系，已故的中国领袖邓小平在同年访问了西雅图，结束了两国长达三十年的不接触状况。

邓小平选择西雅图是因为这个州曾参与多件中国大事：

一、尼克松总统在1972年访问中国，而华盛顿州参议员麦克奴逊在50年代早期因主张与中国关系正常化则被扣上“共产主义同情者”的帽子。

二、当许多美国政客为中国在90年代加入世贸而付出努力时，华盛顿州参议员亨利·杰克森在70年代是首个积极推动中国得到最优惠国待遇的官员。

三、如今中国集装箱大量地进入美国各个港口，而在1979年，中国30年来第一艘抵达美国的货船是开往西雅图的，西雅图港口从19世纪80年代中期与中国就有贸易往来。

四、当今数以千计的美国公司进入中国，而华盛顿州的波音公司在1972年就向中国出售飞机。

五、现在很多州都往中国派送贸易使团，而在1979年在奥林匹克组织的首个前往中国的贸易使团是由前州长李莱带领。

二十七年后的今天，胡锦涛继承他的前任的对美政策，以贸易作为驱动力。“……三十年前邓小平历史性的到访是承认华盛顿州在中美关系正常化所作的重要努力，而胡锦涛今天的到访则是承认华盛顿州在双方关系的发展中所作的贡献。”

建国初期到改革开放前上海水运口岸的对外开放码头，主要分布在黄浦江两岸，随着城市的建设发展，从20世纪八九十年代起逐渐转向长江上海段和杭州湾北岸，开放范围不断扩大，长江深水航道及拥有100个深水泊位、年集装箱吞吐量可达1 500万箱的“东方大港”洋山深水港的治理和建设，使上海成为名副其实的航运中心。海运兴则国运兴，2009年，中国对外贸易总额达到22 073亿美元，出口额世界第一，进口位居世界第三位，95%的货物依靠海上运输。2009年中国船舶制造业跃居世界第一，中国港口和集装箱吞吐量已连续5年世界第一。在1840年以来的一个半世纪，中华民族经过奋起直追，收获了走向复兴的喜悦。上海水运口岸60年来历经巨变，从建国前的几近瘫痪，到进入新世纪成为世界第一大港。

21世纪是“海洋世纪”，也是“太平洋世纪”。在过去的200多年里，世界财富增长的80%都来自大西洋两岸的国家。当历史的车轮驶入21世纪，世界财富的增长点开始向环太平洋地区转移。据估计，在这个新世纪中，全球70%的新财富将由环太平洋地区创造，而中国沿海地区和美国西海岸无疑将发挥重要作用。近年来，中国等亚洲国家的经济迅速发展，让很多美国西海岸人都惊呼“太平洋世纪”已经来临。

Shanghai – Seattle, China and the United States portal docking across the Pacific

Abstract: From the point of view of the archives and history to explore the historical origins of the China and the United States' routes between Shanghai Port and the Port of Seattle in over a hundred years. Through the excavation of the maiden voyage between New China and the United States and the conclusion of New China's first pair of friendly Port, to show the important position and role of Shanghai, the Shanghai Port and the Port of Seattle in the ups and downs in the development of the new China – US relations. Reviewing the past three decades in the port construction, the rapid development of shipping and brilliant achievements of Shanghai.

Keywords: China and the United States' routes, China – US relations, the Shanghai Port, the Port of Seattle, China and the United States' maiden voyage of New China, New China's first pair of friendly Port

清代沪闽帆船贸易与上海闽商[*]

高红霞[**]
（上海师范大学）

摘　要： 在晚清上海的商业结构中，沿海埠际间的帆船贸易至关重要。在福建地方志的记载中，有着福建与上海之间商品贸易的丰富记载。由上海运往福建的粮、棉、丝与福建输出的烟草、糖、木材、纸张等，构成了上海与福建帆船贸易的主要内容。在清代沪闽的商道中，活跃着不少商帮的身影，他们中不仅有福建商人，也有广东商人、徽州商人和江浙商人，并且不断有其它各地的商人加入，然而，福建商帮是主要参与者和获利者。

关键词： 福建商帮　上海闽商　沪闽贸易

晚清上海的商业结构中，沿海埠际贩运贸易至关重要，上海以其独特的地理位置，成为不少商品的目标市场和转运集散地。在现代轮船业和铁路运输业发达以前，闽、粤、浙等地的商人是沿海帆船贸易的主要承担者，其中上海闽商主要凭借糖、海味、豆米、果桔、檀香，以及粮、棉、布、纸、木材、茶叶等产品的帆船贩运贸易迅速致富，因而在1860年代以前，上海闽商是上海城市中与粤商并峙的最强盛的商帮。

一、沪闽帆船贸易的航线

福建与上海都面临大海，福建是华南的重要省份，福建的良港有福州、泉州、厦门等，这些港口在古代已是世界闻名的贸易都市。上海是江南区域市场的中心，同时又是襟江带海的枢纽。因此，自古代起就有相对成熟的帆船运输航线，秋冬盛行东北风，春夏盛行东南风，帆船顺风而行，一年至少可以往返一趟。在福建地方志的记载中，有着福建与上海贸易的航线与物品

---

*　本文研究内容为2011年教育部项目《近代上海商帮比较研究》的一部分。项目编号：11YJA77000。

**　作者简介：高红霞，（1959—　），女，上海人，博士学位，教授，研究方向：中国近现代史。

的丰富记载。

《马尾区志》记载：清代和民国时期，马尾港沿海木帆船运输分“三北”航线、南方航线和台湾航线。“三北”航线有上北、中北、下北之分，上北航线指福州（马尾）至天津、大连、营口等地航线，中北航线是福州（马尾）至青岛、烟台等地航线，下北航线是由福州（马尾）至宁波、上海等地航线。清道光二年（1822 年），开往上海的木帆船每年达 300 艘次，福州（马尾）、温州之间往来木帆船每年亦为 130 艘次，承运货物 1.16 万吨。光绪八年至十七年（1882—1891 年），每年进出马尾港的木帆船均超过2 000艘次。①

《泉州市志》载的泉州近海航线分北线、南线和泉台航线。其中北线是从泉州港出发，向北经福州、温州、宁波至上海、青岛、天津、大连等港。早在唐代，泉州就有船舶航行至浙江。特别是南宋时期，泉州市舶司的部分贡品就是通过船运经明州入杭州湾至临安（今杭州）的。元代，为确保海上“纲运”安全，从泉州至杭州，沿海设置 15 个“水站”，有兵船和士兵接送“纲运”船舶。明末，郑芝龙、郑成功父子发展海外贸易时，曾在南京、苏州、杭州、天津等地设立商行，促使泉州港与北线主要港口间的航运更为繁盛。清初，北线航运曾一度不如南线。鸦片战争后又逐渐恢复，航线发展至青岛、大连等港。清末民初，泉州有些船商购置“洋轮”航行于宁波、上海等港。②

《漳州市志》记载：乾隆、嘉庆年间（1736—1820 年），漳产的土布、红糖、陶瓷、水果以及漳纱、漳绒经海路运销宁波、上海、乍浦、锦州、盖平及台湾等地，台湾的稻米也靠船运来漳。当时，漳台间横洋船、南北商船往来频繁。道光二十五年（1845 年），东山航商孙有全营造的大北船（载重百吨以上）经营南北航线货物运输。诏安 16 家大北船行拥有百艘海船（每艘载重量 400 吨至 500 吨），航行营口以及津、沪、宁等地。咸丰九年（1859 年），东山航商李德义、黄振发等人营造大海船多艘，远航至新加坡等地。同治年间（1862—1874 年），诏安堂泰行、建昌行、福泰行以及金长发、福裕昌拥有大北船二三十艘，经营海上货物运输。光绪年间（1875—1908 年），云霄有大北船 30 余艘，航行上海、乍浦、温州、台湾等地。③

《厦门市志》记载：清道光年间（1821—1850 年），厦门的外海航运主要有四大航线。一是往宁波、上海、天津直至东北的北向航线，二是往广东沿海各埠的南向航线，三是与台湾之间的对渡航线，这三条航线每年可往返数次。四是往东南亚各国的航线，每年往返一次。出洋帆船最盛时期每年可达100～200 艘次。④

清代南北贸易的重要发展是沿海北洋航线的开通。1685 年清廷发布“展海令”，先后开设粤、闽、江、浙四海关。沿海贸易和对外贸易迅速发展，大有后来居上之势。由上海向北行驶北洋航线的大多是沙船，称北船；向南行驶南洋航线的大多是鸟船，称南船。按定制，鸟船收泊上海大关，沙船收泊刘河分关。⑤也就是说，开关之初，江南与南北洋的贸易，通过刘家港、上海和乍浦三个口岸进行。由于刘家河出水量减少，港口逐渐淤塞，大型船只靠泊日益困难，乾隆四年、五年开始即有商船不遵旧制越收上海。乾隆末年，刘河口淤塞严重。在商人们一再呼吁下，嘉庆十三年(1808 年)改泊上海，从此刘河一口不再有船停泊，嘉、道年间，“沙船聚于上海，约三千五六百号。其船大者载官斛三千石，小者千五六百石”。[⑥]成书于日本明和年间(相当于清乾隆二十九至三十六年，公元 1764—1771 年)的《长崎实录大全》称，在上海、乍浦二地，各地唐船集于其地，互成交易，无论哪里出产的织物、药材、粗货、各种器物等形成数百行，江南、浙江、福建等商民携银购物由此输出，尤以从宁波、普陀山、福州、厦门、广东来的船为多。乾、嘉时期，“南北物资交流，悉借沙船。(上海)南市十六铺以内，帆樯如林，蔚为奇观。每日满载东北、闽广各地土货而来，易取上海所有百货而去”。[⑦]上海取代刘河港之后，与乍浦港展开竞争，其优越的地理位置，使它很快战胜了竞争对手，成为江南的最大出海口。上海开埠之初，列强是把上海作为进入苏州的门户来开发的，出乎意料的是，由于运河的不畅通，苏州越来越丧失江南中心城市的地位，而上海的发展却非常迅速，很快取代了苏州的中心地位，并迅速成长为全国市场的最高中心地。“闽、广、辽、沈之货，鳞萃羽集，远及西洋暹罗之舟，岁亦间至，地大物博，号称繁剧，诚江海之通津、东南之都会也”。“凡北方所产粮、豆、枣、梨运来江浙，每年不下一千万石”。[⑧]由上海运往北方的主要有丝织品、茶叶、棉花、棉布等。同时苏松地区所产的棉花、棉布，经由上海转销浙江、福建、广东等地，而这些地方出产的糖、纸、茶、胡椒、海味等，亦经由上海转销长江各埠。鸦片战争前，欧洲来的船舶主要集中在广州，从南洋来的商船集中于厦门，商品再由闽广转运至上海。上海也有国外航线，主要是华侨经营的船舶，往来于中国、日本、朝鲜和东南亚诸国。尽管福建商人在国内贸易中以江南贸易为重点，但就上海的南北洋航线的繁忙程度来看，北洋航线又甚于南洋航线，说明江南对外经济联系与华北、东北地区较之闽粤地区更为重要。

二、沪闽帆船贸易的商品

明清时期上海市场的大宗贸易商品主要是豆饼、糖、棉花、土布、米谷、海味和日杂商品，而沪闽间流通的商品与上述物品有相当的重合度。通过上海运往福建的粮、棉、丝与福建输出的烟草、糖、木材、纸张等，构成上海与福建帆船贸易的主要内容。清代，台湾经济兴起后，也加入了两地的贸易，一度形成福建、台湾、上海的三角贸易，这是清代中国区域贸易中的重要部分。

自南宋以来，福建就有粮食供应不足的问题，而上海是福建从江南获取粮食的重要中转港口。清代福建各地广泛缺粮，清代后期福建 61 县中，缺粮县有 33 个，比清代前期增加了 8 个，粮食自给县为 15 个，比前期少了 8 个，粮食富裕县为13个，比前期减少了10个。它们分别占总数的54%、25%、21%。由此可见，清代后期是福建历史上缺粮最严重的时期。[9]这些缺粮县所需粮食不得不从外地运入，这导致福建粮食市场的进一步扩大。泉漳就有洋米进口，入清以后又靠台米接济。江南食粮虽不丰裕，但仍可向福建转输一部分。海路从北运米入闽有两路，一路为浙江的温州和台州。浙江的温州在明代是一个产粮区，它与福建省比邻而居，与福建的海上交通十分方便。据《福宁州志》载，明代成化年间，福宁州大饥，"斗米百钱，民艰食"，未见有当地人从浙江运入粮食的记载。迄至嘉靖六年，福宁州又一次发生灾荒，"谷价翔踊，民艰食，富者贸赀产转籴温州米以济，贫者掘蕨根充饥"。[10]《福安县志》也有同样的记载："嘉靖六年、十四年，并以四月谷贵，中户鬻产转籴温州米得活。"[11]来自台州的也不少，明末董应举在"米禁"一文中将温州与台州并列，并说福建之米，"北仰温台"。另一路便是来自江南，万历三十六年，福州大饥，巡抚徐学聚组织商人去江南运米，福州人说："江、淮、苏、松之米浮海入闽，自徐公始也，民受其赐大矣"。除了福州之外，万历年间的泉州，"稻、米、菽、麦……由来皆仰资吴、浙"。道光《福建通志》载漳浦蔡世远的《请开米禁书》称："福建之米，原不足以供福建之食，虽丰年必取资于江浙；亦犹江浙之米，辏集于苏州之枫桥；而枫桥之米，间由上海、乍浦运往福建。"[12]这说明，上海也是福建获米之重要中转站。康熙末年，江苏巡抚张伯行的告示称，苏州奸牙等冒为浙客、徽商，零星货买粮食，"或四五六十，或一二百石不等，用小艇运送上海、乍浦二处，装入大船，扬帆出海，盈千累万，殆无虚日"，以致影响苏州市场上的米价。这些偷运出洋的米，就是销往浙东、福建地区的。

在上海与福建的贸易中，除米以外，还有一些具有代表性的转口商品，如棉、棉布、丝、豆饼和糖等。这些商品多为民众的生活用品，消费量巨大。

棉类商品。以服装原料为例，江南的丝、丝织品、棉花、棉布是福建日常消费较大的商品。过去闽人冬夏不过一件苎布衣裳，晚明以后闽人在夏天穿丝绸与苎布，冬天穿棉布衣服，并用丝绵及棉絮做夹袄，这都促使丝绸与棉布、棉花的消费增加。闽南棉布加工业的发展造成棉类商品大量输入福建。江南由华北等地输入棉花的同时，又向福建输出优质棉花，这种棉花出自太仓。诗人吴伟业说，在太仓州，"隆、万中，闽商大至，州赖以饶"。所谓"福州青袜乌言贾，腰下千金过百滩。看花人到花满屋，船板平铺装载足"，就是闽商大量收购太仓棉的形象写照。清初一度福建棉商不至，苏松棉区农民生活没有着落。诗人吴伟业曾在诗中描述过闽商与太仓棉花富户的依赖。

木棉吟[13]

自上海练川，以延及吾州（太仓州），冈身高仰，合于土宜。隆万中，闽商大至，州赖以饶。今累岁弗登，价贱如土，不足以供常赋矣。

眼见当初万历间，陈花富户积如山。
福州青袜乌言贾，腰下千金过百滩。
看花人到花满屋，船板平铺装载足。
……
刘河塞后遭多故，良田踏作官车路。
……
天边贾客无人到，门里妻孥相向啼。

此诗大意是：太仓的棉花，以福建为主要销路，由于清政府和郑成功的长期战争，闽商无法北来，太仓贮积棉花的富户失去主顾，棉花卖不出去，妻儿就没有饭吃了。

清中期，褚华所著《木棉谱》亦曰："闽粤人于二三月，载糖霜来卖，秋则不买布，而止买花衣（即棉花）以归。楼船千百，皆装布囊累累，盖彼中自能纺织也，每晨至午，小东门外为市，乡农负担求售者，肩相磨，袂相接焉。"[14]棉花输向闽广地区，始终是当地农家重要的经济来源，直到清后期，盛况依旧。

福建、广东虽能织布，但并非如褚华所说在江南只买花而不买布，而是大量输入棉花的同时也输入棉布。据《北关葛夏布商人报税成案碑》，康熙后期，福建商人与江西商人一起，收买土产葛夏布匹，前往杭州北新关报税入城，报牙发卖，北新关给发小票，明确税率，商人称便。宝山县江湾镇出产刷线布，雍正间销路畅达，"粤商争购，务求细密，不计阔长，需棉少而布价昂"。嘉定黄渡镇，直到道光之季，"里中所产土布，衣被七闽者，皆由闽商在上海收买"，当地布商为打破闽商垄断，自收自运由海道销布至福建。道光《乍浦备志》卷六《关梁》专门提到"置办出口之装载布匹者闽广船"，说明广东、福建一直依赖输入江南布，并且几乎全是由闽商、粤商经营的。

福建在与江南的贸易中支付了大量的白银，白银流出过多，闽人也要考虑以输出商品来平衡江南贸易。于是，许多商人将福建各种土产运往江南销售，除此之外，外地商人入闽，如果只带白银回去，他们只能获得商业买卖中一趟的利润，倘若在福建采购各种商品，他们便能获得两趟的利润。因此，入闽商人多愿采购各种土产，这也造成福建商品的北流。

乾隆四十年前后浙江巡抚三宝奏报，闽广商船"所载进口货物不过糖、靛、果品、杂货，出口转置亦惟绸缎、布匹、药材等物"，从江南携带棉花"赴粤货卖者，亦不过酌带十之一二"。[15]可知从沿海北上的南船，向江南输出木材、糖、烟、靛青、纸张、胡椒、苏木、药材、笋干及各种鲜果、海货、洋货等，向闽广地区运回丝绸、粮食、棉花、棉布、酒及各种工艺品。福建、广东商人以上海、乍浦为终点，或以上海为中转站，大规模从事华南与江南、华北、东北的商品贸易。由松浦章依据《历代宝案》中记载的失事船只的统计可知，自康熙四年到咸丰四年，由福建各地到江南的失事船只有 5 只，装载红白糖、苏木、杂货等；从江南到广东澄海和潮州的失事船有 2 只，装载棉花、布匹、豆饼、米、豆等货。乾隆十四年，福建兴化府船商吴永盛等在台湾装糖到上海，又装茶后往关东买瓜子等货物。同年泉州府船户陈得昌等20人前往转至辽东贸易。[16]黄蟾桂《晏海渺论》记，嘉庆十四年六月，"澄海县界客船陆拾余号，各装糖包，满载或三千包，或四千包，连船身计之，一船值银数万，将往苏州、上海等处"。仅此一行，价值即达百万两。嘉、道年间，潮州糖商前往江南途中遇风出事者就有好几例。[17]

福建输往上海的商品有水果、糖、木材、纸张、蓝靛等项。

水果类：福建输出的水果以荔枝、龙眼最为著名。自明代开始，龙眼干已是福建出售的主要商品之一。兴化桂圆远销的省外最初是浙江，称"行浙江"，以后销至宁波、温州、南京、上海。兴化桂圆每年出口量，"大约沪占70%（包括由沪转运往南京、杭州、金华、兰溪等地），甬占20%，榕占5%……上海有行号四、五十家"。[18]这些行号都是专营桂圆批发业务的，另在上海福建中路郑家木桥和小东门处，有兴化人开的北货店兼营桂圆门市者尚不计在内。在荔枝、龙眼二果中，焙干行销的主要是龙眼。在中国人看来，龙眼干是温补的食品，冬天食用龙眼干，有利于身体健康，所以，福建龙眼干在国内销路极好，它也是福建销往江南的主要商品之一。

柑桔的输出量也不少。清代初年的王胜时说："柑桔一类，俗以黄者为柑，丹者为桔，闽产为天下最，清漳尤称佳。先朝盛时，闽桔之美，达于京师。岁时传柑，非此不乐。"[19]这都反映了漳州乳柑在国内市场上的地位。上海三山会馆便是果桔商人会馆。

中国曾是世界重要产糖国。中国的福建、台湾、四川、云南、广东及广西等省份，皆适合甘蔗生长，而以福建、台湾和广东产糖最多。自元明起，福建人便掌握着制造优质白砂糖的技术，福建、广东和台湾三省也拥有外销的良港。中国的糖、尤其是福建的白糖曾畅销天下。粤商也曾在这个行业与闽商并驾齐驱，两省比较，广东糖业盛于17世纪中期，产量甚至超过福建。[20]但17世纪上半期闽糖多于粤糖，中国外运的糖多来自于福建。"当极盛时代，糖产不仅可以自给自足，且有巨量运输国外，近如南洋一带，远如欧美各国，莫不有华糖之踪迹。"[21]福建糖商驰骋西太平洋近300年。直到19世纪中叶以前，糖仍然是与茶、丝等同为中国最大宗的外销品。道光时人们就指出，江苏以北数省所需用糖，都是由闽广沙船运至上海后转运的。[22]鸦片战争前，中国的食糖集散中心在乍浦。闽广糖的销路主要在江南，按清中期江南2 000多万人口计算，每年输入上亿斤糖是必需的。上海则是广东、福建和台湾食糖的一级营销市场。明清时期，每年自闽广等地运沪的糖霜约50万担。闽粤大船，每年二、三月间，载糖霜来卖，秋则载棉花而归，闽粤人称"糖去棉花还"。当时江南一带往往有"闽粤糖船"之说，上海有专门为闽粤商人收买花衣的洋行（指代理南洋物产和行号），上海城东因此形成"洋行街"（今阳朔路）。闽广的糖、纸、茶、胡椒、海产等，也经由上海转销长江各埠，换取所需的米、豆、棉、丝等商品。鸦片战争后，洋糖的冲击，再加上中国制糖业本身技术停滞不前，中国糖业迅速衰弱，洋糖进口已成不争的事实。不过，甲午战争以前，中国的食糖有进口也有出口，进出口相抵后，中国食糖还是出超的。当时台湾省的淡水、打狗（台南）和福州、汕头等地，是食糖出口的主要口岸，上海在开埠后以其优越的地理位置迅速取代乍浦，成为中国重要的国际性商埠，为食糖进口的重要口岸，中国糖业中心也随之向上海转移。[23]不少福建商人长年从事上海、台湾及闽、浙间以蔗糖为主的海运贸易，如福建沙船世家郭氏、上海巨商张元隆等，皆资本雄厚。[24]

茶杉纸棕及泽泻、水仙等山林特产，也是上海城市所需要的商品。康熙《漳浦县志》谈到水仙："土产者亦能着花，然自江南来者特盛。"[25]

江南有着发达的造船业、闻名天下的木器制造业、十分考究的建筑业，以及工程浩大的海塘等水利设施，木材需要量极为庞大。明清之际，江南的木材取自地比较广泛，其中湘、川、贵及福建是最重要的供应地。[26]清代开海后，由海路而来的福建、浙东的木材输入地位上升。清中期后福建成为江南输入木材的主要来路，"来自福建者什九，来自本省温州者十之一。来自福建者多佳，大率俱系杉木，其大料间有杉木长至八九丈者，一律建货。惟松板则来自温州云"。[27]咸丰年间，上海设立木业公所，商人"领有牌照，赴闽采运来沪"。[28]据日本人调查，清末民初，上海市场上的福建木材后来居上。除进口洋木，主要是福建木材，在所调查的39家木材行号中，有27家经营福建杉木板。[29]

蓝靛。明清有"福建之蓝甲天下"的说法。江南丝绸棉布生产者，需用大量蓝靛、苏木等作染料，明清时期江南靛青主要由福建、江西、两湖输入。靛青主要是来自福建，苏木主要来自广东。民国《上杭县志》谓："前清嘉、道以前，邑人出外经商，以靛青业为最著。据赵志物产云，本邑之种蓝者其利犹少，杭人往南浙作靛，获利难以枚数。此乾隆初年事也。故江西、浙江、广东及上海、佛山、汉口等处，于总会馆外皆有上杭会馆，当时商业发达可知。"[30]这段史料说明，清前期上杭商人主要利用邻近的浙南地区出产靛青的有利条件，大力经营靛青业，活跃于全国重要都会之地，建有县级会馆。建汀帮中之汀州府长汀县、上杭县商人，在江南以经营靛青为主。上海靛业早就兴起，但乾、嘉时期靛市集中在乍浦镇，上海则直到道、咸年间据说仍未兴盛，同治以后，靛市十倍于昔，汀州商人联合各地同业建立靛业公所。[31]

纸张。明清产纸最盛的地方是江西、安徽和福建。一开始，福建纸质量并不上乘，只以价廉取胜。明清福建的竹，以其更低的成本，替代楮树，成为造纸业采用的主要原料之一，福建很快成为中国最大的竹纸产地，顺昌之纸行天下。江南有着独步海内的刻书业、笺纸加工业，是纸张的主要消费市场。福建《光泽乡土志》记载："北乡白联纸，本境销不满万，余皆由陆路出云际关，运销河口、天津、湖广、上海等处，每岁约十余万担。"[32]

茶叶贸易。晚清上海是全国三大茶市之一。福建茶以品多质优著称。中国出口茶叶的产区大都靠近上海，福建虽远离上海，但武夷红茶运到广州出口须2周或2个月，而运至上海，则一般只需28天左右。[33]

从福建向上海输出的商品中可清楚地发现，福建与上海的商品流通，不仅仅局限在各自需要的范畴，尤其是近代以来，上海以其优越的地理位置，成为中国内外贸易的集散中心和重要港口，上海已不单单是福建许多商品的一级营销市场，还成为许多商品的转口或出口地。如红绿茶，上海的收购成本就比广州低，上海距离当时中国出口大宗商品棉、生丝等的产地很近，河流四通八达，只须"花五六元就可雇一条小船运80到100包生丝(到上海)"。[34]事实上，鸦片战争后，中国的贸易重心由广州移往上海。因此，在上海向福建输出的商品中，上海更多的是扮演着一个中转站的作用，许多商品并非产自上海本地，上海与福建的商品交流，实际上是江浙与福建的商品交流。江浙许多商品在福建非常流行，而闽商也是通过这一渠道将海外流入的白银流向江南。江南奢华的生活方式对福建极有影响，故江南的商品在福建也非常流行。

三、沪闽帆船贸易中的闽商

在清代沪闽的商道中，活跃着不少商帮的身影，他们中不仅有福建商人，也有广东商人、徽州商人和江浙商人，并且不断有其它各地商人加入，然而，福建商帮是主要参与者和获利者。

通常我们所说的福建商帮，是指明清时期以海商为主体的福建商人群体。它初兴起于晋唐，经过宋、元两代的不断发展，而全盛于明清时期。[35]明清两代的福建商帮，素来以从事海上贸易而引人注目，声名远播海外。其实国内市场也是他们非常重要的活动领域，可谓是山海兼顾的一支商帮。明清以海商为主体的福建商帮，更多的是依托本省的小商品生产，从事异地贩运的商业活动，然后根据情况深入到零售、金融等领域，因此福建商帮可以根据福建的地域、所运销的商品划分类型。福建商帮中最有影响的是闽南商帮、福州商帮、兴化商帮，同时还有龙岩、汀州、永安、福安、延平、闽清、永泰等地的商帮。闽南商帮历史悠久，影响巨大，其特点是以家族为核心向海内外渗透，在向海外贸易时形成了具有垄断性质的海商集团，并积极争取得到官方和乡族势力的支持。

上海闽商与同时期活跃在国内外市场的福建商帮的活动密切相关。作为福建商帮的一部分，上海闽商是从经营东南沿海的埠际贸易起家，因此是一个流动性比较大的群体，他们中有一些是把上海作为他们经营的重要目标市场，几代人在上海安营扎寨，也有不少闽商，其家族的活动范围是在福建、东南亚和上海之间，由于这样的缘故，他们可能主要时间或一段时间在上海从事商业贸易活动。

上海闽商所从事的行业有一个变化过程。开埠前后，上海闽商主要经营食糖、豆米杂粮、棉花、棉布、丝、木材、烟草、纸张、靛青、花木、海味杂货等商品的贩运业。其中福州商人主要从事木材、花木、洋货南货、果桔等，是清代向江南输入木材特别是福建木材的主力；泉漳商人在上海与家乡之间主要从事生丝丝绸、棉花棉布、蔗糖等船运贸易，是向家乡输入棉花、绸布而向江南输出蔗糖的主力；建汀商人特别是建宁商人以纸、棕二业为最大宗行业，汀州府商人在苏州乃至江南主要是上杭帮和永定帮，经营纸张书籍、烟业等，是向江南输入纸张特别是闽纸的主力，该帮商人在上海和乍浦海口以经营靛青为主，是向江南输入“福靛”的主力；兴化商人主要经营桂圆、荔枝、烟草、烟丝等业。沿海帆船贸易衰弱后，上海闽商是上述这些商品批发代理的大帮。

上海不少的福建会馆，一度以从事海上贸易的商人会馆最为富丽堂皇。上海最早的福建会馆为泉漳会馆，它建立的时间为1757年，这在上海众多会馆中也是比较早的。泉漳会馆中的商人是上海闽商中最活跃、最有影响力的商人。从几次兴修泉漳会馆碑记可知，早期的泉漳会馆的团体会员大多为船户，道光年间与咸丰年间的两次重修，捐户中前者97家，其中有45家是船户。后者捐户84家中有71条船。[36]道光二年(1822年)碑示，会馆一度由“福建商船户”主持。[37]这些都说明，会馆一度以埠际的贩运贸易商人为主。

点春堂，俗称花糖洋货公所，一开始也是闽商会馆，1825年由福建汀州、泉州、漳州三府花糖洋货商人集资公立。[38]其址在今豫园内东北隅。明清两代，蔗糖销路很广，闽商一般从福建，之后更多的是从台湾运糖到上海，动辄数百万金，也会夹带南洋海味什货和福建干果，于是“点春堂”先是汀、泉、漳商人的同乡会馆，逐渐发展为海味业、糖商业、洋什货业等的同业组织会址。1853年上海小刀会起义爆发，点春堂卷入其中，成为小刀会起义福建首领陈阿林的指挥部。1855年，清军镇压小刀会，点春堂遭到严重破坏。1860年又被洋枪队借驻，并建造洋楼。据上海市糖商业同业公会留下的资料可知，同治年间，“上海县以豫园迭遭兵燹，筹款善后，乃将邑庙豫园公地，召集各业分业认购，承粮管业，借以保存古迹”[39]。上海市海味杂货商业同业公会资料则记载，咸丰十年(1860年)，糖商、海味商和建帮花糖商与借驻点春堂的法军商议，出资二千两，作军队撤离和建造洋楼之费用，最终赎回了点春堂，其中糖商出资一千两，海味商、建帮花糖商[40]各出资500两，因此海味商得到点春堂25%的产权，“逐步形成本会组织雏形”。同治初年，海禁大开，糖业与海味业经营都大大扩大，同治十年(1871年)，三帮正式“各树一帜”，海味业初称“点春堂商会”，光绪末年改称“点春堂洋货同业”[41]，尽管两者材料稍有不同，但糖业、海味杂货和建花业共同拥有点春堂的产权是毫无疑问的，只是共同拥有起始于什么时间尚不能肯定。但至少我们可以这么认为，上海小刀会起义尘埃落定后，点春堂的同乡组织特色减弱，行业特色愈加突出，糖业与海味业同业组织的分道扬镳已成趋势，建花业则衰弱。花糖洋货商一分为三，而“糖业公所”和“点春堂洋货同业”分别成为糖商业与海味杂货两业同业公会之雏形。民国以后建立的上海市糖商业同业公会和上海市海味什货业同业公会都与“点春堂”有渊源关系，这也是点春堂有时亦称海味公所或海味业洋货公所的缘故。

民国以前，建汀会馆也是一所比较兴旺的闽商会馆。它是由福建建宁、汀州纸、棕业商人所建。建宁、汀州处在闽西，山林资源比较丰富，纸棕业一度行销沪上，不少上海闽商专门从事沪闽的纸棕业，纸棕商也相当富有。同治初年，在今福州路云南路口还有一座三山会馆，亦称三山公所、三山福宁会馆，是由福州、建宁果桔商人所建。会馆会员多为进行果桔贩运和买卖的果农或在沪经营又无字号之果商。果桔是有季节性的，因此，他们在会馆中的活动也是有季节性的。兴安会馆则是清乾隆年间，由福建兴安籍经营桂圆、黑枣和檀香的商人所建。

显然，几所主要的闽商会馆所聚集的商人，更多的是善长于长途贩运的商人群体，在上海逐渐成为江南重要口岸城市期间，他们在华南与江南的区域贸易中扮演着重要角色。

注释：

① 福建省福州市马尾区方志编纂委员会编:《海上运输》,《马尾区志》第六篇,方志出版社,2002年。

② 泉州市地方志编纂委员会编:《交通·航道》,《泉州市志》卷九,中国社会科学出版社,2000年。

③ 漳州市地方志编纂委员会编:《水运·航线》,《漳州市志》第二节,中国社会科学出版社,1999年。

④ 厦门地方志编纂委员会编:《水路·运输》,《厦门市志》第四节,方志出版社,2004年。

⑤ 金端表:《刘河镇记略》卷3,《创始》。

⑥ 齐彦槐:《海运南漕议》,《清经世文编》卷48,中华书局,1992年。

⑦ 中国人民银行上海市分行:《上海钱庄史料》,上海人民出版社,1960年,第6页。

⑧ 谢占壬:《海运提要序》,《清经世文编》卷48,中华书局,1992年。

⑨ 徐晓望:《妈祖的子民》,学林出版社,1999年,第135—136页。

⑩ 林子燮等:万历《福宁州志》卷10,《杂纪志,祥异》,《日本藏中国罕见方志丛刊》,书目文献出版社,1990年影印本。

⑪ 陆以载等:万历《福安县志》卷9,《杂纪,岁饥》,《日本藏中国罕见方志丛刊》,书目文献出版社,1990年影印本,第215页。

⑫ 魏敬中纂:道光《福建通志》卷52。

⑬ 吴伟业:《梅村家藏藁》卷10《诗后集二》,《四部丛刊初编》。

⑭ 褚华:《木棉谱》,《昭代丛书·庚集》卷49。

⑮《宫中档乾隆朝奏折》第39辑《三宝折》,第109页。

⑯《历代宝案》第5册,台湾大学印行本,第2711—2722页。

⑰ 松浦章:《清代潮澄商船的沿海活动》(松村润先生古稀记念),《清史论丛》1994年第3期。

⑱ 蔡鑫耀:《兴化桂圆》,《福建工商史料》第3辑,1988年。

⑲ 王胜时:《漫游纪略》卷1,《闽游》,江苏广陵古籍刻印社笔记小说大观本,第5、6页。

⑳ 余也非:《中国古代经济史》,重庆出版社,1991年,第732页。

㉑《制糖工业报告书》,中国经济档案,卷号:04—149

㉒《筹办夷务始末》卷27。

㉓《上海市糖商业历史纪要》,上海档案馆,编号:S352—3—1。

㉔《新民晚报》1983年2月25日。

㉕ 康熙《漳浦县志》卷4,《风土》下。

㉖ 李伯重:《明清时期江南地区的木材问题》,《中国社会经济史研究》1986年第1期。

㉗ 颜希琛:《闽政领要》卷中,《各属物产》。

㉘ 民国《上海县续志》卷3,《建置下》。

㉙《支那省别全志》第15卷,《江苏省》,第8编第1章。

㉚ 民国《上杭县志》卷10,《实业志》。

㉛ 上海博物馆图书资料室编:《上海碑刻资料选集》,上海人民出版社,1980年,第371页。

㉜ 邱豫鼎:《光泽县乡土志略》,光绪32年(1906年)铅印本。

㉝ P. Fortune: *AJurneY to the Countries of China*, p262—270. 转引自《上海对外贸易》

(1840～1949)(上册),第 27 页。

㉞ 阿礼国:《关于上海生丝贸易的报告》,载《北华捷报》1850 年 11 月 16 日。

㉟ 参见张海鹏、张海瀛主编:《中国十大商帮》,黄山书社,1993 年,第 276 页;甘满堂:《明清时期福建商人在国内活动探略》,《福建论坛》1998 年第 2 期。

㊱ 上海博物馆图书资料室编:《上海碑刻资料选辑》,上海人民出版社,1980 年,第 235—244 页。

㊲ 上海泉漳会馆编辑部编:《泉漳特刊》,1948 年,第 8、10 页。

㊳ 吴馨:民国《上海县续志》卷 27,文庙南园志局,1928 年。

㊴《上海市糖商业历史纪要》,上海档案馆,编号:S352—3—1。

㊵ 亦称建花业,在沪闽间贩运棉花、食糖的福建商人。

㊶《上海市海味杂货商业同业公会》,上海档案馆,编号:S349—1—1。

Galleon Trade between Shanghai – Fujian and Fujian Merchants in Shanghai during the Qing Dynasty

Abstract: In the commercial structure of Shanghai during the late Qing dynasty, the intercity galleon trade along the coastal was crucial. Fujian local chronicles revealed that there was a rich record of merchandise trade between Fujian and Shanghai. Rice, cotton, silk shipped from Shanghai to Fujian and tobacco, sugar, wood, paper, etc. Fujian outputted to Shanghai, constituted the main content of galleon trade between Fujian and Shanghai. On the commercial route between Shanghai and Fujian during the Qing dynasty, many merchants of different provinces left their active figures, of them not only the Fujian merchants, but also the merchants of Guangdong, Huizhou, Jiangsu and Zhejiang, and constantly had other provinces merchants to join among them, however, the Fujian merchants were the main participants and gainers.

Keywords: Fujian merchants, Fujian merchants in Shanghai, Trade between Shanghai and Fujian

1930 年代的水陆联运

顾宇辉*
（上海中国航海博物馆）

摘　要： 1930 年代，南京国民政府交通、铁道两部曾主导举办历时数年的水陆联运，至全面抗战爆发前，全国基本形成以国有铁路为基线，以国营招商局为协办主体的水陆联运网络。联运期间，围绕联运操作层面的问题，国有铁路与国营航业（招商局）及民营航业参加水陆联运的问题，航权挽回的问题，联运协调管理、利益分配等问题进行了有益的历史实践。

关键词： 1930 年代，水陆联运，国有铁路，国营招商局，民营航业

南京国民政府成立后，为整顿和发展饱受战争摧残的交通运输事业，1930 年代曾大力推行铁路与轮船进行水陆联运。该项联运，在全面抗战前曾持续数年，对当时的交通运输事业影响深远。而在研究领域，对该问题的关注程度与其实际的历史影响不相匹配。以往对南京国民政府 1933—1937 年间的水陆联运概况缺乏整体性研究，已有的相关研究成果中既没有对水陆联运的历史作整体概述，也没有对当时交通、铁道两部举办水陆联运相关政策的施行状况进行解读，对联运过程中出现各类问题亦鲜有探讨。迄今为止，以笔者所见，对水陆联运的研究，除了民国期间一些学者、政府官员（主持铁路联运、水陆联运的官员）所作的叙述性、倡导性的论述外，后人少有专文论述。①

有鉴于此，为对 1930 年代的水陆联运进行全面深入的探讨，在史料运用方面，本文主要依据交铁两部公布的《交通公报》、《铁道公报》来解读相关联运政策颁布及调整的状况；利用上海市档案馆所藏有关当时上海市轮船业的行业组织——上海市轮船业同业公会相关档案及各铁路公司发行的报刊，考察水陆联运政策的施受对象（各航业公司及铁路公司）的应对举措。通过个案研究看水陆联运举办过程中出现的问题及政策的调试。

对水陆联运进行研究，我们能够更好地了解此种运输方式的历史演进、

* 作者简介：顾宇辉（1984—　），男，任职于上海中国航海博物馆学术研究部，研究方向：近现代航海（运）史，近现代交通史。

联运过程中出现的问题及应对、影响和实效，进而了解当时交通运输事业发展的状况，从一个侧面探讨南京国民政府的交通经济政策。

一、水陆联运的变迁

现代交通经济学认为"水陆联运"即水路和铁路货物联运，"它是两种不同运输方式根据同一运输计划，遵守共同的联运规章，采用共同的运输票据，联合完成货物的运输"。② 具体而言，即水上的船舶和陆上的火车（或汽车）进行联合衔接运输的一种形式。近代，国内各种交通运输方式（铁路与轮船、铁路与公路、公路与轮船、铁路与航空等）的联络运输的开展时有发生，各种交通运输工具本身既有竞争又有合作，联络运输的开展其实正是双方为减少竞争、加强合作的一种表现。本文主要探讨它们当中的一种联运方式即水陆联运（时人亦有称"海陆联运"，主要是指轮船与铁路间的联运）。1933 年之前的水陆联运归纳起来主要有两种联运方式，一种是轮船与铁路间的自发联运，另一种是由政府主导的水陆联运。

（一）轮船与铁路间的自发联运

轮船企业与铁路公司基于经济、便利的原则，在各自运营过程中根据客货运输市场的需求自发开展联运。此种联运形式无论是在清末，还是在民国初年以至 20 世纪 30 年代政府主导联运时期，都不曾间断过。此种联运方式，我们可从当时各路船公司刊登的联运广告及报刊的报道中窥其一斑：

东北地区：1904 年，东省铁路轮船公司："凡运至东三省各处之货，由申装本公司轮船往青泥洼转铁路运至营口、辽阳、奉天、盛京、吉林、宽城子、盖平、哈尔滨、齐齐哈尔、海城、满洲等处，四通八达，共有九十八埠。一经装落本公司轮船，当立轮船铁路直头提单。所有轮船铁路上落各货，无不照料妥当，水脚运费均计在内。在申或至该处付给，均随客便。"③ 1920 年，东省铁路公司与戊通航业公司曾办水陆联络运输，双方签订联络运输合同后，自次年开江后办理。当时双方对于联运运货区域、铁路与轮船运费的核算价目及交纳情况均作了详细规定。④

长三角地区：1907 年，嘉定通济公记轮船局与沪宁铁路车务处订立合同，彼此联售航车客票。⑤ 1909 年，苏路公司开往平湖松江间轮船曾发广告说明该路办理水陆联运的情形："本公司因便商起见，特招利济公司自备坚快小轮，逐日往来平湖松江，经过新埭、四浦、塘洙湿、氽来庙等处，凡蒙绅商惠临，可由上松各车站及各埠利济轮局购买火车轮船联票，以便直达，而免周折，准于四月初八日开班，特此布告。"⑥ 1911 年，新开通利嘉苏轮局联运开班广告："本局特备坚快轮船，拖带公司船行驶嘉兴、王江泾、平望、八坼、吴江、苏州，定于三月十九日开班……与浙路公司订立连带车票，以便乘客往来杭枫之间，并拟择日续开苏湖、杭湖、嘉湖等处，而便行旅，特此通告。”[⑦] 1926年，太仓娄琴火轮公司致函当时的沪宁铁路局商请发售太平船联票，并要求每日由沪开之七次上行车，在恒利站停靠。如此，往来太仓可免绕道昆山。铁路局对此赞同，并拟定联运合同、规订价目。[⑧] 常熟常青车船联运公司亦与沪宁铁路局订有联运合同。[⑨] 1926年，昆山克记青张轮船公司与沪宁铁路局订立联运合同，发售由上海至湘城及冶长泾、南桥、吴塔、张家甸各处来往联票，是年8月10号起实行以青阳港轮埠为联运交换地点。各处联运价目分别为：(1)上海至湘城，三等铁路收四角五分，轮船收三角，共七角五分；四等铁路收二角五分，轮船收二角，共四角五分。(2)上海至冶长泾、南桥、吴塔、张家甸三等铁路收四角五分，轮船收四角，共八角五分；四等铁路收二角五分，轮船收三角，共五角五分。[⑩] 1929年，上海曾有人专门成立中国水陆联运公司，负责运驳货物、兼代人报关。当时该公司曾备海华轮船一艘，行驶沪扬航线，专载客货，船泊十六铺码头。[⑪]

此外，1922年，一战之后重返上海的德国亨美轮船公司代表与虞洽卿的三北轮船公司代表曾签订联运合同，规定亨美轮船公司由德国运抵上海而须运往长江各口岸的货物，悉由三北轮船公司承运。[⑫]

(二)政府主导型的水陆联运

近代政府主导型的水陆联运始议于宣统元年(1909年)，是年六月二十五日邮传部曾致电上海招商总局，略谓“商局航业，自应以设法筹增进款、招徕输运为要策。……本部管辖铁路，本属专利营业。惟航业分利者多，亟宜择与江海相通之铁路，联合输运，议定合同，以免他家搀越”。并制定联合各路路线，开列于下：

1. 由上海至营口转运奉天；
2. 由广州至营口转运奉天；
3. 由上海至天津转运张家口；
4. 由上海经铁路至镇江南京转运汉口，直达北京。

以上四条联运线路，往来各在该局发售客货票据，并指出轮路联运，“在路局无甚出入，在商局则可隐夺他公司之利，于商局进款裨益实多”[⑬]。当时，邮传部对于轮路联运可能出现的问题亦有提及，如行李收费与否、码头与车站距离远近、货物上下驳力的经理等。

从此份电文看，邮传部意即通电上海轮船招商总局知晓其力主提倡轮路联运事宜，并就联运具体事宜征求招商总局的建议。至宣统二年(1910年)，邮传部规定水陆站线共四条，如上述前三条没有改变，第四条具体规定为“由上海经铁路至镇江南京转长江轮船至汉口”。

上述四条水陆联运线路实为我国水陆联运嚆矢，四线联运开办后，将路船速度提高，改订火车时刻表，使两种交通工具尽量衔接。当时招商局特派江新、江裕两轮为长江联运专轮，提早班期，并饬沿岸赶紧装卸，以缩短船舶停泊时间，增加轮船马力，力求与火车时刻衔接一致，此即长江联运的发轫。海陆联运方面，在营口由当时奉省当局设置趸船以便上海、广州轮船装卸。宣统三年（1911 年）津浦路划分浦口车站码头，准招商局轮船免费停靠，轮路联运，方便客货上下。后因辛亥军起，不幸中止。

因种种关系，上述联运在辛亥革命后先后废弛。1912 年虽有沪宁铁路局与招商局议订的联运合同，但后来并未施行。

1913 年，交通部鉴于当时国际联运推行，积极推进国内铁路联运，曾饬京奉（后来的北宁）、京汉、京张（后来的平汉、平绥）、津浦、沪宁五路，会商联运办法，此即国内铁路联运的发轫。

1914 至 1915 年间，各联运铁路曾邀请招商局加入，以开展水陆联运，然因当时时局不靖，未能施行。1914 年五路联运会议预定在 12 月 15 日在上海召开，各铁路局曾令各路对联运会议提交相关议案，当时京汉铁路局曾拟提案七款，其中一款即“国家铁路与招商局轮船联运旅客”。[14] 12 月 15 日，五路联运会议在上海沪宁铁路管理局召开，“铁路与轮船联运办法”正式列入议案大纲。[15]

1916 年 12 月 4 日，交通部召开交通会议，当时曾有人提出“水陆联运案”[16]，18 日、23 日的交通会议对水陆联运案亦有讨论。[17]

1918 年，北京交通部订立中日联运规章，指令津浦路与京奉、京绥、沪宁、沪杭甬等路正式加入，增订中日包裹联运及铁道轮船联运办法。1923 年胶济、正太路相继加入，1927 年因日本制造“济南惨案”，中日联运遂中止。[18]

具体到胶济路，1913 年，中日两国订立中国上海至青岛线、胶济路、南满铁路与日本的旅客联运合同，当时加入联运的轮船公司以日本为限。1917 年中日复办包裹联运。[19] 1923 年 7 月，胶济路接交通部联运处函，嘱筹备加入中日旅客联运。于 1924 年 1 月 1 日开始实行，当时胶济路开辟联运站点为青岛、大港、高密、坊子、潍县、青州、张店、周村、黉山、博山、济南等十一站。该处联运施行后不甚发达，后无形中停止。[20]

1920 年，第 8 次联运会议，通过路轮联运办法，发行中国周游票，其中汉口至上海路程，由轮船承运。当时轮船公司除招商局外，还有怡和、太古及日清各公司。后因联运清算费时过久，各轮船公司深表不满，经商议就近由京沪路代办。

1928 年第 14 次联运会议，议决厉行水陆合作。是年曾试办招商局与陇海路办理海州货物联运，颇见成效，旋因时局变动，即行停止。

1928 年北宁铁路为发展业务起见，积极开辟葫芦岛为商港，以期包揽大连之运输。但是当时葫芦岛港口尚未竣工，为此，北宁路将出口货运，招揽至营口。故 1930 年该路曾与招商局订立联运合同，以营口为衔接地点，并规定起讫地点，在轮船方面，曾经设立的分局各埠或代理处，均为联运埠；在北宁路方面各负责站及与北宁路联运各路各站，均为联运站。可惜双方联运约章刚订，“九一八”事变爆发，此项联运遂终止。

除上述交通、铁道两部有关水陆联运的倡导、推进外，有些地方政府对于其推进亦不遗余力。1928年，广西省建设厅召开会议时，就有人曾提出"筹备水陆联运以利旅而便运输案"，当时提案人凌鸿勋指出："长途货物输运，贵在水陆衔接，直接通行，若无直接之联络，舟车乏开行之定时，则货物停候耗时，无以应市场之需要，辗转装卸，耗费尤多，成本因之更重，陆上运输，尤贵以原载之车装运到达，以省沿途装驳之烦，应于本年度内筹备联运之实行，俾水陆及陆与陆间衔接灵便。"[21]此提案经议决通过，并交建设厅交通处拟具办法施行。

二、1930年代水陆联运政策的选择及概况

(一)水陆联运政策的选择

1.水陆联运方式选择的可能性与多元性

创办水陆联运的方法，一般有三种：路航合作，铁路自置船舶办理，铁路租船办理。前者，由于航业(特别是中小民营航业)规模有限，组织欠佳，航行时间不易确定，双方开展水陆联运亦不易。后两者在当时由于各铁路自身经营状况好坏不一，资金筹措不易，购船用费较高，一路有时难以承受，数路联合办理，又牵涉利益分配问题。另外，开办水陆联运后对铁路现有业务的开展会有竞争，因而有些铁路对此积极性不高。租船办理，费用较之自办为低，但是租金的变化，租船契约订立稍有不周，容易产生纠纷。如租用外商轮船，汇率涨落，租价不易确定。

1933年，时任铁道部业务司司长兼联运处处长的俞棪在《整理全国铁路联运业务计划书》中认为："我国国营水运机关仅一招商局，欲求水陆联运，理应由各路与该局订立合同，从事联运。"根据1931年国内联运会议上议决的《水陆联运大纲》12条，详细拟定了胶济陇海办理大浦、青岛、上海间水陆联运的办法。详尽列举各路局与招商局协办，或铁路购轮船自办的利弊得失，最后指出由陇海胶济两路合办最为经济，并就两路合资并办联运拟定计划。[22]对于水陆联运的开展，当时无论是官方还是民间均有较高呼声。学者型官员王洸就指出水陆联运的利处有四：①水陆竞争，可消除畛域；②水陆运价，可免过昂过廉；③客货搬运，可免手续之繁冗；④水陆联运，因种种便利，货运必然增加，轮路两局之营业，均受利益。对于如何联运，并拟定数条联运办法大纲。[23]

李国杰在主政招商局时亦提出过兴办海陆联运，南洋方面，计划招商局与经过南洋各大埠航线的华侨组织之船公司进行联运；北洋方面，则至海参崴与俄国商务舰队公司办理联运；远洋方面，联络美国大来轮船公司，商订华洋联运办法。[24]

2. 路轮协办联运的选择及其原因

基于对各种联运方式优缺点的综合权衡后，交通、铁道两部举行的水陆联运最后主要选择的是以路轮协办的方式进行，此种选择亦是多种因素叠加影响的结果。

1）水陆联运的政策渊源

以往研究多强调招商局收归国营，为国民政府稳固经济军事实力计，其实当时，政府此举有其深层次的政策渊源。这种渊源可以上溯自孙中山的"大实业"国有思想和"节制资本"的理论。早在1912年他就指出："国家一切大实业，如铁路、电气、水道等事务皆归国有，不使一私人独享其利。"[25]"民国政府拟将国内所有铁路、航业、运河及其他重要事业，一律收为国有。"[26]其节制资本的理论包含既要发展资本主义，又要避免垄断资本主义的产生，从而防止发生贫富两极分化。这种理论的实质就是要发展国家资本主义，借助国家政权力量为资本主义发展创造有利条件。为了发展国家资本和振兴实业，孙中山曾于1919年提出一项宏伟的《实业计划》。对于国营的范围，该计划中进行了详细描述，概括起来就是以交通运输为重点，以农矿和钢铁原料为发展的基础。并指出："予以计划，首先注重于铁路、道路之建筑，运河、水道之修治，商港、市街之建设。"[27]

国民党1927年执政之后，为贯彻和践行孙中山的国有经济思想和理论，国民政府先后建立了一些经济方面的职能部门，制定了经济建设计划。1928年国民党中央政治会议通过《建设大纲草案》，该草案对《实业计划》曾拟定过专门的实施时间表。[28]1930年3月，召开三届三中全会通过《关于建设之方针案》。该方案指出："以言需要，则敷设铁道、改良水利，经营工业，开发矿产，扶植农商，均为目前迫切之图，所刻不容缓者也。惟其中如铁道、水利、造船、制铁、炼钢等伟大之建设事业，依总理节制资本之义，宜由国家经营之。"[29]有基于此，南京政府在统制金融的同时，开始在军工、工矿、商业、交通各部门建立国营经济。具体到航业方面，1928年交通部设立航政司，管理航运行政、船舶海事及海员等项事务，至此，中国始有正式的航政管理机关。1932年，南京国民政府将招商局收归国营后，划归交通部管辖。因此，国有或国营已经成为当时南京政府一种必然的经济政策取向。

2）招商局方面：国营后政府亟需整理提高

1927年，南京国民政府成立，为扩充在经济和军事方面的实力，开始对自民国以来一直商办的招商局进行收归国有政策。在正式国营之前曾经过一官督整理阶段。此阶段招商局历经清查，政府国有及商股反国有活动，局内主管数易其人，对于此期史实的研讨，以往学界多有涉及，兹不赘言。

官督整理时期（1927—1932年），招商局的轮运虽然有一些恢复，但起色不大。当时，大量轮船抽作军用不能正常营运。由于社会秩序的混乱，各轮走私现象严重。同时因经济拮据，船舶长期不能更新。当时的局内船舶不仅数量少，而且船龄也老。船舶总吨位不断下降，各航线的营运业务逐渐萎缩。官督整理时期招商局一直处于亏损状态。[30]

从1928年始，全国交通会议提出招商局收归国有，此事历经数年，至1932年11月15日，国民政府正式颁布《招商局收归国营令》，此举标志着政府"在组织形式上和法律程序上最后完成了将招商局收归国营的全部过程"。[31]收归国营后由上海商界著名实业家刘鸿生主持局务。刘氏主掌招商局后，"彻底整理、通盘筹划"，采取了一系列整顿局务的措施，其中与铁道部开展水陆联运即为当时的一项重要措施。

3）铁路方面：国内联运会议的延续和实践

由政府主导的国内铁路联运业务开始于宣统元年，自清末至1927年，各铁路线路先后举行过十三次联运会议。南京国民政府建立后，基于对交通事业的国有化政策，联运会议又于1928年、1931年、1933年、1934年先后在南京交通部、南京铁道部及青岛市举行。历届铁路联运会议，对于水陆联运，尤其是与招商局的联运事宜，多有讨论。[32]这里可以看出，铁路与水路（招商局）进行联运，其实是政府大的经济政策布局中的一个环节，铁路部门要拓展业务，接续以往屡次商议的水陆联运，而招商局国营后业务亟待整顿提高，所以，水陆联运进入交通、铁道两部决策者的视野亦是这一逻辑的自然延伸。

4）挽回航权：官方与民间的共识

当时中国的远洋运输几乎为外商垄断，即使在近海、沿江，中国的民族航运业在资本、技术以及经营管理方面均落后于列强诸国。国民政府定都南京后，面临诸多问题，军事上力谋统一，经济上力求发展生产。基于自清末以来国家航权旁落、航运落后的现状，水陆联运这一利于铁路、航业共同发展的形式开始进入官方决策者的视野。同时，民间从事相关交通运输研究的学者、航运业同业组织对水陆联运，撰文呼吁，摇旗呐喊。民间的这些行动无疑营造了较好的舆论环境，也加速了官方对水陆联运政策的出台和实施。有学者认为"运输的至善之境，应是整个运输系统的统制"。[33]据当时海关统计，1933年与铁路连接各港，往来国内进出口船舶吨数显示，上海、南京、芜湖、九江、镇江、汉口、青岛、天津、宁波、厦门、汕头、广州、秦皇岛、岳州、长沙、苏州、杭州等17个口岸船舶吨数计有82 686 706吨，全国计有96 376 983吨，各与铁路相通的口岸船舶吨数占全国船舶总吨数的85.79%。[34]若将这些口岸的国内贸易全部通过水陆联运的方式由民族航运企业承运，无疑对扶助国内航业，打击外轮将起到重要作用。

1931年3月招商局奉交通部令转铁道部咨饬，派员参加第15次联运会议。会议由铁道部联运处提出《邀请招商局加入国内联运案》，胶济路提出《招商局轮船加入联运亟应经由青岛案》、招商局提出《国营招商局与国有铁路管理局协议水陆联运实施计划，以固国营事业基础而利国内运输案》。会议议决《国有铁路与国营招商局联运大纲》12条，大纲主要内容为招商局有优先联运权，联运货物有尤先装运及减低运价权利，时刻表以互相衔接为要，遇必要时得设立联合办事处，其费用轮路双方分担。

1933 年 9 月的第 16 次国内联运会议，招商局派员参加，经过讨论和磋商，议决《国有铁路与招商局联运办法》21 条。此 21 条联运办法，规定了办理联运铁路线路，招商局轮船的航路，各自办理联运的车站及口岸，路轮双方责任的划分，联运价目单拟定，联运运价（费）的收付、结算形式，客商赔偿的处理方式，受客商代理报关、垫付关税的办法，联运单据格式等，[35] 并决定京沪、沪杭甬、津浦、陇海、胶济、北宁、平绥、平汉、正太、道清、湘鄂等 11 路为联运路。招商局与铁道部联运处订立水陆联运合同，1933 年正式签字。未与铁道部签字之前，该局根据历届联运会议成案，先与陇海铁路管理局制订联运细则，于 1933 年 11 月开始，试办水陆联运。翌年，胶济水陆联运继起实行，1935 年 1 月 1 日平汉路、2 月 5 日江南铁路联运均先后实行。1933 年，应民营航业请求参加水陆联运，交铁两部制订《民营航业公司参加水陆联运办法》6 条等。

（二）水陆联运概况

1930 年代的水陆联运，总体上是在政府相关部门的主导下进行的。在这一联运过程中，以国有铁路为基线，以国营招商局为主体协办，至 1936—1937 年基本形成国内铁路轮运联运网络。期间，虽有民营航业、外轮参加联运，但不占主体，只是政府主导型水陆联运的点缀和插曲。

1. 国内水陆联运概况

1）陇海铁路水陆联运

陇海铁路当时贯穿陇、秦、豫、苏四省，东西延绵八百余公里，西起兰州，中经西安、郑县、开封、徐州，东至东海，为当时贯穿中国东西最长的铁路线。西北、中原出产的农副产品，矿产资源，运往上海或转口国外，该路具有重要作用。陇海路于郑州则与平汉线相接，在徐州则与津浦线相连，陆陆联运非常方便。于海路与轮船相衔接，在连云港筑港以前，则有大浦。大浦港在临洪河南岸，距离东海约 18 里，由于该河淤塞，虽常川疏浚，但成效不大。水涨时，水深不过十二三尺，数百吨轮船，虽可勉强入港，但严重影响该路从西部运至的货物转运。部分运销沪粤的货物至徐州后转运津浦，使得徐州以东铁路，功效难以发挥。在海州筑造新港成为迫切需求，后因筑港所需经费过巨，财政难以支撑。为纾解暂时困难，在墟沟、老窑间的孙家山筑临时码头，以供轮路交通。孙家山码头将建时，适招商局向铁道部请求与陇海铁路实行海陆联运，铁道部同意后，双方海陆联运遂开展。

开办初期，由于连云港码头尚未筑成，货物由陇海路运到老窑后，尚须用小轮拖驳至招商局海轮上。[36]

1933 年 11 月 21 日陇海路开始进行水陆联运，该路一经开办即表现出喜人的成绩，据 1934 年的统计显示，自开办后的 16 个月里，陇海线联运进出口货物约计 16 万吨，路局收入约 155 万元，船局收入约 17 万元。[37] 当时《申报年鉴》对此亦有笼统的记载:“而依过去一年之成绩观察,以陇海路联运最为发达,全年约近十万吨。”[38]

陇海招商举办联运以后,颇受客商欢迎,联运货物自货商在起运站或口岸交由联运负责人员查收后,目的地客商可根据联运处开出的货票提取货物,中途无需派员照料货物。时招商局指定四轮定期航行于上海、连云港之间,货物拥挤时指定空轮开往连云港,并划定各站货物自起运抵沪时间。另外,费用上较先前中间转运低廉,货物运输途中如出现问题,依据路船双方划定章程进行理赔。凡此种种较之先前货运,铁路、轮局两方增加了货运量,客商方面因手续简化,运费低廉,而乐走此途。

陇海路办理水陆联运的意义不仅局限于经济效益上,其各项联运活动的开展均具开创意义,当时该路进行联运虽有铁道部制定的《水陆负责货物联运合同》可循,但是合同只是笼统的条文规定,具体到联运的一切办事细则,“既无旧案可稽,亦无陈例可援”,各种货运单据,路、船、商三方货物交接手续及责任的划定,凡此种种,无不是草创,其开创意义不言而喻,陇海路所制定的联运合同经过铁道部修订,便颁定为全国联运通行的规章,上述各种联运单据、办事细则多为其他国营铁路与招商局举办联运相关业务的参酌对象。

表一　陇海铁路海陆联运整车货物运价表[39](1934年7月1日起实行)

陇海线如下各站到达上海金利源码头

整車每公噸

等別＼站名	墟溝	徐州府	開封	鄭州	洛東	潼關
一等貨	五元四角三分	二十二元〇九分	四十一元七角	四十五元〇六分	五十一元一角五分	五十一元五角六分
二等貨	四元五角六分	十四元五角一分	二十四元二角八分	二十五元五角六分	二十八元一角	三十一元八角三分
三等貨	四元四角三分	十二元七角七分	二十一元三角五分	二十二元四角三分	二十四元六角	二十七元五角八分
四等貨	四元一角八分	十一元四角	十九元九角八分	二十元〇九角三分	二十一元七角五分	二十四元九角七分
五等貨	三元九角三分	八元九角一分	十四元八角一分	十五元五角	十七元〇一分	十八元七角九分
六等貨	三元八角一分	六元一角七分	十元〇八角二分	十一元三角八分	十二元七角四分	十四元二角三分

不滿整車每五十公斤

等別＼站名	墟溝	徐州府	開封	鄭州	洛東	潼關
一等貨	三角二分	一元四角一分	二元六角六分	二元八角八分	三元二角六分	三元九角四分
二等貨	二角七分	九角一分	一元五角二分	一元六角一分	一元七角七分	二元
三等貨	二角六分	八角	一元三角四分	一元四角一分	一元五角四分	一元七角三分
四等貨	二角五分	七角	一元二角五分	一元三角二分	一元四角一分	一元九角七分
五等貨	二角三分	五角五分	九角一分	九角七分	一元〇四分	一元一角五分
六等貨	二角一分	三角七分	六角五分	六角九分	七角七分	八角七分

如表一所示，陇海铁路与上海港海陆联运整车及零担货物的整个运价，车费、水脚、码头搬运费等均一并打包，便于路船及客商计算，简化了货运中间程序。

如前所述，胶济路与招商局办理海陆联运之处，因连云港码头尚未筑成，货物起卸尽用驳载，不能发挥路船双方运载潜能，货物常有积存，至1935年9月时，港内码头造就，防波堤亦建好，可同时泊停两轮，货物装运量倍增，联运货水脚从每吨2元涨至7元，招商局联运营业收入日增。招商局为拓展业务遂向法国购置海轮，命名海云，派向该路进行联运。“招商局的全部航路中，要以连云港获利为最优。”[40]

连云港筑成后，招商局即与陇海路筹办连云港至青岛、天津等地联运。1934年12月5日起开始实行(连云港天津线：1934年冬陇海路驻沪办事处与招商局联运股协商办理联运，因天津大沽，冬季水浅冰冻而搁置。次年双方继续协商，9月1日实行联运[41])，对于连云港青岛线，招商局特派泳吉轮由沪驶往连云港，定在5日由连云港装载运货，联运首航青岛。

陇海铁路沿线各站，如潼关、灵宝、陕州、洛阳、郑县、开封、商丘、铜山、新安等处往来货物，均得办理联运。价目由连云港至青岛，每吨为二角八分。行驶连云港至青岛间的轮船，先由沪驶往连云港，装陇海路联运货物驶往青岛卸货后，再装胶济路联运货物回沪。[42]

2)胶济铁路水陆联运

胶济铁路东起青岛港，西至济南，横贯山东全境，东西长三百九十公里，可与津浦路联络，以与国内其他铁路联络。

1932年11月21日，铁道部基于部定《国有铁路与国营招商局水陆联运大纲》，“为挽回利权，扩充运输能力计”，令饬胶济铁路与招商局遵办水陆联运。[43]收到铁道部饬令后，胶济铁路管理委员会即着手开展联运相关准备工作。1933年，胶济铁路管理委员会为筹备水陆联运，曾专派该路委员彭东原前往上海、香港、广州等处，与各地商行接洽联运事务，以便各商行明了该路举办水陆联运的旨趣及青岛市的经济状况。[44]除派专员赴各大港口进行市场调研外，胶济路为联运事务的开展专门成立了水陆联运筹备委员会，[45]制定《胶济路水陆联运筹备委员会规程》，[46]为该路联运事务的筹备提供了组织上的保障。

1933年11月，胶济铁路与招商局磋商拟定《货物联运草案》29条，呈奉铁道部要求准予试办水陆联运。旋因货物进出胶海关，必须缴纳关税，为免商人随货在青岛办理纳税手续，该路与招商局议定《水陆货物联运代垫关税办法》13条，并呈铁道部备案。上述联运及代垫关税办法，于1934年4月1日起实行。

当时联运费用的收取、铁路轮船装货章程颇不相同，铁路以每车货物为单位收取，而轮船则以每批货物为单位，当时双方议定路船双方费用分开收取。但是，商人颇感不便，于是路船双方再次议定合编水陆联运价目表，并将联运货物不论在船上或在铁路上均以公吨或公斤为计量单位，一批货物均以一车为一票，这样就一票直达，一次付款，先付或到付均可办理，如此，路船商三方均为便捷。[47]

经招商局与胶济路商定，从1935年1月1日起，胶济路以济南、黄台、周邱、张店、博山、辛店、青州、潍县、二十里堤、坊子、蝦蟆屯、高密、胶州、蓝村等十四站为联运站及衔接地。招商局则以上海、汕头、香港、广州等四埠为联运口、青岛大港码头为衔接地，旅客可在青岛大港两站上下。[48]

该路沿线物产较为丰饶，如二十里堡、坊子出产的烟叶，潍县的土布，济南的枣，博山的煤等当时均驰名全国，煤炭为该路外运大宗。自陇海路与招商局办理水陆联运后，该路即继起办理。但是，与陇海路水陆联运相较，该路无论从联运货物的吨位、联运收入方面均存在很大差距。造成这一状况的原因是多方面的，首先，两路的出海港口不同，陇海路的出海口为连云港，货物通过陇海铁路运至连云港后，只有由水路联运，别无他途。而胶济铁路出海港口为青岛，青岛繁荣程度远较连云港为高，港内商船云集，商人将货物运至青岛后可以暂时趸存，探得上海或广州等地何处货物价高，则运往何处，商人自可待价而沽，货物抵青后，不必一定取水陆联运途径亦可销售。其次，青岛为对外通商口岸，而连云港当时则是新辟港口，非通商口岸，按照中国海关条例，轮船运货由一通商口岸至另一通商口岸时，货物须完纳转口税。如山东的土绸，由济南经胶济铁路到青岛然后转运上海后出口国外，该批土绸要完纳的运费（税）有铁路运费、轮船的水脚、青岛港每吨转口税140元、到上海后出口仍须二次完纳转口税，土绸的流通成本如此之高，在国际市场上的竞争力可想而知。而外国货进口缴纳进口税后，一切转口税概行豁免。[49]此等不平等的海关税则的存在，自然货商运输货物会尽量不经过青岛港进行转运。其三，青岛港当时外船云集，尤以日船为多，日本船在青岛为揽运竞相跌价，这对水陆联运市场价格自然冲击不小。[50]上述因素在陇海路出海口连云港来说均不存在，况且陇海路腹地也远较胶济为广，这也从联运货源上给予了保障。

3）京沪、沪杭甬路与水陆联运

京沪、沪杭甬路前期实行的联运主要是与民营航业进行，1930年代政府主导的水陆联运，开始较晚。因此这里主要论述两路以往与民营航业间联运的历史。两路沿线水道纵横，密如织网，水陆联运的市场比较广阔，具体概况见表二。京沪路与行驶安亭、珠家角（即朱家角）间的珠安轮船办理联运为最早。1913年该轮船公司为谋旅客便利与京沪路商订联运合同十四条。主要有：

规定旅客联票价目；规定行李（超过免费重量者）之运费（1934年7月1日起添办行李联运后增订）；规定旅客行李由轮上车或由车上轮之交接手续及搬运费额（1934年7月1日起添办行李联运后增订）；规定给予轮局回佣成数；规定联运业务进款结算方法及期限；规定轮局不得私将联运业务权利

转售或让渡第三者；规定轮局须遵守路局随时颁布有关联运之一切规章；规定路局对于轮局指示商酌改良事项，轮局应切实遵办；规定合同修改及撤销手续；规定合同延长实效之手续。

该项联运自1913年11月25日起实行。上北、南翔、昆山、苏州、无锡各站至白鹤港、青浦、珠家角三埠各等旅客开始联运。此为京沪路与水路联运嚆矢。

1919年嘉定航业公司南翔至嘉定线加入联运，1920年招商内河轮船局苏州至荡口线加入联运。嗣后因时局影响，陷于停顿。至1930年复积极推行，是年有太兴轮船局安亭、蓬莱镇线加入，1931年有通商轮船局青阳港、常熟线加入，1933年有通达元记轮船局青阳港、浒浦线加入，[51]1934年又有裕丰轮船局苏州、镇夏线加入。以上各处除通达元记轮船局兼办行李包裹联运，及珠安轮船公司于1934年添办行李联运外，均属旅客联运。

沪杭甬与水路联运，以1920年全益轮船公司嘉善、海盐线及通源轮船公司嘉兴、湖州线为发轫。其联运合同于是年1月1日起实行。至1934年3月，复与王清记轮船局嘉善、周庄线举办联运。10月与宁绍商轮公司及三北轮埠公司上海、宁波线订约举办联运。以上各项均为旅客联运，其行李及货物联运尚待机办理。

表二　京沪、沪杭甬铁路与水路联运概况表

路别	公司名	联运事项	实行日期	联接站	本路联运站名	轮船联运站名
京沪	珠安轮船局	各等旅客及行李联运	1912年11月25日	安亭	上北、南翔、昆山、苏州、无锡	白鹤港、青浦、珠家角
	嘉定航业公司	头二三等旅客联运	1919年5月1日	南翔	上北、苏州	嘉定
	招商内河轮船公司	各等旅客联运	1920年8月1日	苏州	上北	甘露、荡口
	太兴汽船公司	三四等旅客联运	1930年4月1日	安亭	上北	梦仙桥、前门塘、蓬莱镇
	通商汽轮局	各等旅客联运	1931年11月10日	青阳港	上北	常熟
	通达元记轮船局	二三四等旅客行李包裹联运	1933年10月1日	青阳港	上北	浒浦、大虹桥
	裕丰轮船总局	二三四等旅客联运	1934年5月1日	苏州	上北	杨湾前山石桥头镇夏
	全益轮船局	二三等旅客联运	1920年1月1日	嘉兴	上北、上南、硖石、拱宸桥、杭州、南星桥、闸口	沈荡、海盐

（续表）

路别	公司名	联运事项	实行日期	联接站	本路联运站名	轮船联运站名
沪杭甬	通源轮船局	二三四等旅客联运	1920年1月1日	嘉兴	上北、上南、硖石、杭州、南星桥	盛泽、乌镇、震泽、南浔、双林、湖州
	王清记轮船局	二三四等旅客联运	1934年3月1日	嘉善	上南、上北、枫泾、嘉兴、杭州、南星桥	西塘、芦墟、黎里、周庄
	宁绍商轮股份有限公司及三北轮埠有限公司	头二三等旅客联运	1934年10月1日	宁波	慈溪、叶家、文亭、余姚、马渚、五夫、驿亭、曹娥江	上海

资料来源：《京沪沪杭甬铁路联络运输之过去现在与将来》，《交通杂志》1935年第3卷第7—8期合刊，第190页。

至已往曾办联运，后以轮船停驶或别种关系而宣告取消者，计京沪路三处、沪杭甬路一处。如表三：

表三　京沪、沪杭甬铁路与水路联运停运情况表

轮局名称	实行日期	取消日期	联运事项	联运轮埠	联接站
娄琴公记轮船公司	1926年7月1日	1934年12月1日	三四等旅客	太仓、沙头	昆山
中华新裕恒记河轮公司	1922年3月1日	1934年4月	头二三等旅客	溧阳、宜兴	无锡
利澄轮船公司	（合同于一·二八事变被毁实行日期不详）	1934年4月	头二三四等旅客	青阳、江阴	无锡
王升记轮局	1920年1月1日	1934年9月1日	二三四等旅客	平湖、新仓、新丰、乍浦	嘉兴

资料来源：《京沪沪杭甬铁路联络运输之过去现在与将来》，《交通杂志》1935年第3卷第7—8期合刊，第191页。

可以看出，两路先前与各轮船公司举办的联运多为路轮双方自发举办。1930年代，在政府主导的水陆联运中，两路与招商局的联运由于种种障碍，直到1936年1月15日方始实行。[52]

4）南浔铁路与招商局水陆联运

1934年，铁道部饬令南浔铁路管理局“应与该路有衔接运输可能之各水陆联运机关办理联运，该局遂派员与九江招商局商谈车船联运办法，[53]后因种种障碍，未能施行。至1936年招商局特派副经理谭伯英考察沿江各码头水运状况，以图设法与铁路办理水陆联运业务。谭氏到九江后，曾与南浔路局商洽水陆联运事宜，并拟在九江琵琶亭添设趸船，作为该局轮船上下即在此处作暂时停泊，以便路局起卸货物。[54]

5)平汉路水陆联运

平汉铁路和津浦铁路为当时国内贯穿南北的两大干线，平汉铁路北与当时的北宁铁路接轨，南抵长江，中跨正太、道清两路，其交通纵横贯通，为国内陆上运输的大动脉。

平汉路与招商局拟办水陆联运，早在1914年12月第二次联运会议时即有提议，当时初拟先办理旅客联运，再行推及货物联运。但是当时招商局在汉口沿江码头与平汉铁路的终点大智门相距甚远，这样旅客行李从车站至码头间的搬运殊为不便，当时"关卡之稽留，码头脚夫之纠纷"均有问题，实行水陆联运成本过高，后经磋商无果。到1933年9月第16次国内联运会议，议定国有铁路与国营招商局联运办法后，1934年4月，经铁道部联运处与招商局签订水陆负责货物联运合同，平汉路根据此合同，与招商局反复磋商，订定《水陆联运办事细则》18条，于1935年1月11日[55]起实行水陆联运。[56]当时，汉口除英商太古轮船公司有码头直通铁路外，其他各轮船公司均无。为实行水陆联运计，招商局特备充量趸船一艘，停靠平汉路江岸站的江边，此趸船容积较大，既可用作码头，停靠江轮，亦可仓储货物，作为联运货物暂时存放地。

招商局与平行铁路举办水陆货物联运，以汉口为衔接站，平汉路各车站及招商局之上海、厦门、汕头、香港、广州各口岸，均得办理。招商局派定行驶沪汉线的"江顺"、"江安"、"江华"、"江新"、"建国"、"江靖"、"江大"、"江裕"等轮为联运船只。[57]实行联运以后，该路"成绩颇佳，惟货物不及陇海之多"。[58]

6)江南铁路公司水陆联运

江南铁路公司第一段当时计划由南京经芜湖至安徽河沥溪，长210公里，该路计划与招商局开办水陆联运时仅建成芜湖至孙家埠段，长约80公里左右。1933年5月先行修建芜湖至宣城孙家埠段，1934年11月25日竣工通车，1935年5月南京中华门至孙家埠长175公里的干线通车。该铁路为商办(民营)性质。[59]

1935年1月，江南铁路公司已筑成各段与招商局签订水陆联运合同，以芜湖为衔接站，双方实行水陆联运。江南铁路公司已经建成各站与招商局在上海、厦门、汕头、香港、广州各口岸办理联运。[60]2月，江南铁路与招商局订立《水路货物联运合同》，双方议妥水陆联运运费后，于该年3月5日开始实行。联运地点：铁路方面有芜湖东门、卡子口、竹丝庄、湾沚、蕙桿、汪家、宣城及孙家埠等九站。水道联运处，由招商局轮承载者，计有汉口、九江、大通、安庆、镇江、烟台、天津、宁波、汕头、广东与上海等11个口岸。[61]时负责招商局联运事业的周凤图曾对江南铁路公司与招商局间的水陆联合运输评论，他认为是项联运“便利客商，经济省费，激增营业，提高利润，节省时间，有利于国家交通事业之发展”[62]。

1936年10月，江南铁路曾和京沪铁路一起与招商局办理沪汉间水陆联运，当时江南铁路以南京中华门、当涂、宣城、宣城东站四站为联运站点，京沪铁路以上海北站、吴县(苏州)、无锡、武进(常州)、镇江西站等五站为联运站，招商局以大通、安庆、九江、武穴、汉口五埠为联运轮埠，并以芜湖江边车站为火车与轮船连接埠。联运票价，在京沪江南两路头二等按七五折、三等按八五折核收、如乘京沪特快车，则须另加特快车附加费，轮船特等舱按七五折，头等舱按八折，二三四等舱按九折核收，联运票有效期间一律为十日。联运实行后，较专乘轮船由沪至汉或由汉至沪约可减少两日。[63]1937年水陆联运试办期满，三方均比较满意，仍继续办理。[64]

7)湘鄂路水陆联运

湘鄂铁路货物运输输入湖南者多系来自上海，而湖南出产输出亦多以上海为尾闾。1933年为进行水陆联运，该路局多次派员与上海宁绍商轮公司董事会及三北轮埠有限公司磋商。同年10月奉铁道部训令：“查国有铁路与国营招商局联运办法业经令发该路在案，兹据上海三北轮埠公司电请加入水陆联运等情到部……现三北轮埠公司既欲与铁路办理联运，而该路前经与该公司办理联运，迄未就绪，可赓续前议，仿照招商局办法与该路商订联运办法草案，呈候核夺。”接到训令后，三北公司即拟定联运合同意见书，并指定联运航线8条，同时湘鄂路指定从旅客联运及货物联运两方面分别指定数个联运站。拟就后，湘鄂路于1934年2月呈铁道部联运处，后铁部因涉及民营航业参加水陆联运事宜认为应与“交通部会商核准后，再行办理”，此联运事宜直至1935年1月方实施。[65]

8)北宁铁路水陆联运

如前述，1930年，北宁铁路曾与招商局草拟水陆联运合同，后因“九·一八”事变而中止。1935年，北宁路与招商局拟定联运章程，呈请铁道部审核批准后，双方签订合同，定9月1日实行。联运站点，北宁路指定塘沽为联运总站，前门、丰台、唐山及天津新站为联运站，招商局方面指定新铭、新丰、泰顺等四轮为联运轮。[66]

经过数年推进，至1936年，国营招商局与陇海、平汉、胶济、江南四路办理水陆联运后，联运收入1934年计47万元，1935年计73万元。全国水陆联运网络，除了以上四路客货联运外，津浦、京沪、沪杭甬、南浔、北宁、平绥、浙赣、道清及广韶等路，亦先后与招商局协同商洽(同年6月津浦线、京沪沪杭甬线、北宁线及南浔线业与该局签订合同及运费细则[67])，全国水陆联运网将近完成(图一)。[68]

除上述各国有铁路公司与国营招商局或地方中小民营航运公司与铁路公司举办的水陆联运外，还有两种形式的水路联运形式，一种是航运公司内部自我联运的形式，另一种是航运公司间的分段联运。此两种联运在表面

图一 1930 **年代招商局刊登的水陆联运广告**

该图见胡政主编：《招商局画史：一家百年民族企业的私家相簿》，上海社会科学院出版社，2007 年，第 64 页。

上虽不属水陆联运，实际是水陆联运在航路方面的延伸，故在此做一简述。

前一联运形式，以四川民生公司为代表，该公司为主要行驶川江的华商轮船公司，共有大小轮船民生、民族、民贵、民宪、民康、民强等三十余艘，当时与英商太古、怡和，美商捷江、义商义华等轮船公司价格同盟公约解散后，客脚、水脚竞争激烈，为此，民生公司特举办四川各口岸联运客票，凡四川各非通商口岸，外商轮船不能停靠者，一律在内，并改善各轮设备，负责为旅客预定旅馆等。后来，招商局与民生公司为发挥运输能力，避免恶性竞争，开展分段联运。1934 年民生公司总经理卢作孚抵沪与招商局总经理刘鸿生反复磋商，拟定分段联运合同，合同主要内容有互助（民生在宜、万、渝三埠以最低报酬代理招商局各种业务，为招商局提供廉价煤炭并“以极低租金”租给趸船；招商局在宜昌以下各埠以最低报酬为民生代理各项业务并低廉出租趸船与码头）、营业范围（民生公司不在申汉线及湘江线营业，招商局除现有船只外，不再扩充在宜汉、宜渝线的业务，该局在申、汉、沙、宜各埠转口货物除自有船只转运外，得交民生公司转运，联运的上下水接运点为宜昌或汉口)、联运口岸(重庆至上海13个口岸和宁波、温州、福州、汕头、香港、广州、青岛、天津等8个沿海口岸[69])等均做了详细规定。是项分段联运实施后,双方均取得了较好的收益。

2. 中美水陆联运

1933年,南京国民政府面临内忧外患的复杂局面。首先,"九·一八"事变后,日本侵占东北,一向占中国出口大宗的大豆产地丧失,关税收入锐减,政府国际收支锐减。其次,1931年来连年的天灾人祸,使得内地农村经济濒于破产。第三,1929年席卷世界的经济危机,此时开始波及中国,列强竞向中国倾销过剩商品,沉重打击了中国孱弱的民族工业。同时,南京国民政府加紧对苏区进行军事围剿,军费开支浩繁,发行内债已经超过当时国内金融界的承受能力,于是,政府转向举借外债。[70]南京国民政府中以宋子文为代表的亲英美派向美国大量举借外债。是年5月,中美双方签订《棉麦借款协定》,[71]该协定的主要内容有如下几点:

> 借款数额。美国复兴公司向中国政府贷款5 000万美元,其中约4 000万用来购买美国棉花,剩余1 000万元购买美国小麦。
>
> 销售范围。协定规定,为避免世界棉麦市场受其影响,中国政府必须保证所购棉麦只在中国销售。
>
> 偿付方法及期限。购买美棉所出期票的25%连同利息,须于12个月内归还,此年下半年还10%,第三年还15%,第四年还20%,第五年还30%。购买美麦借款则于第四年偿还25%,第五年还75%。
>
> 利息。年息五厘,每半年偿付一次,至付清为止。
>
> 担保。中国同意以统税(卷烟、麦粉、棉纱、火柴、水泥、烟酒及印花诸税)为公司所借款项之第一担保品,以海关水灾五厘附加税,作为借款第二担保品。
>
> 运输与保险。中国担负货物商船后所有一切运输、储藏、保险及起卸等费用,另外关于棉麦运输船只及保险,至少一半以上由美国方面承办。

当时,美国答应对华棉麦借款,其提出的条件异常苛刻,在棉麦运输一途,借款协定规定美国船只须占运输棉麦总吨位的一半以上,而美国当时商船的运费大大高于其他国家,美国商船运输小麦的费用每吨3.75美元,而当时其他国家则为2.75美元;美商船运输面粉的费用每吨为4.5美元,也比其他国家高出1美元左右。[72]

1933年,国民政府铁道部倡导办理全国水陆联运,与招商局订立联运合同,11月21日试办陇海路水陆联运。此时,交通、铁道两部为承运美国棉麦,与美国政府接洽中美水陆联运事宜。先是铁道部在看到国内举办水陆联运初现成效后,鉴于"外轮运输费奇昂",[73]远洋运输,又全系外轮的现时思考，决计与交通部商定办法，饬令国营招商局（招商局时属交通部直辖），承办棉麦运华事宜，并计划向美订购海轮两艘，以备运输美棉麦之用。交铁两部的计划发表后，美国方面的国营贝威轮船公司，致电交铁两部，拟将美棉麦运华事宜，皆归该轮船公司承办。交铁两部收到电文后，认为贝威公司提议与先前拟定的由国营招商局承运办法相抵触。交铁两部鉴于发展中美水陆交通，拟就两国水陆联运办法，并征询该公司意见。旋得该公司复电，表示愿意合作，并允派代表来华详商联运办法。

当时双方合作办法主要有如下几点：联运以双方合作为原则，着眼于减轻彼此运价，使得中美货物，均享受联运之利益。美棉麦运华，决将由国营招商局和美轮船公司合作承运。[74]之后，贝威轮船公司曾派代表与交铁两部会商，实行中美两国海陆联运，当时达成协议是凡中美两国货物，悉由该公司负责海洋运输，中国交通、铁道两部负责内河内地运输。此种联运协议，字面看来虽然中美双方平等互利，但是基于当时国内经济状况，中国能够出口到美国的商品实在少之又少，协议一旦签订实际利美损华，也正鉴于此，南京国民政府认为中美共同联运，对中国实无利可图，未予赞同。[75]此事停议后，后来又有人提议中美海陆联运，[76]但后来基本没有进行。

如果说是时的中美海陆联运不了了之，是政府出于联运的实际经济利益考量使然，那么，中美棉麦借款的不成功，无疑加速了这一进程。

棉麦借款，美国提出的苛刻担保条件，无疑为美国操纵与控制中国经济命脉提供了条件。当时的国内小麦、棉花供给完全可以满足国内市场的需求，无需再向国外购买，所以在政府宣布此计划以后，受到国内棉麦从业者的反对。另外，进口棉花质量高于国内棉花，国内纱厂反而不能适应。另外，由于棉麦借款，实际上中国购买美国棉麦，而非现金，中国政府要取得资金，就必须将这些实物变现，国内民族纱厂不愿高价购入，国民政府不得不将视线转移到在华的日本纱厂。鉴于当时中日日益紧张的关系，日本政府意识到对己不利后，极力反对是项借款。这一系列因素综合作用的结果是，棉麦借款的最终失败。1934 年 2 月，中国政府被迫向美国协商，将棉麦借款数额予以降低，由先前的5 000万美元降低为2 000万美元，其中1 000万用来购买棉花，600 万购买小麦，400 万购买面粉。基于棉麦借款而起的中美海陆联运，随着借款的失败而失败。

三、水陆联运手续的办理

办理水陆联运，铁路与轮船双方需要订立合同，载明联运货物起运、授受方法、运价、清算制度、途中货物保险等事项，以厘清双方责任，利于联运。现将有关各点列述于后：[77]

（一）水陆联运货物起运。客商托运联运货物，须先将货物名称、件数、重量、尺码、缮写托运单。该项托运单与一般铁路托运单据相似，上面添有轮船名称、次数、轮船运费等。填具托运单后，如需由起运路局（口岸）代垫关税者，可由起运路局（口岸）付给，填写代垫关税通知书，将此书换取关单，持关单到船局，换取提货单。如果是预付，则全程交付；如果到付，则不必核收。

（二）水陆联运货物授受。联运货物至衔接站点后，由授方先填具货物授受证，此证内包括提单号数，日期，起迄地点，起运车辆车次、车号或轮船船名、次数、到达日期、货名等内容。然后会同受方，根据通知书及授受证，查验货物，若有遗失损坏，详细注上，或计算错误，则另填具运费及杂费订正单，然后会同签字，如遇货物遗失，或发生事故，则填货物损失事故报告书，以明路轮双方托运责任。

（三）水陆联运托运价格计算及收取。托运费以路轮双方结总计算为原则，遇有特殊情形，另行核减办法，呈铁道部核定。轮船运价照实在运价计，再给予特别核减，铁路货物运价，如有特价，照特价核收。轮船运价，应包括部分保险费。运价单位，整车以公吨计，不满整车，以每50公斤核计。

水陆联运运价，应一次收足。运费分先付和到付两种。先付即由起运站或口岸核收现款。到付即由到达站或口岸核收现款。装卸及其他杂费，在起运站发生则在起运站核收，在到达站或中转站发生者，则由到达站或中转站核收。

（四）水陆联运运费清算。水陆联运办理由于当时没有统一的结算平台，所以办理联运的各路局不同，陇海、平汉及胶济各异。陇海当时是派人入驻招商局，就地按日拨付或领取应得运费。胶济路则分别征收，即铁道部分及接续费，由路局收取；轮船部分，由招商局收取，如此并无清算的必要。但是此种征收办法显然不利客商。平汉则与陇海采取同样方法，但没用派人驻招商局，即就地在武汉按旬清算（此种按旬或按月在衔接地点互换账目清算较经济便捷）。

（五）水陆联运货物损失赔偿与责任划定。首先双方就联运货物对客商负完全责任，然后由路局和船局彼此负责。损失发生在船局范围内，按照船局定章负责赔偿。发生在路局承运范围内的，应由铁路按照铁路定章负责赔偿。赔偿损失货物，若涉及运费关税及其他一切杂费，应一概由责任方照数赔偿。

损失责任不明时，按照起运机关定章赔偿，所有赔偿款项，统由承运各方按照该批次货物所得运费，按比例摊认。路船责任转移以授受凭证签字时为证。

联运货物遇有损失时，客商应凭货物收据或提货单向到达站或口岸请求赔偿。此项请求以3个月为限，即自托运之日起，3个月内，提出请求赔偿书，过时无效。路船两局接到赔偿书后，起运站或口岸应立即通知到达站或口岸，以便办理。经调查属实，应即赔偿，至迟不得超过2个月（自接到请求赔偿书之日起算）。

上述水路联运的办理手续，只是交通、铁道两部为办理国有铁路与国营招商局水陆联运事宜出台的原则性的制度约定，而在各路实际的操作中遇到的联运问题远比制度条文约定的繁复的多，加之水陆联运从政府层面进行大规模举办，实属开端，并无联运旧例可循，这也决定了这场轰轰烈烈的水陆联运操作层面问题如织、牵涉利益盘根错节，远非字面意义上两种交通工具的联络运输。这也使得探讨全面抗战前持续数年的水陆联运问题变得非常必要。

四、水陆联运中若干问题的探讨

（一）水陆联运业务操作层面的问题及其持续改进

伴随水陆联运的不断推进，联运过程中的一些问题开始凸显，尤其是在联运事务操作层面。这些问题归纳起来有：

1. 货物等级划分

货物的等级为当时铁路核收运费的重要准绳。自招商局与各铁路办理联运后，因各路对于货物分等级划分的解释不同，致多有纠纷发生。如棉纱当时按照铁道部所分等级表，优等按三等运价，普通按四等运价。陇海路将中国棉纱列为普通，照四等核收，外国棉纱均列为优等按三等核收。胶济路则不分中外，凡 15 支以上的棉纱，概列三等，15 支以下的统列四等。津浦路则以 20 支以上为优等，20 支以下为普通。显然，这种货物等级划分极不利于联运事业的开展，不同的等级意味着不同的运费，此种情况不免发生同一批次货物经过不同路局进行联运则运费各异的现象。其他如铁路整车、零担（超过整车部分）运价问题亦如此，托运货物满整车者按整车运价核收，超过整车重量的，则按零担核收运费。但是，当时各路局整车容量各异。南浔铁路以 30—40 吨为整车单位，江南铁路以 16 吨为单位，陇海、胶济则以 15 吨、20 吨、30 吨、40 吨为单位。陇海还有 10 吨单位的火车。这种状况不但对于承运者麻烦颇多，客商亦多难以明了。在整车重量方面出现的问题实与国内各路建设之初多系向列强贷款有关，当时各路章程、机车运载量、铁轨载重及车身的容量、会计核算制度多仿照债权国铁路情形进行，这种状况短期内亦难以改观。

2. 标识划一

1930 年代的水陆联运之前，国内各铁路局在货物交接地点，只需凭借车上的铅封完整及联运票号相符，即可收交，无须验查货物上的标识。水陆联运中货物标识为货物的唯一识别物。一车的容量一般在 20 吨左右，一船的载重量则在2 000吨以上。对于标识如果不填明，则舛误颇多。货商一旦误报标识，货到上海后，收货人若知标识与货票不符，实则货商所报有误，不予追究；如提货人为从中取巧，要么要求减免栈租，要么拒不收货，要求赔偿。此种问题在招商局与各路联运中出现最多的是在与陇海联运中。

3. 货物混杂

当时的联运收费是按不同种类的货物收费各异，同一货物不同等级收费亦不同。水陆联运中，如货商将花生 100 包、红粮 100 包一起装入 20 吨的整车中，误报为 200 包花生，起运站没有对每包进行查验，则按照花生起运，或发觉有红粮，但红粮与花生同列为四等货物，运价并无出入，遂放行。货到交接地点，由于货量较多，装船前亦不可能一一查验，货到上海栈房后，均经逐包查验，查处该票货物系花生红粮各半，该票货物标识填具的均为花生，包装也相同，但是花生的市价远高于红粮，这就为不良客商提供了蒙骗机会，他们会依据提货单上的花生重量，认为路船承运方中间做了手脚，要求按全部是花生进行提货。

4. 度量衡设备

以当时的磅秤而言，一路之中，地磅无几，通常用的为小磅，而小磅不能整车货物过磅，只能在一车之中进行抽磅若干包，进行推算。每处小磅每有与货物实际重量出入者。铁路联运有车封为凭，重量有出入时，货商自难有怨言。水陆联运，客商提货时，无车封可言，重量若有不足，赔偿问题即行产生。客商在起运站为减少运费以多报少，到站后提货尚无大碍，若是以少报多，提货时向轮局进行赔偿，对联运开展就多有阻碍。

5. 货物包装

当时联运的流质货物，如大豆油、花生油等多用竹篓装运，装运过程中多有泄漏，各路均感困难。当时胶济路曾限定此类货物装运应使用铁桶，如用竹篓，途中破漏概不负责。当时铁道部考虑到编篓工人的就业问题，仍饬令各路准行油篓运输，装车上加油板进行补救。包装方面，如装运粮食的麻袋，如若陈旧就很容易洒漏，客商到站提货时重量就难有保证。

6. 笨重货物折算问题

如当时北宁路以 4 立方公尺折合 1 公吨，京沪路以 3 立方公尺折合 1 公吨。各路以 6 立方公尺合 1 公吨，但是当时轮船以 40 立方英尺（即 1.1 立方公尺）合 1 吨，路船双方计算相差颇大。为运费的核收带来诸多问题。

7. 联运时刻的衔接

货物运输至衔接港口后招商局的轮船要定点接运，定点接运涉及到两个方面的内容，一是按时接运，一是有足够的联运船只。1936 年 1 月，交通银行由连云港联运从西北押汇棉花，当时的运费比从大浦转口高，该项棉花运到连云港后，常有“货涌候船或货少不足吨数不能启运等情事”[78]，为此，交行总行致函铁道部，请予足够联运船车，并请核减运费。从陇海路后来函复铁道部的内容中可知，陇海东端有大浦、连云港两个海运联运站，因连云港较大浦港为远，运费较高在情理之中。至于招商局船舶不敷使用，因该局“偶因轮船被征为特种运输之用”，这里所谓的被征用作特种运输之用，多半是军事运输等因。核减运费一层，时值该路运费改订，向铁道部呈允：“一俟办竣，即行呈请核定。”

水陆联运的开展相较于国内陆陆联运，起步阶段较晚，由政府主导的大规模的水陆联运真正起步也是在1930年代初。联运过程中出现这样或那样的问题，也在所难免，其联运的过程其实也是一个不断调试和完善的过程。招商局与各路局为该项事业的不断推进，进行了不断的探索，使联运事业得以持续改进。

1)一票直达、代办手续

招商局承办全国水陆联运后，曾先后对陇海、胶济等路的联运业务进行改进。无论由各车站至各口岸，或由各口岸至各车站之联运货物，一切按照联运价目计算运费，一票直达。所有运费，先付或到付均可，先付在起运时付清，到付在到达地付清。胶海关纳税及港务局、检验局一切手续亦可由两局代办，商人无须在青(作者注：青岛)照料。[79]

2)指派专轮、规定航期、常川行驶联运航线

招商局与陇海路办理水陆联运后，持续改进联运业务。因陇海路货运量高于其他各路，联运货物异常拥挤，原有孙家山码头不敷应用，1934年双方曾提出数项改进措施。招商局指定专轮，定期航行于孙家山、上海间，遇到联运业务繁忙时，招商局放空轮到孙家山接运，保证联运按时进行；并保证陇海线各站联运货物抵沪时间(徐州以东各站运到上海，至迟不逾九日。徐州以西郑州以东各站，运到上海，至迟不逾十日。郑州以西洛阳以东各站运到上海，至迟不得逾十一日，洛阳以西潼关以东不得逾十二日)；进出口货物在交接站破包时，路船双方负责整理；在沪运往陇海各站货物，在上海金利源码头3号栈房收货，并分批装船，便于到站分拣卸货；运货遇有损失，一经货商请求，立即处理，不得逾二十日以上。[80]

双方曾于1936年举行会议，讨论有关双方提高运输速度、保障货物安全的议题。是次会议最重要的就是指派专轮规定班期常川行驶上海、青岛、天津、连云港各口岸间，计连云港、上海间，每旬逢一、四、七，自连云开行；连云、青岛间，每旬六、九、十二、二十一、二十四、二十七等日，自连云开行；连云、天津间，每旬十二、二十七日自连云开行；以上班期均开往上海，其至广州、汕头两口岸之联运货物，由连沪班轮转运，在上海转口，转口期限亦有规定。[81]此项改进对于水陆联运的常态化运行具有重要意义。

3)设置联运站埠

陇海铁路与招商局办理水陆联运后，前因大浦淤塞，连云港财政经费不足，暂筑临时码头孙家山。因港面狭隘，吨位较大轮船难以靠埠，招商局为纾解此项难题另辟永久码头，经该局主持联运事务的周凤图进行勘查，招标

兴建，为联运业务的开展解决基础设施问题。[82]

4）办理联运货物保险

随着水陆联运业务的不断进行，路船双方有关联运业务也无时不在改进中，自1936年7月1日，各铁路对货物火险负责，路船各方，筹划改进，招商局与中央信托局签订保险合约，所有水陆联运货物，在航程范围内之水火险，均由招商局向中央信托局投保付费，1937年4月1日实行，凡水陆联运之货物，在铁路范围内，保管或运输时，由铁路负火险责任；在招商局接收后十四天，海运期间及抵达到岸后的十四天之内的火水险责任，由招商局负担。以上均不必由货主为保险付费。此项办法，使货商免除保险手续，减轻了货商负担。[83]

对水陆联运中出现的诸多问题，除了国营招商局与各国有铁路公同持续改进外，当时铁道部联运委员会，对于路船双方负责通则、办事细则等亦颁行数十种。[84]

（二）政策调试、利益纠葛：民营航业参加水陆联运风潮

国有铁路与国营航业举办水陆联运，对民营航业影响至深。1934年12月，陇海铁路办理陇海青岛联运后，青岛民航业大受影响。时青岛与海州、石臼所等地海上运输，向由青岛市小港长记行、同福昌、裕泰行等10余家民营轮船承运，航行海州、石臼所、响水口的小轮，计有30余艘，该同业曾组织小轮公共办事处，以维护同业利益。

招商局与陇海路办理水陆联运后，添开上海青岛及连云港间联运航线，该条航线开通后，小港一带民营航业，“所有货运、几尽为所夺”，同业恐慌，遂决议呈请当地航业公会设法维持。航业公会特函青岛市商会转请市政府援助救济。我们从当时众航商呈据航业公会的函件中可以看出水陆联运的开展对于中小民营航商的影响。

> （陇青联运线开通后）讵国营招商局竟不恤民营轮船困苦，而有陇青联运之举……其组织规模既大，处势复优，一切使费，又得政府优待，民营轮船自难与之竞争，此后海州小港间，所有货运将尽为吸收，且小港各轮最大者仅及500吨，小者只五六十吨，除航行海州青岛间外，别无航路可以更调，与航行海州上海之轮船不同，既无竞争之力，惟有坐以待毙……而招商局不以全力与外商竞争，挽回已失利权，从事摧残民营航业……行见30余只小轮船，皆置诸无用之地，3 000余海员尽失其糊口之方……联运事业，于国计民生固属便利……而现在各轮生路，亦似应顾及，筹有救济办法……。[85]

此项请求，出于民营航商之手，航商为生业计，不免有夸大成分，但是陇青联运对民营航业的影响由此可见一斑。当时民营航业曾提议政府或出资

将各轮收买，或以相当价格包租，或准其加入联运。但是，对于航商的提议，政府鲜有回应。

招商局方面，陇青联运后，即派泳吉轮赴青开航。该轮运价低，且迅速便利，货商自乐于装运。前者小港各民营小轮往来于青岛、海州间的货运，尽为招商局揽获。由海州回青岛民船，均空船而返。永春等 17 艘民船（共计 2 500吨，船员 300 余人）不得已停航。[86]

民营航业中航运力量最为集中的即为上海一口，在上海民营航业实力最强的航业企业均参加了当时的上海市轮船业同业公会。招商局与国有铁路举办水陆联运，对民营航业的业务开展来说亦是“釜底抽薪”，尤其是对常川航行于该航线上的航船打击最大。为此，以上海市轮船业同业公会为代表的民营航运企业为参加水陆联运，与南京交通部、铁道部及招商局进行了历时数年的交涉。其过程之迂回、背景之复杂、利益之纠葛为水陆联运中前所未见。[87]

1933 年，陇海铁路与招商局签订水陆联运合同，海州（连云港）与上海的货运，招商局独占优势，原先行驶沪海线的民营轮船公司如三北、大振、合众等营业大受损失，均表示反对，招商局与民营航业双方一时均争揽沪海线联运。[88]

为自救计，作为民营航业维护自身权益，集体发声的代表组织，上海市轮船业同业公会作为民营航业的行业组织为会员参加水陆联运事，联络会员分别签请并向外发布宣言，并遣代表赴南京向党政军机关请愿，请愿团以三北、大振和中国合众等航业公司代表及公会秘书长组织。[89]期间，该会曾致电南京国民政府、国民党中央党部、南京军事委员会委员长蒋介石及行政院，详陈奖励和保护民营航业为国家约法所载，对于由交铁两部主导的全国水陆联运，“竟专许国营之招商局独家承办，而不准船吨位超招商数倍之全国民营航业一体参加”，而“上海青岛线、上海海州线、及起自长沙之各线，均与铁道相衔接……而招商局均无相宜之船以行驶”[90]，对于招商局与铁道部举办的水陆联运，当时民营航业认为招商局“国营以后，惮于外人，竟先对内，挟政府之权势压迫民航”。

除上海市轮船业同业公会外，与航业相关的上海市转运业、报关业同业公会亦请求民营航业参加水陆联运。

针对质疑，招商局总经理刘鸿生列举数条理由进行反驳，1）该局举办水陆联运，系该局前局员冯梦岩所提主张，1931 年铁道部召开第 15 次联运会议，曾订水陆联运大纲 12 条，第 16 次会议复拟定联运办法 22 条，当时并无准许民营加入之举。2）上海市航业公会计有 60 余家，加之全国各地民营航业，准其加入联运，分别订立契约，事实上实所难能。3）招商局本身在国内各口岸，均置有栈房、码头，装卸便利，运输联络较其他轮船公司为优。4）招商局为国营事业，本身负有使命。他认为水陆联运，国营招商局应有专办权，待“将来办有成效，或有扩展机会再由本局就情势之需要，酌量情形，邀请各有关系商轮参加，共同办理联运……”，对于招商局力所难及之航线，如武（汉）长（沙）线，三北公司船多,可分三北承运,沪杭甬货可分宁绍公司,东北货物可拨肇兴及政记轮船公司承运。对于此项说法,民营航业代表虞洽卿则认为,对于民营航业参加,政府始终拒绝同时参加,“将招商局无船卸接之湘鄂路予三北公司承办,在表面上略予民营以小利,而实际仍为招商局补缺点”[91]。

面对民营航业团体向南京党政军机关的不断请愿以及舆论声势,铁道部倍感压力,态度有所缓和,在回复上海市轮船业同业公会时称:“国有铁路创办水陆联运,其目的在发展运输,便利客商,对于航运之为国营民营,并无成见。惟以创办伊始,头绪纷繁,不得不采取渐进方法,以固基础。”于是,该部会同交通部(管辖国营招商局)订定《民营航业公司参加水陆联运办法》6条。[92]

(一)中国民营国营航业公司均得参加水陆联运,但以二十二年一月(1933年1月)已在各航线常川营业及自置有码头栈房者为限。

(二)各民营航业公司拟参加水陆联运者,须先行呈请交通铁道两部核准。

(三)参加水陆联运各轮船公司,设水陆联运联合办事处,其经费按照公司装在联运货物吨位比例分担之。

(四)联运货物分配按各公司现在常川营业之轮船比例摊运。但如因设备不周,客商不愿报运者不在此限。

(五)参加联运各轮船公司,须遵守铁道部联运处及各路局,分别与国营招商局订立之合同及办事细则。

(六)在民营国营行业公司联合办事处未成立以前,铁道部联运处及各路局与招商局分别订立之合同及办事细则如期实行。

交铁两部根据公会呈请,准予参加水陆联运的航业企业及联运航线为:三北轮埠公司之长江线、上海宁波线;宁绍商轮公司之长江线、上海宁波线;政记轮船公司之天津青岛上海间航线;中国合众航业公司之上海海州间航线;大振航业公司之上海海州间航线;大达轮船公司之上海南通间航线;达兴商轮公司之上海宁波间航线;沪兴商轮公司之上海平阳间航线;平安轮船局之宁波温州间航线;公茂轮船局之宁波温州间航线,均应准参加水陆联运,凡在上海租用码头之各公司,办理水陆联运,应租用吴淞京沪铁路码头及货栈,并应从速组织水陆联运联合办事处,以便进行。肇兴轮船公司等各该公司向驶航线内各地自置的码头、栈房,大通仁记航业公司应俟通州、扬州自置码头、栈房设备完成后再行呈部核办。[93]

对于第一条规定,民营航业公司曾提出异议,既然国营民营一体对待,国有码头民营公司应可应用。当时交铁两部针对此项异议,做出变更解释。关于民营航业公司参加水陆联运办法第一条码头栈房一节,除青岛港政局及各路局所有之码头栈房,国营民营航业公司均可利用者外,民营航业公司如拟参加水陆联运必须在一港埠先行自建码头栈房。民营航业公司参加水陆联运之办法，其他每条合格者准予参加该港埠之水陆联运至常川营业之限制试办期内不应修改。[94]此条应民营航业请求做出调整，但从交铁两部的解释措辞看，各民营公司在某条航线上参加水陆联运，必须自行修筑栈房码头，修筑本身需要成本，另外联运政策的不确定性，也给民营航业从事此项事务添加了更多的风险。

其间，铁道部曾饬令上海市轮船业同业公会通知各拟参加水陆联运的会员，各公司是否愿意参加水陆联运、常川航驶的线路、航线的船只概况，对联合办事处的经费分担的主张、货物赔偿责任等。从各会员公司的反馈情况看，一般均表示同意参加联运，另外联合办事处费用承担的公司一般同意铁道部的提议（即按载运联运货物吨位比例分担）。后又函电公会，令各公司将各自向驶航线内各埠码头或趸船及货栈何处系自置，何处系租用，详细列明报部。[95]于是各航运公司将各自向航航线内的码头、栈房，自建或合股建设或租用的情形报到公会，然后由公会转呈铁道部。

对于成立联运办事处一节，航业公会内部亦积极行动，联络招商局共同办理，但是从当时公会会议档案记录看，公会多次催请，招商局对此非常消极。1934 年，依据《民营航业参加水陆联运办法》第六款规定，经交通部批示，准予备案，终于组织成立国营民营航业水陆联运联合办事处。[96]事后，民营方面，因不满意交铁两部对联运航线的分配，办事处设立事宜遂告停顿。[97]

1935 年，外商轮船公司怡和、太古、日清等公司要求依据《九国公约》参加中国水陆联运，为铁道部严词拒绝。由于外商要求参加联运，航业界代表赴南京参加对策会议，认为国营招商局与国有铁路为中国内政，外商无要求参加之理，至于“上海民船各轮公司之参加，议定只可附属在国营招商局名义之下，关于派轮装货等，统由局支配，不得另组民航参加联合办事处，以正名称而免借口”，[98]“闻民营参加案，今亦已中止”，且“国营民营联合办事处，亦已撤销”。[99]至此，一场沸沸扬扬的民营航业参加水陆联运案落下帷幕，民营航业公司正式被中止参加水陆联运。作为国民应进行航业合作的后续，国营招商局会同上海市轮船同业公会设立航业合作筹备委员会。后来制订相应章程，成立航业合作社。同年 5 月 1 日成立中国航业合作社，但是由于航业间的矛盾重重，民营航业基于前次联运失败，很难与国营航业进行合作，该社始终未发生作用。[100]借由拒绝外商参加水陆联运一节，冠冕堂皇的使民营航业参加联运夭折。

客观地讲，从铁道部对航线上的划分及联运设施对民营航业的规定和要求，一方面可以看出，交铁两部在政府发展国营航业的政策背景下，出于对各民营航业公司据理力争的回应，应允民营航业参加联运，但极不情愿，用“消极应对”、“多方限制”等词形容并不为过。但是，反过来从水陆联运事务本身的开展来看，这些所谓的“限制”又不无道理。如联运由于范围广，规模大，加入联运后，对外手续方面（如接运客商货物的一切手续，沿途安全保护问题，装卸设备保障等）、对内手续（铁路与航业公司彼此互拨进款、垫付关税、揽受货物以及员工的训育)等方面均须航业公司有较好的营业实绩和良好的信用做保障。而当时民营航业组织较为松散,虽然总吨位上远高于同期的国营招商局,但是具体到每一家航运公司,除较大的几家外,其他很难保障联运事业的开展,这也是当时交铁两部对于民营航业参加联运的担忧所在。[101]

国营与民营航业间的矛盾,与当时国际国内的大环境也是分不开的。1929年,开始于美国的席卷世界的经济危机,至1933年开始影响中国,航运业陷于空前的困难,国营航业招商局因"拥有各港码头栈房的优越地位,得水陆联运独占权并有以低率利息贷金造置的优秀新船,有国营事业独享的权益"。[102]在整体经济不景气的情况下,国营航业有政府各方面的支持(如当时招商局所发提单可以免贴印花,民营公司则每张须贴2角),民营航业为生存计,多方争取有利于自身的政策,也就不难理解了。水陆联运风潮即是在此背景下发生的。

交铁两部之所以"被迫"接纳民营航业参加水陆联运其实与当时招商局当时实力不济亦有关系。1932年,国民政府接办招商局后,至抗战前,招商局的船舶数目最多时153艘,吨位为8.63万余吨,[103]占当时全国国营民营船舶总吨位57.6万吨的15%左右。也就是说从招商局国营到全面抗战前,国内航运市场民营航业虽然散漫,但是从总吨位上讲,一直是占有主导地位的。这样以来,两部在水陆联运的开展中不可能完全置民营航业于不顾。

此外,应当看到的是,国营民营之争主要针对的是加入上海市轮船业同业公会的实力较强的民营航公司与招商局间的联运问题,未加入同业公会的地方小轮船公司与国有铁路联运此间亦有进行。如1935年,青岛政记轮船公司,为便利青市客货运输起见,与陇海路局订立合同、办理青岛与连云港间水陆联运,并接运津浦、平汉各路沿线各站,凡由青岛起运之客货均可直达目的地,并在连云港设立联运办事处。[104]

需要特别指出的是,民营航业参加水陆联运风潮,持续数年,最后无果而终。此结果的出现有更深层次的原因,北京政府时期,由于政府无力管控,整个国家的航运市场基本是自由竞争态势,招商局在此期基本为商办,整个航运市场没有国营民营之分,基本为私人所有。政府相关交通部门职能的缺失,使得航运市场中,同业组织部分承担了政府的相应职能,因此以上海市轮船业同业公会为代表的航业同业组织,在航业市场的自我监管、航业与政府的博弈中居于重要地位。而南京国民政府成立后,在航业国营政策的指导下,"扩充招商局营业范围,提倡水陆联运,监督各航运公司一切技术设施",因而,招商局能"获得政府许多贷款,添造船只,扩充航线,特许经营联运"。[105]而同处世界经济危机下的民营航业,向政府请求发行航业公债补助,"靳而不兴",要求联运亦"不能获均等待遇"也就不难理解了。与此同时,政府力量的趋强,必然加强对民营航业的监督管理,先前航业同业组织各种功能不断受到挑战和挤兑,其实,民营航业请求参加政府主导的国有铁路与国营招商局间的水陆联运的过程,亦可视作是政府和同业组织力量双方调试与适应的过程。此现象当时不独在航业，在金融业及其他行业中均存在。因此，有学者即提出“行业协会的作用与国有经济的垄断与否有很大的相关性，当国有经济在总体上不占垄断地位时，或者更准确地说，当市场秩序能够得到基本维持、而政府无能力或还没有对经济实施全面控制时，行业协会就会表现出其蓬勃的生命力。反之，当市场被政府的统制所取代，国有经济占垄断地位后，行业协会就会丧失其活力”。[106]

（三）航权挽回：外商参与水陆联运问题

由交铁两部主导的水陆联运，在全国沿海、沿江城市次第举行，这对当时的外轮在中国内河沿海航运业务造成了巨大的冲击。招商局在办理陇海路联运时，因与洋商轮船关系较少，未涉冲突。及胶济及平汉路相继实现后，始引起上海洋商轮船公司的反感，当时，长江及南北洋航线，洋商轮船在班次、吨位、营业等方面均较招商局为优，水陆联运实施后，从各铁路公司所转运货物，完全不装外轮，洋商在营业上受到极大打击，为挽救计，洋商减低水脚，凡有联运之处，将运费减至比联运运费为低，汉口以下的水货，跌至每吨仅收 2 元数角。1935 年 1 月 1 日，招商局与平汉路办理联运后，长江外轮的水脚便大跌特跌。[107]

各洋商轮船公司，以跌价揽货，终非根本解决途径。上海各洋商轮公司，如太古、怡和等经数度商议，最后议定援用华盛顿九国公约，向中国提出要求加入中国水陆联运，于是各自请本国政府转令各自国家驻华公使，向南京政府外交部提出正式要求。

外交部接到此项要求后，转咨交通铁道两部核办。交铁两部于是致电在沪国营、民营航业公司代表到南京开会讨论此事。招商局派总经理刘鸿生、联运股主任周凤图，三北公司派虞洽卿、徐志一，宁绍公司派袁履登，大达公司派杨管北出席，其他各公司有李志一、朱盎声等。各代表经过讨论认为，水陆联运为中国国有铁道与国营轮船公司为便利商民，减轻运费及减免手续等之连接装运，纯属中国内政，外商无要求之理，当场议决拒绝。[108]

当时外商加入水陆联运主要依据的是《九国公约》第五条内容。该条的原文是：“中国政府约定中国全国铁路，不施行或许可何种待遇不公之区别，例如运费及各种便利，概无直接与间接之区别，不论搭客隶何国籍，自何国来，向何国去，不论船舶或他种载运搭客及货物之方法，在未上中国铁路之先，或已上中国铁路之后，隶何国籍，属诸何人。”[109]

基于外商的要求，当时有学者就指出，就公约文本内容而言，它主要指的是被运输的旅客及货物本身而言，并不包括运转的这些货物及旅客的运载工具。该公约第三条规定“为适用在中国门户开放，或各国商务实业计划均等之原则，更为有效起见，缔约各国除中国外，协定不得谋取或赞助本国人民谋取。”这些表示关于中国必要之财产及权利，各国不能有同样或有普遍的分享权，中国铁路与轮船公司所订水陆联运业务，亦系一种财政企业，其由铁路给予必要之权利，同此条的解释用意相符，外商抗议联运毫无根据。[110]

外商要求加入水陆联运，一方面说明这种联运方式无论从经济意义上还是从政治外交意义上都是奏效的，从一个侧面显示水陆联运施行的成效。这种"釜底抽薪"式的挽救航权形式，在当时政府于军事上驱逐外国航船实力不济，外交上谈判收回航权难有进展的情况下，不失为一种较好的方式。也难怪乎当时虞洽卿上书蒋介石请求民营航业参加水陆联运时称其"实为收复航权张本"。[111]问题的关键是通过此种联运方式挽回航权，不是一时的政治措施，它符合交通运输的经济规律，使得铁路、港口、轮船、客商多方受益，使得这一联运方式能够持续进行。

（四）路、港博弈：青岛港务局水陆联运接续费的纷争

水陆联运的开展，不仅涉及到国营航业与民营航业、民族航业与外商航业间的竞争关系，更涉及到中央（交通、铁道两部）、地方（各地港务局）及国有铁路与国营招商局的错综复杂关系。如果说前两种关系主要为国内民族航业的竞争及挽回航权、维护主权计，那后一种关系则表现为有关水陆联运经济利益的摊分。我们拟以胶济铁路与国营招商局水陆联运中有关联运接续费纷争一案来考察这一问题。

青岛原为一滨海渔村，因其为不冻港，德国人借曹州教案，1898 年强行向清政府租借，并将整个租借地作为自由港向全世界开放。同时不惜巨资，前后耗费5 000万马克，包括修筑防波堤、疏浚海底、填平海滩、兴建码头及仓库、照明设施及港口设施等，并筑铁路与胶济路连接。其第一、第二码头当时可同时停靠6 000吨的轮船 12 艘，此外第三、第四码头均与铁路相衔接，火车可以直驶轮侧，水陆联运的基础设施条件良好。[112]日据时期（1914 年 11 月—1922 年 12 月），为对其侵华利益服务，对港口亦进行建设。

德日占据青岛后，有关码头与铁路的管理隶属于同一机关，对于水陆联运的实行可以统一规划，协调指挥。1922 年，根据华盛顿会议中日《解决山东悬案条约》及其《附约》，中国政府接收青岛，接收后，路港分离，港务方面隶属于青岛市政府管辖，铁路方面则隶属于中央交通部。自接收后，路港双方对于联运问题，殊乏具体计划。

胶济铁路与招商局举行水陆联运后，这一管理体制存在的问题就显现出来。1933 年青岛市港务局曾与胶济铁路就水陆联运接续费进行反复交涉，矛盾难解。[113]

胶济铁路管理委员会与青岛市港务局双方原订有联运货物接续费，分甲乙丙三种货物分别收费，这一做法在日据时期就已有案可稽。不料，1930 年代由南京交铁两部主导的水陆联运在胶济路开展以来，港务局对此项费用收取提出异议，认为接续费系十余年前所订，较之 30 年代实行的码头费率，几低一倍，在未经征得胶济路许可的条件下，自行将原订费取消，改照码头规则办理。其间，路港双方几经磋商不成，青岛港务局致函胶济铁路，将

水陆联运接续费取消，依照码头规则办理。

但是，据胶济路称，港务局码头费用较为复杂，同一货物，同一重量，因尺量计算、堆放地点、存储时间长短及距离船位远近不同，而收费各异。这样联运发站，难以计算。日据时代，有鉴于此，将码头、卸车、调车三项包括订定费率，即为接续费。这样就方便发站点核收，联运顺利开展。青岛港接收后，联运接续费一直延续核收。如此，在胶济与招商行将举办水陆联运之际，港务局电函胶济路，谓接续费系十余年前所订，较该局码头费低廉，要加倍征收。胶济铁路认为如此征收则漫无标准，联运货物不同，一律增倍征收，殊显笼统。请港务局“于维持该局收入之中，通盘计划，斟酌损益，审定修改”，并邀请青岛市政府及港务局相关人员，多次就此事会商。港务局对胶济路的提议并不赞同。后经青岛市政府与胶济路商定展期会商，另订办法。

事情发展至此，很明显青岛市港务局想废除接续费，实行码头费，其主要目的即增加该港务局收入，但此举对胶济路举办水陆联运无疑是致命打击，果真按此费率征收的话，水陆联运较之非联运运输对货商来说并无吸引力。就青岛港本身长远的发展来说亦大有不利。面对胶济路的劝诫，港务局并不领情，致函胶济路声称自 1933 年 12 月 1 日起，一律依照该局码头规则办理。由于该局码头费计算复杂，认定标准不易操作，联运车站无法核收，双方遂陷于僵局。

后在青岛市府斡旋下，在 12 月 16 日以前暂仍按旧章办理。在此期间，双方再行商定征收办法。后来，胶济路局派营业课课长魏馨、运输课课长曹昌麒、车务第一分段张刘迪德与港务局代表、并邀约青岛市政府代表反复交涉联运接续费。经过一再磋商，路港双方将认为有联运可能的货物，暂定十种，并分别规定接续费率。这数十种货物当中以烟叶和花生油两项较旧接续费增高为多，其中烟叶增 93%，花生油增约 220%。通观数十种联运货物的接续费率，是次新订费率比先行港务局实行的码头费平均减 29%，但是比原定接续费平均增高 73%，接续费率的确定其实是路港双方在维护各自联运利益的前提下，各自做出一定让步和妥协的结果。在经过双方博弈之后，可以看出联运货物接续费与日据时期接续费比较，整体上还是呈上升态势（表四、表五）。

表四　新订接续费与现行码头费暨原定接续费比较表

货名	新订接续费(每公吨)	现行码头费用			原定接续费(元/每公吨)	新订接续费比较增减			
						与先行码头费		与原定接续费	
		码头费用定价(元)	重量与容积之百分比	折合公吨之码头费(元)		差额	百分比	差额	百分比
烟叶	2.90	0.97	3.36	3.26	1.50	0.36	11%	1.40	93%
花生	0.75	0.87		0.87	0.50	0.12	14%	0.25	50%

（续表）

货名	新订接续费(每公吨)	现行码头费用			原定接续费(元/每公吨)	新订接续费比较增减			
						与先行码头费		与原定接续费	
		码头费用定价(元)	重量与容积之百分比	折合公吨之码头费(元)		差额	百分比	差额	百分比
花生油	1.60	0.92	1.76	1.62	0.50	0.02	12%	1.10	220%
麸糠	0.55	0.57		0.57	0.50	0.02	35%	0.05	10%
枣类	1.00	0.97	1.68	1.63	0.50	0.63	38%	0.50	100%
糖类	0.95	0.97		0.97	0.50	0.02	2%	0.45	90%
矿砂类	0.65	0.67		0.67	0.35	0.02	3%	0.30	86%
草编	2.30	0.87	6.30	5.48	1.50	3.18	58%	0.80	53%
棉花	2.30	0.97	4.14	4.02	1.50	1.72	43%	0.80	53%
竹扫帚	2.30	0.77	2.33	2.56	1.50	0.26	10%	0.80	53%
						平均减	29%强	平均增	73%弱

资料来源：《公牍：咨：铁道部咨：第二六九三号(中华民国二十二年十二月十五日)：咨青岛市政府：为胶济路呈转与港务局修改水陆联运货物接续费经过情形请转饬港务局最低限度仿照旧章办理由(附表)》，《铁道公报》1933年第740期，第9页。

表五　双方拟定水陆联运货物接续费率表(单位:元)

接续费＼货名		烟叶	花生	花生油	麸糠	枣类	糖类	矿砂类	草编	棉花	竹扫帚	其他
整车接续费	码头费	2.90	0.75	1.60	0.55	1.00	0.95	0.65	2.30	2.30	2.30	1.00
	调车费	0.10	0.10	0.10	0.10	0.10	0.10	0.10	0.10	0.10	0.10	0.10
	合计	3.00	0.85	1.70	0.65	1.10	1.05	0.75	2.40	2.40	2.40	1.10
备注												

(1)零担费率以路局计费种类，比照本表核收。分以下进一位计算。

(2)零担只收码头费，不收调车费。

(3)其他一项，由港务局随时登记，如有某种货物数量增多而与码头费率相差甚巨时，得提出会商另定费率。

(4)本表暂定自二十二年十二月一日实行；仍俟双方呈准公布施行，即将旧表废止。

资料来源：《公牍：咨：铁道部咨：第二六九三号(中华民国二十二年十二月十五日)：咨青岛市政府：为胶济路呈转与港务局修改水陆联运货物接续费经过情形请转饬港务局最低限度仿照旧章办理由(附表)》，《铁道公报》1933年第740期，第11页。

12月15日，铁路部长顾孟余咨青岛市政府，咨文首先对部办水陆联运的意义进行论述，“本部主管运输，责无旁贷，历经办理负责运输、负责联运，商人既得直接托运之便，复免转运商额外需索之繁。现又举办水陆联运，以冀推广，而利商运……”。对于港务与胶济路分别隶属，咨文内开“复查大港码头在德管及日管时代，原属铁路之一部分，迨至接收以后，始行分立。惟路港彼此关系密切，相依唇齿，名义上虽已分别管辖，事实上仍应相互辅助。本部为提倡水陆联运及减低货物成本计，业将货物联运运价，减至最低程度，尤期各关系联运机关，共本斯旨，将各项费用，直接或间接影响货运者，分别减低，以示合作”，但是，港务局对于接续费，“非但未予减低，反较原定办法，平均高出百分之七十二弱，不啻封锁青岛海港，路港双方，势将同受巨大影响……”，鉴于此，铁道部咨请青岛市政府顾及全局，将接续费从长计议，重新核定。并指出“（接续费）最低限度，亦应维持原定办法，以资倡导。其夜间装卸工资加收三分一案，并请转饬免予增收，以示合作”，不仅如此，连胶济路所呈有关接续费的会订办法亦“碍难照准”。

从整个事件的发展历程来看，路港双方的统辖不一是问题产生的根源。在德管和日据时期，青岛港原属胶济铁路的一部分，接收以后，胶济路国有后划归铁道部管辖，而青岛港则列入地方市政范围，隶属于青岛市政府管辖，在行政隶属上青岛市政府与南京交通部并无直接的上下隶属关系。而在铁道、交通两部主导的水陆联运中，铁路、港口及轮船实为三个需要密切合作、唇齿相依的部门，铁道部为推进全国水陆联运网络的构筑，为促进水陆联运的开展自是不遗余力。但是，有关接续费一节，如若按青岛市港务局的核收方式，水陆联运完全失去了其“运费低廉，手续简化，有益流通”的旨意，也不可能继续开展。换一个角度，港务局之所以用码头费替代接续费，将日据时期就已经简化一体的费用重新分解开来，化简为繁，其目的也是十分明显的，就是当水陆联运的开展不利于地方港务的收入时，由于行政隶属关系，其提高费用也是在所难免。事件进行当中，铁道部中间也是想通过双方协商方式解决此事。但是随着案件的发展，青岛市港务局并无调整的表现，无奈之下，铁道部最后致函青岛市政府，要其指令该局（港务局），不但接续费照旧章办理，就连先前双方会商方案连同其他要求均“碍难照准”。

这里所凸显的一个问题就是水陆联运的办理，拥有统一行政主管机构的重要性。如若当时的港口、铁路同隶铁道部管辖，可能这样的问题就不会发生。另外，即使是联运的相关部门互不隶属，筹建或实或虚的联络协调组织，形成一套联络协调机制，对联运顺利开展的意义从此案件中即可窥其一斑。

五、余　论

1930 年代的水陆联运持续举办数年，联运活动的开展，既挽救航业损失，又便利客商运输，提高货物周转率，降低物流成本。从整个国家航运市场考量，这无疑有利于优化整个航运资源的配置。对各类进出口货商来说，水陆联运降低了运输成本，直接提高了商品的市场竞争力。对港口而言，水陆联运增加了港口的固定货源和吞吐量，有利于港口自身的不断发展。这使得整个运输环节的交易费用减低，交易成本随之下降。加之，从政治因素考量，在依靠军事力量收复无望，政治谈判难以奏效的情形下，以水陆联运此种"釜底抽薪"的方式来挽回航权，无疑是既现实又可行的政策选择。这一联合运输方式的经济、政治意义，也多为当时的官方和民间所共识。水陆联运自开办伊始，就含有鲜明的政治外交色彩。无论是联运举办的主导方——政府(铁道部、交通部)，还是国内交通运输方面的专家学者，均不讳言此项联络运输的政治意义。1935年，商办江南铁路公司京芜段与招商局办理水陆联运后，时人对于通过水陆联运挽回航权曾有言论："向来皖货运输，长江线内，洋商各轮营业甚巨，其中转口到南北洋各埠者，尤以英日各轮占优势，今江南铁路与招商局联运后，皖货之装赴南北洋者，将夺洋商之营业，而改装国轮，无形中挽回航权颇巨"。[114]诸如此类的时评，常见于当时的报端书籍。

1936—1937年间，以国有铁路为基线，以国营轮船招商局为主体协办的全国水陆联运网络基本形成。这种联运方式，对于合理配置交通运输资源，挽回航权，增强国营航业实力方面起到重要作用，也是南京国民政府在1927—1937年间，交通运输事业发展史上一个重要的亮点。由于大规模政府主导的水陆联运无前例可循，1930年代的水陆联运基本是在摸索中进行的，联运过程的具体事务中难免出现这样或那样的问题，在后继的持续改进中，水陆联运不断向前推进。联运期间出现的问题及尝试解决的方案(如联运过程中，中央与地方有关联运经济利益的分配、统一联运协调机构的必要性、国营与民营航业参加联运的政策制订与选择、外轮参加联运的取舍等等)，于今仍有借鉴意义。[115]

注释：

① 1930年代主持招商局水陆联运事务的周凤图撰写的《水陆联运辑要》;《交通杂志》1935年刊登的当时国内交通运输学界专家的一些联络运输的文章;国立交通大学曾有一篇学位论文《我国国内联运问题》。这些文章由于多数成于水陆联运开创初期,后期联运状况多无反映。1949年后,对水陆联运有所提及的有张后铨的《招商局史》(近代部分),中国社会科学出版社,2007年,第371—373页;朱荫贵的《1927—1937年的中国轮船航运业》,载《中国经济史研究》2000年第1期;《铁路轮船与近代中国的经济变迁》,载复旦大学历史地理研究中心编的《港口—腹地和中国现代化进程》,齐鲁书社,2005年,第41页;周天度、郑则民等著的《中华民国史》第8卷(1932—1937年)下,中华书局,2002年,第841页;目前的深入研究仅有台湾学者刘素芬的《南京国民政府的奖励工业与提倡国轮政策:以招商局的水陆联运为例》,该文主要从国民政府奖励工业和提倡国轮的角度,探讨招商局水陆联运措施,借以对国家工业化政府提供干预经济,来解释晚清以来招商局体制的演变,该文载入虞和平、胡政主编的《招商局与中国现代化》,中国社会科学出版社,2008年,第248—269页。

② 吴永富:《水运商务管理学》,大连海事大学出版社,1999年,第105页。

③《中外日报》,光绪二十九年十二月初一日,1904年1月17日。

④《时报》,宣统元年七月十三日,1909年8月28日。

⑤《东方杂志》,1907年8月4卷8期,第201页。

⑥《时报》,宣统元年四月初七日,1909年5月25日。

⑦《时报》,宣统三年三月十八日,1911年4月16日。

⑧《申报》,1926年6月7号,第13版。

⑨《申报》,1926年7月13号,第14版。

⑩《申报》,1926年8月2号,第15版。

⑪《申报》,1929年8月27号,第25版;9月12号,第16版;11月26号,第15版;12月12号,第16版。

⑫《申报》,1922年3月25号,第14版。

⑬《时报》,宣统元年七月十三日,1909年8月28日。

⑭《申报》,1914年12月6号,第6版。

⑮《申报》,1914年12月14号,第10版。

⑯《申报》,1916年12月7号,第3版。

⑰《申报》,1916年12月22号,第6版;12月26号,第3版。

⑱ 陈舜畊:《津浦铁路联络运输之过去现在与将来》,《交通杂志》1935年第3卷第7—8期合刊,第220页。

⑲ 蔡秋琴、毛之粲:《我国国内联运问题》,国立交通大学上海管理学院民二五级毕业论文,1936年,第91页。

⑳ 谭书奎:《胶济路联络运输之过去现在与将来》,《交通杂志》1935年第3卷第7—8期合刊,第203页。

㉑《附录:广西建设厅建设委员会第一次会议议案大纲:(十)筹备水陆联运以利行旅而便运输案》,《广西建设月刊》1928年第1卷第1号,第5—6页。

㉒ 俞棪:《整理全国铁路联运业务计划书》,南京文华书局,1933年,第119—137页。

㉓ 王洸:《中国航业》,商务印书馆,1933年,第124—126页。

㉔ 李国杰:《起死回生之招商局》,出版地、出版时间不详,第3—4页,第61—62页。
㉕ 中国社会科学院近代史研究所:《孙中山全集》第2卷,中华书局,1982年,第323页。
㉖ 中国社会科学院近代史研究所:《孙中山全集》第2卷,中华书局,1982年,第332页。
㉗ 中国社会科学院近代史研究所:《孙中山全集》第5卷,中华书局,1985年,第134页。
㉘ 孙科:《建设大纲草案及其说明》,《革命文献》第22辑,(台北)"中央"文物供应社,1970年,第367页。
㉙《中国国民党历届次中全会重要决议案汇编(一)》,《革命文献》第79辑,(台北)"中央"文物供应社,1979年,第161页。
㉚ 张后铨:《招商局史》(近代部分),中国社会科学出版社,2007年,第352—356页。
㉛ 张后铨:《招商局史》(近代部分),中国社会科学出版社,2007年,第360页。
㉜ 陆庭鏞:《我国铁路联运业务》,《交通杂志》1935年第3卷第7—8期合刊,第39—43页。
㉝ 洪瑞涛:《我国联络运输问题》,《交通杂志》1935年第3卷第7—8期合刊,第7页。
㉞ 洪瑞涛:《我国联络运输问题》,《交通杂志》1935年第3卷第7—8期合刊,第6页。
㉟《工商法规:国有铁路与国营招商局水陆联运办法》,《工商半月刊》1933年5卷21号,第59—61页。
㊱ 联运开办之初,招商局应陇海路局车务处长周颂年函请,派同华轮至老窑运输大批货物,当时即有承办老窑拖驳的康正记派小轮两艘由同华轮拖往老窑(参见《申报》,1933年11月19号,第12版)。
㊲ 周凤图:《我国铁路轮船联络运输之回顾》,《交通杂志》1935年第3卷第7—8期合刊。另见《航界杂讯:民营轮船中止参加水陆联运》,《轮机期刊》1935年第9期,第278页。
㊳《申报年鉴》,1935年,N—44页。
㊴ 萧梅性:《陇海铁路联络运输之过去现在与将来》,《交通杂志》1935年第3卷第7—8期合刊,第199—200页。
㊵《申报》,1935年9月3号,第12版。
㊶《航界杂讯:(乙)关于国营方面:9.招商局陇海路办理津海水陆联运》,《轮机期刊》1935年第10期,第365页。
㊷《招商局进行水陆联运之近况》,《中央银行月报》1935年4卷第1—6期,第121—122页。
㊸《命令:训令:铁道部训令:第三〇一〇号(中华民国二十一年十一月二十一日):令胶济铁路管理委员会:令饬筹备水陆联运办法具报由》,《铁道公报》1932年第409期,第9页。
㊹《部路要讯:胶济路调查上海香港广州等处水陆联运情形报告》,《铁道公报》1933年第722期,第6—9页。
㊺《路事纪要:胶济路筹备水陆联运》,《铁道》1933年3卷4期,第97页。
㊻《胶济路水陆联运筹备委员会规程》,《工商半月刊》1933年5卷3期,第68—69页。
㊼ 谭书奎:《胶济铁路联络运输之过去现在与将来》,《交通杂志》1935年第3卷第7—8期合刊,第203—214页。
㊽《招商局进行水陆联运之近况》,《中央银行月报》1935年4卷第1—6期,第121—122页。
㊾ 他如九江的瓷器经由水陆联运到上海同样遇到该问题,该项瓷器到九江转船时每吨

须纳转口税100元，加上火车运费、轮船水脚，瓷器若运到上海后出口又须纳一种出口税（外货仅缴纳进口税，转口税概行豁免），这样就严重削弱了瓷器在国际市场上的竞争力（参见万琮：《联络运输与对外问题》，《交通杂志》1935年3卷第7—8期合刊，第126页）。

㊿ 周凤图：《我国铁路轮船联络运输之回顾》，《交通杂志》1935年第3卷第7—8期合刊，第89页。

51 浒浦镇在常熟县滨海，时商业颇为发达。通达元记轮船局，运营小轮往来于青阳港至浒浦间。为便利行旅起见，该轮局与京沪路局签订旅客行李包件联运合同，合同条款对双方联运中涉及的票价、行李运费、包件运费、回佣（即路局此项联运进款，每月不满5000元时给予回佣1%，在5000元以上给3%）、结算等均做详尽规定（参见《京沪、沪杭甬铁路日刊》，1933年第762—787期，第187—188页）。

52 《海事新闻：两路与招商局水陆联运定期实行》，《新世界》，1936年第85期，第78页。

53 《部路要讯：南浔路与九江招商局筹办水陆联运》，《铁道公报》，1934年第929期，第6页。

54 《部路要讯：南浔路将与招商局办理水陆联运》，《铁道公报》，1936年第1430期，第12页。

55 另一说为1935年1月1日。见《招商局进行水陆联运之近况》，《中央银行月报》1935年第4卷第1—6期，第121—122页。周凤图的《我国铁路轮船联络运输之回顾》一文亦持此说。

56 邱鸿勋：《平汉路联络运输之过去现在与将来》，《交通杂志》1935年第3卷第7—8期合刊，216—217页。

57 《招商局进行水陆联运之近况》，《中央银行月报》1935年第4卷第1—6期，122页。

58 《招商局与北宁平绥水陆联运依次实行》，《铁道》1935年6卷6期，第105页。

59 有关该路路线规划、资金筹措及建设运营状况可参见马陵合的《民营江南铁路的修筑及运营评述》一文（《安徽史学》2009年第3期，第119—126页）。

60 《招商局进行水陆联运之近况》，《中央银行月报》1935年4卷第1—6期，第121—122页。

61 《路界纪闻：招商局与京芜路水陆联运》，《铁路月刊：津浦线》1935年5卷3期，第8页。

62 周凤图：《水陆联运》，《航业月刊》1935年3卷第1期，第18页。

63 《申报》，1936年10月23号，第10版。

64 《申报》，1937年5月4号，第13版。

65 《一年来之交通》，《申报年鉴》，1935年，第787页N3。

66 《北宁与招商九月实行联运》，《导光周刊》1935年3卷27期（1935年8月25日），第4版。

67 《招商局发展业务完成八路水陆联运》，《海事月刊》1936年第10卷第3期，第83页。

68 《全国水陆联运将近完成》，《铁道公报》1936年第1429期，第5页。

69 转引自张后铨：《招商局史》（近代部分），中国社会科学出版社，2007年，第420—421页。

70 郑会欣：《1933年的中美棉麦借款》，《历史研究》，1988年第5期，第128—137页。

71 棉麦借款合同全文（抄件）见国民政府财政部档案，三②314。转引自郑会欣：《1933年的中美棉麦借款》,《历史研究》,1988 年第 5 期。有关此次借款史实及评述另可参酌张士伟的《棉麦借款、亲英美派与中美经济关系的初步建立》(《历史教学》2008 年第 24 期,第 51—55 页;王丽的《1933 年中美棉麦借款再探》(《史学月刊》2012 年第 6 期,第 66—72 页)。

(72)《经理美贷棉麦事务处报告》,国民政府财政部档案,三②2555。转引自郑会欣:《1933 年的中美棉麦借款》,《历史研究》,1988 年第 5 期,第 128—137 页。

(73)《中美水陆联运》,《铁路协会月刊》,1934 年 6 卷 2 期,第 44 页。

(74)《交铁两部筹办中美水陆联运》,《铁路协会月刊》,1934 年 6 卷 1 期,第 46 页。

(75)《申报》,1934 年 1 月 20 号,第 4 版。

(76)《申报》,1934 年 2 月 6 号,第 10 版。

(77)《国有铁路与国营招商局水陆联运办法》,《工商半月刊》1933 年 5 卷 21 期,第 59—61 页。

(78)《公牍:函:笺函交通银行总行》,《铁道公报》1936 年第 1447 期,第 10—11 页。

(79)《国内时事:全国水陆联运年内可望完成》,《外部周刊》1934 年第 27 期,第 14—15 页。

(80)《招商局与陇海路改进水陆联运办法》,《铁路月刊:津浦线》1934 年 4 卷 8 期,第 8 页。

(81)《国内外路事消息:甲:国内之部:陇海铁路与招商局办理水陆联运后对业务时求改进、派专轮联络各口岸》,《铁道半月刊》1936 年 1 卷 14 期,第 63—64 页。

(82)《招商局与陇海路改进水陆联运办法》,《铁路月刊:津浦线》1934 年 4 卷 8 期,第 8 页。

(83)《部路要讯:乙:各路消息:八,陇海铁路:陇海同蒲招商局合办水陆联运货物保险:免除货商保险手续,自四月一日起实行》,《铁道半月刊》1937 年 2 卷 8 期,第 114 页。

(84)周凤图:《我国铁路轮船联络运输之回顾》,《交通杂志》1935 年第 3 卷第 7—8 期合刊,第 94 页。

(85)《申报》,1934 年 12 月 10 号,第 8 版。

(86)《招商局进行水陆联运之近况》,《中央银行月报》1935 年 4 卷第 1—6 期,第 121—122 页。

(87)限于篇幅,这里只能将此次联运风潮的梗概及反映的问题略述,详细过程容另文详论。

(88)《申报》,1933 年 9 月 27 号,第 12 版。

(89)《会务:中华民国二十二年十月份(上海市航业公会)第十八次执行委员会议决录》,《航业月刊》1933 年 2 卷 12 期,第 9—10 页。

(90)《申报》,1933 年 11 月 1 号,第 14 版。

(91)《全国水陆联运风潮》,《银行周报》1933 年 17 卷 45 号,第 2 页。

(92)《公牍:电:代电上海市转运报关业同业公会等:国有铁路办理水陆联运对于航运之为国营民营并无成见并订定民营航业参加水陆联运办法六条仰遵照由》,《铁道公报》1933 年第 738 期,第 1—2 页。

(93)《上海市轮船商业同业公会就民营航业参加水陆联运与交通部、铁道部及招商局往来文书》,1933 年 1 月—1936 年 5 月,上海市档案馆藏档,案卷号:S149—2—92。

(94)《民营航业参加水陆联运办法》,《航业月刊》1933 年 2 卷 11 期,第 5 页。

(95)《上海市轮船商业同业公会就民营航业参加水陆联运与交通部、铁道部及招商局往来文书》,1933 年 1 月—1936 年 5 月,上海市档案馆藏档,案卷号:S149—2—92。

(96)《申报》,1934 年 11 月 14 号,第 6 版。

⑨⑦ 熊大惠:《运输学:水道篇》,出版社不详,1934年,第253—255页。

⑨⑧《申报》,1935年3月19号,第10版。

⑨⑨《航界杂讯:民营轮船中止参加水陆联运》,《轮机期刊》1935年第9期,第278页。

⑩⓪ 中国航海学会:《中国航海史》(近代),人民交通出版社,1989年,第269页。

⑩①《民营航业公司参加水陆联运之办法》,《中央银行月报》1934年3卷1期,第138—139页。

⑩② 董浩云:《民营航业行将破产,航业合作暂告停顿》,《航业月刊》1935年3卷6期,第2页。

⑩③ 简锐:《国民党官僚资本发展的概述》,《中国经济史研究》1986年第3期,第97页。

⑩④《申报》,1935年12月10号,第6版。

⑩⑤ 梅电夒:《民营航业与航业政策》,《航业月刊》1935年第3卷第6期,第2页。

⑩⑥ 杜恂诚等:《中国近代国有经济思想、制度与演变》,上海人民出版社,2007年,第368页。

⑩⑦ 洪瑞涛:《我国联络运输问题》,《交通杂志》1935年第3卷第7—8期合刊,第5页。

⑩⑧《申报》,1935年3月19号,第10版。

⑩⑨ 万琮:《联络运输与对外关系》,《交通杂志》1935年第3卷第7—8期合刊,第124页。

⑪⓪ 万琮:《联络运输与对外关系》,《交通杂志》1935年第3卷第7—8期合刊,第125页。

⑪①《全国水陆联运风潮》,《银行周报》1933年17卷45号,第2页。

⑪② 钱镛:《胶济铁路创办水陆联运之研究》,《交通杂志》1935年第1卷第3期,第57页。

⑪③《公牍:咨:铁道部咨:第二六九三号(中华民国二十二年十二月十五日):咨青岛市政府:为胶济路呈转与港务局修改水陆联运货物接续费经过情形请转饬港务局最低限度仿照旧章办理由(附表)》,《铁道公报》1933年第740期,第4—11页。

⑪④《路界纪闻:招商局与京芜湖路水陆联运》,《铁路月刊:津浦线》1935年5卷3期,第8页。

⑪⑤ 上海建设国际航运中心,其后继发展的规模经济主要体现在港口网络、船舶运输网络和内陆运输网络三方面。随着沪宁、沪杭城际高铁的开通,长三角既有铁路实现客货分流,这使得上海海铁联运的发展有了运力保障。铁路运输相较于汽车运输,碳排量小,运量大,输送距离远,受自然界干扰小,同时也可纾解城市公路运输压力。这种联络运输方式应是上海国际航运中心持续发展的选择路径。近年来,上海市交通运输部门也一直在加强海铁联运事业的发展。因1930年代的水陆联运与现实有诸多似曾相似之处,故希望本文能对当今的海铁联运提供些许借鉴。

Joint rail - and - water transportation in 1930s

Abstract: In the 1930s, the joint rail - and - water transportation had been dominant held for years by Ministry of transportation and Railway ministry during the Nanjing Kuomintang Regime Period. Untill the breakout of Anti - Japanese war in full scale, a joint rail - and - water transportation net - work was basically formed, the network was composed with state - owned railway as the baseline and state - run China merchants for assisting the subject. During this period, around through operation level, state - owned railway and state - owned shipping (China merchants) or private shipping to rail - and - water transportation, rights of navigation, management of combined transportation coordination, through coordination management, profit distribution and question has carried on the beneficial historical practice.

Keywords: 1930s, Joint Rail - and - Water Transportation, State - owned railway, China Merchants' S. N. Co. , Ltd., Private - owned Shipping

康熙三十五年上海地区的特大风暴潮及其影响

刘炳涛*

（上海电机学院马克思主义学院）

摘　要： 康熙三十五年(1696 年)上海地区连续遭受两次风暴潮的袭击，其六月风暴潮的重现期达到 500 年一遇，仅溺亡人口即有十余万之多，其中绝大多数为濒海煮盐灶户，是到目前为止中国历史上最严重的风暴潮。然而此次风暴潮对农业却并未带来巨大伤害，造成当地农业致命损害的则是规模相对较小的七月风暴潮，从而表现出在不同时空生态背景下风暴潮对区域社会影响的差异性。风暴潮灾害作为上海地区最严重的自然灾害之一，其不同于一般自然灾害的迅猛摧毁力值得港口建设研究者们的高度重视，而 200 年一遇的上海海塘设防标准，能对沿海消减潮灾起多大庇护作用亦是值得考量的问题。

关键词： 康熙三十五年　上海地区　风暴潮　影响

在全球气候变化的背景下，极端气候事件（台风、风暴潮、洪水、强降水等）通常是沿海地区致灾的主要原因。上海地处长江三角洲东部，西连太湖，北界长江，东濒东海，南临杭州湾，历史上经常遭受台风、风暴潮、赤潮等海洋灾害的侵袭，其中又以台风引起的风暴潮最为严重。因此，为应对未来全球气候变化给上海带来的影响，我们有必要加强其历史时期极端气候事件的研究工作，为现代社会预防、消减海洋灾害提供一些参照。本文对康熙三十五年(1696 年)发生在上海地区的特大风暴潮进行具体研究，为日后的防灾减灾提供必要的参考。

关于此次风暴潮的资料已有学者进行过相关汇编，① 一般认为潮灾中死亡人数在十万左右，被灾害学界视为中国历史上最大的海潮灾害，但也有学者对此提出异议。② 此外，还有学者专门就此次风暴潮的潮位进行过推算。③ 但由于在资料的选取和分析过程中存在诸多问题，还有其造成的影响方面

---

* 作者简介：刘炳涛（1983—　），男，山东安丘人，博士，上海电机学院马克思主义学院讲师，主要研究方向：历史自然地理、环境史。

尚未进行过全面研究，致使此次特大风暴潮尚有许多问题有待进一步探讨。

一、康熙三十五年的两次风暴潮

康熙三十五年，上海地区共发生了两次风暴潮，学界往往只关注第一次而忽视了第二次。第一次发生在农历六月初一日（公历 6 月 29 日），华亭人董含曾记录下这一过程和危害，为学术界广泛引用：

> 丙子六月初一日，暴风，大雨如注。时方忧亢旱，顷刻沟渠皆溢，欢呼载道。二更余，海啸，飓风复大作，潮挟风势，涛声汹涌，冲入沿海一带地方几数百里。宝山纵亘六里，横亘十八里，水高于城丈许。嘉定、崇明及吴淞、川沙、柘林、八、九团等处，飘没海塘五千丈，灶户一万八千户，淹死者共十万余人，黑夜惊涛猝至，居人不复相顾，奔窜无路，至天明水退而积尸如山，惨不忍言。……盖百余年无此变矣。④

除董含外，上海人姚廷麟也对此次风暴潮做了详细的描述：

> 六月初一日，大风潮，大雨竟日，河中皆满，至夜更大。宝山至九团，南北二十七里，东海岸起至高行，东西约数里，半夜时水涌丈余，淹死万人，牛羊鸡犬倍之，房屋树木俱倒，风狂浪大，村宅林木什物家伙，顷刻飘没，尸浮水面者，压在土中者，不可胜数，惨极，惨极！更有水浮棺木，每日随潮而来，高昌渡日过百具，四五日而止。川沙营有文书来，报称异常水灾，沿海飘没房屋，淹死人畜，不可胜数。……闻太仓崇明水灾更甚，嘉定次之。⑤

此次特大风暴潮发生的气候背景，当是强有力的台风袭击东部沿海，再加上朔望期的天文大潮，在二者共同作用下酿成了此次特大风暴潮。

从时间上看，早在五月二十八日，台风就已经开始影响到上海县，“二十八日北天有阵起，人人皆喜，将谓有大雨来也，岂料是风潮”，“二十九日大东北风”。及至六月一日夜旦达到高潮，六月二日凌晨结束，持续 3 天。

至于此次台风的入侵路径，胡昌新先生曾经通过“历史模型”的拟合演算分析，认为“形成 1696 年历史上特大风暴潮，可能为浙北登陆北上（如方案 A，1956 年型）和近海转向北上（如方案 C，2000 年派比安型）二类路径”（图一）。⑥但是仔细分析就会发现，此次风暴潮的入侵路径属近海转向北上型，并没有在浙北登陆。其一，笔者查阅 1696 年浙江省的资料发现，⑦该年六月份浙江各地并没有出现大风、暴雨的记录，所以此次风暴潮不可能是在浙江登陆；其二，台风开始影响上海县，刮的是北风及东北风，说明当时台风中心应该位于上海县东南方向。因为在北半球，作为热带气旋的台风，其外围气流逆时针向中心辐合。当台风经过某地时，若该地刮西北风，则台风中心应位于该地东北；若该地刮东北风，则台风中心位于该地东南。所以，康熙三十五年特大风暴潮的路径应是近海转向北上，类似于2000年的派比安型。

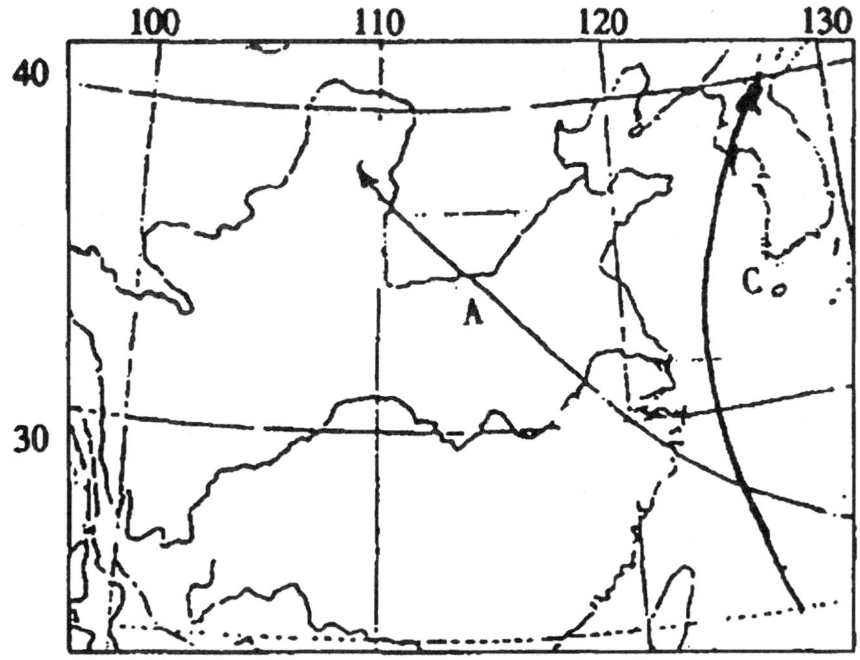

图一　1696年历史风暴潮的可能台风路径

（资料来源：胡昌新：《上海1696年历史风暴潮初步探讨》，《上海水务》，2003年第1期，第42—44页。）

关于此次风暴潮发生的机遇，胡昌新曾分别以地面和水面为起算面，对此次风暴潮的高潮位进行推算，认为黄浦江口1696年最高潮位为6.4米，并进一步分析认为1696年的风暴潮是历史特大量级，其重现期为500年一遇。[8]

除五月底六月初的这次风暴潮外，该年七月二十三日（公历8月20日）又发生了一次风暴潮。姚廷麟记道：

> 七月二十三日，又大风潮，水涨如上年九月十二日，平地水深三尺，花豆俱坏，稻减分数，秀者皆掀倒，房屋坍者甚多，同泾上之大树数百年物矣，五人合抱之身，亩许盘结之根，一旦拔起。闸港有跃龙禅院，东边之银杏一株，亦百年之物，其大约四五人合抱，根盘正殿之下，一旦均被拔起，则廿年未尝见者也。[9]

董含也对这次风暴潮做了描述：

(七月)二十三日,天未明,大风忽发,暴雨倾注,达午,势愈甚。半空中赤光烁灼,声若霹雳,砰訇簸荡,排墙倒屋,大木皆连根拔出。檐瓦飞空,状类鸟雀。居人走避无所。抵暮水没过膝,天气昏黑,势如混沌。少长群聚大哭,皆自分必死矣。至夜半,势稍缓,官署民房雕梁楼阁半被摧折,四乡民压死者比比而是。东关外数里有大树,据郡志云阅岁已千年,大数十围,每岁易一花,变怪莫测。土人筑大树庵以奉香火。至是,亦被吹折。时东北风急,敝庐数椽适当其冲,倒塌尤甚,耳中但闻崩裂之声,竟夕不卧,东方渐明,见四壁俱无,举家傍徨无措,真异变也。[10]

此次风暴潮的规模也很大,以致时人发出“风潮每岁有之,此变则几至陆沉,百龄老人目所未观”[11]的感慨,但因发生在白天,所以造成的人口损失要远远低于上一次风暴潮。或许这也是被学界忽视的原因吧,但是除去人口损失外,此次风暴潮造成其它方面的损失绝不逊于上一次风暴潮,详见下文。

二、六月风暴潮给人口带来的损失

康熙时期华亭人董含在《三冈续识略》中记载:“淹死者共十万余人。”当时人记当时事,其可靠性似乎没有什么可以怀疑的,但于运全却对此颇有质疑,认为“笔记小说中数字的可靠性不是很高,主观夸大及有限的信息资源都会使相关记录不甚准确”。据此,他根据《三冈续识略》、《续历年记》和《沪城备考》中记载的死亡人数各不相同,从 10 万至万人,悬殊过大,从而认为“其中的数字多属主观臆测”。然后又分析雍正《崇明县志》中的记载,认为:“《崇明县志》中的记载较为可信,其估计的‘没者数万人’应是根据赈灾、蠲免时所作相关灾情统计得出的。”[12]于氏的怀疑看似不无道理,但是我们仔细分析一下却发现其实存在很大的漏洞。

首先,用《沪城备考》和《三冈续识略》、《续历年记》比较,是没有任何意义的。就其时间来说,褚华的《沪城备考》编纂于乾隆五十九年(1794 年),[13]距此次风暴潮的发生将近 100 年,而董含和姚廷麟是风暴潮发生的当事人;就其内容来说,对此次风暴潮记述的详细程度也无法与《三冈续识略》、《续历年记》相比,很明显具有抄袭其它史志的成分。所以,《沪城备考》的可靠性无法与《三冈续识略》和《续历年记》相提并论。因为后人往往抄袭前人著述,所以在历史研究中选取资料时一般坚持“资料原始优先”的原则。于氏在后文对地方志的论述中意识到这一点,但此处为何偏偏用百年后的记录来作对比?更为重要的是,《沪城备考》主要记述当时上海县的典故,“尤留心邑中掌故”,所以其记述的“淹死数万千”并不能代表整个上海地区。

其次,仅仅从上述《三冈续识略》和《续历年记》引文的数字来看,二者在死亡人数上的确存在差异，前者“淹死者共十万余人”，后者则是“淹死万人”。但是仔细分析就会发现，二者所论述的地域范围并不相同。前者的地域范围是“嘉定、崇明及吴淞、川沙、柘林、八团、九团等处”，几乎涵盖了整个松江府东部沿海地区；而后者只有“宝山至九团，南北二十七里，东海岸起至高行，东西约数里”的范围，并不包括崇明、嘉定两县，还有吴淞所、川沙所、柘林等处。以致灾后才得知这崇明和嘉定的消息，“闻太仓崇明水灾更甚，嘉定次之”。而且姚廷麟记录的只是潮灾发生后的直观数据，并没有经过再核查，“太守同知县载钱五百千，沿海赈济，归，方知水之利害”。上海县陈县令上报时“只称大雨潮涨淹死廿人”，但川沙营却报上司云：“风狂雨大，横潮汹涌，平地水泛，以演武场旗杆木水痕量之，水没一丈二尺，淹死人畜不可数计。”事情败露后，“故上司特委太守到上海查看，死者数万”。[14]因此，《续历年记》中记载的“死者数万”仅仅限于上海县域，与《三冈续识略》所载死亡数据并不矛盾。崇明县死亡人口的数字见诸雍正《崇明县志》：“随潮而没者至有数万人。”因为是记录在《蠲赈》条下，所以笔者也认为这是建立在赈灾、蠲免时所作的相关统计的基础之上，因为次年崇明县出现“以人没于潮者众也，故赈粥之场反少”的情况。[15]至于嘉定县，距离风暴潮发生最近的记载，则是乾隆时的《嘉定县志》，载：“六月朔，飓风，海滨平地水一丈四五尺，飘没庐舍，淹死一万七千余人。”[16]

另外，我们再看《三冈续识略》中对损失的记述，“飘没海塘五千丈，灶户一万八千户，淹死者共十万余人”，其中的数据很明确，很难想象这是作者的一种主观臆测，很可能是根据已有的统计数据。我们知道，董含曾中过进士，供职吏部，后来奏销案起，绅士同日除名者万余人，董含也名列其中，被黜归乡。[17]但终究是作为地方上的乡绅，经常与官府打交道；况且，华亭县正是松江府的府治，所以这些数据很可能是他从松江府的官方统计得来的。

总之，通过对资料的分析，我们目前尚无法否定《三冈续识略》中记载“淹死者共十万余人”的数据。缘何此次风暴潮致使如此众多的人口伤亡，除去强有力的台风和朔望期的天文大潮叠加在一起外，发生的时间也是一个重要的因素，“三十五年之潮，发于月初半夜”。“时久无海啸，人不设防，又黑夜无光，猝难求避，故随潮而没者至有数万人”。[18]

三、七月风暴潮对农业造成的损害

上海东部沿海地区主要农作物是水稻和棉花，尤其是棉花的种植颇广。明末上海沿海地区基本上就以棉花为主，“海上官民军灶，垦田几二百亩；大半种棉，当不止百万亩”。[19]及至清代，依旧有所发展，如上海县，“吾邑地产木棉，行于浙西诸郡，纺绩成布，衣被天下，而民间赋税，公私之费，亦赖以济，故种植之广，与粳稻等”；[20]嘉定县，“独以土宜木棉，民间机杼之声相闻也”；[21]

崇明县,"植棉十居六七,惟借此产通商利用"。[22]

风暴潮发生的时刻正赶在水稻、棉花生长的旺季,狂风暴雨,再加上海潮的内侵,会给农业带来三大威胁。"邑人最畏风潮,风势助潮则溢入内地,多在七八月间,咸潮没禾梢则死,至若花豆一浸靡有遗种矣"[23],道出了风暴潮对沿海农业带来的影响。但因当时天气、地域背景的差异,两次风暴潮对农业产生的灾害也不尽相同,真正带来农业损失的是第二次风暴潮。

在上海县,六月初的风暴潮来临之前,正值天气亢旱,"二月、三月无大雨,到处水小,开河掘生泥者,遍地皆然"。及至立夏仍无雨,上海县境内"河内水小",周浦市甚至"河俱干",致使"花稻俱难种"。仅四月初八日"略有小雨",于是"种花者多"。由于没有大雨,导致"早稻俱干坏"。及至风暴潮过后,河流中才有水,方能插秧。"自风潮后,东土人家方插秧,大小河巷皆通",但"水皆咸,因护塘上进来水也"。好在对作物的影响并不是很大,再加上后来天气适宜,"自后天色常阴,日日有小雨,直至七月半方好",所以对作物并没有造成太大的损失,反而是"田中件件茂盛"。[24]崇明县虽然在这次风暴潮中"禾棉尽淹",但"幸在月初,花稻尚可复种"。[25]所以,总体而言,六月初一的风暴潮对上海东部沿海的农业并未造成太大损失。

对农业带来致命打击的则是七月二十三日发生的风暴潮。上海县"水涨如上年九月十二日,平地水深三尺,花豆俱坏,稻减分数,秀者皆掀倒",出现"是年荒甚,不独小户无从设处,即大户无不亏空,捉襟见肘,烦难异常"的悲惨局面。尤其是对棉花造成的损害,致使棉花绝种,"向来我地生产棉花,纵有荒岁,从未绝种,惟是乙亥、丙子二年全荒,花种俱绝,陈花卖尽。四处八路,俱贩客花来卖。要花种者俱到太仓嘉定,沿乡沿镇田户人家,零星收买,尚有将客花插入混卖者。时花价三分,如本地及真太仓花,直要每斤纹银三分六厘,或大钱四十文,花核每斤卖二十大钱。我年七十,未曾见我地人,俱到外边贩花归来卖者,真奇事也"。[26]甚至华亭县董含的田亩也受到致命损失,"予薄田二顷,连遭荒歉,今木棉、豆花尽行脱落,何其厄乎!"[27]

四、风暴潮引发的其它灾害

当然,康熙三十五年风暴潮给上海社会带来的灾害不仅仅限于以上两个方面,有学者曾将风暴潮带来的灾害归纳为七个方面的内容,即溺人、毁房、决海塘、沉舟船、卤死庄稼、没盐业、次生灾害。[28]

拔木倒屋。六月初一的风暴潮使得上海县"房屋树木俱倒……村宅林木什物家伙,顷刻飘没";川沙营"沿海飘没房屋";[29]崇明县"飘坏房屋无算"。[30]而七月二十三日风暴潮的主要特点就是大风。上海县"同泾上之大树数百年物矣,五人合抱之身,亩许盘结之根,一旦拔起。闸港有跃龙禅院,东边之银杏一株,亦百年之物,其大约四五人合抱,根盘正殿之下,一旦均被拔起，则廿年未尝见者也”。[31]华亭县“大木皆连根拔出，檐瓦飞空，状类鸟雀”。[32]

淹没盐场。上海市东部“滨海盐课，自有明相沿”，“濒海斥卤之地……明兴，并给灶户，不容买卖，俾刈薪挹海以煮盐。……本朝因之”。自顺治末年开始实施迁界令，“严禁不许人迹至海澨，片板不容入海洋，盐课、芦税几几不可问矣”。但因地方奏请，松江府并不在迁界之列，“吾乡独从南汇所守备刘效忠议，以为松属沙滩，素号铁板，船不得近，不在迁弃之列”，所以使得松江沿海盐业更加繁盛，但盐课也更加沉重，“惟以浙、闽、山东等处，因迁而缺之课额均摊于苏、松不迁之地，曰摊派，而盐课之额极重矣”。[33]康熙三十五年的风暴潮“淹死者共十万余人”，其中大多数都是沿海灶户人口，“灶户一万八千户”，与之相应的还有大片盐场的淹没，“盐场尽没”。[34]

冲塌沙地。崇明岛的变迁，同江流分支、潮汐进退以及人工围堤等都有密切关系，它的形成和发展经过大致经过三个时期，即沙岛开始形成时期(自唐初至北宋后期)、沙岛大量增长和变迁频繁时期(自北宋末期至明代后期)、沙岛稳定和扩大时期(万历中期以后)。[35]在清前期，崇明岛上的各个小沙岛尚未连成一片，有些沙岛随时有被风暴潮冲塌的可能。姚廷麟就记述了三十五年风暴潮“崇明撼去二沙”。但奇怪的是，对沙上的居民和财产并未产生破坏，“沙上人家数万、房屋、树木，皆无影响”。[36]这不得不使人产生怀疑，因目前所通用的《历年记》是由上海市文物保管委员会整理的稿本，只对其进行了标点，并没有经过校勘，所以不排除有错漏的地方，诚如整理者所说“稿本或有错漏，亦未校勘，仅供地方史研究者参考”。[37]所以，笔者以为此处“皆无影响”可能是“皆无影踪”之误。如此，才能符合正常的逻辑，也与前文所说“崇明水灾更甚”相对应。

冲毁海塘。海塘是沿海地区抵御海洋灾害最重要的屏障，所谓“松郡东南逼海，一日两潮，非塘莫御”。[38]董含记道此次风暴潮“飘没海塘五千丈”，[39]其后华亭县于康熙三十六年补修海塘，也可以看出风暴潮确实对海塘造成了破坏，“知县卫璠修捍海塘”。[40]

五、余　论

康熙三十五年(1696年)上海地区连续遭受两次风暴潮的袭击，该年六月风暴潮的重现期高达500年一遇，仅溺亡人口即有十余万之多，成为目前为止中国历史上最为严重的风暴潮。在溺亡人口中，死伤最为惨重的是灶户。在安泰时期，这群依海煮盐为生的灶户为朝廷输纳大量税赋，而在风暴潮等沿海常见的灾害气候面前，其背靠的海塘却不能为他们提供任何庇护，官方对利益的追逐使得这个特殊群体溺亡惨重。

风暴潮涤荡过近海灶户盐场，冲毁海塘，淹没盐场，在抵达农业区时又对沿海农业造成损伤，而在不同的时空生态环境下，农业所遭受的损害并不尽相同。造成农业致命损害的则是规模相对较小的七月风暴潮，表现出在不同的时空生态背景下风暴潮影响的差异性。

风暴潮灾害作为上海地区最严重的自然灾害之一，其不同于一般自然灾害的迅猛摧毁力值得引起港口建设研究者们的高度重视。在强大的自然力面前，人类的力量实则相当弱小，近年所经历的海啸、泥石流、地震等天灾都证明了这一点——人类长期的积累和建设都可能顷刻毁于自然力之下。历史时期自然的生产生活状态往往让当今的人们有更多的优越感，但在人类开发迫近自然极限的今天，人力并没有因为自己主观能动性的加强而比传统时代的人们对自然有更多的掌控权。往昔的灶户不在，但更多的现代建筑及人类活动不仅未远离沿海，反而愈趋迫近，如今上海海塘保护范围内更有宝钢、电厂等大型企业，由此看来，自 2000 年以来所实施的等于或大于 200 年一遇潮位加 12 级风下限（风速 32.7m/s）的海塘设防标准，能对沿海消减潮灾起多大庇护作用是值得考量的问题。因此，在上海市港口建设和消灾减潮的谋划面前，历史的记忆值得后人回顾；而在风暴潮等自然灾害面前，传统时代的人们以生命为代价累积的原始经验，值得后人审视。

注释：

① 陆人骥编：《中国历代灾害性海潮史料》，海洋出版社，1984 年。

② 于运全：《海洋天灾——中国历史时期的海洋灾害与沿海社会经济》，江西高校出版社，2005 年，第 103—106 页。

③ 胡昌新：《上海 1696 年历史风暴潮初步探讨》，《上海水务》2003 年第 1 期，第 42—44 页。

④ 董含：《三冈续识略》之《海溢》。

⑤ 姚廷麟：《续历年记》，《清代日记汇抄》，上海人民出版社，1982 年，第 153—154 页。

⑥ 胡昌新：《上海 1696 年历史风暴潮初步探讨》，《上海水务》2003 年第 1 期，第 42—44 页。

⑦ 张德二主编：《中国三千年气象记录总集》(第四册)，凤凰出版社，2004 年。

⑧ 胡昌新：《上海 1696 年历史风暴潮初步探讨》，《上海水务》2003 年第 1 期，第 42—44 页。

⑨ 姚廷麟：《续历年记》，《清代日记汇抄》，上海人民出版社，1982 年，第 153—154 页。

⑩ 董含：《三冈续识略》之《风变》。

⑪ 董含：《三冈续识略》之《风变》。

⑫ 于运全：《海洋天灾——中国历史时期的海洋灾害与沿海社会经济》，江西高校出版社，2005 年，第 103—105 页。

⑬ 沈恒春点校：《沪城备考》，《上海研究论丛》第一辑，上海社会科学出版社，1988 年，第 270 页。

⑭ 姚廷麟：《续历年记》，《清代日记汇抄》，上海人民出版社，1982 年，第 154 页。

⑮ 雍正《崇明县志》卷 9《蠲赈》。

⑯ 乾隆《嘉定县志》卷 3《祥异》。

⑰ 陈雪军：《董含和他的〈三冈识略〉》，《明清小说研究》2000 年第 2 期，第 207—218 页。

⑱ 雍正《崇明县志》卷 9《蠲赈》。

⑲ 徐光启著，陈焕良、罗文华校注：《农政全书》卷 35，岳麓出版社，2002 年，第 562 页。

⑳ 叶梦珠：《阅世编》卷 7《食货 4》。

㉑ 乾隆《嘉定县志》卷 12《物产》。

㉒ 雍正《崇明县志》卷 9《物产》。

㉓ 雍正《崇明县志》卷 12《杂占》。

㉔ 姚廷麟：《续历年记》，《清代日记汇抄》，上海人民出版社，1982 年，第 153、154 页。

㉕ 雍正《崇明县志》卷 9《蠲赈》。

㉖ 姚廷麟：《续历年记》，《清代日记汇抄》，上海人民出版社，1982 年，第 154 页。

㉗ 董含：《三冈续识略》之《风变》。

㉘ 陆人骥、宋正海：《中国古代的海啸灾害》，《灾害学》1988 年第 3 期，第 70—74 页。

㉙ 姚廷麟：《续历年记》，《清代日记汇抄》，上海人民出版社，1982 年，第 153 页。

㉚ 雍正《崇明县志》卷 9《蠲赈》。

㉛ 姚廷麟：《续历年记》，《清代日记汇抄》，上海人民出版社，1982 年，第 154 页。

㉜ 董含：《三冈续识略》之《风变》。

㉝ 叶梦珠：《阅世编》卷 1《田产二》。

㉞ 嘉庆《松江府志》卷 80《祥异》。

㉟ 褚绍唐:《上海历史地理》,华东师范大学出版社,1996 年,第 34—42 页。

㊱ 姚廷麟:《续历年记》,《清代日记汇抄》,上海人民出版社,1982 年,第 154 页。

㊲ 姚廷麟:《续历年记》,《清代日记汇抄》,上海人民出版社,1982 年,第 39 页。

㊳ 曹家驹:《说梦》,《四库未收书丛刊》(第 10 辑),第 12 册,北京出版社,2000 年,第 251 页。

㊴ 董含:《三冈续识略》之《海溢》。

㊵ 乾隆《华亭县志》卷 3《海塘志》。

Extreme Storm Surge and Its Influence of Shanghai Area in 1696

Abstract: Shanghai suffered two consecutive attacks of storm surge in 1696. the June storm surge reached a 500 - year return, drowned population of more than 100000, most of them were coastal salt cooking, so it was the most serious storm surge of China. But the storm surge has not resulted in harm to the agriculture, causing fatal damage in local agriculture is the relative small size off July storm surge, thus showing the different temporal and spatial ecological background of storm surge on regional differences of social impact. Storm surge disasters as one of the worst natural disasters in Shanghai, its destruction worthy researchers attached great importance to the construction.

Keywords: 1696 , Shanghai Area, Storm Surge, Influence

上海的发展与繁荣靠“上海”

陆儒德*
（海军大连舰艇学院）

摘　要：上海港在自然条件下发育形成，经过人为的建设与拓展，荣登世界港口吞吐量和集装箱标箱量的“双冠王”。上海港之所以能够持续发展和日益繁荣，除其优越的自然区位外，主要依靠上海前瞻、创新、开放、融合的港口文化。上海人的视野紧盯世界市场，一步一步“上海”，经黄浦江连通了长江，又从长江拓展到海洋。洋山港的建成，上海真正上了海，由“江河时代”迈入了“海洋时代”，这是中国海洋发展战略的标志性成就，对港航事业的发展具有里程式的碑意义。

关键词：上海港　繁荣　洋山港　海洋时代

上海港是中国第一大港，港口的形成与发展，经历了自然发育和人工拓展两个历史过程。上海港之所以能够持续发展和日益繁荣，一是其优越的自然区位，二是依靠上海人前瞻、创新、开放、融合的港口文化。自然条件是基础，人文因素是关键，“海与城的交融”是路径。一脉相承的海洋气息和异彩纷呈的城市气质交相辉映，是上海港发展的持久动力。

上海人的视野紧盯世界物流市场，一步一步“上海”，经黄浦江连通了长江，又从长江拓展到海洋，创造性地海上架桥、跨省越海、填海造陆、海岛筑港，逐渐由“江河时代”迈入了“海洋时代”，上海由于“上海”才名副其实成为海港城市，这是中国海洋发展战略的标志性成就，对发展海港事业具有里程碑式的意义。

---

* 作者简介：陆儒德，（1937—　）男，上海人，曾就读于海军大连舰艇学院、北京理工大学和海军指挥学院“战役指挥班”；原任大连舰艇学院航海系主任、教授，现为退休人士、自由撰稿人、军事评论员；研究方向：海洋战略和海军军事思想。

一、上海发展的根基在于海

一个港城的形成与发展，离不开通海的优越区位、丰富的物流资源、海洋贸易商人和运输经营者。港口在自然发育阶段，适合的区位条件是决定性的，一旦港城形成，发展的动力更多地取决于港人的文化。依靠前瞻性的建港战略思想，逐步摆脱自然地理条件对城市发展的制约与束缚，实现港口和城市间的融合互动，上海港和上海市得到共同发展与繁荣。

（一）独特的区位优势

中国地处西太平洋中部，弧形的海岸线像一把紧弦蓄势的“弓”，长江则是一支奔向海洋的“箭”，而上海恰是利箭之头。在江南水系中，黄浦江西连太湖，汇集众多河流，便于集散货物，成为“流动公路”。这种“南北之中，江海之汇，水系交错”的特殊区位优势，内联中原大地，外通世界海洋，是促使上海发展成为世界第一大港的天赋条件。

上海本是上海浦畔的一个小集镇，没有一寸海岸线，也不拥有长江岸，但通过黄浦江与长江相连，依靠“黄金水道”连通了海洋，面对着一个开放的世界。它宋代建镇，元代设县，明代筑城，清代繁荣，解放后跨越，均得益于海洋，依靠繁荣的上海港和海上航运与贸易，上海迅速发展成为一个世界级的大都市。

（二）丰富的商品资源

上海周边的江南地区，“枕江负海”，地理条件优越，物产富庶，“已臻完美境地”。素有“江浙财赋，甲于天下”的说法。《元史》称：“江浙财赋，居天下十七。”“惟两浙，东南上游，襟江带湖，控扼海外。诸番贸迁有市舶之饶，岁人有苏湖之熟，榷货有酒盐之利，节制凡百余城，出纳以亿万计，实江南根本之地。”[①]农业已经超越了自给自足阶段，粮食商品化日益明显，农民开始“农转商”。当时的苏州、松江等府“家纺户织，远近流通”，成为全国最大的棉纺中心，素有“衣被天下”之称。手工业的发展，孕育了商业意识，农民弃农务商，扩大了商贾队伍。

手工业独领风骚，产品闻名世界。江南地区的矿冶、制瓷、纺织、丝绸、印染等工艺技术均达到世界先进水平，受到世界用户的青睐，自然形成了一股外向流动的物流势能，通过发达的航运行销世界各地。

上海海运发达，汇聚各地的沙船，装运布、茶等南货，“北运”山东、直隶、关东，载回豆、麦等粮食。上海又是漕粮北运的枢纽港，苏、松、常、镇、太仓的粮食，全由上海港出洋海运，当年即雇佣沙船千艘，出海航渡，帆樯如林，蔚为奇观。

上海作为航海贸易的主要港口，为延续“海上丝绸之路”作出了贡献。同时在商品的扩散、交流，文化的接纳、融合过程中，感受到了不可遏止的历史潮流，并熏陶了航海贸易全球化的理念，开拓了视野，认知了世界，开启了不断创新、适应世界潮流的港口文化。这些珍贵财富，远远超过船舱里货物的价值，是保持不断发展的原动力。

（三）深厚的海洋人文文化

凡事皆靠人，是人利用自然创造了财富和文化，营造了港口和城市。“刚柔交错，天文也；文明以止，人文也。观乎天文，以察时变，观乎人文，以化成天下。”② 自然之外的便是文化，文化的实质上就是人化，人是建港兴市的主角。上海是一个移民城市，而捷足先登的大多是商人，他们从广东、宁波、苏州、杭州各地涌进入上海，开发港口，经营贸易。

鸦片战争后，根据《南京条约》上海被迫开放为“通商口岸”，1843 年正式对外开埠。由此，更多的中外商人涌入上海投资办厂、发展航运。1931 年各国在华商业投资中，上海占了总额的 46.44%，说明有近一半的外国资本投资到上海。黄浦江两岸逐渐出现了大批由外商兴建的轮船码头、仓库和修造的船厂、船坞、油栈等。1936 年，全国总吨位 500 以上的本国资本轮船企业共 99 家，轮船 404 艘，其中总部设在上海的有 58 家，轮船 252 艘。精明的海洋人及其文化是促进上海发展的内因。

无疑，由于上海具有“天杰、地灵、人和”的良好环境，海内外的商人、航运人纷纷为追求商业利益而汇集上海。上海港一方面较早地受到西方列强的影响和控制，另一方面又通过港口的直接对外交往而接触到西方发达的市场经济及其相对先进的物质文明，促进了上海的发展与繁荣。

需要指出的是，上海这种开放、接纳、融合的海洋文化，吸引优秀人才云集上海的特质，至今依然。最近，在评选上海“十大杰出青年”的活动中，来自上海以外地区、留学归国和来上海发展事业的年轻人就占到一半，占据了上海人才队伍的半壁江山。这种人才结构的变化，必然促进了社会、经济事业的发展，有力地诠释了上海能够持续发展的真谛。

二、上海港与上海市的融合发展

作为在黄浦江畔长大的航海工作者，几十年驾船出入上海港，见证了上海由一个半殖民地港口逐步发展成为世界大港的历史进程。中国历史“两千年看西安，五百年看北京，一百年看上海”。③ 上海百年变迁史，发展的根基在于海，发展的动力在开放，持久发展靠“前瞻、创新、开放、融合”的港口文化。上海坚定地走着“靠海兴市”的道路，改写了上海市无“海”的历史，使上海由“临江城市”发展为“海洋都市”。

(一)上海人的"亲海"情节

解放前,黄浦江上大码头的浮筒上停泊的都是花旗兵舰、大洋船,几乎成了外轮的天下。各种蜑船拥挤着停靠在两岸滩头,岸边杂乱地堆放着木头、毛竹等各种货物,众多劳工呼着号子搬运着沉重的货物(图一)。摆渡的小划子穿梭两岸,当时往返沿江各码头的轮渡算是"大船"了。洋船开过后,掀起的波浪把小船弄得急剧颠簸,小孩们喊着"外国浪来了!"。长大了才明白,当时只有外国轮船能掀起较大的船行波,于是把黄浦江边的浪头都叫作"外国浪"了。

图一　旧上海劳工艰辛装卸货物

由于老上海无海,多数市民没有见过、尝过海水,但老百姓有着浓厚的"亲海情节",把看不到彼岸的长江叫做"海"。在长江南岸,当时尚无任何港口设施,但在高桥龙王庙附近有一片"白沙滩",是独一无二的黄浦江、长江和东海"三水合一"的地理景观。由上游的石头经破碎风化后冲到下游沉淀而成,加上海螺、贝壳碎片在沙中闪闪发光,造就了一个奇特的"海滩"。"白沙滩"1932年被开发成"高桥海滨浴场",是我们孩提时代常去"洗冷水浴"的地方。1935年6月30日,"海滨浴场"开场时,社会名人张学良、吴铁城、杜月笙等均送匾祝贺,盛况空前,"海滨饭店"四字是请黄炎培题写的,[④]"高桥海滨浴场"成了上海的旅游名胜。还专门修建了一条"海高路",从高桥镇直通"白沙滩",游客乘坐汽车、人力车、马车聚集于"海滩",享受看"海"、游"海"的惬意,连梅兰芳、聂耳、涅伯尼什夫妇等一些社会名流也慕名而来,在此嬉游(图二)。[⑤]"高桥海滨浴场"盛极一时,反映着上海人对大海的向往与眷恋。

1985年6月"海滨浴场"再次开放,游客十分踊跃,最多的一天竟有4万余人。1990年高桥"海滨浴场"关闭,在该处修建了"高桥滨江森林公园",同壮观的港口融为一体,不少上海人依旧常来公园观赏"三合水",体验一下"上海"的感觉。上海人的亲海意识呈现着一种海洋文化,渗透在建设上海为“国际大港”、“世界强港”的事业中。

图二 上海名流漫步高桥“海滨浴场”

(二)坚持港、城融合发展

新中国建立后，我当了海军，巡航在长江口，守望着穿梭的轮船，眼见各国巨轮鱼贯而入，上海港日益繁荣。根据国际礼仪，我们几百吨的军舰庄严地接受进出上海港的每一艘外国大商船的降国旗“敬礼”，我们按礼遇降国旗“还礼”，深深体会到人民当家作主的喜悦，心理激荡着一种荣誉感。但遗憾的是很少见到黄浦江上挂着五星红旗的大轮船。

20 世纪 60 年代，我担任船舶驾驶员，不断进出上海港，目睹了上海港日新月异的变化，两岸的码头、仓库、造船厂如雨后春笋般建立起来，新的景观不断涌现。中国远洋公司成立，多个造船厂建成生产，港口设备逐渐现代化，中国制造的远洋船开始航行在黄浦江上。当我驾驶着中国第一艘国产万吨远洋船“红旗”号进出黄浦江时，曾与张华浜码头工人一起“放卫星”，创造了 20 小时单船卸载12 000吨钢材的新纪录，对上海港的发展及码头工人的热情由衷敬佩。

一个港口发育长成后，功能的进一步完善和拓展，主要靠人的作为，并取决于对港口发展的前瞻性、客观性建设理念。这样才能将自然条件与世界物流完美协调，充分发挥港口的作用。虽然上海港具备优越的区位条件，可以把出口商品“由江入海”，将舶来品“由海入江”。但存在着河港通常的瓶颈，黄浦江面临着淤浅的致命伤，需要大力投入疏浚。上海港区离吴淞口甚远，航道曲折，航运不畅。所以，存在着是否需要把主港区迁移至吴淞或其他靠近长江的地方的争议。

“以港兴市，依市促港”，是港口城市发展的历史特色。上海市的兴起、发展是建立在港口发展的基础之上，而繁荣的城市又促进了港口的发展，港口与城市相互依托、相互促进。当时上海港区集中在旧城区，南起南码头，北至十六铺这一不到二三公里长的黄浦江西侧的弧形圈内，建有公私码头20 余座，中国船只停泊之处“舳舻相接，密无隙地”。⑥北京路至洋泾浜(延安东路)之间2 900英尺长的黄浦江西岸一侧江面，为外轮的抛锚、靠泊、装卸的区域。由于主要港区和繁华的商业区共处一地，海运公司、贸易商会、金融机构聚集，货物交易便捷，周围街道纵横、店铺林立、人口密集，成为上海最繁华的中心地段。在 20 世纪 30 年代，上海港的吨位仅次于纽约、伦敦、神户、洛杉矶、汉堡、大阪港，列第七位，上海港已跻身世界大港之列。⑦

鉴于上海港在自然和历史条件下发展成为一个繁荣的港口商埠，体现了港口与城市的融合发展，如果"另起炉灶"将会伤筋动骨，还会丧失人气。所以，不宜外迁重建港区，而是尽力完善港区建设，渐次向黄浦江上下游延伸发展。

1905 年 10 月 5 日，光绪皇帝在南洋大臣"改订修浚黄浦河道条款"的奏折上朱批"知道了"，由此设立了浚浦工程总局。该局投入大量人力、财力用于航道疏浚，拓展瓶颈之弊。在 1906 年到 1911 年的六年中，共花费 773 万多两白银进行航道疏浚，平均每年投入近 130 万两，占当时上海年税入的 12%多。经过数十年的整治，黄浦江航道疏浚 32 英尺(约 9.8 米)，基本满足了当时船舶进出港口的需要，为 20 世纪 30 年代上海港成为国际大港奠定了基础。该局的远见、魄力和务实行动，为上海港的发展作出了贡献。

(三)抓住机会力争"上海"

20 世纪 80 年代，我经常随驱逐舰、潜艇、训练舰航行在黄浦江上，目睹上海港日渐现代化，整个上海欣欣向荣，充满活力。1984 年，海军"J121"船和"向阳红 10 号"船担任中国首次赴南极考察任务。从高桥码头启航，驶经黄浦江，一路上红旗挥舞，汽笛齐鸣。我们上海人驾驶着上海船厂造的科考船，以上海为母港出发远征南极，展示着上海港的重要地位和为国家作出的重要贡献(图三)。

图三　从上海港启航首次考察南极

由于上海人强烈的"向海意识"，便抓住一切机会，扩向长江，走进海洋，以结束"上海无海"的历史。"上海支援全国，全国支援上海"，上海人积极游说争取，中央顾及上海的发展，在国家行政辖区调整中，争取到了一个关键性的决策，为上海港和上海市的发展创造了优越的条件。1958年1月，经中央协调后决定：将江苏省的嘉定、宝山、上海3个县的建制划归上海，上海市拥有了宝山县的“黄金江岸”，为“宝钢”提供了珍贵的通海码头。同年11月，中央再将江苏省的松江、金山、川沙、南汇、奉贤、青浦、崇明7个县划归上海，使上海市的辖区范围扩大到5910平方公里，几乎是解放初期的10倍。这不仅是地域的扩大，更重要的是使上海濒临东海，拥有了杭州湾和长江间的整个三角区，还拥有了中国第三大岛——崇明岛，上海市有了“黄金海岸”，与太平洋毗连，成为名副其实的海港城市，历史性地由“江河时代”迈进了“海洋时代”，为中国这个海洋大国增强了实力(图四)。

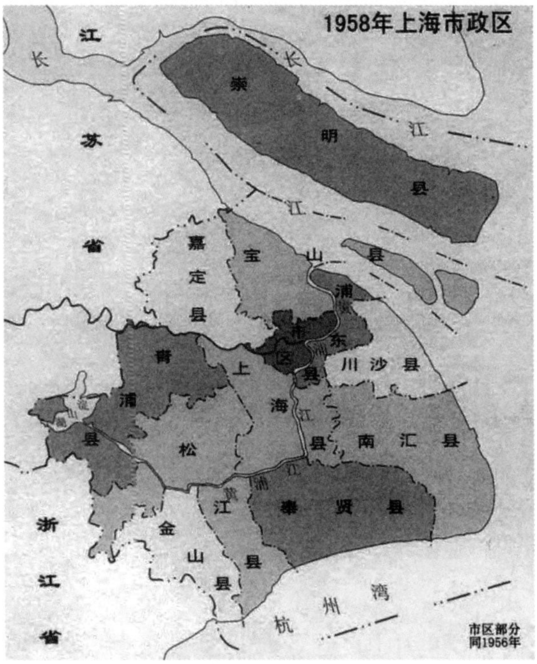

图四　1958年上海市“上了海”

党的十一届三中全会以后，改革开放为上海市和上海港的“展翅双飞”带来了新的历史机遇，进一步体现了“港、城融合”的发展规律，催化、推进了上海港城的高速发展。随着上海取得了长江口南岸和崇明岛、长兴岛港口岸线资源，上海港掀起了以建设集装箱码头、老港区改造、外移长江岸为重点的扩港高潮。上海港在20世纪80年代新建了黄浦江上游、吴泾河西段的关港区和长江边的宝山港区，90年代新建了罗泾港区，接着又在世纪之交扩建了外高桥新港区，在长江口南岸矗立起一望无边的集装箱吊群，巍然壮观。上海港的经营重心也从黄浦江转移到了长江口的外高桥，外高桥港区成为上海港的核心区域，其年吞吐量占整个上海港的70%以上(图五)。上海由“河港”延伸发展为“海港”。上海港口的发展历程，呈现出上海人“吸纳百川、善于扬弃、追求卓越、勇于创新”的海派文化特色。

近六百年的历史，黄浦江和吴淞江孕育了中国最大的贸易港，为中国的经济发展、上海市的繁荣做出了重大贡献，现在已经完成了辉煌的历史任务。黄浦江及其两岸已从原来的以交通运输、仓储码头、工厂企业为主，转换到以金融贸易、旅游文化、生态居住为主的区域。浦江两岸将建成高级住宅、风景休闲区，推动上海市谱写新的历史篇章。

图五　壮观的外高桥港区

三、上海的成功在于持续向海发展

上海人的精明，在于“海纳百川，追求卓越”的海派文化，始终保持着清醒头脑和不断创新的精神，承接着“成于忧患，惰于安乐”的传统意识，持之以恒的一步一步走向海洋。上海拥有了长江与杭州湾之间的大片“三角宝地”和中国第三大岛——崇明岛，上海港从黄浦江扩展到了长江口、延伸到了杭州湾，上海成了一个真正的海滨城市。

（一）不断创新，走进海洋

上海港是无可非议的中国“港老大”，但上海并没有陶醉于自身的优势地位和发展速度，不断寻找阻碍继续发展的“瓶颈”。上海清醒地看到，虽然濒临了海，贴近了太平洋，但长江三角地带，系冲积而成，没有建设深水港的海岸线。上海港的平均水深只有 9 米，而世界上最大集装箱船的港口水深要求是 15 米，水深便是上海建设国际航运中心的“瓶颈”。

上海要继续发展，适应世界发展需求，建设成为航运中心，必须拥有深水大港。上海能否拥有深水港，不仅关系到上海的未来，而且影响着中国的外贸运输格局和综合国力，上海建设深水港是代表中国参与国际航运竞争的必要手段，是抢占国际航运中心的生死之搏。

面对激烈的海洋竞争，上海不因“巧妇难做无米之炊”而退却，而是以强烈的使命感，运用国家力量，鼓起民族精神，启动集体智慧，创造了“海上建港”的奇迹。他们摆脱了省界的束缚，把视线跨越海岸，在烟波浩淼的大海里“捞针”，终于在距上海海岸 30 公里外的小海岛上找到了宝地——浙江省的洋山列岛。

而且，海派文化那种“恢宏与魄力”的精神，跨越传统思维的束缚，毅然凌空飞架了31.5公里长的“海上高速公路”，实现了大海变通途(图六)。由此建成拥有陆域面积20多平方公里、布设50多个深水泊位的洋山深水大港，开创了“跨海建桥，海岛建港”的壮举，将上海港由黄埔江拓展至东海，彰显了上海人的前瞻、创新和务实的风范。

图六　拓展东海的洋山大桥

2005年12月10日，东海大桥通车，洋山深水港开港。洋山港迎来了世界十大航运公司所属最大、最新的世界顶级集装箱船，东海大桥上车流滚滚，展现了世界第一大港的风采，写下了上海航运的新篇章。洋山港是世界上第一个建立在外海岛屿上的世界级离岸式集装箱码头，为挖掘海洋资源、建设海洋港口开辟了新路，是中国港口建设的里程碑。

当我们驱车行驶在洋山大桥上，虽然看不见海水和桥下航行的船舶，但心里感觉到行走在蔚蓝的大海上。登岸后眼见整齐的货吊、宽阔的货场、忙碌的人们，一个现代化海港使人震撼。这是16世纪比利时人经历100多年挖掘，在离海近百公里的内陆挖掘、建成世界大港——安特卫普港的走向海洋和建港的精神，在当今东方上海的再现与发扬。⑧

国民党荣誉主席连战先生参访了洋山港，陪同人员介绍，自20世纪90年代以来，上海港的货物吞吐量保持了27%的年增长速度，目前货物吞吐量已排名世界第一，集装箱吞吐量排名世界第三。洋山深水港工程全部竣工后，港口集装箱年吞吐量将达到1 500万标准箱，相当于新建一个上海港。连战感慨地说：“孙中山先生90年前写的建设东方大港计划，今天由各位化为现实，我非常钦佩！”他挥毫题词：“开万古奇迹，以补天地缺憾；用八方轮桨，以利民生福泽。”他热情祝福洋山港必将成为国际航运中心，未来将成为全球货物的中转中心。

(二)港城互动，“比翼双飞”

20世纪90年代，党中央、国务院宣布开发、开放上海浦东，又将南汇区划入浦东新区，进入了“大浦东”开发的新阶段，给上海的发展注入了新的活力。浦东新区占有“黄金三角”的最佳区位。20年时间，浦东发生了翻天覆地的变化，从阡陌农田到高楼林立、从冷僻乡间到繁荣市区。

现在在浦东新区内，集聚了陆家嘴金融贸易区、张江高科技园区、外高桥保税区、金桥出口加工区、洋山保税港区等5个国家级开发区以及国家级的临港装备产业基地，集聚了先进制造业、临港工业、高新技术产业、生产性服务业等现代产业要素。欣欣向荣的浦东新区，既传承着厚实的海洋文化底蕴，又充满着蓬勃昂然、开拓奋进的现代气息。

规模宏大的上海海洋大学、上海海事大学和中国航海博物馆矗立在洋山港畔，将成为中国海洋科学研究、人才培养的重要基地，也将是上海市新的海洋文化研究中心。他们与繁华的城区、忙碌的港口交相辉映，充满活力。浦东新区交通发达，地铁连通、空港繁荣，将成为上海新的商业区，被誉为"上海现代化建设的缩影"、"中国改革开放的象征"。

2010年和2011年，由长江口南岸——洋山港构成的上海港，吞吐量突破3 000万标准箱，蝉联"世界集装箱第一大港"，由此，上海港稳稳地荣登货物吞吐量和集装箱吞吐量的世界"双冠王"宝座，确立了国际航运中心的地位，上海由"海洋大港"迈入了"海洋强港"。今年4月，国务院发布关于推进上海加快发展现代服务业和先进制造业、建设国际金融中心和国际航运中心的意见，提出到2020年，将上海基本建成与我国经济实力和人民币国际地位相适应的国际金融中心、具有全球航运资源配置能力的国际航运中心。

实践证明：上海市的发展充分体现了"以港兴市，强市促港"的规律。上海发展的动力靠不断发展的港口，港口的发展靠经济实力雄厚的城市拉动。上海大力投入港口建设，确立了航运中心的实力，支撑着金融中心、贸易中心的地位，就自然形成了经济中心。从而进一步推动上海经济增长方式的转变、上海国际竞争力的增强。总之，一个由洋山海港支撑的上海港和由浦东新区助推的上海市"比翼双飞"，不仅支持了上海市的持续繁荣发展，而且支持了中国的和平崛起。上海"港与城"的融合发展具有典型意义(图七)。[⑨]

图七　现代上海港繁荣景象

国家《十二五规划》明确指出：推进海洋经济发展，坚持陆海统筹，制定和实施海洋发展战略，提高海洋开发、控制、综合管理能力。上海港地处长江黄金水道和全国海岸线的中点，有着全国最大经济规模、最大贸易市场的广阔腹地，上海拥有具有全国优势的科学人材、科技力量，具有世界先进水平的船舶和海洋工程制造业，在发展海洋经济，推进中国海洋事业走向世界的历史进程中，将充分发挥世界第一大港的重要作用，在全国起到“龙头”的示范作用。

注释：

① 杨印民：《元代江浙行省的酒业和酒课》，《中国经济史研究》2007年第4期。

② 李俊岭、朱秋贤：《〈老子〉哲学：治世之学和养生之道》，《西安晚报》，2012年3月20日。

③ 黄美真：《六千年上海历史发展的缩影——〈上海通志〉出版笔谈》，《文汇报》，2005年12月19日。

④ 沈润章：《海高路与高桥海滨浴场》，《浦东老地名》，上海社会科学院出版社，2007年。

⑤ 吕蕴蕊：《高桥海滨浴场：重回1930年代的夏日》，《申江服务导报》，2009年9月2日。

⑥ 乾隆《上海县志》："自海关设立，凡远近贸迁者，皆由吴淞江进泊黄浦。城东门外，舳舻相接，帆樯比栉"。

⑦ 邹逸麟：《淞浦二江变迁和上海港的发展》，《椿庐史地论稿》，天津古籍出版社，2005年。

⑧ 宋健同志给国家科委科技司张登义与孔德涌的信。

⑨ 图片为资料图片，除图三外，均取自网络。

Research of Going to Sea Strategy in Shanghai's Development and Prosperity

Abstract: Growing under the natural condition and being built to expand by human efforts, Shanghai port has topped the world port lists, winning the double both throughput and standard containers quantity. Despite its superior natural location, Shanghai mainly relies on the port culture, which focuses on the value of prospective, innovation, open and integration, to attain its sustainable development and increasing prosperity. Keeping a close watch on international market, Shanghai people have gradually carried out the strategy of Going to Sea. By connecting Yangtze River and expanding it to the ocean, the city really achieves the target of expanding river navigation to Ocean - going. Yangshan port's built - up, which marked the achievement of China's marine development strategy, has significance as the milestone in process of China maritime career.

Keywords: Shanghai port, prosperity, Yangshan port, Marine era

元明清三代海运漕粮制度发展轨迹和思考

潘君祥*
（上海市历史博物馆）

摘　要： 从元代开始，由国家主导的漕粮海运成为我国封建社会政治和军事运转中不可或缺的一环，所以其后的各朝代也相应地增补和制定了一套套漕粮海运制度。但是这些制度没有能取代运河漕运，或者改变运河漕运的弊病、提高运输的经济效益。

漕粮海运的成本低于运河漕运，它促进了南北方大宗粮食和商品的运输、交易，对沿海经济发展有积极的推动作用，对全国经济的推动作用也是不言而喻的，并成为近代上海、天津等沿海城市经济繁荣的重要因素。

关键词： 漕粮海运　沙船　上海

我国沿海地区由政府统筹的长距离运输可谓历史久远，大致从元代开始逐步形成一种制度。但这种由政府统筹的漕粮海运始终没有得到充分提高和发展，没有能取代运河漕运，改变运河漕运的弊病、提高漕粮运输的经济效益，其发展的具体轨迹值得我们进一步思考和研究。

一

至元十三年(1276 年)，元军攻占了临安，从南宋皇室缴获了大量库藏图籍，并采用海运的方式运回大都。至元十九年(1282 年)，丞相伯颜考虑到年年通过内河运粮的困难，想起了当年曾经通过海道运输宋室库藏图籍的旧事。那时他“奉旨取宋，既得江南，而淮东之地犹为宋守。乃令张瑄、朱清等自崇明州募船，装载亡宋库藏图籍物货，经涉海道，运入京师”。[①] 于是奏请让富有航海经验的朱清和张瑄再次组织船队，从扬州载粮缘海道北上，并得到

* 作者简介：潘君祥，1943 年生，男，浙江嘉兴人，上海市历史博物馆研究馆员，研究方向：中国经济史、城市史、上海史。

了批准。"命江淮行省,限六十日造平底海船六十只,听候调用。于是行省委上海总管罗壁、张瑄、朱清等,以限打造。当年八月有旨,令海道运粮至扬州。罗壁等就用官船军人,仍令有司召雇捎碇水手,装载官粮四万六千余石,寻求海道水路,创行海洋,沿山求岙行使,为开洋风信失时,当年不能抵岸。在山东刘家岛压冬。至二十年三月,经由登州,放莱州洋,方到直沽。"[②]这次海运,总共运粮为46 000石,数目虽然不多,但在次年的海漕运粮中,数量继续增长,后来更增加到578 000石,从而使海运漕粮成为一种常态,开创了元代漕粮海运的先例。

由于海运漕粮的持续开展,元代的漕粮线路也不断得到拓展,先后形成了三条海上航路。第一条为朱清、张瑄至元十九年(1282 年)行驶的航道,自平江刘家港入海,经扬州路通州海门县黄连沙头、万里长滩开洋,沿山墺而行,抵淮安路盐城县,历西海州、海宁府东海县、密州、胶州界,放灵山洋投东北,路多浅沙,行月余始抵成山。计其水程,自上海至扬村码头,凡一万三千三百五十里。[③]这条航线离岸较近,沿山求屿较多,而且常常受南下的寒流的袭扰,所以风险较大而航速较慢。第二条为至元二十九年(1292 年)朱清等建议另外开辟的新航道。自平江刘家港开洋,至撑脚沙转沙觜,至三沙、洋子江,过扁担沙、大洪,又过万里长滩,放大洋至青水洋,又经黑水洋至成山,过刘岛,至芝罘、沙门二岛,放莱州大洋,抵界河口,由于航道较为径直,所以缩短了航程,避开了近海的沙滩,航行中还能得到部分信风与黑潮的借助力。[④]第三条为至元三十年(1293 年)由殷明略开的一条新航道,从刘家港入海,至崇明州三沙放洋,向东行入黑水大洋,取成山转西至刘家岛,又至登州沙门岛,于莱州大洋入界河。这条新航线由于避开近海的沙滩,可以更多地利用信风和黑潮的助力,只要天气合适,一般在十天左右时间就可以从刘家港到达天津,这就为元代的漕粮海运奠定了基础。[⑤]

以往,人们大多认为元代漕粮海运使用的都是官船,但是史料表明,在官造海船的同时,还存在着民间船只参与海运漕粮的事例。如在至元二十一年(1284 年),元朝廷就有发动"近海有力人户,自行造船,雇募梢水"造舟起运的纪录。[⑥]明人在论述元代漕粮海运时也曾指出:"诚如元时故制,诏募沿海巨室自备人船海运,每运万米石,给与耗米行粮四千石,许载私货回盐以酬其劳,连年有功者授以官,人谁不乐效用乎?"[⑦]

为此,有的研究工作者已经提出,元代在江、浙、闽、广沿海各地,"雇民间的船只,使承担海上运粮",其中就有"澉浦杨家等皆有舟,且深知漕事"的船户,这实际是一种"雇佣包运制"。[⑧]元代海上漕运推动了造船业的发展,元代海船载重量起初大船不过一千石,小船不过三百石(约相当于 40～130 吨),"至延祐(1314～1320 年)以来各造海船,大者八九千,小者二千余石,岁运粮三百六十万石",[⑨]出现了千余吨的大海船。往来于航道上的海船规模较大,多桅帆船有利于利用海风,于是元代的海船"普通四桅,时或五桅六桅",还有说"多者至十二桅云"。[⑩]海船在无风时用船橹,"一艘八橹或十橹,多者尚不止”。船帆更是有发展，“有布帆与利蓬，正风用布帆，偏风用利蓬”。[11]“船之内部，划为数区，界以严壁，庶一部有损，不致危及全体”，可见海船还普遍地采用了水密舱的设计。[12]在元代，江南的防沙平底船开始得到普遍的应用。“江南海船，名曰沙船，以其船底平阔，沙面可行可泊，稍搁无碍。”[13]像崇明三沙式的巡沙船，海上行驶能够“履险如夷，走船如马”。[14]元代的运粮船不仅只有沙船，还有来自南方福建等地原先就习惯于深海航行的尖底海船，这种新创制的尖底大海船吃水深，载运量大，“船幅殆为四角形，下侧渐狭尖如刃，以便破浪”。[15]

元代漕粮海运带来的海道开辟、南北物资的交流，使沿海港口的经济得到了发展。在直沽，来自长江三角洲的漕粮海船常常停泊在港口里，由于漕船可以携带一定数量的土产商品，以至形成“一日粮船到直沽，吴罂越布满街衢”的热闹场面。[16]有诗写道：“转粟昏秋入，行舟日夜过。兵民杂居久，一半解吴歌。”[17]海运终点的直沽，由于海运的发展地位更显重要。延祐三年(1316年)正式升格为“海津镇”，为日后天津市的城市发展奠定了基础。

刘家港是元代漕粮海运的重要起运港，海运开始后，港口不但作为一个漕船的集中和起运地，还成为各地商贾的集中地。数年以后，成为一个“番汉杂处，闽广混居”的“六国码头”。[18]

北方的商人同样可以在漕粮的北运中觅得商机，在他们看来，南船回母港的行程正是北货南运的良机。于是他们“今年却趁直沽船，黑洋大海波连天。顺风半月到闽海，只与七州通买卖”。[19]总之，元代的海运推动了南北方沿海港口城市的发展，如密州、登州、直沽、松江府的上海、宁波，以及福建的港口等。

可见元代朝廷既积极组织官府船队的海运，也比较支持民间船只参与漕粮的海运，就是官府的船队也需要雇佣民间的海运水手参与运输。对参与运输的民船给予水脚，还允许海船捎带相应的私货，实行着一种相当包容开放的海运政策。

二

洪武元年(1368年)明太祖即位后，曾将海运与征战北方的战役结合在一起。他命汤和到明州，“造海舟，饷北征士卒。天下既定，募水工运莱州洋海仓粟以给永平”。[20]洪武四年(1371年)的吴桢，洪武六年(1373年)、七年(1374年)的唐胜宗、张赫、朱寿等，都曾先后“督江、浙海卫军大舟百余艘，运粮数十万”，[21]支援明太祖的北伐，为北平、辽东提供军饷。这种为军队提供补给的海运与元代向京师运送漕粮性质并不一样。

明永乐四年(1406年)，推行“海陆兼运”。一路由江南海运至天津，另一路“由淮运入黄河至阳武，陆运至卫辉，再由卫河入白河至通州”。为了便利海运，陈瑄建议："嘉定濒海，当江流之冲，地平衍，无大山高屿。海舟停泊，或值风涛，触坚胶浅辄败。宜于青浦筑土为山，立堠表识，使舟人知所避，而海险不为患"，在永乐十年，筑成"方百丈，高三十余丈"的宝山，"御制碑文纪之。"[22]

永乐九年(1411年)明王朝作出打通南北大运河的决定，运河漕运有所改善，并将主持海运的陈瑄调任"董事漕运"。永乐十三年(1415年)正式宣布"复罢海运"。但在实际上，由于运河的河道淤塞以及漕政的腐败问题还是十分严重，所以海运的主张仍旧不时有人提出，成为朝廷讨论的议题。

成化二十三年(1487年)，主张海运的丘濬提出河漕与海运并行，并从经济上分析了海运与河运的利弊："海舟一载千石，可当河舟三，用卒大减。河漕视陆运费省什三，海运视陆省什七。虽有漂溺患，然省牵卒之劳、驳浅之费、挨次之守，利害亦相当。宜访素知海道者，讲求勘视。"[23]但是他的主张没有被采纳。

隆庆五年(1571年)山东巡抚梁梦龙曾"雇海雕舡五艘，分载米二千石，每驾十二人，自淮安至天津，试运无碍"。[24]之后他向朝廷报告，自"淮安至天津三千三百里，风便，两旬可达。舟由近洋，岛屿联络，虽风可依，视殷明略故道甚安便。五月前风顺而柔，此时出海可保无虞"。他还说："海道南自淮安至胶州，北自天津至海仓，各有商艇往来其间。自胶州至海仓，岛人及商贾亦时出入。"言外之意，民间的海上贸易早已具有相当的规模了，他极力主张恢复沿海各处的海运，并提出建议："请以河运为正运，海为备运。"[25]结果反对和赞成者均有。

在隆庆年间的海运讨论中，王宗沐递交了《海运详考》，比较详细地提出了自己的海运方案。如更造船只、定起帮之地、实施运船可以捎带盐和货物的办法提高官军运粮的积极性、雇募水手、建立造船厂等，试图对原有的漕运旧规进行一定的改革。隆庆六年(1572年)，已经被任命为总督漕运兼凤阳巡抚的王宗沐，运粮十二万石自淮安入海，由云梯关东北历鹰游山、安东卫、灵山卫、鳌山卫、大嵩卫、威海卫等所辖海面，然后经福山芝罘岛、登州城北新海口沙门岛、桑岛、芙蓉岛、莱州大洋、海仓口……乞沟河入直沽，抵天津卫，航程三千三百九十里。试运成功后，王宗沐、梁梦龙共同获得朝廷的嘉奖，"进秩，赐金币"。[26]张居正给王宗沐的信中称赞此次海运："四百万军储江海并运，洪涛飞越，若涉平津，自仆有知以来实未见有如是之盛者"。还说海运成功的消息传到京师，朝廷主张海运的诸大臣均十分兴奋，以至"殿上侍臣咸呼万岁"。[27]海运的成功大大鼓舞了主张海运者，朝廷也决定每年海运漕粮二十万一千一百五十石。为此，王宗沐为海运制定了详细的计划，并着手打造了运载量为一千石的海船四百三十六艘(实际每艘可以运载六百石)，并准许每船可以私带货物，"听便贸易，以示优恤"。每船可用军士七十二名，选择边海地区"习知海"、"久惯行海者"的军士、渔民、商人为海运的旗军、水手、拦头、执柁等。[28]

崇祯八年(1635年),明代的河运被起义军卡断,于是被迫重启海运。内阁中书沈廷扬生于海滨,对海运颇有研究。崇祯十二年(1639年),他上书宣传海运的方便,并编辑了《海运书》五卷上呈,崇祯帝朱由检任命他负责建造海船试航。沈接任后,亲乘二舟,载米数百石,十三年六月初一日自淮安出发,十五日便抵天津,其中还有五天是由于避风待航,实际航行仅十天,试航成功。崇祯帝朱由检升任沈廷扬为户部郎中,命他去登州与巡抚徐人龙共同筹划海运事务。为明军紧急运送军饷至关外宁远(兴城)的任务,沈廷扬一反往日所走的天津——登州——宁远的海运常规线路,采用直接从登州运送军饷至宁远的航路,完成了比较紧急的海运任务。崇祯十五年(1642年),沈廷扬再次被朝廷派去淮安办理海运任务。[29]

明代的海船制造以永乐年间为盛,主要用途是为营建北京的宫殿和向北方输送军饷等,包括郑和下西洋提供各种船只。据《明成祖实录》所记,至永乐十三年(1415年)为止所造的各种用途的海用船只就达二千六百七十七只(包括将海运漕粮船改为下西洋的船)。这一时期,也是明代海上运输事业较为发达的时期。

明代在中央初置京畿都漕运司,以漕运使主之,后设漕运府总兵官。在景泰二年(1451年),始设漕运总督,与总兵官同理漕政。明代海运专设遮洋总7 000人,海船350只,专职海运。因海运路线变更不定,海运失事较多,海运漕粮数量与元代相比下降较多。

明代海运总的说来并没有承袭元代制度化的做法,特别是大运河开通以后,它只是间歇性地成为河运的一种补充。早在明代初年,危素从朝廷的长治久安考量,认为既然河运已经开通,但它像人的一个咽喉一样,“一日食不下咽,即有死亡之祸。请于未事之先,而为意外之虑,寻元人海运故道,以与河漕并行……一旦漕渠少有滞塞,此不来而彼来,亦思患预防之先计也”。由于危素为元朝降臣,自然不为朱元璋所信任,故建议未被采纳。[30]但是运河的阻塞,河运的艰难,使主张海运的声音在朝廷上还是不时被提出。

值得注意的是,明代有些重视经世之策的文人士子,对元代的海运政策与实践进行了较为仔细的讨论和总结,如梁梦龙的《海运新考》、王宗沐的《海运详考》、郑若曾的《海运图说》、崔旦的《海运编》等,不但记录了元代海运的实施,还对航道、里程、海口、海岛、海湾以及航海注意事项等进行了探讨。这对清代推进海运政策的实施,都有舆论的先导作用。

三

清前期一直实行严厉的海禁政策,大致在康熙十八年(1679年)后才开始出现一点松动。先是“开山东禁海令”,并只限于山东至淮北的连云港、庙湾一带海面。[31]清廷仍规定在有粮、豆出产的北方各口岸,粮米也严禁海运。

直至乾隆初，奉天米粮只有在河北、天津等地灾歉之年才准许海运贸易。

但是在民间，自康熙二十四年(1685年)开海禁以后，随着市场需要的增加，航海技术的提高，沿海南北货物的交流日渐频繁，以至“关东豆麦，每年至上海者千余万石，而布、茶各南货，至山东、直隶、关东者，亦由沙船载而北行”。[32]在从北方来的信息上，也开始形成“关东、天津之信由海船到者无虚日，此不得以古人之已事为说也”的局面。[33]一个以北方的粮食和南方的杂货品为主的商品市场已经形成，市场经济的现实事实上已经冲破了政策的束缚。

嘉庆时，因为考虑到运河浅涸，朝廷让江、浙大吏兼筹海运。嘉庆十五年(1810年)，清仁宗令松筠、章煦等雇用沙船，试办海运，包世臣等人公开提出招商海运的建议，但是朝廷讨论中阻力重重，斗争激烈。嘉庆十六年(1811年)两江总督勒保等奏海运不可行者“十二事”，对海运实行封杀。嘉庆听了反对派的意见后，认为“海运既多窒碍，惟有谨守前人成法……断不可轻议更张，所谓利不百不变法也”。[34]于是，是终嘉庆之世，无敢言海运者。

道光初年，运河淤塞更加严重，终于再次引发了海运大讨论。这时，早就认真阅读过《永乐大典》关于海运事宜的协办大学士、户部尚书英和建言：“河道既阻，重运中停，河漕不能兼顾，惟有暂停河运以治河，雇募海船以利运，虽一时之权宜，实目前之急务。盖滞漕全行番坎驳运，则民力劳而帑费不省，暂雇海船分运，则民力逸而生气益舒。国家承平日久，航东吴至辽海者，往来无异内地。今以商运决海运，则风飓不足疑，盗贼不足虑，霉湿侵耗不足患。以商运代海运，则舟不待造，丁不待募，价不待筹。至于屯军之安置，仓胥之稽察，河务之张弛，胥存乎人。”[35]一言以蔽之，英和认为解决河运困难的办法，“无如海运便”。因为两者相比，海运有效益上的优势，民间的沿海航运贸易就是证明，对海运的一些疑虑也不用担心，海运的费用还会比河运节省。于是，就有了道光五年(1825年)的漕粮海运。由于清道光五年的海运在操作上的特点，有的研究者形象地将它称为“以官督商运的形式实行海运”。[36]

海运漕粮，事及“天庾正供”，所以清代也制定了一套较严格的制度。清代由于已经有了河运漕船“例带土宜”的规定，如漕船载米，毋得过五百石。正耗米外，例带土宜六十石(约占船载货量的12%)，雍正七年(1729年)，加增四十，共为百石(约占船载货量的20%)，永著为例。允许各船头、工舵工人带土宜三石，水手每船带土宜二十石。嘉庆四年，定每船多带土宜二十四石。所以对海运的商船同样实行了相应的允带土宜的规定。

海运漕粮有严格交验制度，有专门的机构和专门的官员负责交验。商船在运输中漕粮遭遇海损的有严格的赔偿制度。在海损事故中，折断帆杆谓“砍桅”，商船被迫抛弃部分米石而减轻载重量谓“松舱”，对危及商船安全的海难事故，政府还有严格的检查核实制度。反之，对商船海运的成功有奖励制度。如对道光五年的海运，对私人承运漕粮14 000石的崇明县举人施彦士，就被提升为县官。承运漕粮25 000石以上的上海县捐布政使经历衔的朱增慎、捐都察院经历衔的毛振勋，清廷批准尽先以实缺任用。浙江慈溪县捐通判衔的盛炳煜、捐从九品功名的盛炳辉、鄞县捐布政使理问衔的谢占壬，以及上海县富商王文瑞等数十人，均按照承运漕粮的多少，有的赏给了官衔，有的补了实缺，[37]陶澍本人也因办理海运有功被赏戴花翎。

清代对进行海上贸易和航海船只的建造、申报、领照、进出口、贩运货物等均比前朝管理的更严。如康熙二十三年（1684 年）就规定，“商民人等，有欲出洋贸易者，呈明地方官，登记姓名，取具保结，给发执照，将船身烙号刊名，令守口官弁查验，准其出入贸易”。[38]康熙四十二年（1703 年）规定：“出洋海船，止许用单桅，梁头不得过一丈，舵水人等不得过二十名。取鱼不得越出本省境界。未造船时，先行具呈州县，该州县询供确实，取具澳甲户族里长邻右当堂画押保结方许成造。造完报县验明印烙字号姓名，然后给照。其照内仍将船户舵水年貌开列。”[39]雍正五年（1727 年）规定：“山东民人往奉天贸易，及奉天民人有过海者，凡船出口入口，该州县给予印票。将客人姓名货物及买卖地方、同船水手姓名，开载票内。守口官验明，挂号放行。”[40]雍正元年（1723 年）规定，“出海商渔船自船头起至鹿耳梁头止，大桅上截一半，各照省分油饰，江南用青油漆饰，白色钩字；浙江用白油漆饰，绿色钩字；福建用绿油漆饰，红色钩字；广东用红油漆饰，青色钩字。船头两披刊刻某省某州县某字某号字样”，以便各海口官兵查验放行。[41]以上清代关于漕粮运输和海船的管理制度，大多属于对航海活动的管制，缺乏制度和内容的创新，故对海上运输的促进作用不大。

四

从元代到清代，时间的跨度长达 700 年，漕粮海运的制度经过几个朝代的演变，自元代曾经实行过一段比较大规模的漕粮海运后，漕粮的河运愈来愈成为漕粮运输的主要方式，除了极少数战争年代外，以帆船为运输工具的漕粮海运从来没有取代河运成为漕粮运输的主要形式。其发展的历史轨迹值得我们回味、思考。

（一）中国的封建经济产生最早、历史最长、地域最广。它较早地实现了土地的自由买卖，形成了一种以地主制经济为主导的封建社会。宋代以后，我国在农业生产、手工业生产和科学技术上均居于世界的前列。商业发达、城市繁荣、文化昌盛，可以称为是一种发达、成熟的封建主义。明代以来，通过赋役的由丁入地、地租的定额化、永租权的出现以及雇工人身的逐渐自由等经济关系的调整，生产力得到持续增长，经济得以持续发展。按照辩证法或系统论的原理，一个系统中如果没有异质的东西，它就不能进化。商业资本、商品经济都是封建经济中的异质的东西，它的发展也推动着封建经济走向顶峰，并最终导致封建社会的灭亡。[42]

从元代开始由国家主导的漕粮运输是封建社会政治和军事运转中不可或缺的一环，在经济上也不断孕育着封建社会内部商品经济的发展。漕粮是采用陆运还是水运？采用河运还是采用海运？总是要受到自然条件和水陆航运能力发展水平的制约，同样还会受到当权者决策的限制。漕粮河运和海运制度一旦建立起来，制定和管理这些制度的人们往往就会形成一个庞大的既得利益者群体，他们不但从执行这些制度中受益，也会从这些制度的不断衍化和腐败中获得自己的私利，从而顽固地反对各种对旧制度改革的意见和建议。古往今来，概莫能外。元、明、清三代对漕粮河运还是漕粮海运的历次争论中，我们均可以找见这些因素的影子。[43]

（二）从生产力发展的角度看，漕粮河运与漕粮海运之争就是一种不同生产效率的争论。由于漕粮运输，事及"天庾正供"，所以各朝代也相应地制定了一套严格的制度。但是漕粮的海运从来没有正式取代漕粮的河运，漕粮的海运只不过是漕粮河运的一个配角，河运漕粮效益的低下普遍为时人所诟病。于是，宣传海运效益的呼声就不时地响起。1481 年，主张海运的明人丘濬主张河漕与海运并行，他从经济上分析了海运与河运的效益和利弊："海舟一载千石，可当河舟三，用卒大减，河漕视陆运费省什三，海运视陆运费省什七。虽有漂溺之患，然省牵之劳，驳浅之费，挨次之守，利害亦当。宜访素知海道者，讲求勘视。"[44]

清代，更有人指出河运中"南漕自催科、征调、督运、验收，经时五六月，行路数千里，竭百姓无数之脂膏，聚胥吏无数之蠡贼，耗国家无数之开销，险阻艰难，仅而得达京仓，每石之值约需四十两，或二十两，或十八两不等，而及归宿，乃为每石易银一两之用，此实绝大漏卮"。[45]

河漕运输的这种弊病，就是当时来华的外国人也敏锐地注意到了。明代万历二十六年（1598 年）意大利的神甫利玛窦（1522～1610 年）踏上了去北京的路途。在此以前，他已经在中国生活了足足 15 年，曾经在澳门、肇庆、韶州、南昌、南京等地居住，传教布道。这一次，他是乘坐政府提供的"马快船"，从大运河的水路进入北京的，途中经过的主要城市有扬州、淮安、徐州、济宁、临清、天津。历时两个月的运河行程，使他有机会亲身体验和观察了明王朝的漕运系统。在它看来，这是一条"为了防止大量船只阻碍航运，以便运往皇城的货物不致糟蹋"而不允许一般私商进入的大运河，一路上他了解了明王朝从富庶的南方向京城运输物资的内河运输大通道。他既见到了运河沿岸城市的繁忙，也观察到运河运输的艰难。为提高运河相应水位，在河道上设置了一道道木质水闸，运船经过水闸时艰难万分，有时还会有倾覆之虞。运船由于缺乏风力，沿途还要依靠人工拉纤。运船行进缓慢，运道内船只拥挤，行程时常会被耽搁。官员的船只同样依靠沿岸拉纤而前进，费用还要由政府开支。他在自己的笔记中写道说："维持这些运河，主要在于使它们能够通航的费用，如一位数学家说，每年达到一百万。所有这些对欧洲人来说似乎都是非常奇怪的，他们可以从地图上判断，人们可以采取一条既近而花费又少的从海上到北京的路线。这可能确实是真的，但害怕海洋和侵扰海岸的海盗，在中国人的心里是如此之根深蒂固，以致他们认为从海路向朝廷运送供应品会更危险得多。”㊻从利玛窦的记录中，我们可以看出，这个来自欧洲的传教士首先感到奇怪的是这种艰难的水上交通的效率是如此低下，而维持它的成本却大得惊人。至于明王朝之所以选择河运而没有选择海运，可能主要出于对航海安全和海盗侵扰的担忧。

（三）嘉庆年间，漕粮海运一事无论在当时人们的认识上，还是主张漕粮海运人员力量的集结上，都有了重大的突破。嘉庆十五年（1810 年），嘉庆帝在谕令中认为江浙的船商“习于风涛，熟于沙线”，直接要求漕运的各督抚将本年的部分漕米交由商船分带，先为试验，实行漕粮海运，甚至已经提出“不妨使商船略沾微利，俾各踊跃承办”的具体办法。㊼可见嘉庆帝已经见到来自地方官员对海运漕粮的具体实施方案和政策设想，并准备具体实施。嘉庆十六年（1811 年）嘉庆帝想进一步加紧试验，但是又被一些大臣认为不可而否定。当时金匮知县齐彦槐已经将包世臣所作的“海运南漕议”转呈给了江苏巡抚章煦，并在回答巡抚章煦的当面咨询中取得了章煦的认可，但由于事情的发展有了新的变化，这些重要的信息还是没有上达到嘉庆帝那里。以至在嘉庆一朝，在海运漕粮上空有议论，但却仍旧无所作为。

道光五年，漕粮河运遇到了空前的困难，海运漕粮的提议又一次在朝廷讨论中被提出。一些了解沿海运输实情的地方官吏对民间的海运航道情况十分熟稔，民间沙船的海运航道远较元明时期更加便捷。特别像包世臣等，他们实际上已经对上海地区的沙船业进行过专门考察，曾经“游上海、崇明，登小洋、马迹诸山，从父老问南北洋事，稔海运大便”。“上海人往关东、天津，一岁三、四至，水线风信，熟如指掌。”㊽并对沿海南北贸易的主要物品关东豆饼等也有正确的估算。由此，在朝廷的讨论中，已经聚集了当时主张海运的一批社会精英。有首次力挺漕粮海运的官至户部尚书、协办大学士的英和，有清代经世派的主要代表人物、新任江苏巡抚陶澍、有新任江苏布政使，主持编选《皇朝经世文编》的贺长龄、有新任两江总督琦善、浙江巡抚程含章等，在地方上还有勤奋清廉的官员林则徐（时任江苏按察使）、关天培（时任川沙营参将）、李景峄（时任川沙同知）、俞德渊（时任苏州府同知）等。还有一批毕生留心于经世之学，并勤于实际考察，对于漕运、水利等都能提出有价值见解的志士仁人，像号称“全才”幕僚的包世臣、晚清著名思想家魏源（后任江苏布政使）、金匮县县令齐彦槐等。这就为道光五年漕粮海运的实施提供了条件。

（四）破解守旧顽固势力，批判守旧保守的论调，是任何一种改革或革新所必定要承担的重任。嘉庆七年（1802 年）包世臣在上海“阅并海岛屿，见北洋沙船数千艘停泊黄浦，因发海运可救漕弊之议”。他就已经初步地提出了“海运南漕”的改革建议。㊾他对沙船的海运可以帮助解决漕粮河运之弊的设想，就是以后称为《海运南漕议》的最初蓝图。嘉庆八年（1803 年）黄河再次决口，嘉庆帝又一次根据部分谏臣的意见“饬有漕督抚议海运”。包世臣“既见邸抄，遂委曲告所知。未几，其说达于江苏巡抚，属为论列，巡抚以为然。删润再三，阅月余始缮折，而浙江巡抚已论罢其事，竟以中止”。海运讨论的停顿，自然对他来说是一个打击，但他没有放弃自己规划的蓝图。他对原稿重新进行了梳理，并寄希望于后来之人。“予以其关系极重，故删为私议，以俟后日之谋国是君子推取焉。”这篇经过他重新整理的私议，就是日后流传出去的成为清代推动新一轮海运的第一议——《海运南漕议》。

包世臣在《海运南漕议》中，对反对海运论者到处渲染的所谓“洋氛方警，适资盗粮”、“重洋深阻，漂没不时”、“粮艘须别造，舵水须另招，事非旦夕，费更不赀”等不实之论一一加以辩驳。包世臣的观点来自于他对上海沙船现状的了解熟悉，经过他的调查，“沙船聚于上海，约三千五六百号，其船大者，载官斛三千石，小者千五六百石，船主皆崇明、通州、海门、南汇、宝山、上海土著之富民。每造一船，须银七八千两，其多者至一主有船四五十号，故名曰船商”。“上海人往关东、天津，一岁三、四至，水线风信，熟如指掌。”“自康熙廿四年开海禁，关东豆麦每年至上海者千余万石，而布茶各南货至山东、直隶、关东者，亦由沙船载而北行。沙船有会馆，立董事以总之。”可见他对上海沙船的运输能力、对沿海航运航道的了解、沙船商的社会组织商船会馆等均有正确的把握。包世臣对上海沙船业的调查和对沿海南北航运实况的揭示，实际上就是论证了漕粮海运的可行性，有助于凝聚倡导漕粮海运力量的人心，瓦解守旧保守势力的作用。

（五）漕粮的海运促进了南北方大宗粮食的运输和交易，对商品经济的直接推动作用是不言而喻的。最明显的莫过于海运沿线港口城市的发展。简言之，河运漕粮的盛行，直接推动了运河沿岸城镇的繁荣与商品经济的发展。雇商海运后，河运所占比重急剧下降。伴随着河运的衰废，运河沿岸的城镇失去赖以繁荣的政治条件和地理条件，随之衰落，漕粮海运成为运河经济区衰落的一个直接原因。另一方面，围绕着漕粮海运而兴起的系列政治活动与经济活动，也对沿海经济的发达发挥了积极的推动作用，并成为近代上海、天津和宁波等沿海城市经济繁荣的重要因素。以上海为例，从十八世纪中期到十九世纪初期，由于海运漕粮改从上海集中出发，上海港就从原有比较单一的南北洋的民间货物交换集散中心，进一步发展成长江流域各内地与沿海各地商业贸易货物的集散中心。由此，全国各地的商帮开始聚集上海，各地商人以同乡和同业为基础建立的会馆公所进入了一个空前的发展期。除了早期的关山东公所和商船会馆以外，来自北方沿海的还有山东的山东公所、江苏的祝其公所、江淮公所、江宁公所、江镇公所、平江公所、江阴公所、扬州公所、常州会馆、苏锡公所、京江公所、洞庭东山会馆；来自南方广东的广肇公所、潮州会馆、潮惠会馆等；来自福建的泉漳会馆、建汀会馆、兴安会馆等；来自浙江的四明公所、浙绍公所、浙宁会馆、浙台公所、浙金公所、舟山会馆、定海会馆、杭绸公所、钱江会馆等；来自安徽的徽宁会馆、全皖公所、徽州会馆；来自江西的江西会馆、米业公所等。还有像福建商人的三山会馆、水果公所，苏州绸布商人的云锦公所，浙江金华商人的火腿公所等众多行业性公所。以至有线索可查到的上海会馆公所总数达400多个，其中行业性会馆公所的数量超过86%，可见商人、手工业者数量的巨大，为上海成为全国性的工商业都市奠定了基础。

注释：

①《永乐大典》卷一五九四九,《经世大典·海运》。
②《永乐大典》卷一五九四九,《经世大典·海运》。
③《元史》卷九十三,《食货志》一,海运。
④《元史》卷九十三,《食货志》一,海运。
⑤《元史》卷九十三,《食货志》一,海运。
⑥《永乐大典》卷一五九五〇,《苏州志》。
⑦ 郑若曾:《郑开阳杂著》卷九,《海运图说》。
⑧ 朱子彦:《元代的南北海运》,《上海海运学院学报》1983年第4期。
⑨ 危素:《元海运志·附录》,《丛书集成初编》,商务印书馆,1936年。
⑩ [日]桑原骘藏著,陈裕菁译:《蒲寿庚考:唐末元市舶史料》,中华书局,1929年,第97页。
⑪ [日]桑原骘藏著,陈裕菁译:《蒲寿庚考:唐末元市舶史料》,中华书局,1929年,第97页。
⑫ [日]桑原骘藏著,陈裕菁译:《蒲寿庚考:唐末元方舶史料》,中华书局,1929年,第98页。
⑬ 顾炎武:《日知录集释》卷二九,《海运》。
⑭ 沈岱:《南船记》,转引自《造船史话》,上海科技出版社,1979年,第111页。
⑮ [日]桑原骘藏著,陈裕菁译:《蒲寿庚考:唐末元方舶史料》,中华书局,1929年,第96页。
⑯ 张翥:《蜕庵集》卷四,《读瀛海喜其绝句清远因口号数诗示九成皆实意也十首》。
⑰ 傅若金:《傅与砺诗文集》卷四,《直沽口》。
⑱ 桑悦:《太仓州志》卷一,《沿革》。
⑲ 黄镇成:《秋声集》,见《元诗选》庚集。
⑳《明史》卷八十六,《河渠》四。
㉑《明史》卷八十六,《河渠》四。
㉒《明史》卷八十六,《河渠》四。
㉓《明史》卷八十六,《河渠》四。
㉔《明经世文编》卷三四三。
㉕《明史》卷二二五,《梁梦龙传》。
㉖《明史》卷八十六,《河渠》四。
㉗ 张居正:《张太岳文集》卷二十五,《答河漕王敬所言漕运》。
㉘《王敬所集》卷三,《海运详考》,见《皇明经世文编》卷三四五。
㉙《明史》卷八十六,《河渠》四。
㉚ 危素:《元海运志·附录》,《丛书集成初编》,商务印书馆,1936年。
㉛ 刘涓、金端表:《浏河镇纪略》卷三,《开海通商》。
㉜ 包世臣:《海运南漕议》,《包世臣全集》,黄山出版社,1997年。
㉝ 包世臣:《海运南漕议》,《包世臣全集》,黄山出版社,1997年。
㉞《清史稿》卷一二九,《食货志》三。
㉟《清经世文编》卷四八,《筹漕运变通全局疏》,户政二十三·漕运下。
㊱ 高荣盛:《元代海运与江南社会经济》,《江南社会经济研究》(宋元卷),中国农业出版

社，2006年，第648页。

㊲ 陶澍：《陶云汀先生奏疏》卷十五，《海运案内商请加奖折子》。

㊳《大清会典事例》卷一二〇。

㊴《大清会典事例》卷一二〇。

㊵《大清会典事例》卷一二〇。

㊶《大清会典事例》卷六二九。

㊷ 吴承明：《论广义政治经济学》，《市场、近代化、经济史论》，云南大学出版社，1996年，第39～40页。

㊸ 樊铧：《政治决策与明代海运》，社会科学文献出版社，2009年，第366页。

㊹《明史》卷八十六，《河渠》四。

㊺ 黄维梦：《停漕论》卷六七，《新辑时务汇通》。

㊻［意］利玛窦、金尼阁著，何高济等译：《利玛窦中国札记》，中华书局，1983年，第325～326页。

㊼ 倪玉平：《清代漕粮海运与社会变迁》，上海书店出版社，2005年，第46～47页。

㊽ 包世臣：《海运南漕议》，《包世臣全集》，黄山出版社，1997年。

㊾ 张岩：《包世臣与近代前夜的"海运南漕"改革》，《近代史研究》2000年第1期。

Reserch on Shipping grain development of Yuan, Ming and Qing

Abstract: From the start of the Yuan dynasty, grain shipping led by the national, was an integral part of feudal political and military operation. From then on, subsequent dynasties updated and developed a set of grain shipping systems. But these systems did not replace the canal water transport, and did not change the shortcomings of the canal water transport, not to mention improving economic efficiency of transport.

The cost of grain shipping was less than that of canal water transport, and it promoted the transport and transactions of North - South bulk food and commodities, which had a positive role in promoting economic development on coastal economies, and had a self - evident contribution to the national economy, even turned into an important factor of economic prosperity for modern coastal cities such as Shanghai, Tianjin.

Keyword: Grain, Shipping, Sand barge, Shanghai

近代中国外商保险业研究
——以于仁保险公司为考察中心

钱　华*

（香港城市大学中国文化中心）

摘　要： 由于资料条件的限制，研究近代在华外商保险业相当困难，更不用说外商保险业的个案研究了。宝顺洋行于1835年在广州创办于仁洋面保安行，又称友宁保险行或保安保险行，这是外商在中国创办的第二家保险公司。同治七年（1868年）在上海设立分公司，1882年在香港进行注册，最终改组为一家股份责任制公司。20世纪于仁保险业务遍步各大洲，成长为全球著名的保险公司。本文从宏观角度阐述了于仁保险的发展历程，探讨了不同时期和不同环境下各发展阶段的状况、影响、特征以及出现这些特征的原因。在此基础上，重点分析在华投资、资本额、外商保险业竞争与合作、外商银行业与保险业的关系网络等经营问题。

关键词： 于仁保险　上海航运与保险　外商保险

一、研 究 意 义

1843年11月上海开埠通商，航运日趋繁荣，许多有贸易往来关系的国家的保险公司也接踵而至。其中，英商保险业最早进入上海市场且实力最为雄厚。在为数不多的有关近代中国保险史的研究中，缺乏对在华外商保险业状况深入具体的分析，主要原因在于史料的缺乏。

有两本研究著作对笔者的研究具有较大的启发和借鉴作用。一本是赵兰亮的《近代上海保险市场研究（1843—1937）》，这是一部关于近代上海保险史的研究专著。[①]作者以上编四章共10余万字对外商保险业进行了介绍和深入分析。尤其是该书利用大量有关于仁保险公司的中日文档案资料来对比分析，非常可贵。有关于仁保险公司的数据特别是档案数据，目前极为

* 作者简介：钱华，女，香港中文大学历史系博士，研究方向：香港社会经济史、香港商会史、文化创意产业。

缺乏。赵兰亮在查阅上海市档案馆馆藏上海商业银行档案时，幸运地发现了一部分保安保险公司（内地名称，港译于仁保险公司）的资料。[②]针对这些资料的研究成果是本研究得以继续的基础。另外一本是冯帮彦和饶美蛟的《厚生利群：香港保险史（1841—2008）》。书中也利用了很多于仁保险公司的史料。

在前人研究史料的基础上，笔者又从香港大学图书馆特藏部翻查到于仁保险出版的纪念物。另外，还从香港历史档案馆翻查到关于于仁的原文件三份，以及从部分英文报刊和论著中查到有关史料。然而，并不是说于仁保险的史料搜集就是全面和详尽的，这影响到研究的广度和深度。

研究于仁保险具有重要的意义，如赵兰亮在《近代上海保险市场研究（1843—1937）》中，首先以保安保险公司为例进行个案分析，来研究英商保险公司的经营活动。他认为，对保安保险公司经营状况的考察或许就是对英商在沪保险业半壁江山的考察。[③]

由商人成立的于仁保险是对保险与贸易关系的最好说明。在 20 世纪 20 年代，于仁洋面保安行曾被西方资本主义看成东方保险行的领袖，[④]于仁保险的发展史就是一部区域史和世界史。“这些外部的发展构成了历史。可以这样说，像于仁保险公司这样的商家，其发展史反映了当时的历史及其所在地的历史。”[⑤]

关于保险史学的研究方法，日本保险史研究学者田村佑一郎[⑥]曾深入讨论了三个种类：保险经济史、保险企业经营史和保险系谱史。笔者的研究属于第二个种类——保险企业经营史。

于仁保险是英文 Union Insurance Society Canton 的音译，关于于仁保险在不同的史料和研究中有不同的称呼，为避免混乱，下文先做一些解释。

1874 年 7 月 4 日于仁保险在《汇报》上刊登广告：“保安行者，洋人名为‘夭呢安烟梳令士梳西衣地阿符谏当（即‘于仁洋面保安行’的音译，编者）’，乃是广东省城商人联合西商纠合本银，创此保险公司……中国无别保险公司可比，亦与华商保安公司无涉。特此声明。”[⑦]

保安保险公司天津分公司职员曹韵清回忆：“由于该公司在中国营业获利很大，英国的资本家们都先后在香港设立保险公司，例如 1862 年成立的扬子保险股份有限公司，1863 年成立的保家保险股份有限公司，1865 年成立的保宁保险股份有限公司，1870 年成立的中国火险保险股份有限公司。后来各保险公司感到互相竞争于彼此不利，经过协商皆并入保安保险公司，但对外各公司的原来名称不变，表面上各自独立经营，实际皆属于保安保险公司。其主要用意是，某一公司亏损时，只就该公司原登记有限股本清偿，不致影响整个公司。”[⑧]这段文字对该公司不同的名称作了清晰说明，便于分析时全面客观考察。

二、历史简介

于仁洋面保安行自1835年创办以来至建国初期，其发展大致经历了以下几个发展时期。

（一）初创阶段

1835年颠地洋行（宝顺洋行）从谏当保险公司退出，决定成立于仁洋面保安行，独家经营。于仁开始为广东的自由商人提供保险服务。1839年5月迁至澳门，[9]1842年再转到香港。

随着美国内战和德国统一国家的形成，19世纪60年代西方国家金融业剧烈动荡，非洲大陆也开始开放。1862年英国《公司法》颁布。1862年颠地洋行破产，于仁洋面保安行亦未能逃生。1862年原始股东除了颠地洋行以外，还有英资的怡和洋行、特纳洋行、旗昌洋行，前面三者为英资，最后是美资。

1868年在上海开设分公司，这是于仁保险成立以来首次在香港以外的业务扩张。1868至1870年期间，于仁的资产已达到125万美元，共分为250股，每股5 000美元，每股实缴1 000美元。[10]

1871年纳撒尼尔·义德（Nathaniel Ede）被任命为秘书之时，于仁保险采取了深远的改革措施。颁布了新的《公司章程（New Article of Association）》，[11]废除了每三年结算一次的惯例，并对交易期限不做规定。从几乎是自愿承担保险风险的临时的商人互助组织，改组为一家永久性的无限责任制公司，按这种方式于仁保险改变了特性，虽然它的成员仍然隶属于无限的义务。于仁保留了旧式的合伙关系的某些特性，为了维护股东的支持，新的《公司章程》也包括了以下条款：对于不向公司提供支持的股东，公司董事会有权取消其拥有的股份，重新分配给能为公司带来业务的其它人。

1874年1月于仁在伦敦开设分公司。这是大胆的一步，因为伦敦有很多大的有影响的公司参与保险事业，而于仁不仅小而且没有名气。

从此之后，于仁取得了迅速的发展。1874年底资本达到34万5千美元，到1875年底增加到超过50万美元，1877年底为100多万美元，1882年底接近150万美元。[12]

1882年10月24日，于仁保险根据1865至1881年的《香港公司法》，在香港注册为有限责任制公司，额定资本为125万美元，分为500股，每股2 500美元。

1882年12月13日，于仁保险正式决议，将公司股票每股面值从2 500美元提高到5 000美元。结果公司的定额资本增加到250万美元，不过，实缴股本保留为25万美元，为将来随时可偿还资本留下巨大储备。之后，于仁资本稳定增长,1892 年时资本超过 200 万美元,到 19 世纪末增加到 300 万美元。

下一步的扩张是 1883 年在澳洲墨尔本开设分公司,澳洲的生意迅速增长,直至 20 世纪 20 年代。

1897 年纳撒尼尔·义德(Nathaniel Ede)退休。

于仁保险从一个短期的合伙制互助组织到永久公司的转变,不仅意味着法律形式的转变,而且也意味着管理模式的转变。股东、董事会和董事长也许频繁改换,但管理的架构是永久和稳固的。于仁保险的改革是"管理革命"的早期案例,这种理念一直影响着公司的发展,从而使商人的互助协会转变成一个具有自身生命力的公司。

在于仁每年年底的财务报表中,公司所有的董事都会有一个感谢员工的提议,这已是惯例,但在于仁保险的报告中,人们能察觉不同寻常的感受。因而,开始于混乱和动荡时期的于仁,在 19 世纪政治、社会和经济变革之中不断取得进步,一个新世纪正在形成——新国家和殖民地、新商业体制形式和投资方式、新技术。

(二)新世纪

身处亚州的于仁保险稍微避开了第一次世界大战的影响,因为它离威吓太远了。但是第一次世界大战对货币、黄金和航运模式,并最终对世界贸易产生了长期和严重的影响。

于仁保险通过并购和增设保险项目进行扩张。60 多年之后它成为世界级的公司,分公司遍及各大州。

1906 年第一次收购了保宁保险公司(The China Traders' Insurance Company),后改为 The British Traders' Insurance Company。在收购之前于仁保险资产超过 850 万美元,1908 年底达到 1 000 万美元。

同时,和美国的关系从来没有失去。Russell &Sturgis 作为于仁在马尼拉的代理,1904 年与分公司合并。实际上,于仁拥有的最早的海运保险单是由 Russell &Sturgis 于 1839 年发出的,给从菲律宾到伦敦的糖船提供保险。在美国公司通过代理进行业务,直到 1918 年才设立办公室。

1907 年蒙塔格·义德(Montague Ede)被任命为秘书。

1909 年 3 月为了达到和并扩张的目的,《联盟章程和协议》再次修改,新协议使得于仁能从事火险业务。

此时,于仁保险董事和业务关系包括的一些名单,之后一直为人所知,如:Dodwell,Gibb,Livingstone,Gilman,Bousteads of Singapore,Mercantile Bank,Harry Wicking & Co.

账单自身开始受银元价格波动的影响。中国贸易曾是于仁保险早期全球贸易中最强大的,但现在已经不再。银币开始失去全球的作用,政府越来越多的使用纸币和便宜的合金辅币,作为工业商品的银币不再是稳定的货币基础。清朝于1912年最终灭亡，孙中山的新政权从未稳定。

1911年是于仁保险糟糕的一年，除了中国的战乱和分裂以外，世界航运事故增多。四个月内有不少于41条轮船失踪或沉没，其中，于仁为铁达尼号赔偿了4万2千英镑。

由于中国贸易被中断以及欧洲政治局势不安定，于仁保险的生意严重减少。在像这样的时机里，于仁保险管理层所做的是在轮船资金和储备方面增进了保守的策略，到1914年时其资产达到1 700万美元。

欧洲政治的不安定最终转变成热战。不过，当第一次世界大战进行了7个月时，在1915年4月的年会上，于仁报告其业务运作良好，宣称第一次分红给股东。

1916年于仁通过接管上海泰安火险行(The China Fire Insurance Company)，首次进入火险事业。通过发行新股，名义上的资本增加到400万，且导致战争贷款的投资组合产生。

1916年Warner Barnes出现在马尼拉的委员会委员之中，而作为正规的委托人James Finlay和Balmer Lawrie的名字出现在加尔各答委员会之中。此时加尔各答仍然是英国统治的重要商业都市，于仁保险业务也进一步向南亚和东南亚扩展。

由于欧战和英镑贬值、使用旧银元，导致于仁的账目飞涨，自从1909年以来是英镑价值的三倍。1917年的第一次账目使用英镑，长期以来的中国海岸货币关系被中止了。

于仁的业务十分兴旺，连续26年维持分红，如果不增加分红，就增加巨额储备。

(三)生意红火的二十年

为了结束与中国银元的关系，1918年期间于仁保险估价账目首次从银向金本位转轨。

也正是在战后，于仁开始发展火险和其它非水险项目。但当时亚洲区大多数企业和家庭对这些保险项目并不投保。的确，当时综合家庭甚至高价货栈和商店的保险率都非常低。远东私人拥有的企业通过家庭和宗族支持“自保”。

1914—1918年战争期间，于仁保险付出了不少于2 000万美元的战争索赔额，这比1914年底于仁保险总资本额还要多。然而，从战争中走出来的于仁比过去更加强大，派发了每股30英镑的股息和百分之二十的红利。战争期间，于仁一年的保险费从110万英镑提升到300多万英镑。

分社网络比1914年变得更加广泛，亚洲9家分社、澳大利亚8家分社、加拿大2家和南美1家分社。正如于仁保险名册最下方印刷的那句：“代理遍布全球”。1918年W. J. Roberts & Co. 被任命为纽约办公室经理，旧金山和西雅图分社终于开张。西雅图分社原先作为North China索赔场所而建，North China 被卷入到上海到美国的丝绸贸易纠纷之中。

1920 年通过现金获得 The Beaver Fire Insurance Company of Winnipeg 的控制权，并将总公司迁到安大略多伦多。由于美国分公司网络的增加，于仁开拓了在北美洲的非水险业务。

1920 年曾被董事长描绘成“前所未有的衰退”的一年。亏损率从 34%严重恶化到 46%。但于仁继续扩张，新的分公司首次在非洲开罗和约翰内斯堡建立，保险费仍然上涨。

1921 年贸易衰退持续，各种各样的商业竞争增强，货物失窃令人担忧。1922—1923 年困难持续，红利股不再续有。中国的状况变得不稳定，于仁此时在上海、汉口、北京、广州和天津开设分公司。1923 年 9 月日本关东发生大地震。

于仁通过交换股票获得扬子保险公司的控制权，这是一个友好的合并——扬子的总经理曾是于仁早期的一位雇员。

保险费持续下降。于仁似乎发觉美国的火险和车险是无利可图的业务，这项活动被提前中止，1926 年一起结束。水险业务的费率竞争持续剧烈。1925 至 1926 年间广州发生了联合抵制英国贸易的事件，当然于仁感到更加后悔。

但是即使在这段衰退期间，于仁在伦敦、新加坡和悉尼投资新的办公大楼。1925 年底，于仁财务状况表上的不动产被估值为 50 多万英镑，与此相对，1920 年底为 6 万 7 千英镑。

1926 年于仁的报告至少能显示水险业务的复苏，虽然竞争依然激烈。随着增加投资和维持利润，于仁安然渡过了 1920 年代早期的困难时期。保险公司从狭窄投资的互助基金转变成为我们今天知道的大规模的投资组合管理者，甚至扼要的是从这些投资的收益带来承担索赔的优势和直接来自于保险费的现金流转。

此时中国动荡不安的状况频繁发生，军阀主义意味孙逸仙社会主义梦想的衰亡，稍后日本发动了武力侵略。不过，现在于仁在三大洲开拓了业务，早期作为支柱的中国的业务已经不重要。

不过，由于以全球为基础的考虑，当欧洲和北美洲 1929 至 1939 年间都爆发了大萧条，于仁不得不对付更加恶化时代的来临。

(四)战胜萧条

1927 至 1928 年间，水险业务更加恶化，一直有利可图的火险也表现出衰退的现象。全球萧条之前早已投下阴影，1929 年著名的华尔街恐慌只会使得物价、需求和信心崩溃成为定局。

1928 年 12 月 31 日于仁的资本之中现金、黄金和银元担保占 85%的构成。虽然这些资本的价值确实减弱了，但于仁保险规避了其它担保形式崩溃的风险。

1930年代的董事长J. Owen Hughes曾说："去年纽约证券交易所发生的崩溃没有影响我们的地位。"由于仁拥有的担保维持或者增加了市场价值，利息仍然全部付清。

在1929年底和1939年底，于仁帐目上银元损失多于黄金获得。

随着华尔街的崩溃，涉及水险业务的弱小公司进行大规模改组，于仁记录下沉重的赔偿。但停止航行的轮船和闲置的贸易严重影响了于仁的业绩。但即使在那些困难时刻，于仁还是成功维持了资本、收益和红利，这个成功无疑归因于充分保守的储备政策。1931年英国的《公司法》改变了于仁的资本形式。

1932年日本轰炸上海。1934年底于仁的投资资本价值为640万英镑。自从1928年以来的困难时期，投资额都能被维持甚至增加。

1936年有短期的小幅上涨，这是1918—1939年期间的一个特征。贸易和价格稍微复苏。

(五)战争年代

在日军未占领香港前，外资保险公司已纷纷作撤退香港或部署停业的准备。于仁保险公司及其员工在日本攻占香港前已撤退至澳洲悉尼。

(六)复苏

1947年于仁的保费收入从1946年的300万英镑增加到400万英镑，创下历史新纪录。1948年，账面显示公司的保费收入再创新高，公司资产超过1 000万英镑。

第二次世界大战前，香港的保险公司尤其是外资保险公司，业务重点一直在中国内地。战后，这些外资保险公司试图重返中国内地。

1946年于仁保险职员布罗迪被分派到上海负责恢复公司业务。1950年于仁关闭了上海和天津这两家办事处，并将其设在中国内地的机构撤至香港。

三、经营分析

(一)早期提供互助保险

从成立至1874年在伦敦设立分行，于仁保险习惯三年结算一次，顾客就是股东，为股东提供互助保险。于仁保险采用顾客就是该行股东的方式来加强与轮船公司的联系，所谓的顾客主要是轮运业中有影响的人物。

"盖昔日中国与外国通商始于广东省城，前五十年有富商在广东开张宝顺行，其人于贸易一道，甚有智慧，故创一保险公司，以保他人之货物，免货主被险而亏本。自此至今,获利甚多。三年一分,凡沾股份,其利倍蓰。又分枝在汕头、厦门、福州、宁波、上海、镇江、汉口、烟台、天津及牛庄、台湾等处。迨日本通商,又设公司在日本各埠。本公司生意,素称顺利。若商人欲保船上之货,或由船起货上岸,欲保无虞,请到本埠本公司与代理人润先生面买保险,照收入常价即送回三分之一与买保险之人。若遇货物潮湿毁坏,或沉溺疏失,查有确据,如数赔偿。"⑬

在中国的大洋行中间,这种组织结构上的变更带有一些共同的利益关系,因为独立自足的企业这种枝上分枝成为许多专业商行,自然是商业发展上特有的特征。⑭

(二)洋行代理保险业形态

表一反映了1863年时的上海英商保险公司及其代理洋行。在上海开埠的二十年内,有20家英商保险公司在沪从事水险业务,且委托在华洋行代理保险业务。开埠初期,宝顺洋行和怡和洋行是上海市场中两家最大的保险代理机构。

表一 1863年上海的英商保险公司及其代理洋行 Marine Assurance(水险)

Office(公司)	Agent(代理行)
Bombay Ins. Co.	Dent & Co.(宝顺洋行)
Royal Exchange London	同上
Union Ins. Society of Canton	同上
Forber & Co. Constituents Ins. Fund	同上
London & Provincial Marine Ins. Co.	同上
Liverpool Underwriters Association	同上
Lloyds'	同上
London & Oriental Steam Transit Ins. Office	E. Wardes.
Canton Ins. Office	Jardine. Mathson & Co. (怡和洋行)
Triton Ins. Co.	同上
Bombay Ins. Society	同上
Bengal Ins. Society	同上
Alliance Marine Ins. Office	同上
Hong Kong Marine Ins. Co.	Lindsay & Co.(广隆洋行)
Reliance Marine Office	Gibb Livingston & Co. (仁记洋行)
Bombay Native Ins. Co.	P. F. Cama & Co.(顺章洋行)
China Merchant Ins. Co.	同上
Netherland Indian Marine & Fire Ins. Co. of Batavia	Turner & Co. (华记洋行)

（续表）

Office(公司)	Agent(代理行)
Eastern Marine Ins. Co. London	同上
Second Netherland Indian Marine & Fire Ins. Co. of Batavia	同上

资料来源：Shanghai Almanne, Printed at the N. C. Herald Office，转引自《上海对外贸易》，第 84—86 页，又转引自《近代上海保险市场研究（1843—1937）》，第 27 页。

赵兰亮探究了 19 世纪六七十年代英商保险业在沪投资热潮的根本原因：[⑮]当时上海与英国之间的贸易额占到上海对外贸易总额的大半，大洋行开始向管理性机构演变。其应变措施包括："扩大经营范围，将资本投放到中国航运、银行、保险和为出口商品加工的工业等方面。"[⑯]甚至，许多大洋行对这些"对外贸易的'外围经济部门'，如航运、保险、条约口岸设施以及银行业的关切，超过了对货物买卖的关切"。[⑰]

1868 年于仁在上海设立分支机构，华记、旗昌等洋行加入投资者行列。[⑱]"本公司之总写字楼系在香港，本公司之董事系香港怡和、仁记、沙逊、详泰、华记、义记、禅臣七大富行。故公司开设日久，可称极稳。"[⑲]

这些纷纷落户上海的英商保险业，大多总公司都不在上海，而在香港。于仁保险就是典型代表之一。1884 年太古洋行争取到早先由宝顺洋行创办的于仁保险的代理权。

通过表二可以观察到香港保险业对上海保险发展所起的推动作用。

表二　上海外资保险公司（总部在香港）简表（1848—1911 年 12 月）

成立或进沪年份	公司名称	国籍和总部所在地	机构性质	经营险别
1848～1856	于仁洋面水险保险行 Union Insurance Society of Canton	英 香港	先代理后改为分公司	水险
1848～1856	香港保险公司 HongKong Insurance Co., HongKong	英 香港	怡和洋行代理	水险
1857	谏当保险行 Canton Insurance Office	英 香港	分公司	水火险
1864	泰安保险公司 The China Fire Insurance Co.	英 香港	代理处	火险
1865	保宁保险公司 China Trader's Insurance Co.	美 香港	分公司	水火险
1866	香港火烛保险公司 Hong Kong Fire Insurance Co.	英 香港	怡和洋行代理	火险

（续表）

成立或进沪年份	公司名称	国籍和总部所在地	机构性质	经营险别
1868	于仁洋面水险保安行 Union Insurance Society of Canton	英 香港	分公司	水火险
1870	中华火险（仁记）保险公司 China Fire Insurance Co.,Lid.	美 香港	经理处	火险
1870	琼记维多利亚火险公司 Vietoria Insurance Co.	英 香港	琼记洋行总代理	火险
1873	怡和保险公司 Jardine Insurance Co.	英香港	分公司	水火险
1909	旗昌保险公司 China Underwiters Co.,Ltd.	英 香港	代理处	水火及人寿险

资料来源：上海市地方志办公室主办——上海通网址：www.shtong.gov.cn，检索日期：2012 年 7 月 2 日。

（三）营业地域范围

于仁保险 1870 年代初已在汕头、厦门、福州、宁波、上海、镇江、汉口、烟台、天津、牛庄以及台湾等地设立代理机构，到 1874 年“已经发展为其活动范围遍及全球的一家大型专业保险公司”。

（四）资本额

于仁开创时期注册股本为 125 万美元，共 250 股，每股5 000美元，实缴1 000美元。所有的股份由当时中国南方最重要的英国商人获得。

在纳撒尼尔·义德先生管理期间，为了股东的利益多次平分股份。将 1874 年原始股本每股1 000美元的 250 股，分拆为 500 股，每股 500 美元。1882 年再次分拆为2 000股，每股 125 美元。三年后的 1885 年分拆为 1 万股，每股 25 美元。1895 年实缴股本从 25 万美元提高到 50 万美元。

1905 年与保宁保险公司合并，1915 年与上海泰安火险行合并，使公司的规模不断扩大。

经过一连串的扩充，于仁保险的公司资本由 1915 年的 400 万美元，大幅增加至 1919 年的 200 万英镑。至于在公司总资产净值方面，也由 1908 年的只有 100 万英镑，增长至 1924 年的 500 多万英镑，成为当时全球数一数二的船务保险公司。

表三 英商在华保险公司资本统计(总公司在华者)(1936年)

保险公司名称	资本额	实收资本	实收资本折合元
友宁	540 000 英镑	540 000 英镑	8 858 510
谏当	2 000 000 元	1 000 000 元	1 000 000
香港	2 000 000 元	800 000 元	800 000
保宁	300 000 英镑	192 000 英镑	3 149 692
中华	2 000 000 元	2 000 000 元	2 000 000
旗昌	5 015 000 元	1 024 000 元	1 024 000
扬子	2 500 000 元	1 500 000 元	1 500 000
保家	150 000 英镑	150 000 英镑	2 460 697
远东	1 000 000 两	720 000 两	1 097 367
四海	10 000 000 两	3 000 000 两	4 247 487
合　计			26 059 753

以上资本额与实收资本额的数据来源于《中国保险年鉴》(1936年)，第382—385页，转引自《近代上海保险市场研究(1843—1937)》，第57页。

表四 英商在华保险公司资本额统计(1938年前后)

中文名称	资本额	实收资本额	实收资本折合元
保家行	150 000 英镑	150 000 英镑	2 460 697
扬子	2 500 000 英镑	1 500 000 元	1 500 000
远东	1 000 000 两	720 000 两	1 019 367
四海	4 195 804 元	4 195 804 元	4 195 804
保安	2 000 000 英镑	810 000 英镑	13 287 765
广东	2 500 000 港币	1 000 000 港币	1 069 519
保宁	1 000 000 英镑	192 000 英镑	3 149 692
香港火险	2 000 000 港币	800 000 港币	855 615
中华	2 000 000 港币	2 000 000 港币	2 139 037
旗昌	2 560 000 港币	1 024 000 港币	1 095 187
合计			30 772 683

资料来源：[日]《英国/对支金融业及保险业投资》，第304—321页，转引自《近代上海保险市场研究(1843—1937)》，第58页。

从上述表三、表四的对比数据可以看出，于仁保险（即保安保险公司）在近代上海保险市场无疑是势力最为强大的英商保险公司。

图一反映了于仁保险（保安保险公司）的支配关系。图一中的广东联合保险公司为保安保险公司，英国商业保险是保宁保险公司，中国火灾保险即为中华火险公司，极东保险则为远东保险公司，北中国保险则是保家行，扬子江保险即扬子保险公司，东京海上火灾保险公司和东明火灾海上保险则是两家日商保险公司。从图一观察，经过多次合并，保安保险公司形成大规模的组织网络，支配势力无比强大。

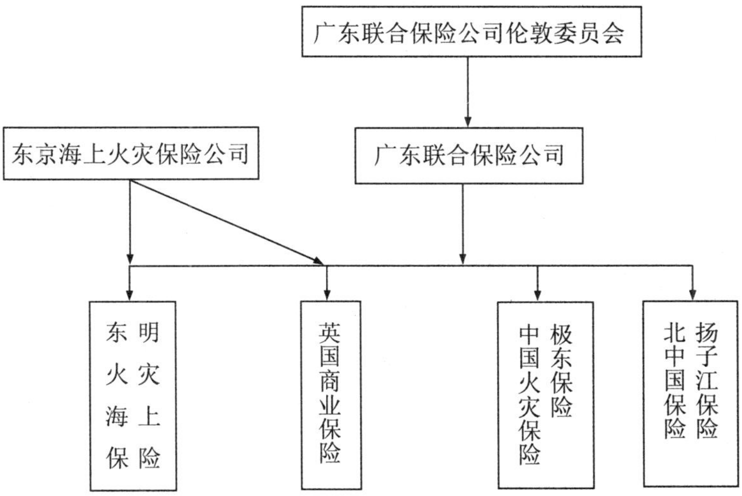

图一　保安保险公司支配网络示意图

资料来源：赵兰亮著，《近代上海保险市场研究（1843—1937）》，复旦大学出版社，2003年12月，第68页，转引自《中国经济》第2卷第5期，1934年5月。

1985年在纪念于仁成立150周年的纪念刊物上，总结到如下的成功经验：

“过去150年贯穿于仁保险业务结构的一个主线，就是决定维持高储备，以便应对将来的危机。在许多困难时期，不仅是战争和内乱、风暴和洪水、火灾和破坏，而且是在货币和金银波动、国家法律反复无常强制实行和政府被推翻之际，这个保守的哲学对公司很有利。”[20]

人们得到的印象是公司秘书和经理人保持帐目有序，且有长远眼光，其余的公司也许会采取短期的利益和经营。

（五）竞争与合作

1906年于仁保险收购保宁保险公司，1916年英文名称则由原来的China Traders' Insurance Company 改为 British Traders' Insurance Company。保宁保险公司1865年由美商琼记洋行（1864年成立）独资创办。其香港行名是中外众国保险公司。总公司设在香港，上海设分公司。该保险公司吸取华股甚多。1870年代中期连续出现钟新记（译音）、裕安（译音）等华商大股东。1865年额定资本达到1 572 943两，实收资本42.9万两。1936年资产总额为120余万英镑。[21]保宁保险公司经营水火及意外险业务。在上海、天津、汉口、广州、福州、厦门、北京等地设有分公司。

于仁与美商争夺上海保险市场取得成功，1923年获得扬子保险公司（Yangtsze Insurance Association）的控制权。扬子保险公司在同治元年（1862年）由美商旗昌洋行创设。总公司设于上海，在香港注册，实收资本417 880元，并在香港、伦敦、纽约、新加坡设分公司，在中国各口岸建代理处30多家，经营水险、火险、意外险及汽车险。业务由旗昌洋行总代理，专营旗昌轮船公司的船货保险，几乎垄断了长江的运输险业务。光绪十七年（1891年）旗昌洋行倒闭，旗昌洋行倒闭后被收购。资本金为120万两，实收72万两，系外商在上海早期保险业中颇具实力的公司之一。1941年太平洋战争爆发，被日军勒令停止。

1917年远东保险公司（The Far Eastern Insurance Co.，Ltd.）在上海成立，经营水火险及意外险等财产保险，1938年底与扬子保险公司合并。

各保险公司之间虽有竞争，联合更占主要地位。1862年3月15日（同治元年三月十七日），怡和洋行所属谏当保险公司、宝顺洋行所属于仁洋面保安行，以及广隆洋行所属香港保险公司，会同上海引港公司行（Shanghai Pilot Company）发表公告："自6月30日起，凡不雇请执有本公司引水执照的其它引水人员、引水的船只，本市保险公司即不予承保。"[22]

1873年3月，保家行、保安公司、中外众国、扬子、宝裕、华商宝安6家外商公司共同在《申报》刊载公告："上海至扬子江各埠，一律削减保险价银，即降低保险费率"。1876年6月13日，在上海的外商广东保险公司、保安公司、保家行、扬子、保宁、中华保险公司、伦敦东汇保险公司、瑞士保险公司等联合在《申报》公告，拒保无盖小船舢板。[23]

四、结　语

英商保险人物的研究并不多见，而于仁保险与义德家族是一个有趣的研究课题。

1897年纳撒尼尔·义德（Nathaniel Ede）从秘书职位上退休，他在这个位置上超过四分之一个世纪的时间。在影响于仁命运的长期服务的秘书和总经理名单之中，纳撒尼尔·义德是第一位的。[24]

1907年蒙塔格·义德（Montague Ede）被任命为秘书，1916年他的头衔改为总经理，一直到1924年他都主持于仁扩张和挑战的历史。他还曾在上海分公司任职，并且担任很多社会公职，业内业外影响皆大。

在华期间，他曾经在1900年至1902年、以及在1903年至1904年，两度出任上海公共租界工部局董事，此外又曾任两江总督和四川督军的私人顾问。

在香港，义德在1909年至1911年间促成英国、法国、德国和美国连手成立极具争议性的对华国际银行团(The China Consortium)，负责统一对清廷拟兴建的湖广铁路(即粤汉铁路和川汉铁路)进行贷款，但事件后来却引发促使清朝覆亡的保路风潮。后来在第一次世界大战期间，义德曾参与创办香港南华商务传布所(Publicity Bureau of South China)，协助英资在华南地区通商和促进贸易，以便在战时拓展新的市场。

最近翻查的英文著作多涉及于仁早期水险业务，这也是一个值得继续研究的课题。

由于时间等客观条件限制，本文在史料的挖掘和整理上还不够深入具体。未来还应在近代经济史和金融史广泛的背景下继续探究下去。希望本文不仅是对近代中国外商保险史研究做一补充，也能对当今保险业的发展有一定借鉴作用。

注释：

① 赵兰亮：《近代上海保险市场研究(1843—1937)》，复旦大学出版社，2003年12月。

② 上海市档案馆，编号：Q275—1—1823[12]。

③ 赵兰亮：《近代上海保险市场研究(1843—1937)》，复旦大学出版社，2003年12月，第67页。

④ 方忠英：《近现代广州的外资保险业》(上)，《广东史志》1999年第3期。

⑤ Chalkley, Alan B. , *Adventures and Perils: the First Hundred and Fifty Years of Union Insurance Society of Canton, Ltd.*, Ogilvy & Mather Public Relations (Asia) Ltd. ,1985.

⑥ [日]田村祐一郎：《保険史学の方法——池野重男氏の論稿に関連して》，《経営と経済》第60卷第4号，1981年，第81—90页。

⑦ 《汇报》，同治十三年五月二十一日，1874年7月4日，第5页。转引自聂宝璋编：《中国近代航运史资料》第一辑(1840—1895)，上海人民出版社，1983年11月，第611页。

⑧ 曹韵清：《英商保安保险公司概述》，《天津文史资料》，1983年，第140—145页。

⑨ *A Brief Historical Record of the Union Insurance Society of Canton, Ltd*, January 1952, P4.

⑩ Chalkley, Alan B. , *Adventures and Perils: the First Hundred and Fifty Years of Union Insurance Society of Canton, Ltd.*, Ogilvy & Mather Public Relations (Asia) Ltd. , 1985. P13.

⑪ Chalkley, Alan B. , *Adventures and Perils: the First Hundred and Fifty Years of Union Insurance Society of Canton, Ltd.* Ogilvy & Mather Public Relations (Asia) Ltd. ,1985. P13.

⑫ Chalkley, Alan B. , *Adventures and Perils: the First Hundred and Fifty Years of Union Insurance Society of Canton, Ltd.*, Ogilvy & Mather Public Relations (Asia) Ltd. ,1985. P13.

⑬ 《汇报》，同治十三年五月二十一日，1874年7月4日，第5页。转引自聂宝璋编：《中国近代航运史资料》第一辑(1840—1895)，上海人民出版社，1983年11月，第611页。

⑭ G. C. Allen, *Western Enterprise in Far Eastern Economic Development, China & Japan*, P. 120. 转引自聂宝璋编：《中国近代航运史资料》第一辑(1840—1895)，上海人民出版社，1983年11月，第611页。

⑮ 赵兰亮：《近代上海保险市场研究(1843—1937)》，复旦大学出版社，2003年12月，第29—30页。

⑯ 《上海对外贸易》上册，第109页，转引自《近代上海保险市场研究(1843—1937)》，复旦大学出版社，2003年12月，第29页。

⑰ [英]勒费窝：《怡和洋行——1842—1895年在华活动概述》，第43页，转引自《近代上海保险市场研究(1843—1937)》，复旦大学出版社，2003年12月，第29—30页。

⑱ 中国保险学会、中国保险报编：《中国保险业二百年(1805—2005)》，当代世界出版社，2005年6月，第5页。

⑲ 《汇报》，同治十三年五月二十一日，1874年7月4日，第5页。转引自聂宝璋编：《中国近代航运史资料》第一辑(1840—1895)，上海人民出版社，1983年11月，第611页。

⑳ Chalkley, Alan B. , *Adventures and Perils: the First Hundred and Fifty Years of U-*

nion Insurance Society of Canton, Ltd., Ogilvy & Mather Public Relations (Asia) Ltd., 1985. P14.

㉑ 颜鹏飞、李名炀、曹圃主编:《中国保险史志(1805—1949)》,上海社会科学院出版社,1989年5月,第28页。

㉒ 颜鹏飞、李名炀、曹圃主编:《中国保险史志(1805—1949)》,上海社会科学院出版社,1989年5月,第25页。

㉓ 中国保险史学会编:《中国保险史》,中国金融出版社,1998年,第65页。

㉔ Chalkley, Alan B., *Adventures and Perils: the First Hundred and Fifty Years of Union Insurance Society of Canton, Ltd.*, Ogilvy & Mather Public Relations (Asia) Ltd., 1985. P14.

参考文献:

1.[日]东京海上火灾保险株式会社编纂:《东京海上八十年史》,东京海上火灾保险株式会社,1964年。

2. 冯帮彦、饶美蛟著:《厚生利群:香港保险史(1841—2008)》,香港三联书店,2009年9月。

3. 何英:《十九世纪中国保险业的初步研究》,苏州大学硕士学位论文2003年。

4. 王洪涛:《成长与迟滞:近代中国华商保险业发展历程的历史考察(1865—1945)》,厦门大学硕士学位论文2006年。

5. 陆春晖:《晚清保险广告研究——以1872—1911年《申报》保险广告为考察中心》,福建师范大学硕士学位论文2008年。

6. 颜鹏飞、李名炀、曹圃主编:《中国保险史志(1805—1949)》,上海社会科学院出版社,1989年5月。

7. Gull, Edward Manico, *British economic interests in the Far East*, Oxford University Press, H. Milford, 1943.

8. Soyer, Bariş, *Warranties in Marine Insurance*, Portland, Or.: Cavendish, 2006.

9. Smith, C. Alfred (Cades Alfred), *The British in China and Far Eastern trade*, Constable, 1920.

10. Union Insurance Society of Canton, *The Singapore Free Press and Mercantile Advertiser* (1884—1942), 1917.

The Preliminary Study on Foreign Insurance Industry in Early Modern China: A Case Study of Union Insurance Society of Canton

Abstract: Due to lack of data and resources, the studies on foreign insurance industry in early modern China are extremely difficult, not to mention case study. In 1835, Dent & Co. set up Union Insurance Society of Canton in Guangzhou, also called "YouNing" or "Bao'an", which is the second insurance company founded by foreign investors in China. In 1868, Union opened an office in Shanghai. Union re-registered as a limited liability company in 1882. In the 20th century Union has grown into one of the world's leading insurance companies with worldwide activities. This paper describes Union's development process from a macro perspective, exploring the various stages of its development situation in different times and under different circumstances, its affects, features, and the causes of these features. On this basis, the paper focuses on analysis of foreign investment capital in China, the competitions as well as the cooperations of the insurance companies, the network of relationships between foreign banking industry and the insurance industry, and the operational problems.

Keywords: Union Insurance Society of Canton, Shanghai's shipping and insurance, foreign insurance companies

比利时收藏清代制作中国船模考略

沈毅敏* 郑 明** 张玉琪***
[江南造船(集团)有限公司]

提 要: 文章考证了125艘中国船模在1904年美国圣路易斯世博会、1905年比利时列日世博会展出,最后为比利时安特卫普航海博物馆修复收藏的历史过程,列表介绍了其中105艘船模的概况,分析了3艘回国省亲的中国船模的来源、技术特征和用途,并且论证了那艘"大兵船"的船型属于"劳恰"(Lorcha),明确指出引发第二次鸦片战争的"艾罗"号船的船型也属于Lorcha。

关键词: 中国帆船模型 比利时安特卫普航海博物馆 明轮船 劳恰船

报载,世界上发现的最大规模的中国古船模从比利时安特卫普起程"回家"。2012年6月4日,3艘船模在上海中国航海博物馆与市民见面。

从报道中我们还了解到:这批船模共125艘,由清末民间能工巧匠纯手工制作,最早在1904年美国圣路易斯世博会上亮相,后出于历史原因,归属比利时政府。在有关领导和专家的不懈努力之下,现在,3艘船模终于得以"回家省亲",使我们不出国门就能见到它们。兴奋之余,不免要"引经据典",一探究竟。

---

* 沈毅敏(1945—),男,浙江镇海人,江南造船(集团)有限公司高级工程师(退休),现为中国造船工程学会船史研究学术委员会副秘书长,研究方向:西洋帆船史及船模工艺。

** 郑明(1933—),男,福州闽侯人,海军装备技术部原部长,少将,现为中国造船工程学会船史研究学术委员会高级顾问,研究方向:郑和与航海文化。

*** 张玉琪(1955—),男,上海人,中国造船工程学会船史研究学术委员会学术委员,研究方向:中国船文化及船模工艺。

一、这批船模的经历

（一）参加了 1904 年美国圣路易斯世博会

1803 年前后，美国从法国拿破仑手中以1 500万美元的价格购买了路易斯安娜，一块面积达 210 多万平方公里的广袤土地，使得当时美国的领土在一夜之间几乎翻了一倍，这就是历史上有名的“路易斯安娜购地”(The Louisiana Purchase)。对于美国来说，这的确是值得纪念的伟大事件。1904 年，美国同样投资1 500万美元在圣路易斯市举办世博会，隆重纪念从法国购买路易斯安娜 100 周年。

这时的清朝政府刚刚经历了义和团运动、八国联军入侵等一系列重大事件，饱受打击的慈禧太后再重掌政权后，所做的第一件事情就是实施新政。1904 年的圣路易斯世博会，正处于清末实施新政的过程中。慈禧在仔细了解了世博会的情况之后，正式接受了参加美国圣路易斯世博会的邀请。这是中国官方参加世博会的首次记录。清政府派皇贝子溥伦参加了这次圣路易斯世博会的开幕式，并在此次展会上获得了银牌。

1904 年的这届世博会，中国参展的预算是 75 万两白银，展品总重约 2 000吨。[①] 展品由海关总税务司协调，22 个开放的通商口岸全部有展品，其中，又以广东展品数量最多、上海展品种类最多。这些展品分布在全部的 15 个专业展馆，而这些船模就是中国在圣路易斯世博会展示的一部分。根据当时的展品分类规则，这些船模属于第 75 组(海运设备)，安排在“运输馆”展出(图一)。[②]

图一　展出中国船模的 1904 年美国圣路易斯世博会运输馆

运输馆是面积最大的主题展馆，占地约 6 万平方米。该展览馆的正门高达 18 米，可谓“门庭显赫”。据分析，其外形仿照当时的火车站建造。在运输馆，除了属于第 75 组的各国船舶外，还有汽车(第 72 组)、马车(第 73 组)、蒸汽火车(第 74 组)、海军(第 76 组)以及航空(第 77 组)等方面的展品。在当时，汽车远没有当代普及。拥有汽车是时尚与身份的象征，可以说是中产阶级梦想的光荣，于是运输馆就成为人们参观梦想的地方。

(二)参加了1905年列日世博会

比利时有着悠久的历史，自中世纪以来，便一直是国际贸易与金融中心之一。因此，该国的实业家和政治家们始终对举办世界博览会充满着热情。1905年是比利时独立75周年，这个欧洲国家终于迎来了举办世博会的良机，并以此为开端，在20世纪相继举办了多届世博会。

1904年6月3日，比利时政府向中国提供了这批船模的运输费用，但是有一个条件，就是在列日世博会后，这些展示的船模将被转让给比利时，来作为国家博物馆的收藏。这些船模在列日世界博览会中国部分的分类目录中，分在第33组，连其具体的编号也和圣路易斯世博会展出时一致。③

(三)在比利时的修复和收藏

这批中国船模先是收藏在比利时布鲁塞尔的皇家艺术和历史博物馆，在1927年又移交给安特卫普市立海事和贸易博物馆。后来，又转移到国家海事博物馆。经过几番折腾，有些船模已经支离破碎了。

专家们经过讨论，很快就相信这些收藏品对于了解中国文化和中国经济、社会的历史是非常重要的。会商以后，决定把这些船模彻底复原。

但是，复原工作不是单凭热情就可以解决问题的。专家们研究后发现，如要修复中国船模，最有价值的信息来自于沃斯特先生(G. R. G. Worcester)写的《*The Junks and Sampans of the Yangtze*(长江之帆船与舢板)》。这本书出版于1947年，内容包括航行在长江流域主要船型的详细调查，举例说明了在地域广大、各地的地理和气候条件千差万别的条件下，形形色色的中国船只。

专家们经过几年的努力，复原了125艘船模中的85艘。令人遗憾的是还有一些模型无法辨认和修复。

1993年，安特卫普被宣布为欧洲文化之都。同年5月8日，在安特卫普的比利时国家航海博物馆开始了一个长达8个月的展览会，展出了他们所收藏的中国帆船模型等珍贵藏品。而在准备这次展览的过程中，专家们又找到了几盒零件和笔记，因此又复原了一些模型。《*Shaky Ships — The Formal Richness of Chinese Shipbuilding*(摇晃的船——形式多样的中国造船)》就是这个展览的目录，其中罗列了105艘中国船模(图二)。④

图二 《摇晃的船》的封面

二、在中国的反响

有报道说，在 2010 年上海世博会以前国人对这段历史一无所知，是上海世博会的召开，才让我们知道了这批漂流海外的中国船模。其实，这种说法有待商榷。据我们所知，国内早有报道，可惜只有很少的人（主要是研究船史的专家和少数资深爱好者）知晓。

上海交大辛元欧教授（1937—2007 年）生前担任交大"董浩云航运博物馆"的顾问。比利时专家参观该馆以后，把《摇晃的船》作为礼品赠送给该博物馆。此后，这本书的复印件就慢慢地在一部分专家和爱好者中间流传。

2010 年中国上海世博会之初，上海古籍出版社出版了一套 3 册的《1904 年美国圣路易斯万国博览会中国参展图录》（图三），书中介绍了美国新闻媒体对于中国参展的报道。其中万博会主办单位的秘书助理 Theodore Hardee 曾撰写了题为《*China at the World's Fair of 1904*（中国在 1904 年万国博览会）》的专题报道，并刊于 1904 年 8 月 28 日的《达拉斯晨报》上（图四）。其中有这么一段："In the transportation division are 136 models of water crafts from various provinces , and junks, sedan chairs and bullock carts（在运输馆里，有着 136 个来自中国各省份的小艇、帆船、轿子和牛车模型）。"⑤

图三 《中国参展图录》封面

CHINA AT THE WORLD'S FAIR OF 1904

Earth's Most Ancient College

A Fragment of Ancient History

图四　美国报纸《达拉斯晨报》对于中国参展的报道《中国在 1904 年万国博览会》

还有一个更早更具体的例子，泉州海外交通史博物馆陈丽华研究员发表了一篇题为《海事博物馆与海洋文化浅议》的论文，里面写到：

> "的确，我们已经到了该'清点'民族海洋文化的'家底'的时候了，这项工作刻不容缓。单单举一个船模的例子吧，中国古代航海造船技术领先世界，沙船、福船、广船等著名船型饮誉中外，国外许多博物馆都或多或少收藏着中国各式各样江河湖海的木质帆船，单单威尼斯船史博物馆收藏的福州船一类就有一、二十种。就在几年前，安特卫普海事博物馆还是世界上拥有最多中国帆船模型的场所（它有 125 艘模型，部份不全，现正式展出的是 85 艘，目前，泉州海外交通史博物馆拥有的已经超过这个数字），我们不得不看到，多少年来，它收藏的 125 艘 19 世纪末制作的中国船模——这些曾经是中国清政府参加 1904 年美国路易斯世界博览会和 1905 比利时列日世界博览会的一组展品——最后竟然成了该海事博物馆的重要藏品，并在 1991 年（注：原文如此，应该是 1993 年）安特卫普被选为'欧洲文化之都'时出尽了风头，成为固定的陈列，深受世人关注。国内专家认为，这是一组比较完整的中国造船的珍品，可惜它们却流落海外，陈列在他乡异国的海事博物馆里。"⑥

2011 年年底，中国造船工程学会船史研究学术委员会的两位专家自费到安特卫普访问，参观研究了这批存放在比利时国家航海博物馆里的船模，并和比利时专家进行了交流（图五～七）。

图五　中外船史专家在比利时的交流

图六　船模的测绘

图七　观察细节

三、这批中国船模的概况

前面说到,《摇晃的船》是1993年在安特卫普展览的中国船模的目录。这本英文版的书总共有119页,其大致内容如下:在安特卫普市长撰写的前言之后,前面的38页是关于中国航海的概述,其中包括了航海磁罗盘的发现,和航海探险中的供应问题——比如在郑和下西洋时的补给;讨论中国的造船技术和西欧的相似之处;这批船模的收藏过程。

书中还包括一部分模型的彩色图版,再加上一个对于帆船过去、现状以及建造方式的很好的概述。每一艘收藏的模型都有黑白照片、简介,船的类型、尺寸、船员以及资料来源,对于特殊模型再加上另外一段相关的具体介绍。

书中详细介绍了125艘船模中已经复原的105艘模型,有商船和兵船等。这些船模,主要是由宁波、福州、厦门和广东等海关收集而来,再现了1900年前后中国的造船技术。这些船模的比例和工艺不同,涵盖了各种技术水平,从简单的民间艺术品到一些由熟练的工匠经过精确测量和研究、精心制作的仿真模型。

《摇晃的船》提供了和西方世界所看到的截然不同的船舶,从而为西方人提供了观察和发现中国造船一个有趣的窗口。可能是对于中国船文化的理解和翻译的原因,有一些观点还有待进一步探讨。但是,那些介绍文字和模型部分毫无疑问将是船史专家和船模爱好者最感兴趣的。

下面,我们列出其中的两页表格,把《摇晃的船》中列举的105种船模的概况披露一下,供进一步研究参考(表一～表三)。

表一 1993年安特卫普中国古船模展览会清单

序号	页码	图号	模型编号	类 型	地 方	备 注
1	54	2	AS 35.48.1	货船	牛庄辽河	
2	55	3	AS 35.48.2	货船	牛庄辽河	海船
3	56	4	AS 35.48.3	货船	牛庄辽河	内河船
4	56	5	AS 35.48.4	渔船	芝罘	山东
5	57	6	AS 35.48.5	货船	丹东	安东
6	57	7	AS 35.48.6	货船	丹东	海船
7	58	8	AS 35.48.7	货船	丹东	参见AS35.48.5/6/8
8	58	9	AS 35.48.8	舢板	福州	参见AS35.48.57/59/60/61
9	59	10	AS 35.48.9	渔筏	芝罘	山东
10	59	11	AS 35.48.10	客渡船	上海	红头小舢板
11	60	12	AS 35.48.11	客船	上海	西式船屋,出租给外国人到太湖打猎
12	60	13	AS 35.48.12	警戒船	福州	
13	61	14	AS 35.48.13	客船	上海	船屋,供官员使用
14	61	15	AS 35.48.14	客船	上海	船屋

（续表）

序号	页码	图号	模型编号	类型	地方	备注
15	62	16	AS 35.48.15	货船	上海	
16	62	17	AS 35.48.16	小货船	上海	
17	63	18	AS 35.48.17	西式货船	上海	
18	63	19	AS 35.48.18	货船	温州	
19	64	20	AS 35.48.19	客船	上海	船屋
20	64	21	AS 35.48.20	客船	镇江	内河船
21	65	22	AS 35.48.21	货船	镇江	
22 *	66	23	AS 35.48.22	货船	镇江	
23	67	24	AS 35.48.23	客船	镇江	
24	68	25	AS 35.48.24	客船	九江	
25	68	26	AS 35.48.25	客船	九江	
26	69	27	AS 35.48.26	货船	九江	
27	69	28	AS 35.48.27	巡逻船	九江	
28	70	29	AS 35.48.28	龙船	九江	
29	70	30	AS 35.48.29	客船	武汉	
30	71	31	AS 35.48.30	巡逻船	长江	
31	72	32	AS 35.48.31	客货船	武汉	
32	73	33	AS 35.48.32	货船	武汉	
33	73	34	AS 35.48.33	游船	长江中游	
34	74	35	AS 35.48.34	货船	武汉	
35	74	36	AS 35.48.35	货船	长沙	
36	75	37	AS 35.48.36	货船	新化	湖南资江，在益阳上游 160 英里
37	75	38	AS 35.48.37	客船	长江中游	
38	76	39	AS 35.48.38	客船	长江中游	
39	76	40	AS 35.48.39	?	长江中游	
40	77	41	AS 35.48.40	救生船	重庆	
41	77	42	AS 35.48.41	货船	重庆	
42	78	43	AS 35.48.42	货船	重庆	
43	78	44	AS 35.48.43	麻秧子	重庆	
44	79	45	AS 35.48.44	客船	重庆	瓜子船
45	79	46	AS 35.48.45	客货船	重庆	瓜子船
46	80	47	AS 35.48.46	客货船	重庆	大型瓜子船
47	80	48	AS 35.48.47	麻秧子?	重庆	
48	81	49	AS 35.48.48	歪屁股	贵州	厚板船
49	82	50	AS 35.48.49	歪屁股	贵州	广滩河?
50	82	51	AS 35.48.50	花屁股	福州	
51	83	52	AS 35.48.51	花屁股	福州	
52	84	53	AS 35.48.52	花屁股	福州	
53	84	54	AS 35.48.53	泥橇	宁波	渔民在海滩使用
54	85	55	AS 35.48.54	运冰船	宁波	运冰到舟山
55	85	56	AS 35.48.55	渔船	宁波	鸬鹚船　鱼鹰船
56	86	57	AS 35.48.56	货船	宁波	鸭尾股船　劳恰船　夹板船
57	86	58	AS 35.48.57	客船	舟山	
58	87	59	AS 35.48.58	货船	福州	柴禾运输船
59	87	60	AS 35.48.59	沿海淦船	福州	

（续表）

序号	页码	图号	模型编号	类　型	地　方	备　　　注
60	88	61	AS 35. 48. 60	闽江客货船	福州	
61	88	62	AS 35. 48. 61	渔船	福州	
62	89	63	AS 35. 48. 62	内河客船	福州	
63	89	64	AS 35. 48. 63	货船	福州	
64	89	65	AS 35. 48. 64	货船	福州	
65	90	66	AS 35. 48. 65	?	福州	
66	90	67	AS 35. 48. 66	渔船	福州	
67	91	68	AS 35. 48. 67	三联船	福州	三体船
68	91	69	AS 35. 48. 68	客船	福州	舢板
69	91	70	AS 35. 48. 69	客船	福州	龙船
70	92	71	AS 35. 48. 70	货船	汕头	
71	92	72	AS 35. 48. 71	货船	汕头	
72	93	73	AS 35. 48. 72	客船	广州?	小花船
73	93	74	AS 35. 48. 73	舢板	山东?	
74	94	75	AS 35. 48. 74	货船	汕头?	
75	94	76	AS 35. 48. 75	货船	汕头	运纸船
76	95	77	AS 35. 48. 76	大兵船	广州	
77	95	78	AS 35. 48. 77	运鱼船	广州	
78 *	96	79	AS 35. 48. 78	明轮船	广州	
79	96	80	AS 35. 48. 79	货船	云南	艨子，航行在红河或阮江
80	97	81	AS 35. 48. 80	货船	琼州?	海船
81	98	82	AS 35. 48. 81	货船	香港	
82 *	99	83	AS 35. 48. 82	大兵船	琼州	（劳恰）
83	99	84	AS 35. 48. 83	货船	琼州	
84	100	85	AS 35. 48. 84	货船	琼州	缝合船
85	100	86	AS 35. 48. 85	货船	琼州	内河船
86	101	87	AS 35. 48. 86	?	福州?	
87	101	88	AS 35. 48. 87	货船?	武汉?	运煤船?
88	102	89	AS 35. 48. 88	雅江竹筏	四川	岷江的支流
89	102	90	AS 35. 48. 90	鸭式舢板	山东?	
90	103	91	AS 35. 48. 91	龙船?	未知	
91	103	92	AS 35. 48. 92	龙船?	未知	
92	103	93	AS 49. 9. 2	兵船	广州?	参加 AS35. 48. 76 及 AS49. 9. 3
93	104	94	AS 49. 9. 3	兵船	福州?	
94	104	95	AS 49. 9. 4	快船	福州?	
95	105	96	AS 50. 1. 2	歪屁股	广滩河	参加 AS35. 48. 48 及 AS50. 1. 7
96	105	97	AS 50. 1. 3	麻秧子?	重庆?	参加 AS50. 1. 4/5/9/10 及 92. 21. 1
97	106	98	AS 50. 1. 4	麻秧子?	重庆?	
98	106	99	AS 50. 1. 5	麻秧子?	重庆?	参加 AS50. 1. 3/4/9/10/11 及 92. 21. 1
99	107	100	AS 50. 1. 6	麻秧子?	长江上游	参加 AS35. 48. 43
100	107	101	AS 50. 1. 7	歪屁股	广滩河	参加 AS35. 48. 48 及 AS50. 1. 2
101	108	102	AS 50. 1. 8	兵船	长江	
102	109	103	AS 50. 1. 9	麻秧子?	重庆?	参加 AS50. 1. 4/5/9/10 及 92. 21. 1
103	109	104	AS 50. 1. 10	麻秧子?	重庆?	参加 AS50. 1. 4/5/9/10 及 92. 21. 1
104	110	105	AS 50. 1. 11	麻秧子?	重庆?	参加 AS50. 1. 4/5/9/10 及 92. 21. 1
105	110	106	AS 92. 21. 2	麻秧子?	重庆?	参加 AS50. 1. 4/5/9/10/11

表一说明：1.“序号”为我们所编；2.“页码”即该项目在目录《摇晃的船》中的页码；3.“图号”即该项目在目录《摇晃的船》中的图号；4.“模型编号”是安特卫普航海博物馆的收藏品编号；5.表格中的？号表明《摇晃的船》原编者存疑；6.表格内容除了括号内为我们所加，其余为原编者观点；7.序号前的 * 号表明是我们重点关注的项目；8.材料过于丰富，而我们水平有限，可能有错漏，仅供参考。

表二　船舶类型统计

序号	类型	数量	百分比	备注
1	客船	19	18.1	含游船
2	货船	36	34.3	
3	客货船	4	3.8	
4	渔船	5	4.8	
5	兵船	8	7.6	含巡逻艇
6	筏	2	1.9	
7	舢板	3	2.9	
8	龙船	3	2.9	
9	麻秧子	10	9.5	含瓜子船
10	歪屁股	4	3.8	
11	花屁股	3	2.9	
12	明轮船	1	0.9	
13	其它	7	6.7	
小计		105	100	

表三　来源地区统计

序号	地区	数量	百分比	备注
1	辽宁	6	5.7	
2	山东	4	3.8	
3	江苏	4	3.8	
4	上海	8	7.6	
5	浙江	6	5.7	
6	福建	20	19.0	
7	广东	15	14.3	含海南岛、香港
8	江西	5	4.8	
9	湖北	5	4.8	
10	湖南	2	1.9	
11	四川	16	15.2	含重庆
12	云南	1	0.9	
13	贵州	4	3.8	
14	其它	9	8.6	
小计		105	100	

表二说明：《目录》中船舶类型的概念比较混杂，有按用途分类，也有按船型分类。

四、对于“回国省亲”三艘船模的分析

货船模型，属于漕运船，从江苏省镇江收集而来，⑦在上述表格中的项目序号为22(图八)。

货船长约22.86米，宽3.66米，吃水1.52米，载重能力110吨。它是用来把南方各省的大米运送到首都北京。他们通常从浙江省杭州湾出发，经过长江边的镇江，然后沿着大运河继续北上到达天津。最后，粮食在北京被卸载运进皇室的谷仓。在桅杆上黄色旗帜上有着“天庾正供”四个大字，船尾有着“顺风大吉”四个汉字。事实上，这艘船已经显现出押运官船的外貌，除了一个货舱，也住宿官员和士兵。每年大约有8 000艘这样的船只和船工约71 000人，组成114个船队运送大米到北京。

模型用木板条和隔舱壁建造。船底在前面上翘，然后向前伸展，再次向上弯曲到方形前倾的船头，而尾部只是短的曲线。船舷板向外伸展，从船头上层建筑的前面一直贯通到船尾，形成外展型的连续通道。在船尾，通道和横梁连接，形成一个外挑的假尾，船体略有弯曲。在上层建筑前面宽敞的甲板上有着大小不等的系缆桩，上层建筑的前面是一个门廊。

图八　货船(漕运船)模型

较低的甲板室有着横向的拱型屋顶，顶上拥有一个长方形的舱盖。在较低甲板室的后方是一个较高的舱房，所有的窗户和门的内侧都有着红色棉布的帘子。船尾结构的后面是一个假尾廊，下面是宽阔的台阶。尾廊下方是粗壮的尾梁，矗立的桅杆向上延伸，带着一个旗杆。

《摇晃的船》提供的模型数据：两柱间长 100、舷板外宽度 35、船身深度 17.5 厘米。

中国专家测量的模型数据：总长 107、全宽 34、总高(含桅杆)112 厘米；型深 17.5 厘米。⑧

明轮船模型，也叫“车轮舟”，从广州收集而来，⑨在上述表格中的项目序号为 78(图九)。

图九　明轮船模型

中国发明车轮舟的文字记载可以追溯到晋朝，即使到了第一次鸦片战争中的 1842 年，在上海吴淞口，清朝水师还有几艘脚踏明轮兵船和英国船作战。[10]但这些都限于书面的东西，面前的明轮船模型给了我们三维的立体感受。

这种尾桨车轮舟，由 6 到 15 人来推进。从广州出发向珠江上游航行，可以到达广西省的龙州和南宁，车轮舟的最高速度可以达到每小时 3 到 5 公里。从模型来看，没有表现出脚踏主轴和桨叶轮之间是怎样连接起来的，这也可能是在辗转过程中缺失了。经过分析，我们推测是通过类似于蒸汽火车机车上使用的曲柄连杆结构，当然，这一点还有待于进一步的证据来确认。

模型用木板条和横向隔舱壁构成，船底部中央是宽阔笔直的中心板，它起了龙骨板的作用，并在尾部上翘。龙骨板的两边是倾斜的船底板，它和垂直的舷板连接。船体前半部分所有的舷板连接到一个平坦前倾而非常牢固的船首板上，而船体后半部分的舷板则连接到垂直而成 V 字形的平尾上。绞盘位于舱室隔舱壁的前面，舱室平顶，带有移门板和百叶窗，并且偏于左舷侧，右侧即为一条贯穿于整个船体长度的通道，舱室顶棚上是千斤索绞盘和矩形的天窗。在客舱后面，有一个向外扩展的浮动桨盒，其外侧和通道与尾板对齐，在客舱里有着三根带有脚踏板的主轴，那三根主轴应该是通过曲柄连杆结构而连接到桨盒里的桨轮上。在踏板舱上有着支柱撑起的遮阳篷，五个木制的人偶站在踏板上。从模型桅杆上有着风信旗这一点，我们推测这艘船还应该能够使用风帆，而船模的风帆装置可能已经丢失。在平行四边形的舵板上有着菱形开孔（这是广船的特色），安装在两个舵承上。上层建筑有着彩色绘画，滑动移门板上画着阴阳鱼图案，尾板上写着 4 个汉字“顺风大利”。

《摇晃的船》提供的模型数据：两柱间长 85.5、舷板外宽度 24.7、船身深度 9 厘米。

中国专家测量的模型数据：总长 90.5、全宽 25、总高（含桅杆）83.4、型深 9.5 厘米。[11]

大兵船模型，从琼州（海南岛）收集而来，[12]在上述表格中的项目序号 82（图一〇～一二）。

根据我们的判断，它的船型应该属于“劳恰”船，理由将在后文叙述。

图一〇　大兵船模型—1

图一一　大兵船模型—2

模型用木条、肋骨和隔舱壁制作，是有龙骨的船。直线型的龙骨前面连接弯曲而倾斜的船首，外漂的线型托起宽阔的线型凸肩，在船尾，龙骨终结于连续上翘的尾部。在船的前半部，圆形的舭部连接着陡峭而稍带外倾的舷部，而在船尾部则连接着圆弧形并带有狭窄舵杆围井，船体的水下部分装有锡板。

图一二　大兵船模型—3

舭部是圆的，连接着稍带外倾的弧形两舷的舷缘板，部分舷墙是可以开启的防浪板，船的前半部有着粗重的船首横梁，带孔的承桅横梁和邻近的隔舱壁相互支撑来作为前桅的依靠。在甲板上有着欧洲杠杆式锚机、舱口盖、绞盘、主桅的楔木圈，两个镶边的舱盖、入舱口，舵轴上安装了一个环首销钉。右舷后侧有一个水箱，左舷是厨房，有着两口大锅，左右舷侧都有一个低锚位。右侧吊架吊着一个上船用的舷梯，连接着一块板状的可折叠格栅。船尾两侧各有一块带有菱形开孔的长木板，能绕着钉子旋转。其位置和寻常的披水板有所不同，这看来除了增加横向阻力以外，还能够调整横向阻力中心的纵向位置。两根粗壮的吊艇架伸出船尾，上翘的船尾呈半球形，包围着舵杆。向外伸展的尾廊包着木板墙，其上面用车削圆木柱形成一个栏杆，用铁条支撑着。后桅用楔木圈固定在后甲板上偏离中线的位置。武备有六门火炮，四门在主甲板上，两门在尾甲板上。在杠杆式锚机旁有一个人偶，另一个人偶在绞盘旁。从留下的痕迹来看，还有 8 个人偶已经不见了。几乎成矩形的舵板上也有着一些菱形的通孔（这是广船的特色），三根桅杆上都挂着用席子做的帆，桅杆都用侧支索拉着。

《摇晃的船》提供的模型数据：两柱间长 117、舷板外宽度 30.5、船身深度 14.7 厘米。

中国专家测量的模型数据：总长 116、型长 97、型宽 30.6、型深 11、吃水（估计）8 厘米。⑬

五、对于“劳恰”船的进一步分析

（一）定义

前面我们说到，大兵船的船型属于“劳恰”船，英文为 Lorcha。术语“Lorcha”或“Lorch 来自葡萄牙语，但是这个词源也不一定确切。《牛津词典》对于 Lorcha 的定义是：在中国建造的快速帆船，船体仿照欧洲模式，而帆装为中国式样，通常配备武器（图一三、一四）。⑭

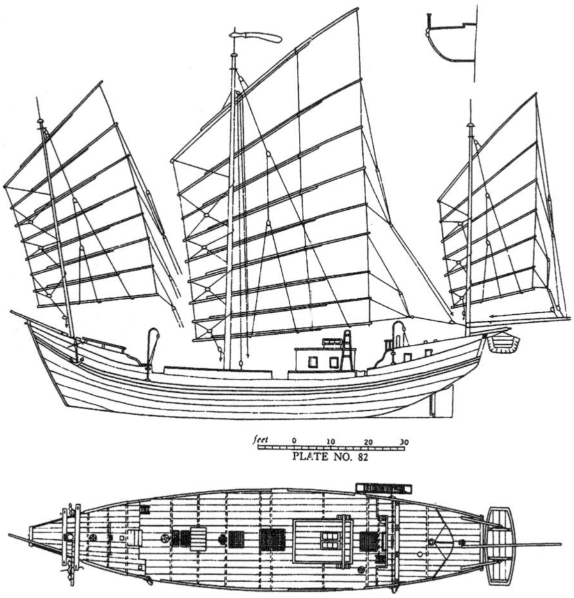

图一三　劳恰船线图

图一四　战斗状态的大兵船

欧洲的船史专家，在他们论述中国船的著作中曾经多次提到了这种中西合璧的船型，例如：多纳利 I. A. Donnelly 在 1924 年写的《*Chinese Juks and other Native Craft*（中国帆船和其它当地小艇）》，⑮ 沃斯特 G. R. G.

Worcester 在 1947 年写的《*The Junks and Sampans of the Yangtze*(长江之帆船与舢板)》及以后所写的一系列著作。

(二)历史

"劳恰"船由葡萄牙人倡导并始建于 1843 年,当时的目的是为了镇压海盗,并在珠江三角洲为商船护航。后来,有些劳恰船被海盗掳掠。另外,在利益的诱惑下,有些葡萄牙水手自己也变成了海盗。后来,随着时间的推移,劳恰船已经完成了镇压海盗的历史使命。这些船就被出售,这样它们沿着海岸向北到了上海、宁波和长江各个港口,甚至于向南到了海南岛。到了 1865 年,这种船已经几乎在澳门水域消失。而流散在各地的"劳恰"船就转入商业用途,其中有些落到了不法商人手中,用来进行枪支和其它各种违禁品的走私活动。这说明,由于它的优良性能,谁都可以利用"劳恰"船作为交通工具,所以,这种船的身份和用途就比较复杂。

(三)西方船特征

劳恰船上有着一些西方船的特征,而"大兵船"完全符合这些特征:

1. 船体采用了西方船的线型,尖削的船首,因而阻力较小,航速快,也减少了水浪对于船首的冲击。
2. 在早期的劳恰船上有首斜桅,葡萄牙人设计的时候显然是为了装置首三角帆。但是,劳恰船上的水手大部分都是中国人,他们喜欢采用中国惯常的方式,所以,即使有首斜桅,也形同虚设。
3. 桅杆两侧都拉着侧支索,这些侧支索能够增加桅杆的强度。
4. 船首甲板上横着西式吊锚杆(有些还有第二根辅助吊锚杆)。
5. 在前甲板上布置着杠杆式锚机,部分船的锚机布置在艄楼下面。
6. 舷侧有便于上下的舷梯,舷梯及其吊架都是西式的。
7. 操舵系统采用西式舵轮和鼓轮绳索系统。
8. 甲板上分布有西式格栅舱盖。

(四)中国船特征

"劳恰"船虽是葡萄牙人设计的,但大多数"劳恰"船是在澳门建造,其实质是中外造船技术和航海技术交流的产物。因此,除了上述西方船特征以外,还是保留了很多中国烙印:

1. 船匠基本上是中国人。
2. 水手基本上是中国人。
3. 船体采用造中国船时常用的柚木和樟木,而西方多采用橡木。
4. 帆装索具系统采用中国特有的斜桁四角帆。
5. 船尾常采用广船特有的宽尾楼。
6. 采用广船常用的开孔舵。

7. 采用中国帆船常用的披水板和中插板。

“劳恰”船平底，吃水较浅。由于采用了中式帆装，需要操作的人手较少，操作也比较灵便，所以这种船非常适合在沿海地区和内河航行，所以，当时至少在中国南方地区，这种尖首的船型还是得到一定程度的认可。

表格中的第56项宁波地区的船，比利时人也认定为“劳恰”船。但奇怪的是，他们怎么会把那艘“大兵船”排除在外——就差了一根无足轻重的首斜桅而已。

(五)双向交流

双向交流的结果是中外造船和航海技术的部分融合：

1. 一部分中国船采用了西方的船体，尤其是在广东地区，尖首的木船越来越多(图一五[17]、一六[18])。

2. 一部分西方船则装上了中式帆装，英国甚至有中式帆装专家从事为西式帆船设计、改装为中式帆装的商业化运作(图一七、图一八[19])。

3. 一部分西方船装上了中式披水板，秘鲁、葡萄牙和荷兰等国家都有这样的例子，[20]这次随同中国船模来华的比利时船模也证实了这一点。

图一五　香港造船厂里在建的尖首木船

图一六　香港造船厂中的尖首木船

图一七　使用中式帆装的美国船"孔夫子"号

图一八　实用中式帆装设计与使用（中文版）

六、"艾罗"号引爆了"第二次鸦片战争"

1856年10月8日，清政府广州水师在停泊于珠江黄埔港内的一艘中国船"艾罗号"上，逮捕了有海盗嫌疑的12名中国水手。"艾罗号"为了走私方便，曾经向港英当局领过"通航证"，但被查捕时，这一证件早已过期，船上也没有悬挂英国国旗。英国驻广州领事却硬说"艾罗号"是一艘英国船舶，并捏造说广州水师在查捕时，士兵曾经扯下该船所悬挂的英国国旗，从而侮辱了大英帝国。他要求中国政府释放被逮捕的水手，向英国赔礼道歉，并以发动战争作为"最后通牒"（图一九）。[21]

在英国的战争威胁下，清政府将那些被逮捕的中国水手送交给了英国驻广州领事馆，但以绝对没有侮辱英国国旗的事实为根据，拒绝向英国驻广州领事道歉。实际上，"艾罗号"事件不过是英国不满足于第一次鸦片战争

图一九　代表英国官方态度的绘画，原说明文字为：中国官员扯下了“艾罗”号的英国国旗

所取得的“成果”，为扩大对中国的侵略蓄意制造的一个事端。随后不久，英国就以没有满足其条件为借口，对华发动了第二次鸦片战争。[22]

因而，英国人把这场战争称为“Arrow War（艾罗战争）”，而这艘叫做“艾罗”号的船，它的船型就是中西合璧的“劳恰”。[23]

注释：

① [美]居蜜主编:《1904 年美国圣路易斯万国博览会中国参展图录》,上海古籍出版社,2010 年 6 月,第Ⅰ册,第 2—4 页。

② [美]居蜜主编:《1904 年美国圣路易斯万国博览会中国参展图录》,上海古籍出版社,2010 年 6 月,第Ⅰ册,第 103 页。

③ Ed. W. Johnson, *Shaky Ship*, *The formal richness of Chinese shipbuilding*, *Exhibition Catalogue*, National Maritime Musenm, Antwerp, May 8～December 1993, p. 38.

④ Ed. W. Johnsom, *shaky ship*, *the formd richness of chinese shipbuliding*, *ExhibitionP*. 54—110.

⑤ [美]居蜜主编:《1904 年美国圣路易斯万国博览会中国参展图录》,上海古籍出版社,2010 年 6 月,第Ⅰ册,第 114 页。

⑥ 陈丽华:《海事博物馆与海洋文化浅议》,《中国博物馆》2003 年第 1 期,第 29—33 页。

⑦ Ed. *w. johnsom*, *shaky ship*, *the formd richness of chinese shipbuliding*, p. 66.

⑧ 赵珺杰、许忠锡:《远帆归航——三艘中国古船模海外回归记》,《航海》2012 年第 4 期,第 34 页。

⑨ Ed. *w. johnsom*, *shaky ship*, *the formd richness of chinese shipbuliding*, p. 96.

⑩ G. R. G. Worcester, *The Junks and Sampans of the Yangtze*, 1971, Naval Institute Press, Annapolis, Maryland, U. S. A, p. 259, 341

⑪ 赵珺杰、许忠锡:《远帆归航——三艘中国船模海外回归记》,《航海》2012 年第 4 期,第 35 页。

⑫ Ed. *w. johnsom*, *shaky ship*, *the formd richness of chinese shipbuliding*, p. 99.

⑬ 赵珺杰、许忠锡:《远帆归航——三艘中国船模海外回归记》,《航海》2012 年第 4 期,第 36 页。

⑭ 转引自 G. R. G. Worcester, *Sail and Sweep in China*, Her Majesty's stationery Office, London, 1966, p. 45.

⑮ I. A. Donnelly, *Chinese Juks and other Native Craft*, 1924, Graham Brash, Singgapore, 1988, p. 55.

⑯ G. R. G. *Worcester*, *The Junks and Sampans of the Yangtze*, p. 364.

⑰ Derek Mailand, *Setting Sails - A Tribute to the Chinese Junk*, South China Morning Post Publication, Hongkong, 1981. p. 55.

⑱ Derek Mailand, *setting sails—A Tribute to the chinese junk*, p62—63.

⑲ [英]H. G. 哈斯勒、J. K. 麦克劳德,王予和翻译,沈毅敏译校,郑明审核:《实用中式帆装设计与使用》,海洋出版社,2008 年 12 月。

⑳ [英]李约瑟,《中国科学技术史》,第四卷第三分册,“土木工程与航海技术”,科学出版社、上海古籍出版社,2008 年 7 月,第 678—680 页。

㉑ 互动百科:http://www.hudong.com/wiki/%E4%BA%9A%E7%BD%97%E5%8F%B7%E4%BA%8B%E4%BB%B6

㉒ 维基百科:http://en.wikipedia.org/wiki/File:Chinese officers tear down the British flag on the arrow.JPG

㉓ I. A. Donnelly. *Chinese juks and other Natire craft*, 1924, Graham Brash, Singgapore, 1988, p. 56.

Research to the Models of Chinese junks in the collections in Belgium

Abstract: This paper is a research on the history process of 125 models of Chinese junks ,display in 1904 the United States Saint Louis World EXPO and in 1905 the Belgium Liege World EXPO, repair and display in the Belgium's National Maritime Museum in Antwerp , list 105 junks models and introduced in the general situation . This paper analyzes the source, technical characteristics and purposes of three models of Chinese junks, and demonstrates the ship type of that Chinese warship belong to Lorcha, explicitly pointed out that fuse of the second opiumwar that ship type of Arrow also belong to Lorcha.

Keyword: Model of Chinese junks, Belgium's National Maritime Museum in Antwerp, paddle boat, Lorcha

明永乐宝山烽堠碑研究
——宝山烽堠碑立碑 600 年记

时　平* 　苏月秋**
(上海海事大学海洋文化研究所)

摘　要： 本文对宝山烽堠碑的历史沿革进行了考察，并以原始碑文与查阅的8部文献记述进行比较，发现7部文献所记内容多与原碑文存有少许差异，不是直接源自碑文。而《江东志》所记，推断源自原碑所记。在考证碑文的基础上，还就碑文记述的学术价值进行分析，提出宝山烽堠碑是迄今发现最早的由皇帝为航运而撰文的御碑，也是上海地区唯一由皇帝撰文的碑刻。

关键词： 宝山烽堠　碑文考辨　学术价值

现位于上海浦东新区高桥镇高桥中学校园内的宝山烽堠碑(又被称为“永乐碑”或“御制碑”)，是由明成祖朱棣撰文，于永乐十年(1412 年)五月勒石立碑于宝山之上的，迄今已整整 600 年。在此之际，本文以该碑为题，考察它的历史沿革、文献记述及在航运史中的学术价值，同各位学者进行交流。

一、宝山烽堠碑的历史沿革

宝山烽堠碑，是为明初平江伯陈瑄奉旨建立的宝山烽堠而立。明洪武至永乐十三年(1415 年)的数十年间，基本延用元朝从江南刘家港(今江苏省太仓市浏河)入海到北方直沽界河口(后称海河口，位于今天津境内)的海运制度。明丘濬曾评价元朝至明初的海运曰：“论海运有云，‘民无挽输之劳，国有储蓄之富’，以为一代良法”。[①]有学者曾提出，洪武三十年(1397 年)九月曾“罢海运”，永乐即位“海运又得到了恢复”。[②]据笔者考察，自洪武元年至洪

---

* 作者简介：时平(1961—　)，上海海事大学海洋文化研究所所长、教授，主要从事航海历史、海洋文化研究。

** 作者简介：苏月秋(1982—　)，上海海事大学海洋文化研究所讲师，主要从事航海历史研究。

武三十年通过海路转漕保障辽东、北平、永平和蓟州的军需供应，几乎没有中断过。所谓洪武三十年九月朱元璋，“谕户部臣曰：辽东海运，连岁不绝，近闻彼处军饷颇有盈余，今后不需转运，止令本处军人屯田自给”，[③]这条资料不能完全解读为明初停止海运。明朝海运与元朝“足国用”的海运有所不同，除了运送粮食，主要是转饷。“洪武元年（1368年），太祖命汤和造海舟，饷北征士卒。”[④]洪武二十七年（1394年），朱元璋曾下旨对驻守辽东“二十一卫军自明年俱令屯田自食，以纾海运之劳”。[⑤]这些资料表明，洪武时期停止的只是辽东卫军的粮食海运，不能以“罢海运”来评判。事实上，自洪武五年到永乐元年，每年约有60万至70万石粮米输往辽东和北平地区。[⑥]朱棣继位后，北平改为北京，自永乐元年至十三年，海运供给辽东、北京更加重要，尤其是太仓至天津的海运得到加强。永乐元年（1403年）“平江伯陈瑄总督海运粮四十九万二千六百三十七石，赴北京、辽东，以备军储”。[⑦]还加强海运设施建设，永乐二年（1404年），以“直沽海运商舶往来之要冲”，在天津设卫。[⑧]同年，又“以海运粮船上抵直沽，欲于直沽置仓储粮，别以小船转运北京，命户部会议，皆以为便。复请于天津等卫多置露囤，以广储蓄”。[⑨]永乐三年七月，“命平江伯瑄于天津卫城北造露囤千四百所，储海运粮”。[⑩]随着朱棣决定迁都决策，海运成为正式的制度。为了保证海运安全可靠，朱棣下旨建造海船。根据《明成祖实录》统计（表一）：

表一　永乐元年至十一年所造海船统计表[⑪]

序号	年月日	建造地点	艘数	建或改	明实录卷数	附注
1	元年五月初五	福建	137	建造	卷19	海船
2	元年八月十八	京卫及浙江、湖广、江西、苏州	200	建造	卷21	海运船
3	元年七月十七	湖广、浙江、江西	188	改造	卷23	海运船
4	二年正月二十一	福建	5	建造	卷26	特指遣使西洋
5	三年五月二十二	浙江	1180	建造	卷35	海舟
6	三年十月十六	浙江、江西、湖广及直隶、安庆	80	改造	卷38	海运船
7	三年十一月初五	浙江、江西、湖广	13	改造	卷39	海运船
8	四年十月初九	浙江、江西、湖广及直隶、徽州、安庆、太平、镇江、苏州	88	建造	卷46	海运船
9	五年九月初五	命都指挥王浩改造海运船	249	改造	卷52	备使西洋诸国
10	五年十一月初七	浙江、湖广、江西	16	改造	卷54	海运船
11	六年正月十八	命工部	48	建造	卷55	宝船
12	六年二月二十八	浙江、金乡等卫	23	改造	卷55	海运船

（续表）

序号	年月日	建造地点	艘数	建或改	明实录卷数	附注
13	六年十一月初六	江西、浙江、湖广及直隶、苏松军府	58	建造	卷 60	海运船
14	七年十月二十四	江西、浙江、湖广及苏州等府卫	35	建造	卷 66	海船
15	七年十二月初十	扬州等卫	5	建造	卷 67	海运船
16	九年十月十三	浙江临山、观海、定海、宁波昌国	45	建造	卷 79	海船
17	十年九月二十八	浙江、湖广、江西及镇江	130	建造	卷 85	海运船
18	十年十一月二十一	扬州等卫	61	建造	卷 86	海风船
19	十一年九月二十五	江西、湖广、浙江及镇江等府卫	63	改造	卷 89	海风船

有学者根据明初海运粮食数量和海运军人数，“粗略估算”当时海运需要“动用一千料海舟八百艘。”[12]与此同时，还开辟浙江等海运航路。担负海运主要任务的刘家港航线尤其受到重视，郑和七下西洋均以此为船队的集结地，码头、仓敖、货栈、商埠等积聚，刘家港的设施更加完备。时人描绘该港当时的情形，“漕粮万艘，行商千舶，集如林木；高楼大宅，琳宫梵宇，列若鳞次”。[13]“粮艘海舶，蛮商夷贾，辐辏云集”，[14]视为“天下第一都会”。为了改善进出长江入海船舶的航行安全，在嘉定县选址修筑导航的烽堠。

建堠所在的高桥地区，历史上襟江临海，在唐朝时已经成陆，有居民聚落。宋朝外地移民陆续落户，开垦农耕，设立盐场，航运渐兴，是吴淞江水系重要港口青龙港、华亭港和上海港的必经航路。南宋建炎三年(1129 年)设立临江乡，属华亭县，明朝时期高桥行政区划隶属嘉定县。由于长江口地区没有高山作为辨别方向的标识，遇天晦夜暗，给通航的船舶带来严重危险，海难时有发生。负责海运的总兵陈瑄(1365—1433 年)奏请在清浦(今高桥)镇旱寨沿江垒堆土山，修筑烽堠，作为长江口来往船舶的航标，朱棣准奏。陈瑄调派海运官兵在高桥沿江旱寨东北 10 里处垒土建山，十天建成长宽各百丈、高 30 余丈的方山，上筑烽堠，白天焚烟，夜间燃火，改善了长江口的航行安全。《明史·陈瑄传》中记载：“瑄言：‘嘉定濒海地，江流冲会。海舟停泊于此，无高山大陵可依。请于青浦筑土山，方百丈，高三十余丈，立堠表识。’既成，赐名宝山，帝亲为文记之。”[15]到明万历十年(1582 年)七月十三日夜，高桥地区遭遇风暴袭击，海潮冲垮清浦镇李家浜段堤坝，宝山及城全部冲没殆尽。[16]海潮退后，御碑被人运到东桥街青浦旧镇桥北，建立碑亭。民国十七年(1928 年)碑亭倒坍，高桥乡董钟玉良把御碑移入高桥公园(今高桥中学)内。“文革”时期，该碑被当地文人王京盙舍身保护下来。1984 年，高桥中学根据上海市文物管理委员会的意见重建仿古亭，把宝山烽堠碑立于亭内，属于川沙县文物保护单位。1992 年川沙县建制撤销，划入浦东新区，该碑成为上海市浦东新区文物保护单位。

二、有关宝山烽堠碑的历史文献记述及考辨

有关宝山烽堠碑的文献见于正史资料、编年体文献、方志文献及各种文集之中。正史文献如《明史》卷 86《河渠志・海运》、《明史》卷 153《陈瑄传》、《明太宗实录》等，编年体文献如明谈迁撰《国榷》、朱国桢撰《皇明大政记》、清夏燮撰《明通鉴》、清陈鹤撰《明纪》及四库全书本《御批历代通鉴辑览》等都有记载。清雍正二年(1724 年)九月从嘉定县将守信、依仁、循义、乐智四乡划出，设立宝山县建制，因此明清方志中有关宝山烽堠碑的记载比较复杂，在弘治《太仓州志》、乾隆《江南通志》、乾隆《宝山县志》、顾沅辑《吴郡文编》、沈徽全纂《江东志》、嘉庆《直隶太仓州志》、金端表纂道光《刘河纪略》、光绪《宝山县志》、民国十五年(1926 年)的《宝山县志续编》等志书中均有记述。另在明清一些个人文集，如明钱谷撰《吴都文粹续集》、清傅泽洪修《行水金鉴》、顾炎武辑《天下郡国利病书》等文献中也有记载。还有明清文人描述烽堠碑历史和风貌的诗文，如明王世贞的《宝山堡记》、陆禹定的《宝山咏》、侯荣的《宝山城观海》等。

宝山烽堠碑，碑材质为青石。碑通高 160 厘米，其中碑额 48、碑身 112、碑宽 97、碑厚 30、碑座高 50、宽 116、厚 50 厘米。碑额正中用小篆上下刻“御制”两字，两侧居中各雕刻一条飞龙，上下雕刻祥云。碑身共 17 行，竖排，碑文题目“宝山之□”4 字，第四字已经磨平，无法辨认。据朱鉴秋教授在《高桥“宝山烽堠碑”历史文化价值研究报告》中的研究，按明朝碑刻规制，推断为“记”字。[17] 碑文楷书 16 行，每行 23 字，其中正文 11 行 250 字，附诗 4 行 91 字，落款为时间，1 行 6 字。碑文共 351 字，其中几字磨损，难以辨认，其余多可辨识。碑文按原行字数排列，加注标点如下：

御制

宝山之〔记〕

嘉定濒海之墟，当江流之会，外即沧溟，浩渺无际。凡海舶往来最为冲要。然无大山高屿，以为之表识，遇昼晴风静，舟徐而入，则安坐无虞；其或暮夜，烟云晦冥，长风巨浪，帆樯迅疾，倏忽千里；舟师弗戒，瞬息差失，触坚胶浅，遄取颠踬。朕恒虑之。今年春，乃命海运将士，相地之宜，筑土山焉，以为往来之望。其址东西各广百丈，南北如之，高三十余丈。上建烽堠，昼则举烟，夜则明火，海洋空阔，遥见千里。于是咸乐其便，不旬日而成。周围树以嘉木，间以花竹，蔚然奇观。先是未筑山之前，居民恒见其地有山影，及是筑成，适在其处，如民之所见者。众

曰：是盖有神明以相之，故其兆先见，皆称之曰宝山。因民之言，仍其名而不易，遂刻石以志之。并系以诗曰：

沧溟巨浸渺无垠，混含天地相吐吞。洪涛架山嵲嵘奔，巨灵赑屃声嘘歕。挥霍变化朝为昏，骇神褫魄目黯瞀。苍黄柎髀孰为援，乃起兹山当海门。孤高靓秀犹昆仑，千里示表欝焞燉。永令汎济无忧烦，宝山之名万古存，勒铭悠久同乾坤。

永乐十年五月

笔者查阅相关史籍，共辑录出八篇碑文记载。以纂修时间为序，分别收录于下。

1. 明郑若曾的《江南经略》卷 3 上。《江南经略》初刻于明隆庆二年（1568 年），明万历四十二年（1614 年）据隆庆本重刻，清康熙年间郑若曾后人郑起泓、郑定远又行刻印，乾隆时收入《四库全书》，这四种刊刻本现均存世。碑文记载如下（括号内是比照碑文的补充或修正）：

嘉定涉海之墟，当海〔江〕流之会，外即沧溟，浩渺无际。凡海舶往来最为冲要。然无大山高屿，以为之表识，遇昼晴风静，舟徐而入，则安坐无虞。其或暮夜，烟云晦冥，长风巨浪，帆樯迅疾，倏忽千里，舟师弗戒，瞬息差失，触坚胶浅，遄取颠踬，朕恒虑之。今年春，乃命〔补：海运〕将士，相地之宜，筑土山焉，以为往来之望。其址东西各广百丈，南北如之，高三十余丈。上建烽堠，昼则举烟，夜则明火，海洋空阔，遥见千里，于是咸乐其便，不旬日而成。周围树以嘉木，间以花竹，蔚然奇观。先是未筑〔补：山〕之前，居民恒见其地有山影，及是筑成，适在其处，如民之所见者。众曰：是盖有神明以相之，故其兆先见，皆称之曰宝山。因民之言，仍其名而不易，遂刻石以志之。

郑文所记正文，比原碑文少 3 字（不包括文末“并系以诗曰”5 字），没有记载诗文和落款时间。从该文记述特点看，可以判明不是直接源自碑文，而是转录自其它文献记载，说明在郑若曾之前已经有文献记录该碑文。

2. 明钱谷的《吴都文粹续集》卷 22。该书于嘉靖年间（1522—1566 年）成书，收录在《钦定四库全书》集部总集类中。碑文记载如下：

嘉定濒海之墟，当江流之会，外即沧溟，浩渺无际。凡海舶往来最为冲要，然无大山高屿，以为之表识。遇昼晴风静，舟徐而入，则安坐无虞。其或昼夜，烟云晦冥，长风巨浪，帆樯迅疾，倏忽千里，舟师勿戒，瞬息差失，触坚胶浅，遄取颠踬，朕恒虑之。今年春，乃命〔补：海运〕将士，相地之宜，筑土山焉，以为往来之望。其址东西各广百丈，南北如之，高三十余丈。上建烽堠，昼则举烟，夜则明火，海洋空阔，遥见千里，于是咸乐其便。不旬日而成。周围树以嘉木，间以花竹，蔚然奇观。先是未筑〔补：山〕之前，居民恒见其地有山影，及是筑成，适在其处，如民之所见者。众曰：是盖有神明以相之，故其兆先见，皆称之曰宝山。因名其所称而不易，遂刻石以志之。〔补：并系以〕诗曰：

沧溟巨浸渺无垠，混含天地相吐吞。洪涛架山嶫嶫奔，巨灵赑屃相嘘歕。挥霍变化朝为昏〔昬〕，骇神褫魄目黯瞀。苍黄拊髀孰为援，乃启兹山当海门。孤高靓秀犹昆仑，千里示表欝焞嫩。永令帆济无忧屯，宝山之名万古存，勒石〔铭〕悠久同乾坤。

钱文所记，正文比原文少6字，诗文字数相同，没有落款时间。从该书成书的年代看，碑址尚未被海潮冲击塌陷。比对记录，可以判明与郑若曾所记来源于不同文献，也不是直接源自碑文。

3. 明韩浚、张应武等纂修的《嘉定县志》（万历）卷1《疆域考上·山冈》。碑文记载如下：

嘉定濒海之墟，当江流之会，外即沧溟，浩渺无际。凡海舶往来最为冲要，然无大山高屿，以为之表识。遇昼晴风静，舟徐而入，则安坐无虞。其或昼夜，烟云晦冥，长风巨浪，帆樯迅疾，倏忽千里，舟师弗戒，瞬息差失，触坚胶浅，遄取颠踬，朕恒虑之。今年春，乃命〔补：海运〕将士，相地之宜，筑土山焉，以为往来之望。其址东西各广百丈，南北如之，高三十余丈。上建烽堠，昼则举烟，夜则明火，海洋空阔，遥见千里，于是咸乐其便。不旬日而成。周围树以嘉木，间以花竹，蔚然奇观。先是未筑〔补：山〕之前，居民恒见其地有山影，及是筑成，适在其处，如民之所见者。众曰：是盖有神明以相之，故其兆先见，皆称之曰宝山。因民之言，仍其名而不易，遂刻石以志之。〔补：并系以〕诗曰：

沧溟巨浸渺无垠，混含天地相吐吞。洪涛架山嶫嶫奔，巨灵赑屃相嘘歕。挥霍变化朝为昏〔昬〕，骇神褫魄目黯瞀。苍黄拊髀孰为援，乃起兹山当海门。孤高靓秀犹昆仑，千里示表欝焞嫩。永令汎济无忧烦，宝山之名万古存，勒石〔铭〕悠久同乾坤。

万历朝《嘉定县志》与钱谷的《吴都文粹续集》所记相同，钱文是录自他人所记，判断与本县志录自同源，是否转自钱文，尚待其他佐证。

4. 清黄之隽等撰《江南通志》（乾隆）卷14《山川》。碑文记载如下：

嘉定濒海之墟，当海〔江〕流之会，外即沧溟，浩渺无际。凡海舶往来最为冲要。然无大山高屿，以为之表识，遇昼晴风静，舟徐而入，则安坐无虞。其或昼夜，烟云晦冥，长风巨浪，帆樯迅疾，倏忽千里，舟师弗戒，瞬息差失，触坚胶浅，遄取颠踬，朕恒虑之。今年春，乃命〔补：海运〕

将士，相地之宜，筑土山焉，以为往来之望。其址东西各广百丈，南北如之，高三十余丈。上建烽堠，昼则举烟，夜则明火，海洋空阔，遥见千里，于是咸乐其便，不旬日而成。周围树以嘉木，间以花竹，蔚然奇观。先是未筑〔补：山〕之前，居民恒见其地有山影，及是筑成，适在其处，如民之所见者。众曰：是盖有神明以相之，故其兆先见，皆称之曰宝山。因民之言，仍其名而不易，遂刻石以志之。〔补：并系以〕诗曰：

沧溟巨浸渺无垠，混含天地相吐吞。洪涛架山嶕嶫奔，巨灵赑屃相嘘歕。挥霍变化朝为昏〔昬〕，骇神褫魄目黯智。苍黄树髀孰为援，乃起兹山当海门。孤高靓秀犹昆仑，千里示表嶓㶿墩。永令汛济无忧烦，宝山之名万古存，勒石〔铭〕悠久同乾坤。

乾隆朝《江南通志》所记碑文，从字数到内容与钱谷的《吴都文粹续集》和万历朝《嘉定县志》均相同，区别在于"当海流之会"与"当江流之会"，反而与郑若曾《江南经略》所记相同，又比郑文增加了诗文。

5. 清赵酉等修，章钥等纂《宝山县志》(乾隆)卷2《城池》。该志是乾隆十年(1745年)宝山知县赵酉主持编纂的第一部《宝山县志》，共10卷。碑文记载如下：

嘉定濒海之墟，当海〔江〕流之会，外即沧溟，浩渺无际。凡海舶往来最为冲要。然无大山高屿，以为之表识，遇昼晴风静，舟徐而入，则安坐无虞。其或昼夜，烟云晦冥，长风巨浪，帆樯迅疾，倏忽千里，舟师弗戒，瞬息差失，触坚胶浅，遄取颠踬，朕恒虑之。今年春，乃命〔补：海运〕将士，相地之宜，筑土山焉，以为往来之望。其址东西各广百丈，南北如之，高三十余丈。上建烽堠，昼则举烟，夜则明火，海洋空阔，遥见千里，于是咸乐其便，不旬日而成。周围树以嘉木，间以花竹，蔚然奇观。先是未筑〔补：山〕之前，居民恒见其地有山影，及是筑城〔成〕，适在其处，如民之所见者。众曰：是盖有神明以相之，故其兆先见，皆称之〔补：曰〕宝山。因民之言，仍其名而不易，遂刻石以志之。〔补：并系以〕诗曰：

沧溟巨浸渺无垠，混含天地相吐吞。洪涛架山嶕嶫奔，巨灵赑屃声嘘歕。挥霍变化朝为昏〔昬〕，骇神褫魄目黯智。苍黄树髀孰为援，乃起兹山当海门。孤高靓秀犹昆仑，千里示表嶓㶿墩。永令迅济无忧烦，宝山之名万古存，勒石〔铭〕悠久同乾坤。

乾隆朝《宝山县志》所记，与郑若曾《江南经略》和黄之隽等撰《江南通志》所记"当海流之会"相同，与原碑文、钱谷《吴都文粹续集》和万历朝《嘉定县志》所记"当江流之会"不同。与原碑文、郑若曾《江南经略》、钱谷的《吴都文粹续集》、万历朝《嘉定县志》、黄之隽等撰《江南通志》所记比对，有两处遗漏，一处记为"先是未筑之前"，与"先是未筑山之前"少一"山"字；另一处记为“皆称之宝山”，与“皆称之曰宝山”少“曰”字。

6. 清顾沅的《吴郡文编》卷 22。《吴郡文编》于清道光七年（1827 年）编成，收录散见在历代志乘、碑刻及书册之中的吴地重要文献，卷帙浩繁，内容丰富，是一部苏州史料汇编。碑文记载如下：

嘉定濒海之墟，当江流〔补：之〕会。外即沧溟，浩渺无际，凡海舶往来最为冲要。然无大山高屿，以为之表志〔识〕。遇晴昼〔昼晴〕风〔补：静舟〕徐而入，则安坐无虞；其或昼夜，烟云晦明，长风巨浪，帆樯迅疾，倏忽千里，舟师弗戒，瞬息差失，触坚胶浅，遄取颠踬，朕恒虑之。今年春，乃命将士，相地之宜，筑土山焉，以为往来之望。其址东西各广百丈，南北如之，高三十余丈，上建烽堠。昼则举烟，夜则明火，海洋空阔，遥见千里，于是咸乐其便，不旬日而成。周围树以嘉木，间以花竹，蔚然奇观。先是未筑〔补：山〕之前，居民恒见其地有山影，及是筑成，适在其处，如民之所见者。众曰：盖有神明以相之故〔多：故〕，故其兆先见，皆称之曰宝山。因民之言，仍其名而不易，遂刻石以志之。〔补：并系以〕诗曰：

沧溟巨浸渺无垠，混含天地相吐吞。洪涛架山嵘嵘奔，巨灵赑屃相嘘歕。挥霍变化朝为昏〔昬〕，骇神褫魄目黯眢。苍黄拊髀孰为援，乃起兹山当海门。孤高靓秀犹昆仑，千里示表欝焞燉。永令汛济无忧烦，宝山之名万古存，勒石〔铭〕悠久同乾坤。

永乐九年〔原文：十年〕五月初九日〔增：初九日〕。

顾沅文所记与原文比较，存在缺漏、增加、颠倒和改字的情况。笔者比对原文，从抄录时可能出现的差错，并与上述其他文献所记比较，以原文“并系以诗曰”而成“诗曰”，落款时间“永乐九年”而不是原碑“永乐十年”推断，顾文所记是抄录其他文献，不是源自原碑。顾沅文所记落款时间，与现所看到的原碑所记“永乐十年五月”不同，记为“永乐九年五月初九日”时间。笔者考证：

首先，年代时间不同，“永乐十年”变成“永乐九年”。施森曾在《宝山考略》中进行了如下考证：

“用碑文与《明史·陈瑄传》互证，可以说明宝山的修筑是在明朝永乐十年（1412 年）。而谈迁的《国榷》对此，更有明确的记载，曰：永乐十年九月，‘戊申。平江伯陈瑄筑嘉定县之青浦宝山城，方百丈，高三十丈，为海运表识’。光绪朝修的《嘉定县志》和《宝山县志》，引王世贞《宝山堡记略》，把宝山的修筑定作永乐十五年或十三年，皆有所误。究其所以，恐将永乐十年五月，误作永乐十五年，再误作永乐十三年所至。夏燮的《明通鉴》，在永乐九年条目下记载此事曰：‘……已而瑄言……

踰年成'。此乃照抄《明史·陈瑄传》,然而他将'明年,瑄言……',改成'已而瑄言',这就反与《明史·陈瑄传》相抵牾。非'踰年成',实为当年成,非'永乐九年',应为'永乐十年'"。[18]

其次,落款时间增加"初九日"。这是目前所见原碑文没有的。在八篇记载宝山堠碑文中只有顾沅的《吴郡文编》和沈徽全的《江东志》记有"初九日",但沈文记载的"永乐十年五月",是对的。"初九日"在《明史》卷6《成祖二》、卷86《河渠志四·海运》、卷153《陈瑄传》没有记载,在《明太宗实录》卷133记载宝山筑成时间为"永乐十年冬十月戊午"。笔者仔细查看原碑,发现原碑题目"宝山之"下方缺字处磨平痕迹与落款处"永乐十年五月"下方相似,也似磨平,而且落款"五月"字体明显与"永乐十年"不同,是经过后人修补的,推断原碑文落款为"永乐十年五月初九日",后与碑文题目一样磨平,而早先的人们还可以看到。

7. 清梁蒲贵、吴康寿修的《宝山县志》(光绪)卷2《城池》。该书于光绪八年(1882年)成书,由宝山县两任知县梁蒲贵、吴康寿主持撰修,共14卷。碑文记载如下:

嘉定濒海之墟,当江流之会,外即沧溟,浩渺无际。凡海舶往来最为冲要,然无大山高屿,以为之表识。遇昼晴风静,舟徐而入,则安坐无虞。其或昼夜,烟云晦冥,长风巨浪,帆樯迅疾,倏忽千里,舟师弗戒,瞬息差失,触坚胶浅,遄取颠踬,朕恒虑之。今年春,乃命〔补:海运〕将士,相地之宜,筑土山焉,以为往来之望。其址东西各广百丈,南北如之,高三十余丈。上建烽堠,昼则举烟,夜则明火,海洋空阔,遥见千里,于是咸乐其便。不旬日而城〔成〕。周围树以嘉木,间以花竹,蔚然奇观。先是未筑〔补:山〕之前,居民恒见其地有山影,及是筑城〔成〕,适在其处,如民之所见者。众曰:是盖有神明以相之,故其兆先见,皆称之〔补:曰〕宝山。因民之言,仍其名而不易,遂刻石以志之。〔补:并系以〕诗曰:

沧溟巨浸渺无垠,混含天地相吐吞。洪涛架山嶫嶫奔,巨灵赑屃相嘘歕。挥霍变化朝为昏〔昬〕,骇神褫魄目黯眢。苍黄树髀孰为援,乃起兹山当海门。孤高靓秀犹昆仑,千里示表嶟焞燉。永令迅济无忧烦,宝山之名万古存,勒石〔铭〕悠久同乾坤。

根据本志记载"当江流之会",与乾隆朝《宝山县志》记载"当海流之会"的差别,认为光绪朝《宝山县志》碑文所记不是源于乾隆朝《宝山县志》,而是来自其它文献记述。

8. 清沈徽全纂修的《江东志》卷2《营建志》。该书是光绪年间成书的。碑文记载如下:

嘉定濒海之墟，当江流之会，外即沧溟，浩渺无际。凡海舶往来最为冲要，然无大山高屿，以为之表识。遇昼晴风静，舟徐而入，则安坐无虞。其或昼〔暮〕夜，烟云晦冥，长风巨浪，帆樯迅疾，倏忽千里，舟师弗戒，瞬息差失，触坚胶浅，遄取颠踬，朕恒虑之。今年春，乃命海运将士，相地之宜，筑土山焉，以为往来之望。其址东西各广百丈，南北如之，高三十余丈。上建烽堠，昼则举烟，夜则明火，海洋空阔，遥见千里，于是咸乐其便。不旬日而成。周围树以嘉木，间以花竹，蔚然奇观。先是未筑山之前，居民恒见其地有山影，及是筑成，适在其处，如民之所见者。众曰：是盖有神明以相之，故其兆先见，皆称之〔补：曰〕宝山。因民之言，仍其名而不易，遂刻石以志之。并系以诗曰：

沧溟巨浸渺无垠，混合〔含〕天地相吐吞。洪涛架山嶫嶫奔，巨灵赑屃声嘘歕。挥霍变化朝为昏，骇神褫魄目黯昏。苍黄拊髀孰为援，乃起兹山当海门。孤高靓秀犹昆仑，千里示表髾焞燉。永令迅济无忧烦，宝山之名万古存，勒石〔铭〕悠久同乾坤。

永乐十年五月初九日

将沈徽全的《江东志》所记与原碑文对比，发现记载碑文最接近原碑记述。三处写错的地方，“昼”写成“暮”、“含”写成“合”、“铭”写成“石”，前两字是现所见碑文模糊难辨，字体极为近似，另外抄漏一“曰”字。其余与原碑文相同。笔者推断该碑文抄自原碑，或拓片，或直接抄录原碑的记述。因此，沈文落款时间记为“永乐十年五月初九日”，也可进一步佐证现在所见原碑落款时间“永乐十年五月”之下原“初九日”，后磨平难辨。

笔者现以原碑文为底本，与文献中辑录的碑文逐一互校和辨析，发现其差异之处主要有两种情况。

第一，出现讹误，即文字错误。如原碑文“当江流之会”一句，郑若曾文、乾隆《江南通志》文、乾隆《宝山县志》文为“当海流之会”；原碑文“以为之表识”一句，顾沅文为“以为之表志”；原碑文“不旬日而成”一句，光绪《宝山县志》文为“不旬日而城”；原碑文“乃起兹山当海门”一句，钱谷文为“乃启兹山当海门”；原碑文“永令汛济无忧烦”一句，钱谷文为“永令帆济无忧屯”，乾隆《宝山县志》文、光绪《宝山县志》文、《江东志》文为“永令迅济无忧烦”；原碑文“勒铭悠久同乾坤”一句，文献记载的碑文皆为“勒石悠久同乾坤”。

第二、出现脱文。如原碑文“遇昼晴风静，舟徐而入”一句，顾沅文为“遇晴昼风徐而入”，脱“静、舟”二字；原碑文“先是未筑山之前”一句，除《江东志》文与原碑文记载同，其他文献皆记载为“先是未筑之前”，脱“山”字；原碑文“皆称之曰宝山”一句，除郑若曾文、钱谷文、万历《嘉定县志》文、乾隆《江南通志》文、顾沅文与原碑文记载同，其他文献记载为“皆称之宝山”，脱“曰”字；原碑文为“乃命海运将士”，除《江东志》外，其余文献皆抄为“乃命将士”，脱“海运”二字；原碑文“并系以诗曰”一句，除《江东志》文与原碑文记载同，其他文献记载为"诗曰",脱"并系以"三字。

此外,笔者在校勘时发现,除成书时间最晚的《江东志》文与原碑文较为一致外,其余碑文与原碑差距明显。如原碑文"先是未筑山之前"一句,除《江东志》文与原碑记载同,其他文献皆记载为"先是未筑之前",皆脱"山"字;原碑文"洪涛架山巉奔"一句,万历《嘉定县志》文、乾隆《江南通志》文、光绪《宝山县志》文为"洪涛架山巉奔";原碑文"巨灵赑屃声嘘歕"一句,除乾隆《宝山县志》文、《江东志》文与原碑文记载同,其他文献记载为"巨灵赑屃相嘘歕";原碑文"挥霍变化朝为昏,"除《江东志》外,其他文献皆写成"挥霍变化朝为昏",已出版的"宝山烽堠碑文",也将原碑"昏"误写为"昏"字。[19]

记述宝山烽堠碑的文献,为史料之间互为考证提供了资料依据。通过原碑文与八部碑文记载校勘发现,虽然文献辑录的碑文与原碑存在差异,但是统观碑文文献记述,不论是字数还是内容都基本一致,只存在几处用字差异,其中不排除碑文在传抄、刻印、排印等过程中出现的错误。有些文献记载存在一定的因袭关系,为宝山烽堠碑的文献记载校勘提供了史料证据,为深入探讨和研究文献记述之间的关系提供了线索。至于具体因袭关系考察,还需要继续查阅其他记载宝山烽堠碑的历史文献予以验证。

三、宝山烽堠碑在中国航运史研究中的价值

宝山烽堠碑的碑文包括记文和诗文两部分。记文所载涉及航运地理、修建烽堠的目的、时间、人员、功用及命名和一些海运情况,诗文则是以文学辞藻赞美宝山烽堠及作用。从中国航运历史的角度考察宝山烽堠碑的价值,除了学术价值和文物价值外,它还具有多元的文化价值和现实意义。[20]本文从文献记述方面探讨它的学术价值。

第一,碑文记载了当时有关上海沿江、沿海地理环境的部分情形。首先从记述中可知,明初嘉定县境滨江处临近海口,江流在此水域交汇,属于航运要冲;其次嘉定沿江地区平坦,没有高山和凸现的岛屿,水面会发生大的风浪。这些记载对于考察和研究上海历史上的航运地理环境及其变迁有直接的史料价值。

第二,碑文记载了当时这一水域的航运情况。海舶和舟师必经这条航路,航行中船舶没有显著的地理标识用于导航;遇见夜晚或大的风浪,船舶会发生颠簸和触礁搁浅的情况,船速迅疾不可控制;白天风静,航行安全。同时,碑文所记"舟师",说明这里是明初海军船队出入的航道。从史实考察,所称"舟师",学术界多认同是指郑和下西洋的船队。永乐三年至宣德八年(1405—1433年)年间,郑和奉旨七次下西洋,都以太仓刘家港为船队停泊的集结地、物资准备地,从此出洋。该碑修筑前,郑和已经完成第一次下西洋(1405—1407年)、第二次下西洋(1407—1409年)、第三次下西洋(1409—

1411 年)，“舟师”均往返必经此航道。《郑和航海图》上明确注明宝山烽堠，说明第四次下西洋(1413—1415 年)之后的四次出使西洋均作为“舟师”航行的导航标志。该碑所记内容成为研究郑和下西洋历史的重要原始文献，也是证明上海与郑和下西洋关系的最主要文物见证。另处，碑文所记“舟师”也指明初海运“运军”。明初海运属于军事运输，分别从沿海卫所抽调兵员，兵力 8 万余人。[21]海运“舟师”从南京龙江关、刘家港、福建水波门等起运，途中担负剿灭倭寇任务。[22]因此，碑文所记“舟师”不仅指郑和下西洋船队，也包括海运的“舟师”。《明成祖实录》、《明史·陈瑄传》、《明史纪事本末·沿海倭乱》等文献均有记述。

第三、碑文记载了烽堠的修筑目的、经过及命名。修筑宝山烽堠的目的，有学者提出与明初海运、郑和下西洋和军事上防御倭寇有重要关系。[23]从碑文所记，并对照《明成祖实录》和《明史·陈瑄传》文献记载，当时修筑宝山烽堠的目的是“以为往来之望”的航行船舶。负责海运的陈瑄上奏皇帝批准，主要是为了海运。徐作生考察了筑建烽堠防倭说依据的是乾隆朝《宝山县志》和沈徽全的《江东志》记载的“宝山为倭寇聚集之所”，认为是后来人所附加的。[24]修筑的官兵是陈瑄指挥的海运部队，修筑时间不到 10 天。从其大小规模判断，是一个不复杂的堆土而成的山，命名是源自当地居民的传说。碑文记载的史料为研究中国灯标的历史提供了重要依据，也是上海国际航运中心变迁的一个历史见证。

第四，碑文记载的诗文是研究中国航海文学的重要内容。13 句诗文，包含了形容海浪洪涛情形的描述、对修筑宝山价值的赞誉，并折射出它对航运的巨大保障作用。

第五，该碑对于中国航运、尤其是上海航运历史和文化有重要的文物价值。它对上海航运文化建设是一笔弥足珍贵的文化遗产，也是一种有鲜明航运特色的文化资源。根据上海郑和研究中心课题组历时 3 年半的考察，[25]在完成的《高桥“宝山烽堠碑”历史文化价值研究报告》[26]中比较了国内现存江苏南京下关的明永乐皇帝撰写的“御制弘仁普济天妃宫之碑”，其碑文为永乐皇帝朱棣于永乐十四年(1416 年)撰写，此碑于 1957 年就被江苏省人民政府公布为省级文物保护单位。福建省长乐市现存与郑和下西洋事迹有关的“天妃灵应之记”碑，该碑为明代宣德六年(1431 年)郑和、王景弘等在第七次下西洋时所立，于 1961 年被福建省人民政府公布为第一批省级文物保护单位。课题组从其航运历史价值向上海浦东新区文物保护管理所提出论证报告，申报宝山烽堠碑为上海市文物保护单位，并进一步申报国家文物保护单位，现在已经进入逐级申报的程序。课题组在《“宝山烽堠碑”在中国航运历史中地位的阶段性考察》[27]研究报告中，分别就宝山烽堠碑涉及的相关概念，如“航运”、“御”、“碑刻”内涵进行界定，对中国沿海和内水长江、黄河和运河等航运水域涉及的文物资料(包括国家、省和部分历史上存在航运的地级市、县级文物类碑刻和航运文物等)、非遗资料(包括国家、省市非物质文化遗产名录等)、文献资料(包括中国航海历史文献、长江航运历史文献、黄河航运历史文献、运河历史文献、港口历史文献及相关志书等)分别进行考察、梳理及考证,提出宝山烽堠碑是迄今发现最早的皇帝为航运而撰文的御碑,也是上海地区唯一由皇帝撰文的碑刻。

宝山烽堠碑已经传承600年,对上海城市文化建设来说是一笔弥足珍贵的文化遗产,它蕴涵着文化的多元价值,值得我们深入探讨如何有效的保护、开发和利用好这笔文化资产,挖掘更多的文化价值繁荣我们的城市文化,彰显历史与现实在当代城市发展中的文化融合与创新。

注释：

① 丘浚：《大学衍义补》卷 34，《漕挽之宜(下)》。
② 魏林：《明初废罢海运试探》，《郑州大学学报》(哲学社会科学版)1987 年第 5 期，第 11 页。
③《明太祖实录》卷 255。
④《明史》卷 86，《河渠志》四。
⑤《明太祖实录》卷 233。
⑥ 范金民、赵骥：《元明清时代刘家港的历史地位》，《刘家港研究》，农业出版社，1995 年，第 88 页。
⑦《明成祖实录》卷 22。
⑧《明成祖实录》卷 36。
⑨《明成祖实录》卷 36。
⑩《明成祖实录》卷 44。
⑪ 引自席龙飞、宋颖撰著《船文化》，人民交通出版社，2008 年，第 103—104 页，表 6—3。本文引录时，省略该表中永乐十三年、永乐十七年的统计。
⑫ 陈波：《试论明初海运之"运军"》，《中国边疆史地研究》2009 年第 3 期，第 125 页。
⑬ 钱宝琛纂：《壬癸志稿》卷 3，《人物》。
⑭ 弘治《太仓州志》卷 1，《沿革》。
⑮《明史》卷 153，《陈瑄传》。
⑯ 民国《宝山县志续编》。
⑰ 上海郑和研究中心课题，完成人：朱鉴秋，编号：2009SZ—KT001。
⑱ 施森曾：《宝山考略》，《上海师范大学学报》(哲学社会科学版)1982 年第 4 期。
⑲ 上海博物馆图书资料室编：《上海碑刻资料选辑》，上海人民出版社 1980 年，第 50 页；袁俊卿、黄慧珍主编：《郑和史迹文物选》，人民交通出版社，1985 年，第 26 页。
⑳ 时平：《中国仅存航运御碑的多元文化价值》，《上海城市管理》2012 年第 3 期，第 9—12 页。
㉑ 陈波：《试论明初海运之"运军"》，《中国边疆史地研究》2009 年第 3 期，第 125 页。
㉒ 陈波：《明初海运与海防的关系》，《郑和研究》2007 年第 4 期，第 33 页。
㉓ 沈瑞英：《略论宝山烽堠和御碑的价值意义》，《郑和研究动态》2012 年第 3 期，第 9—10 页。
㉔ 徐作生：《宝山烽堠，我国最古老的灯塔——考永乐烽堠御碑的一个新发现》，《中国航海》1988 年第 2 期，第 77—82 页。
㉕ 课题组成员由中国科学院院士、上海交通大学杨槱教授、上海郑和研究中心副主任朱鉴秋教授、中华书局谢方高级编审、华东师范大学周茹燕教授、上海郑和研究中心徐作生教授、上海郑和研究中心主任、上海海事大学海洋文化研究所所长时平教授组成，组长由时平教授担任。
㉖ 上海郑和研究中心课题，完成人：朱鉴秋，编号：2009SZ—KT001。
㉗ 上海郑和研究中心课题，完成人：时平，编号：2012SZ—KT002。

Study about YongLe Period in Ming Dynasty of the Beacon – fire Tablet on Baoshan: A record of set up for 600th Anniversary of the Beacon – fire Tablet on Baoshan

Abstract: This article investigated the history of the beacon – fire Tablet on Baoshan , and Compared the original inscription with the consult literature about eight documents, found seven what is written literature with the original inscription are a little different, not directly derived from the original inscription. Among them, history of the Jiangdong what is written, inferred from the original inscription. On the basis of textual research, it also describe the academic value of the inscription, puting forward the beacon – fire Tablet on Baoshan ever discovered the first composered the inscription by the emperor for shipping, is also the only composered by the emperor in Shanghai.

Keywords: Beacon – fire on Baoshan, Textual research of Inscription, Academic value

清代后期沙船航运业的经营

松浦 章*
（日本关西大学）

摘　要：康熙二十三年（1684 年）台湾郑氏投降清朝以后，清朝颁布“展海令”，允许人民进行海外贸易。其结果是沿海民众多运用帆船积极地进出中国沿海及海外。活动于中国大陆沿海海域的帆船主要有沙船、鸟船、福船、广船，其中在长江以北海域活动最多的是沙船。以上海县、也就是现在南市附近的黄浦江为中心，兴起众多沙船业主。他们为上海和东北沿海地域间的海上运输做出了贡献，并影响了鸦片战争以前上海的发展。本文主要论述以上海为中心的清代后期沙船航运业经营的展开。

关键词：清代　上海　沙船　航运业　报纸

一、绪　　言

以上海为中心的，特别是以称之为“北洋”的黄海、渤海海域为主要活动区域的沙船航运业，自清代康熙年间开始呈现出跳跃式发展的局面，这些情况已经在松浦章所著《清代上海沙船航运业史研究》第 1 编、第 2 编①的各章中有所论述。有人认为，正是清朝后期欧美蒸汽船大量进入中国沿海，才使得以上海近郊为基地、承担沿海帆船运输的沙船航运业遭受了史无前例的打击。②

在上海发行的报纸《字林沪报》第 2050 号（1888 年 5 月 11 日、光绪十四年四月初一）有一则题为《沪南筑路答问》的报道对沙船的情况进行了描述：

> 凡百贸易萃于南市，南市之商家，推沙船为巨擘。最盛时，多至二三千艘，帆樯所至，货物流通。若油豆饼诸项，由此进口。花米布诸项，

* 作者简介：松浦 章，1947 年生，日本关西大学东西学术研究所所长、亚洲文化研究中心主任、文学部教授。

由此出口。其他尘肆，如水聚壑，亦可谓物盛一隅矣。自从西人通商，开辟租借，凡百贸易，逐渐为之，分移始，犹分其十分之二三，继又分其十分之四五，今且分其十之七八，沙船号家，少若晨星，进出口货，大半属诸轮船，于是沪南市面，竟成外强中干之势，由他处人观之，以为沪南、沪北总不出乎上海之境，失之东隅。

从这段新闻报道中可以看出，上海的航运业中心主要在上海县城东侧的南市，该地紧邻黄浦江。最盛的时候有2 000—3 000只沙船在此活动，运来大豆、大豆油及豆饼等货物，同时向各地运出木棉和米谷等。《南京条约》签署之后，五港通商，这种因沙船而兴盛的航运业逐渐走向衰落。其主要原因就是通商后轮船的出现及其活动对沙船航运业的打击。

对于欧美蒸汽船在中国沿海海域出入而导致中国沙船业遭受打击的问题，尚无充分的论证。并且，关于轮船在中国沿海海域出入之前沙船航运业的开展情况也研究得不甚充分。

因此，本章将通过沙船的航行记录来探讨清代后期沙船航运业的经营是如何展开的，另外在欧美轮船进入中国沿海海域这种外在压力的影响下，又是如何开展经营的。

二、清代后期沙船业的开展

自 17 世纪末至 18 世纪中叶，中国的海船航运业在东海、南海海域中保有最大的活动领域。③

众所周知，以福建为中心的帆船海运业在由中国大陆、朝鲜半岛、日本列岛、菲律宾群岛、印度尼西亚群岛围成的海域中频繁活动，出入于各地的主要海港城市。④

就中国沿海来说，以长江口周边地区为主要基地的沙船，在特定时期曾积极地来往于长江口和北部沿海海域。⑤

清代后期的沙船经营状况在《北华捷报》(*The North－China Herald*)第 30 号，1851 年 2 月 22 日的“帆船贸易”⑥ 中有详细的记载。原文字数较多，仅以拙译记录如下：

上海和山东(北部)之间开展着大规模的帆船贸易，每月自山东有豆、豌豆及豆饼等运往上海。这些帆船几乎全部属于在上海及其近郊居住的人们，仅有少数属于居住山东者所有。因贸易而被雇佣的各式船舶至少有1 500艘。在上海居住的最大的船舶所有者叫做 Singyuh，据称他大约拥有 60 艘帆船。这些船舶的装载量从6 000担到1 200担不等，各类型的船舶一般在船身侧面至船尾部分标记了船只所属的地名。

“担”并非外国的计量单位，山东谷物单位的2担相当于上海谷物单位的1担2石，能装载1 000山东担的帆船大约能输送200英吨的谷物。这种船的建造费用是每担花费银7两，也就是上海海关银的7 000两。根据需要，100两重的（银）可以变更为124—135美元。现在的汇率是每100两兑换132.2美元，那么7 000两能换算成9 254美元或2 413英镑，帆船的价格由航海来决定。以上所提及的帆船经修理可维持10年，保证航海时可乘坐的最佳人数为25名，这25人包括船主及伙长等。他们受雇于船舶所有者，在返回港口的时候能得到以下酬劳：

船主12 000—15 000钱或8.5—10.75美元或者2英镑2先令5便士至2英镑13先令9便士；伙长6 000—7 500钱；水手大约1 200钱。并且，以上人等的饮食由帆船所有者提供，在船主的监督下，每个月每位船员大约要4先令6便士。

在餐费和薪金之余，船员们还被允许保有各自在船上的储存空间。船主50担或者船舱空间的二十分之一；伙长25担或者船舱空间的四十分之一；水手可在以下三者中任选其一。每人2担或者钱、或者船舱空间的五百分之一。

然而，他们统统都不满足于所得的补贴，一般都会硬塞入两倍数量的物品。如果他们有本钱，他们会为了自身或者为了朋友可以任意购买货物。据称做这样的规定是出于所有船的经营者都为了让船员对于航海产生兴趣。

平均来讲，航海每年4次，有的时候5次。进口和出口的关税按货物征收。而且，根据船的大小征收税金，这些税金均由雇船一方支付。假设上海的某位商人（不是船舶所有者）为A，帆船所有者为B，B拥有闲置的数艘帆船。A预备从山东或者其代理人提供货物的老友等处买进豆、豌豆及豆饼等，于是他与B之间缔结了雇船合同。同意一艘帆船从同一地区出发然后返港，如若带去1 000担大豆，每担支付银8钱用于运输费用。那么1 000担的运输费用就是上海银800两或者现在1 057美元60美分，如果1美元等同于5先令，那么就是261英镑8先令。在签好雇船合同后，合同方可自此时起自由使用船只，随意收取运输费，而且，如果他不能将船只装满，船舶所有者被允许自由装载作为运输货物的商品。但是，帆船返航的相关的义务履行全权委托给合同方。如果合同方不能支付船舶所有者返航运输费的话，在那之前，是不能允许回到上海的。

在山东的A的代理人将船只装满货物，然后判断已经满载，告知是1 000担，因此拿到收取书，帆船急速踏上归程，到达上海后货物自船舱取出再称重量。如果数量不足，那么此责任由A方承担，因为货物是A方购入并装船的。如果帆船自上海出发之后，在抵达山东之前遭遇了海难，合同方已然支付了运输费用，因为不可能从帆船所有者处拿回，所以同样受到损失。如果在交货的时候，发现了损失，那么损失由B方赔偿。但是，如果船只在航海中遭遇不适于航海的问题，例如由天气状况恶劣导致的，那么由A和B双方大致平摊损失。

如果，豆饼作为装载物进行运输时，在认同船只使用费的比例的条件下，必须相对于担确定相对应的个数，因为此货物无法确定重量。然而，对于装载量而言收购数量大致有一个习惯，因此船只使用费是每10担63、65或者70个，银8钱左右。而且，全部是同样的重量、同样的型号、同样的个数。为了在山东交付现金，生丝、南京木棉、多种布匹和马蹄银都被运送到了这里。在运送100艘载货船时，从上海出船之前已大致装满货物，同时只能用不到6%的运费来支付。

虽然据称海事保险系统是在福建的贸易商之间形成的，但对于这件事大多数人还是不太了解。虽然当时中国的商人非常感谢为自己提供了很大的方便来进行贸易，但实际上他们之间一般只是口头上这个呀那个呀答应，未有信用可言。而且，即使是品行端正的、特别好的朋友之间，一艘中国式的帆船如果可以出航，即使保证了船只和货物的安全，这些船只航行了一小段距离后，在几个停靠港将货物卖掉，再摧毁船只的话，或许过了一段时间之后，船只的所有者也会因为遭到了全部损失来主张自己的权利。对于在海上遭受的这些损害，他们自身也无法解决，中国式帆船的所有者和贸易者或许也会被海盗抓住遭到迫害。

山东省和江苏省北部相接。

如上，主要是在上海市、山东省、河北省、辽宁省作为交易地来进行海运运营。关于将沙船称为“山东船”，《字林沪报》第1535号（1886年11月29日、光绪十二年十一月初四日）的报道《论华商不知慎选舟师之失》中有如下记载：

各项船只中，大小不一，尤推沙船，为商贩巨擘。其一名为山东船，盖指往还山东省口岸，而称除常年承运赴津一次外，北自辽沈、南抵浙洋沿海数十岸，无非沙船踪迹之所。

沙船是沿海航运的重要船舶，被称为“山东船”的沙船主要在山东省沿海等处从事海运，又可北上东北沿海，南下浙江沿海，航行的海域非常广。

到了十九世纪末，作为沙船业中心的上海沙船业，由于外国商船的进入，而陷入经营危机。

据《海防档》的《华商置卖洋船》记载，同治六年（1867年）二月八日有如下记载：

源自各国通商以来，南北口岸洋船盛行，华船歇业，上海沙船日益疲乏。⑦

由于清政府对欧美列强开港通商，致使外国船只驶来中国海域的机会日渐增多，以至于中国海运运营业的主体都由外国船只来运营。这种情况下，上海沙船业日渐衰落的危机感更加强烈。

上海沙船业走下坡路的状况，特别清晰地表现为沙船船只数量的急剧减少。同书记载道：

据说，以前沙船业繁盛的时期，将近有三千多只船只，但是现在只剩下三、四百只船只了。⑧

沙船业繁盛的时期将近有三千余只船只运营，但到了同治六年(1867年)，其数量已经减少到四百到五百只左右。从沙船数量的减少可以得知，上海沙船业受到了外国船只进入中国海域所带来的经营上的打击。

对于清末时期沙船业的运营状况还体现在丁日昌的奏折中。据《丁中丞政书・巡沪公牍》卷二的《北洋豆货应归上海商船转运清奏详》中这样记载：

据东卫沙宁船号各商郁森盛等联名具禀，切照上海一隅之地，沿海居民多借船业为生。自西洋各国议准通商，上海一口最为繁盛，良由沙卫各船群聚贸易，始得交易流通，商贾辐凑，未有内地商人，均已乏本停歇，而西洋商独能通商贸易者，惟沙船运销货物，向以豆饼、豆石为大宗，舍此无可贩运。是以和约内有外国船不准装运牛庄等处豆石一条。⑨

据以沙船、宁船⑩等为代表的船主郁森盛呈报的关于运营状况的记载，上海位于沿海地区，因此大多数当地人通过从事与航运业有关的工作来谋生。1842年《南京条约》签订后，上海因对外国通商而贸易更加繁盛，沙船和卫船的运营也从中部分受益。中国商人受到外商的打击，但也不是全部商人都陷入贫困。外商惟独不能涉足的是沙船对豆饼和豆石的运输，这是因为条约的规定限制了外国商船参与从牛庄到上海的豆石贸易。

但同治元年(1862年)以后，沙船的经营受到了比较严重的打击。该书也有如下记载：

自同治元年暂开豆禁，夹板洋船直赴牛庄等处装运豆石。北地货价，因之昂贵，南省销路，为其侵占。两载以来，沙船资本亏折殆尽，富者变而赤贫，贫者绝无生理。现在停泊在港船只不计其数，无力转运，若不及早挽回，则沙船停泊日久，船身朽坏，行驶维艰，业船者无可谋生，死何足惜。但在船耆舵，水手十余万人，不能存活，必致散而为匪，肆行抢掠，商贾难安。[11]

同治元年（1862 年），因为允许外国的夹板船可以直接从东北的牛庄运输豆货，沙船的运营遭受到了致命的打击。北方运输货物的价格较高，南方商品的销路也被侵占，致使沙船航运处于亏本经营的状态。不用运输货物的沙船日夜停靠在上海，一方面加剧了沙船自身的损耗，另一方面沙船的约十余万船员失去了谋生的手段，甚至有可能变成土匪，商人们也无法安心经营。

沙船业危机的原因来自于同治元年（1862 年）对豆石运输的外国船只的开禁政策。根据《筹办夷物始末》同治朝卷四、同治元年（1862 年）正月甲辰（二十一日）的条目记载：

恭亲王等又奏，据英国公使威妥玛屡称，如欲北洋海口完固，莫如将豆货开禁，则商贾辐凑，外国不能不保守该口。旋据英使卜鲁士照会前来，详论洋商贩豆一事。禁之无益，开禁无损，并称如各口商船云集，该国无不协力保卫等语。

面对因亚罗号事件和太平天国的动乱而摇摇欲坠的清政府，英国以北洋的防备作为交换，向清政府请求运输豆货。清政府对此的回应，该书是这样记载的：

臣（恭亲王）等查，天津和约禁止洋商贩运豆石出口，原因恐分中国商船之利，并有妨民食。

咸丰八年（1858 年）的《天津条约》曾禁止外国商人运输豆货。这是因为考虑到外国商船会因此而争夺中国商船的利益，进而可能会影响到中国民众的食品供应。

但是，外国商船中仍旧有触犯这条禁令进行运送豆石活动的。据《筹办夷物始末》咸丰朝卷四十、咸丰九年（1859 年）六月戊辰（三十日）的条目记载，当时钦差大臣两江总督何桂清收到苏松太道吴煦密报：

近来外国商船，有至登州、牛庄及沿海各处贩运洋药，甚至装豆南下。

可见，在运送鸦片的贸易船只中发现了有的船只从北方运送豆类等去往上海。而且该书中还有如下记载：

且登州、牛庄之豆石、豆饼，即使开市以后，亦不准洋商装运出口，载在上海善后条约。

《天津条约》签订以后，外国船只运送登州、牛庄的豆货被明令禁止。这条禁令可以在《筹办夷物始末》卷三十三、咸丰八年(1858年)十二月丁卯(二十六日)的《天津条约》的附属条约《海关税则》里查阅到：

豆石、豆饼在登州、牛庄两者，英国商船不准装载出口。其余各口，该商照税则纳税，仍可带运出口及外国俱可。

英国商人的贸易范围除了在《南京条约》中开放的广州、福州、厦门、宁波、上海外，这次的《天津条约》又新加上了东北的牛庄、山东省的登州、台湾省的台南、广东省的潮州和海南岛的琼州等五个港口。其中，对豆石运出较多的山东省登州和东北省牛庄，禁止英国船只运输。对于该规定的理由在同书中也有明确的记载：

登州、牛庄出产豆石、豆饼，各省商贩以沙、卫船只运销于江、浙、闽、广等处，其利甚大，借此营生者不下数千万人。……若无豆石、豆饼装载南来，则商贩船户，既失生业。

从牛庄、登州将豆货等运往长江以南的沿海地区，自古以来都是江南海船的主要事业，而且，与船运业相关并靠此维持生活的人成千上万。如果维持他们生活的基础被破坏了，后果难以想象。

尽管对豆货等的运输有明令禁止，但是外国船只中仍旧出现了触犯禁令私自运送的情况。其导致的危害，在上文提及的何桂清的奏折中已作说明。此外，在《筹办夷务始末》卷四十四，咸丰九年(1859年)十月辛亥(十五日)何桂清的奏折中也有如下记载：

再臣前因外国商船有至登州、牛庄及沿海各处，贩运洋药，甚至装豆南下之事。当即于接受关防后，照会各国公使，并咨行各省一体饬禁。

同时这也唤起了各国公使和沿海地区的官吏，对于禁止外国船只运送豆货等信息的注意。然而，虽然有这样的顾虑，豆禁政策还是被解除了。上文中恭亲王的奏折已提到开禁的理由，据恭亲王《筹办夷务始末》同治朝卷四，同治元年(1862年)正月甲辰(二十一日)的条目记载：

现值南方不靖，贼势方张，沿海口岸兵力尚单，外国如能协防，亦可稍张声势。……复查，洋船贩运豆石，原以压装回南，并非运出外国，其于内地民食，亦无大损，现欲资其协卫。

当时的政治状况是难以平息太平天国运动所带来的动乱，清朝的海军防备也不是十分完备，因此只能借助外国势力进行防备。而且，如果外国船只可以运送豆货，大量的豆货就可以在沿海地区输送，这并不是出口到外国，这只是作为帮助向中国民众提供饮食供给，因此可以允许外国船只在国内运输。

对此，李鸿章提出了异议。这可以从他的奏章《筹办夷务始末》同治朝卷七、同治元年(1862年)六月丁丑(二十六日)的条目中看出。此外，在他的《李文忠公全集》奏稿一、《上海一口豆石请仍归华商装运折》(同治元年六月十三日)中也有记载。

虽然同治元年正月允许外国船只运送豆货是作为北洋海防的紧急要事之一，但李鸿章还是请求撤销开禁。提出废除豆禁解禁政策的依据是由江南关监督吴煦发起的、船商王永盛等联名的要求：

兹据江海关监督吴煦，转据船商王永盛等联名禀称，沿海编氓，自开北洋海禁以后，造船出海，各随地产土著，贩运懋藉迁，迄今二百年来，借此谋生。

王永盛等人也阐述了自从康熙二十三年(1684年)的展海令颁布以后，航运业的发展经过以及航运业到现在所面临的危机。李鸿章根据这些请求，描述了他们目前的窘境：

现在各口通商，凡属生意码头，外国已占十分之九，惟賸登州、牛庄装豆一款，系商船谋生之路，今若一网打尽，则中国商船，立见废弃，沿海居民，生计壅阻。

现在外国商船已大约占据了90%的各港口外埠通商口岸，如果外国船只再占据运送豆货的登州和牛庄，中国商船的经营根基就会遭到破坏，大量的船只也会遭到废弃，大量渔民也会失业。此外，根据吴煦的调查：

据该关道详称，查江浙沙、蜑等船，航海往来贸易，其自南往北者，货不拘一。而自北回南者，总以豆货为大宗，即沪地生意，向以豆市为最大。今若外国船只，亦能装运，是该商船，向借此谋生者，一旦为洋商所占，则该商船所称，立见废弃，关系军需海运，系属实在情形。

他阐述了一直受益于豆货运输的江浙沙船、蜑船的经营者们的窘境，特别是上海地区的商业因豆货生意而兴起，又由于外国船只进入上海从事豆货生意而导致了商船经营的危机。

针对于上述状况，也可以在恭亲王等的《筹办夷务始末》同治朝卷十一、同治元年(1862 年)十一月癸亥(十五日)的内容里查阅到：

恭亲王等又奏，准军机处交出署江苏巡抚李鸿章奏，上海豆石，仍归内地商人转运一片。同治元年六月二十六日奉旨，总理各国事务衙门妥议具奏，钦此。

同时，李鸿章的奏折里也对此进行了再议：

臣等查洋商贩运豆石，原为条约所不准，嗣因本年春间，发逆逼近上海，各国代为防剿，英国因此从中求请，臣等以贼气正炽，故极意牢笼，允其所请，经臣等奏准在案。

但是，恭亲王等强调在《天津条约》里豆货运送的条款，是依据政治状况不得不做出的决定，因此最终还是无法更改对外国商船的豆禁政策。

根据《筹办夷务始末》同治朝卷二十八、同治三年(1864 年)九月丙辰(十八日)的内容、《李文忠公全集》奏稿七、《北注豆货上海一口请归华商转运折》(同治三年九月初十日)的记载，李鸿章再次上书要求修改条款。这一次是基于江海关道的丁日昌所接受的船商郁森盛的请求提出的。这与上文所述的丁日昌的《北洋豆货应归上海商船转运请奏详》的文字几乎相同。李鸿章也和航运业的十余万船员一起上书寻求救济。

在当日另一封李鸿章的奏折《收回北洋豆利保卫沙船折》(同治三年九月初十日)中有：

今沙船无赀贩买，停泊在港(上海)者，以千百号计，内地船只，以运动为灵，若半年不行，由朽而烂，一年不行，即化有为无矣。将来无力重修，全归废弃。

这样一来，曾经一度繁华的上海船运业沙船的工作会越来越少，将来也不可能再次发展沙船的航运业了。

同治四年(1865 年)李鸿章又再次上书要求应禁止外国商船的豆货运输。《筹办夷务始末》同治朝卷三十二、同治四年(1865 年)四月丙戌(二十二日)的内容记载：

江苏巡抚李鸿章奏，窃牛庄等处豆货，请照约禁止外国夹板等船装运，仍归内地商船转运。

他主张应禁止外国商船对牛庄等豆货的运输，同时应让中国商船进行运输。上海沙船业的低迷也波及其他方面，正如同书所记载：

上海关税，以沙船为大宗，近因沙船停泊，税饷日绌。

江海关的上海税口的关税收入因为沙船航运活动的低迷而急剧减少。对于李鸿章的请求，恭亲王等再次审议。《筹办夷务始末》同治朝卷三十二、同治四年(1865年)五月乙未(一日)的条文记载：

臣(恭亲王)等共同商酌，该抚(李鸿章)所请奏奉天等处杂粮米谷，准内地商船与豆石等一同贩运一节，系为体恤商情，兼顾漕运起见，应如所奏办理。

在这里，虽然对李鸿章奏请的主旨有所评价却没有采取具体的方案。为此，李鸿章请求为拯救上海沙船经营而免除关税。在《李文忠公全集》奏稿九、《海运回空沙船请免北税折》(同治四年十二月初三日)中写道：

奏为苏浙海运回空沙船装货，请免天津、牛庄关税，以广招徕，恭折仰祈圣鉴事。

提出了为救济江苏、浙江的沙船，当沙船北行至天津或牛庄入港时，免除关税的请求。该书对提出请求的理由也有记载：

窃照苏浙海运漕粮，历系上海沙船，承雇装载，由沪运津，向无贻误。沙船生计，以北洋豆货为大宗，自外国夹板船攘夺其利，沙船日就疲乏，无力出洋，大半废搁。

奏折中指出外国船运送豆货是导致上海沙船业衰微的原因。众所周知，在同治十一年(1872年)包括沙船在内的帆船数目极剧减少。

在《筹办夷务始末》同治朝卷八十八、同治十一年(1872年)十一月丁未(二十六日)的条文中，李鸿章指出：

江浙沙、宁船只减少，海运米石日增，本届因沙船不敷，诸形棘手，应请以商局轮船，分装海运米石，以补沙、宁船之不足。

他主张，由于本应从事米粮运送的江苏的沙船、浙江的宁船等船舶的减少，为了海运，应该由招商局的轮船，即汽船来应对。可以说，在同治年间的前半期主张救济沙船的李鸿章，由于主张行不通，沙船业深受打击，开始寻求以轮船的登场代替沙船。

李鸿章在光绪四年(1878年)四月的奏折中也提出：

> 近年沙、宁船生意，为洋船所夺，实形苦累。⑫

他将外国船看作造成沙船窘况的原因的想法并没有改变。事实上，在光绪八年(1882年)末，报纸上也报道过沙船业者破产的事情。《北华捷报》(*North-China Herald*)第813号，1883年1月17日(光绪八年十二月九日)附有：

> 在百年多的时间里，作为沙船船主长期经营事业的古老的巨盛亨商会于上周二宣告破产。据说商会的负债约为二十万两，而且作为商会资产的沙船约占总额的60%。破产完全是由进入中国水域的轮船和沿海的经营恶化造成的。调解终究还是在同债权人之间进行，预测将不能达成和解。⑬

以上记载的是经营沙船的巨盛亨商会的破产。从一百年前的一七八三年、也就是乾隆四十八年创业，伴随着沙船业的兴盛而逐渐发展起来的巨盛亨商会，至光绪年间破产。

在《申报》第3504号，光绪八年十二月二十二日(1883年1月30日)，《总论本年上海市面情形》一文中，接在“金嘉记源号丝栈倒帐，银五十六万两”之后，有“巨盛亨沙船号家倒至十有余万”，巨盛亨以十余万金的负债破产。这一年上海的破产情况，“本年各业倒帐，约有一百五十万两左右，本年本埠倒帐之情形也”，巨盛亨是在上海的破产金额中占了约为一成的高额破产。沙船业的窘况此后还在继续。在《宫中档光绪朝奏折》中可以看到光绪十七年(1891年)正月二十二日的江苏巡抚刚毅的奏折：

> 沪关常税，全赖沙船转运，向以油、豆饼，及棉花、布匹为大宗，自北洋油、豆饼弛禁后，华商货物，皆有火轮、夹板洋船装运，利权为其所夺，遂致沙船日少，常税日绌。⑭

上海关税的减收是沙船业低落的结果，而它的间接原因则是外国船对货物运输市场的抢夺。同样，在光绪十七年(1891年)十一月十四日，刚毅的奏折中写道：

> 江海关经征常税，向赖沙船装运，以油、豆饼、棉花、布匹为大宗，自各国通商后，火轮、夹板洋船畅行，油、豆饼弛禁，凡华商所贩货物，冀图便捷，改装火轮、夹板洋船，赴新关报税，沙船之利，为洋船所夺。⑮

向常关纳税的沙船没有载货。新关，即税务司统治下的洋关夺走了外国船的纳税，而这些外国船所运输的正是原本由沙船运输的货物。结果，"海关常税，实由华、洋商轮，将内地民船货物，争载揽运，以致新关之华税日增，常关之额税日绌"。[16]由沙船向常关缴纳的关税收入，被代替民船而来的外国船向洋关缴纳，使中国遭受到双重的损害。

作为沙船业衰微的具体的例子，在1873年（同治十二年）出版的郑观应的《论中国轮船进止大略》中这样记载：

> 上海沙船，盛时五千号，今只五百号，有日少无日多，而海运天庾，皆赖此以济。[17]

他指出上海的沙船数减少到兴盛时期的十分之一。此外，他还明确指出之所以有这样的状况，起因于外国船只的进入，"洋人连年夺取沙船之利"[18]。民国《上海县续志》卷七，《海运》中有：

> 同治十二年，奏准江浙海运漕粮，由招商轮船分装。初定沙八、轮二。旋改为沙六、轮四。后因沙船日少，轮运日增。至光绪二十六年冬，漕粮运送皆归轮运，其时沙船已不满五十艘。

同治十二年（1873年）江浙两地通过海运向北京运送漕粮。当时承担运输工作的是招商局的轮船和沙船，其中轮船所占比例为两成，沙船八成。之后沙船减至六成，及至光绪二十六年（1900年）轮船全部承担了漕粮运输的工作，而沙船已减少到了五十艘。

三、清朝后期沙船经营的其他状况

19世纪以后，随着对外国轮船豆制品运输的解禁，沙船航运业的经营捉襟见肘。其经营现状又是如何呢？下面列举一些这一时期的经营案例。

清朝中期、特别是19世纪以后，航行记录在册的漂流至朝鲜半岛的中国船只，其经营的具体情况详见于《清代上海沙船航运业史研究》第2编[19]的史料中。[20]

史料A[21]记载：嘉庆二十三年（1818年）五月，漂流至忠清道蓝浦县的中国船只系江苏省通州县的通字567号商船。船名为彭洪庆，船主叫彭在天。

这艘名为彭洪庆的船只于嘉庆二十三年四月二十一日从上海出发，五月五日到达辽东半岛南岸的皮子窝。于皮子窝停船七天，五月十二日装载四百担青豆返航。返航途中漂流至忠清道。这只船由商人朱大昌雇佣前往皮子窝，当时船上搭乘了包括掌舵秦基山在内十二名船工。彭洪庆号的船主彭在天是知识分子，居住在江苏省通州吕泗，名下有和彭洪庆号相同规模的船只四五艘。船上成员皆是吕泗村村民，没有可耕种的土地，便做船员以维持生计。

史料B[22]记载：道光二十二年（1842年）标有通字船号的袁万利号，装载着寄往上海森盛商号的信件。书信是写给森盛商号的店主郁竹泉的，写信人名叫郑汶泰，在东北的牛庄从事豆制品的收购工作。通过史料B的记载可知，袁万利号是典型的上海沙船，其目的地是东北牛庄，船上装载着沙船经营大贾森盛商号的书信。掌舵人张耀升以下的船员皆是上海及上海近郊的吕泗村村民。

这艘船造于道光元年（1821年），截止道光二十二年（1842年）漂流至朝鲜半岛，期间二十年间一直从事航运，是《北华捷报》上记载的沙船的十年使用期限两倍多。

史料C[23]记载：元字141号船只原属苏州府元和县，其所有者名叫诸志善。这艘船的特点就在于它有明确的制造日期，它建造于嘉庆二十二年（1817年）。这艘船也是由牛庄运送豆制品到上海，截止道光二十二年（1842年）漂流至朝鲜半岛之前，至少运营了二十五年。这比《北华捷报》报道的十年的耐用年数超出了一倍多。

史料D[24]记载的是江苏省海州府赣榆县村民孙同德的船。引起朝鲜官员注意的是，该船船员与通州的吕泗村船员不是同一地方的人。赣榆县也是航运业极其发达的地区。上海的碑刻资料有载：

> 江南海州赣榆县古祝其青口镇海口，自康熙年间奉旨准行海运通商，青口所有客商，总渡宝山县刘河口经营。[25]

同一地区的商人从刘河口出发，从这一点可以看出，史料D中的孙同德也雇佣了船员。

资料E[26]中记载的漂流至朝鲜半岛的上海船，所有者是郁泰峰，船号叫孙寿福。船主郁泰峰因为有五十余艘船，不能出海，所以不曾同乘出海。从上面的两条记录也可以看出，郁森盛、郁竹泉、郁泰峰三人都属于郁氏家族。郁氏家族里的郁彭年、郁松年两兄弟居住在上海，自其父郁润桂始从事沙船运营业，生意传至二人已是颇具规模。关于郁氏家族将在《清代上海沙船航运业史研究》第2章[27]里详细介绍。由郁润桂一手创立的沙船运营生意，传至其子彭年（号竹泉）时更名为郁森盛沙船商号。郁氏的沙船运营历经润桂、彭年、松年三人，郁森盛这一商号由第二代的郁彭年命名。郁润桂掌管经营时，已是拥有沙船七十余艘的大规模经营者，继承他基业的是郁彭年（号竹泉）。他拥有八十多艘沙船，并把商业活动扩展到典当、酱油、豆麦等行业中去。他死后，由郁松年（号泰峰）继承家业，郁泰峰这一代也是拥有五十多艘沙船的大船商。

资料E[28]中记载的船正是为大船商郁泰峰所有，船员皆是上海县民。这艘船从上海前往锦州，装载了黄豆等豆制品。在返航的途中漂流至朝鲜半岛。先前也写过《李朝漂着中国帆船の「問情別单」》[29]一文，其中的解释要比资料E详尽。

史料F[30]记载的是同治六年（1867年）十月二十四日漂流到济州岛上的上海籍船舶。船名顾同盛，船上有船员25名。此艘船于同治六年四月二十八日从上海的吴淞口出港，行至长江北岸南通州买入棉布和棉花，于九月二十八日到达东北的牛庄，买进黄豆等豆制品，在返航的途中漂流至济州岛。根据韩国官员的调查，顾同盛号在南通州买入的物品有棉布100多匹、棉花80 000多斤；在牛庄买入黄豆200石、四篓豆油共1 400斤、豆饼20片共1 000斤。这些货物是受南通州客商张福顺的委托购买的，他本人并未随同一起乘船。

史料G[31]中的货船是同治六年（1867年）十一月十五日漂流至济州岛的上海县籍的田福顺号，共载有18名船员。这艘船在同治六年十月十八日从上海的吴淞口出港，在长江入海口崇明岛的茶山港等待顺风，十月二十八日向山东航行时遭遇西北风漂流至济州岛。根据朝鲜官员的调查，船主田福顺原籍南通州，居住于上海。这艘船是上海的三合号店的店主丁氏雇佣来前去山东收购豆油豆饼的。在朝鲜官员的盘查下，田福顺号的船员讲述了豆油、豆饼的用途。豆油可以用于烹饪、照明用油，豆饼可用作土地肥料。同样，田福顺号的雇佣者丁氏也没有同船搭乘。

史料H[32]记载的是一艘名叫蒋源茂的上海沙船。船主名叫马仁轩，与他同船的还有包括掌舵手钮正丰在内的十四人。

蒋源茂的船是何时从上海出发的我们已无从考证，但是光绪四年（1878年）正月二十六日，它从位于山东半岛前端的石岛湾的石岛出发，到辽宁省的锦州去买青鱼的时候，第二天早晨顺着西北风漂到了满斗岛。

同船的船员中除了舵工钮正丰和水手钮正源是两兄弟外，大家都没有亲戚关系，但是因为大家都是住在上海，所以这艘船当然就是上海帮[33]的沙船了。随着这样的沙船航运活动的开展，各方面的影响也显现出来。

靠沙船运载的主要是从上海附近运到东北地区的货物，其中之一就是棉布。《国闻报》第312号，光绪二十四年七月二十六日（1898年9月11日）的《奉天新闻》准确记载了上海沙船运载棉布等布类到东北以及从东北装载豆类回来的相关的运载情况和贸易形态。这篇报道里面这样写道："各种土布，由沙船运至牛庄，计数颇巨。各船即以所入布货之价，装运豆油回申，每岁自春徂秋，往来船只络绎不断。"从进入牛庄的沙船出港的货物和进港货物之间的贸易形态来看的话，带到牛庄的来航货物是布类，从牛庄运到上海的出航货物豆类品。

通过沙船从东北运到上海的是豆类，作为江南地区的食品和加工食品的素材，也是农业生产的重要资源。特别是大豆榨油以后剩下的豆饼是养蚕、制丝业也就是蚕丝业所不可或缺的东西。它是桑树（蚕的食料）生长所需的重要肥料。为了发展制丝业，必须使作为原料的茧增产，而茧是蚕吐出来的，因此作为蚕的饲料，桑叶就不可或缺。豆饼就是使长出桑叶的桑树健康生长的最合适的肥料。

给予沙船航运业经济上支持的是钱庄。沙船从上海航行到北方的天津或是东北沿海地区是需要货物的，购进货物的时候从钱庄借进资金买进木棉和茶等北方需要的货物，在北方卖掉这些东西然后购入豆类运往上海，用所得利益返还在钱庄的欠款。运送政府用米的海运，除了政府用米以外还可以运送其他的货物。从上海附近出航把政府用米运到天津，归航的时候把北方的大豆、豆饼甚至是豆油等运回来。沙船航运者在这些所得利益的基础上跟借贷的钱庄进行结算。就这样，沙船航运者是资金的承借人，而钱庄是资金的贷款人这样的关系就形成了。对于钱庄来说，即使沙船航海不顺利也能确保在一年之内获得利益，因此非常乐意贷款给沙船。

上海的沙船在道光六年（1826 年）被清政府实施的海运所征用。从事于海运的沙船总计可以达到 1562 艘。这中间，从事海运被征用两次的沙船有 286 艘，另外 990 艘有过一次航海，因此至少可以推算出在道光六年时有 1276 艘沙船。“上海沙船有三千余号”[34]这样的记载一点也没有夸张，而可以理解成是对当时实况的一种描述。这 1562 艘沙船一共输送了1 507 600石，也就是一艘输送了 965 多石粮食。

四、小　　结

如上所述，上海沙船航运业一度非常活跃，但是从清代末期开始衰退。其中最大的原因就是清政府开始允许外国船运输东北豆货。

在上海南市的《城隍庙神尺堂记》中写道：

> 繄维上海为阜通货贿之区，其最饶衍者莫如豆。由沙船运诸辽左、山东，江南北之民倚以生活。磨之为油，压之为饼，屑之为菽乳，用宏而利溥，牵取给于上海。[35]

上海的繁荣靠豆业，作为原料的豆类是由沙船运来的，很多人靠此维系生活。豆类品可以多方面利用，如做成油、豆饼、豆乳等的物品。豆类运输不再依靠沙船是沙船运输业最大的危机。

清末从事沙船生意的上海商人的情况，在《清代上海沙船航运业史研究》一书中也有所论述。如上海的郁松年一家用沙船生意挣来的钱积极的收藏古典书籍。而郁松年一家没落以后，那些藏书都散失了，其中一部分成为陆心源的藏书，后运到日本的静嘉堂文库。另一户商人是严氏，在经营沙船生意的同时也在银行业投资开设钱庄，可以说跟上了时代的发展。

随着时代的发展，沙船业经营者大多都没有逃脱没落的命运，但是其中也有一些人像严氏那样，在新的行业走出一片天地。

（翻译：杨蕾　关西大学文学研究科博士研究生）

注释：

① [日]松浦 章著，杨蕾、王亦铮、董科译：《清代上海沙船航运业史研究》，江苏人民出版社，2012年5月，第1—166页。

② Liu，Kwang-Ching；*anglo-american steamship pivalry in china* 1862—1874，Harvard U. P.，1962. p. 88—89；吕实强：《中国早期的轮船经营》，“中央研究院”近代史研究所，1962年6月；吕实强：《丁日昌与自强运动》，“中央研究院”近代史研究所，1972年12月，第56—64页；张国辉：《洋务运动与中国近代企业》，中国社会科学出版社，1979年12月，第127—145页；萧国亮：《外国资本入侵与上海沙船业的衰落》，《社会科学》1983年第1期，上海，第48—52页；萧国亮：《清代上海沙船业资本主义萌芽的历史考察》，《中国资本主义萌芽问题论文集》，江苏人民出版社，1983年4月，第419—453页；聂宝璋编：《中国近代航运史资料（第一辑）一八四〇——一八九五》下册，上海人民出版社，1983年11月，第1313—1318页；汪敬虞：《十九世纪西方资本主义对中国的经济侵略》，人民出版社，1983年12月，第267—278页；朱梦华：《上海的沙船业》（《上海地方史资料（三）》，上海社会科学出版社，1984年7月，第63—69页；樊百川：《中国轮船航运业的兴起》，四川人民出版社，1985年10月，第177—184页。

③ 田汝康：《中国帆船贸易和对外关系史论集》，浙江人民出版社，1987年11月。[日]松浦 章：《清代の海外貿易について》，《関西大学文学論集創立百周年記念号》，1986年11月，松浦 章《清代海外貿易史の研究》，朋友書店，2002年1月。

④ [日]松浦 章：《清代福建の海船業について》，《東洋史研究》，第47卷3号，1988年12月。

⑤ [日]松浦 章：《清代江南船商と沿海航運》，《関西大学文学論集》，第34卷3、4号合并号，1985年3月。

⑥ *The North-China Herald*，No. 30，Feb. 22，1851. 在拙译中将 Commander，First officer，seaman 按照中国船的称呼分别译为船主、伙长、水手。

⑦《海防档》甲，购买船只（三），《中国近代史资料汇编》，《中国近代史资料汇编》，“中央研究院”近代史研究所，1957年9月，1957年9月，第861页。

⑧《海防档》甲，《中国近代史资料汇编》“中央研究院”近代史研究，1957年9月，第861页。

⑨《丁中丞政书》，《近代中国史料丛刊续编》第77辑，文海出版社，第988页。

⑩ [日]松浦 章：《清代寧波の民船業について》，《関西大学東西学術研究所紀要》，第21辑，1988年3月。

⑪《丁中丞政书》，《近代中国史料丛刊续编》第71辑，文海出版社，第988～989页。

⑫ 清李鸿章撰，吴汝纶编录：《李文忠公全集》奏稿三十一，《海运霉变请恤船商折，光绪四年四月初四日》，金陵书局，1908年。

⑬ The North-China Herald &Supreme Court & Consuler Gazette，No. 812，Jan. 17，1883. 拙译中把 Chu Sen Hun 根据《申报》光绪八年十二月二十二日（1883年1月30日）译为“巨盛亨”。聂宝璋在《中国近代航运史资料》中译为“巨顺亨”。萧国亮在《外国资本入侵与上海沙船业的衰落》中译为“周三行”。由巨（chu）盛（shun）亨（heng）音译（由井上翠编著的《井上支那辞典》（文求堂书店，1928年9月版，本稿是1930年10月四版）看来聂氏指出也有译为“巨顺亨”的可能性。考虑到“巨顺亨”是光绪十八年（1892）《重修商船会馆碑记》作为捐助者被知晓的（《上海碑刻资料选编》，上海人民出

版社，1980 年 6 月）“巨顺亨东号”（200 页），同破产时期不相符，还有待以后考虑。

⑭ “国立故宫博物院”编：《宫中档光绪朝奏折》第 6 辑，台北故宫博物院，1973 年 11 月，第 18 页。

⑮ “国立故宫博物院”编：《宫中档光绪朝奏折》第 6 辑，台北故宫博物院，1973 年 11 月，第 708 页。

⑯ “国立故宫博物院”编：《宫中档光绪朝奏折》第 6 辑，台北故宫博物院，1973 年 11 月，第 709 页。

⑰ 夏东元编《郑观应集》上册，上海人民出版社，1982 年 9 月，第 54 页。

⑱ 夏东元编《郑观应集》上册，上海人民出版社，1982 年 9 月，第 54 页。

⑲ [日]松浦 章著，杨蕾、王亦铮、董科译：《清代上海沙船航运业史研究》，江苏人民出版社，2012 年 5 月，第 65—166 页。

⑳ 以下论文是笔者关于清朝前中期漂流至朝鲜半岛的中国船只的研究：[日]松浦 章：《李朝時代における漂着中国船の一資料》，《関西大学東西学術研究所紀要》，第 15 辑，1982 年 3 月；[日]松浦 章：《李朝漂着中国帆船の「問情別単」について》上、下，《関西大学東西学術研究所紀要》，第 17、18 辑，1984 年 3 月，1985 年 3 月；[日]松浦 章：《清末上海沙船の朝鮮漂着に関する一資料》，《関西大学東西学術研究所所報》第 42 号，1985 年 12 月；本篇论文中涉及到的 A—F 的资料取自《各司滕撰》（韩国文教部国史编撰委员会编纂）第 7（1983 年 6 月刊）、第 19（1986 年 6 月刊）、第 25（1987 年 9 月刊）。

㉑ [日]松浦 章著，杨蕾、王亦铮、董科译：《清代上海沙船航运业史研究》，江苏人民出版社，2012 年 7 月，第 125—130 页。

㉒ [日]松浦 章著，杨蕾、王亦铮、董科译：《清代上海沙船航运业史研究》，江苏人民出版社，2012 年 5 月，第 131—136 页。

㉓ [日]松浦 章著，杨蕾、王亦铮、董科译：《清代上海沙船航运业史研究》，江苏人民出版社，2012 年 5 月，第 136—140 页。

㉔ [日]松浦 章著，杨蕾、王亦铮、董科译：《清代上海沙船航运业史研究》，江苏人民出版社，2012 年 5 月，第 140—144 页。

㉕ 上海博物馆图书资料室编：《上海碑刻资料选辑》第 138 号，上海人民出版社，1980 年 10 月，第 304 页。

㉖ [日]松浦 章著，杨蕾、王亦铮、董科译：《清代上海沙船航运业史研究》，江苏人民出版社，2012 年 5 月，第 144—149 页。

㉗ [日]松浦 章著，杨蕾、王亦铮、董科译：《清代上海沙船航运业史研究》，江苏人民出版社，2012 年 5 月，第 194—216 页。

㉘ [日]松浦 章著，杨蕾、王亦铮、董科译：《清代上海沙船航运业史研究》，江苏人民出版社，2012 年 5 月，第 146 页。

㉙ [日]松浦 章：《李朝漂着中国帆船の「問情別単」について》（下），第 75—77 页。

㉚ [日]松浦 章著，杨蕾、王亦铮、董科译：《清代上海沙船航运业史研究》，江苏人民出版社，2012 年 5 月，第 149—152 页。

㉛ [日]松浦 章著，杨蕾、王亦铮、董科译：《清代上海沙船航运业史研究》，江苏人民出版社，2012 年 5 月，第 153—156 页。

㉜ [日]松浦 章著，杨蕾、王亦铮、董科译：《清代上海沙船航运业史研究》，江苏人民出版

社，2012 年 5 月，第 156—161 页。

㉝ [日]松浦 章：《清代江南船商和沿海航运》，《関西大学文学論集》第 34 卷 3、4 号，第 33 页。参照松浦章著，杨蕾、王亦铮、董科译：《清代上海沙船航运业史研究》第 1 编第 3 章，江苏人民出版社，2012 年 5 月，第 38—64 页。

㉞《江苏海运全案》卷一，第 8 页上。

㉟ 上海博物馆图书资料室编：《上海碑刻资料选辑》，人民出版社，1980 年 10 月，第 282 页。

The Sand Junks of the Transport Industry During Late Qing Dynasty

Abstract: After the surrender of the Qing dynasty, 1684 Taiwan Cheng, Qing Dynasty promulgated show sea make allow people overseas trade. The result is that the coastal people more than the use of sailing positive and out of China's coastal and overseas. Activities in mainland China's coastal waters sailing mainly sand Junks, birds boat, Fujian Ship, Shipyard, including activities in the waters north of the Yangtze River is sand. Near Shanghai County, which is now studied near the Huangpu River as the center, the rise of many sand Junks owners. They contribute to maritime transport between Shanghai and northeast coastal areas, and affect the development of the Opium War in Shanghai. This paper focuses on the commencement of the shipping industry with Shanghai as the center of the sand Junks.

Keywords: Late Qing Dynasty, Shanghai, Sand Junks, Transport Industry, Newspaper

区位优势与自我增强
——近代上海城市崛起的再探讨*

王列辉**
（华东师范大学中国现代城市研究中心）

摘　要：近代上海城市的崛起是中国城市发展史中一个引人注目的现象。不同于之前学者重视自然因素或人为因素的研究，本文以区位优势——自我增强为分析框架，对近代上海城市的崛起进行探讨。本文认为在港口发展的初期，区位优势起很大作用，大量资源和产业开始向上海港及附近区域集聚，上海港获得了飞速的发展。随着资源和产业不断向上海港集聚，交易成本下降，临港集聚形成。临港集聚具有报酬递增和自我增强的机制。这样，优越的区位条件促进了港口发展，港口发展又吸引大量资源和产业的集聚，进而形成临港集聚，临港集聚一经形成，就会产生集聚效应。临港集聚又能促进和带动港口城市的发展，随着自我增强机制的发挥，港、城之间产生互动效应，上海逐渐成为航运中心、商业中心和金融中心。

关键词：上海崛起，区位优势，自我增强，近代

一、问题的提出

近代上海城市的迅速崛起是中国城市发展过程中一个重要的历史现象，学术界对这一问题有过许多研究成果。

早在1930年代初，费唐就此问题对各国商会进行调查时，各国商会的回答几乎如出一辙，即各种利益集中于上海。这有两个原因，一是自然原因，如上海"坐落东方海岸线之中部，当扬子江江口之冲，该江流经中部西部诸省，亘数千里，如此之地理上位置，使上海成为中国十八省之自然门户，且沪

* 本文系国家自然科学基金项目（40901091，41171145）、国家社科基金重大项目（11&ZD092）和上海市哲学社会科学规划青年课题（2012ECK001）的阶段性成果。

** 王列辉（1978—　），男，浙江慈溪人，博士，讲师，华东师范大学中国现代城市研究中心，研究方向：港口地理学和历史经济地理。

埠长江发展，巨舶亦可航行，中国广大地域所有之商业，因此云集于上海”；二是人为原因，“有良好之政府，生命财产得其保障，加以商业之稳固，及外人之努力经营，使上海天然位置之利益，愈见提高，且促进城市之发展，而使各种利益，增进非常迅逭”。[①]全汉昇认为上海在近代中国工业化中占有重要地位，主要是由于它与国内外各地交通的便利。[②]张仲礼等人也注意到上海工业的积聚（集聚）效应，并分析其原因有四：一是上海交通发达，商品和原料购销运输便利；二是上海社会财富集中，办厂资本易于筹集；三是在上海，机器设备容易购置；四是上海易于取得廉价的劳动力。同书分析上海成为全国对外贸易重心的原因时，从地、时、人这三个因素加以考察。“地”是指地理条件，上海优越的自然地理位置，是世所公认的天然贸易港；“时”是指上海最先被推上经济变革的时代；“人”是指上海的人口构成，在一定程度上也反映了这座内外贸易发达城市的动力所在。[③]丁日初从自然地理条件和社会政治条件两方面分析了上海成为近代中国经济中心的原因，并认为自然条件必须同政治条件密切结合，得到后者的充分运用，地理环境才可能产生丰硕的经济果实。[④]张忠民在分析近代上海形成和确立经济中心地位时，认为有四方面的原因：首先，上海具有得天独厚的地理区位；其次，近代上海的租界客观上提供了一种旧中国其他地方难以具有的、特殊的制度条件；再次，近代上海开埠之始即以全国以至世界的面貌出现，上海不仅聚集了近代中国最大量的资本和工商业，同时还拢集了近代中国最优秀的人才；最后，上海一开始就具有开放的现代观念和开拓创业的进取、冒险精神。[⑤]

以上学者多通过自然原因和人为原因两个方面来分析近代上海为何能成为中国的经济中心，应该说都言之成理。但总的来讲，还多为泛泛之谈，没有深入探讨其内在的机制。本文尝试运用经济地理学的一般原理，以区位优势——自我增强的分析框架来研究近代上海城市崛起的机制。

二、近代上海城市崛起的机制分析

（一）区位优势的发挥

上海城市的崛起，首先得益于良好的区位优势。空间经济学者藤田昌久、克鲁格曼等人对港口、运输中心和大城市兴起之间的关系进行了模型推导。如图一所示，他们从运输成本最小化的角度，来阐述交通枢纽的作用，认为在相当大的参数范围内，交叉点 b（港口）会成为大城市的所在地，经济活动会向港口集中。[⑥]

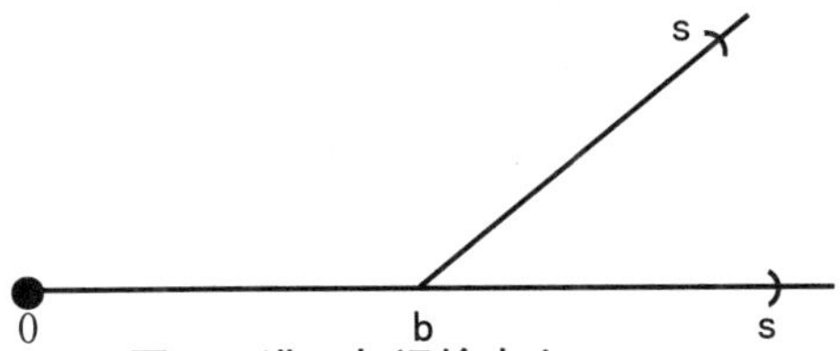

图一 港口与运输中心

上述模型是“Y”型的，如果对这一模型稍加修改，则可以把“Y”型改为“T”型，这就可以从运输成本最小化的角度来解释上海优越的区位条件。上海处于长江和海岸线的分岔点，而分岔点是总运输成本曲线的一个极值点。如图二所示，如果“T”型转变为“＊”型，即分枝越多，则分岔点就越具有吸引力。以上海为分岔点又延伸出到扬州、济南的分枝，上海到各地的运输成本是最小的。同时集聚于上海的制造业和服务业与其他城市相比，具有较高的技术含量和质量水准，上海及腹地的巨大人口、旺盛的当地需求使在上海的企业比其他地方更能盈利，经济活动就向上海集聚，[7]区位优势为上海形成城市集聚奠定了基础。

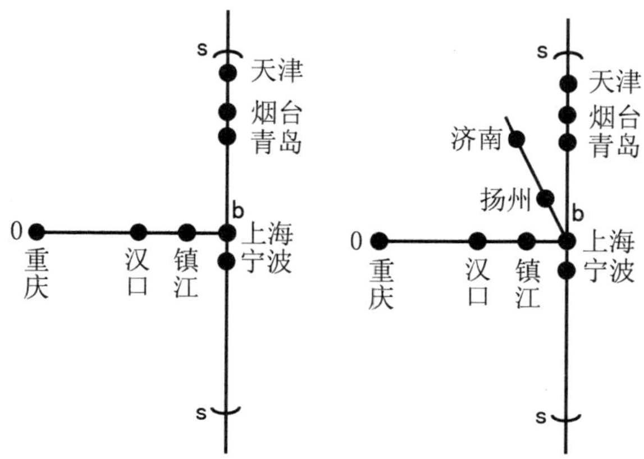

图二　上海的枢纽港区位

(二)港口与城市的互动

从近代上海城市发展所依存的产业来看，可以依1895年《马关条约》的签订为界分为两个时期。开埠之后至甲午战争止，上海港的发展主要依靠商业，对外贸易的蓬勃发展带动了城市的迅速发展。1895年之后，外国人可以在通商口岸投资设厂，上海的工业发展很快，特别是在20世纪一二十年代，增长更是迅速。《马关条约》签订之后，上海外资工业的投资方向由以辅助内外贸易为重点转向以在中国市场销售产品的轻纺工业为重点。

从经济发展的要素投入来看，上海没有充足的原材料和能源，地价昂贵，工资高昂，并不适合经济活动的开展。但是，上海最大的优势是拥有港口。1843年11月17日上海开埠之后，上海港发展迅猛，到20世纪二十年代已经位居全球港口第六位。至20世纪20年代中期，上海港吞吐量达到1000万吨，成为千万吨级的大港。刘鸿生认为上海工业的繁荣得益于上海港的便利，“吾国无论重工业、轻工业之原料品，因一般工业落伍，不能自给，势不得不仰给舶来。而舶来原料品之输入，则惟外洋航轮是赖。上海工业之繁荣，其原因实由于此。且不惟原料输入，即制造品之输出外洋，亦以上海外轮为最便利”。[8]

通过上海港的内河、沿海、近洋、远洋航线，原材料、能源和制成品不用再通过其他港口中转就可进入上海或运抵销售市场，这就节约了运输成本。近代上海港是当时进入中国的三大门户之一，是中国与外洋贸易的中心点，由于棉花、小麦、煤炭等原材料和能源大多是从外地或国外通过水路运来的，制成品销往全国各地或南洋等地，也是通过水路运输的，铁路主要以客运为主，因此靠近上海港其实就是接近原材料、能源产地和销售市场。

运输经济学认为运输成本主要由线路运行费和站场运费两大部分组成。减少站场费和线路运行费都可以减少运费支出，但是由于线路运行费一般可以认为是运输距离的线性函数，而在出发点和目的地固定的情况下，运输距离往往很难缩短，那么减少站场费即减少中转港口成为节约运输成本的一种可能。近代上海港是枢纽港，从加拿大等地运来的小麦、从印度等地运来的棉花等都可直接进入上海，运输成本较低，有利于市场竞争。

此外，靠近港区，可以利用廉价的水运。工业的发展离不开电力的供应，电厂的运行需要大量的煤和水，因此靠近港区能非常便捷地获得煤和水。由于运费是产品成本中一个主要的组成部分，为追求低成本优势，那些交通便利的区域，尤其是港口等区域对运费占较大比重的重型原材料工业具有很大的吸引力。[9] 1908 年工部局在杨树浦沈家滩购地 39 亩筹建电厂，由于这里紧靠黄浦江边，便于取水、运煤。1913 年杨树浦电厂建成，1923 年扩建，总容量 12.1 万千瓦，为当时远东最大的火力发电厂。1912—1921 年的《海关十年报告》认为上海的工业繁荣，“实际上几乎全是由于工部局电气处的进取和努力所致……这些工厂大多使用工部局设在江边的电厂的电力。该处近来添置了功率很大的发电设备，普遍供应工业用电，收费标准比远东其他地区更便宜”。上海的纱厂、卷烟厂、机器厂等向位于黄浦江西岸的杨树浦地区集聚，进而形成了上海最大的工业区，因此靠近港区除了能便捷地获得原材料和输出制成品外，还能获得较为廉价的电力。这样，在电厂、纱厂、机器厂等之间形成了上下游产业链，而杨树浦火力电厂，为了获得煤、水等资源，必须位于港区附近，于是其他工厂也纷纷向港区集聚，就形成了临港集聚，上海其他几个工业区也有相似的情况。

(三)资本等要素的集聚

从资本、劳动力、技术与知识等其他要素来看，上海也具有一定的优势。

在资本方面，除了国外资本大量进入上海，国内资源也向上海集中。苏州曾是江南的商业中心，近代苏州的衰落，除了太平天国的严重破坏外，更重要的原因在于上海作为一个商业中心正在兴起，吸引了苏州的缫丝厂等到上海投资办厂。宁波的情况和苏州相似，也有大量资金从宁波流向上海，宁波的钱庄向上海的钱庄放款每年就达二、三千万元。[10] 近代宁波的商业衰落后，“前之以宁波为根据从事于外国贸易勇敢而富裕之宁波商人，亦随而移于上海，上海乃变为宁波商人之根据地焉”。[11]

除了外部投资大量进入上海外，一些在上海的商人、买办、地主等因从事对外贸易而积蓄了大量财富，他们开始把商业资本转为工业资本。江苏无锡人祝兰舫最初在上海开设源昌号，经营煤斤及其他矿产，所获利润不菲，之后又经营航运，拥有几艘航行于新加坡、中国、日本及沿海口岸之间的轮船，航业所获利润则投资于工厂，如源昌丝厂、华新面粉厂、源昌米厂、公益纱厂等。1881 年上海自来水公司第一届股东大会报告显示，要求入股该公司的很多是上海的中国银行家（指上海中国人经营的钱庄、银号等——编者注），该报告断言，如果公司不设在伦敦（而设在上海），公司所需要的全部资金都可以在上海就地筹集起来，上海商人对在中国兴建企业是有很大兴趣的。1887 年该公司的董事会决定迁移到上海，因为“本公司的利益都在上海，所以公司的领导机构应在上海”。[12]

从劳动力看，近代上海吸引了大量移民。上海是一个移民城市，上海城市的发展离不开移民的贡献。解放前上海全市 200 户以上的棚户区共有 322 处，绝大部分棚户区分布在闸北、南市、沪东、沪西以及浦东沿江地带，这些棚户区正好全部位于上海的四大工业区中，居住在棚户区的人们为各工业区提供了大量的廉价劳动力。除了这些移民提供劳动力外，海外移民和国内商帮也为上海带来了先进的技术、经验、管理方法以及资金等。

技术与知识的差异，在全球尺度、国家尺度、区域尺度都广泛地存在着。由于工业革命首先在欧美国家兴起，先进技术和机器不断涌现，促进了生产力的提高。开埠之后的中国仍然处于手工加工阶段，因此技术与知识和欧美国家存在很大差距。在技术与知识的梯度转移过程中，作为中国门户的上海无疑得风气之先，先进技术与知识首先在上海生根发芽，然后再向边缘地区扩散，这种例子比比皆是，1886 年德商设立的增裕面粉厂即是一例。上海“所用面粉，自通商以后，固悉购之于海外也。德商某见我国北部农产以小麦最富，而麦食亦最多，虽麦质不若美产之色白而味厚，然以国人购用国货，且机粉较磨粉色泽已较旧为佳，无虑其不发达。于是购机设厂，命名增裕，而上海始有面粉厂矣。厥后营业日上，岁有盈余，华商涎之，而寿州孙氏乃有阜丰厂之出现，后且全埠有十余厂矣”。[13]上海也开商业风气之先，“国外新式事业，每最先介绍至上海，远在有清光绪十七年间（1891 年）洋商之上海股份公所，已具交易所之雏形”。[14]

（四）自我增强机制

在城市发展的初期，区位优势起很大作用，上海正是凭借着良好的区位条件，获得了飞速的发展。正如有学者所指出的，如果某个地区由于某些特殊政策或机遇的原因吸引了大量外资企业，那么这个地区在未来吸引外资企业的竞争中就会处于非常有利的地位。集聚效应的存在，会使这个地区进一步吸引新的投资者。[15]随着集聚的效应充分发挥，一些后来者也循着先行者的足迹来到上海，如一些宁波人最早是在开埠之前来到上海的，在上海立足之后又把在宁波的亲戚朋友带到上海，后来者充分利用了信息的外部性，“当上海开港之时，宁波富商进取，着着争先，其从事外国贸易者无不获巨利；至宁波通商，衰落失职之贫民，亦皆逐商贾之迹来上海谋利，住于上海之人数达十余万以上。其营业种类初无一定，以贸易商及银行者为多，百手工艺及苦力者，亦宁波人占多数”。[16]于是形成了良性循环，越来越多的人力、资本等向上海集中，而人力、资本等的集聚又扩大了市场，形成了规模效应，节约了交易成本，促进工业、贸易等的繁荣。诺斯在考察荷兰经济发展史时注意到，贸易的扩张导致荷兰市场运转效率的提高。市场是受规模经济制约的，市场的扩大使交易费用下降。随着贸易量的增长，进行个人交易的成本下降。[17]集聚效应的形成有助于专业化分工协作体系的发展和完善，能大大降低生产和交易成本。

临港集聚具有报酬递增和自我增强的机制，这样区位优势促进了港口发展，港口发展形成了临港集聚，临港集聚一经形成，就会产生集聚效应，进而形成自我增强机制。航道的疏浚、运输体系以上海为中心拓展、城市管理和海关制度的创新等都是自我增强的生动体现。进港航道的淤浅一直是上海港进一步发展的致命伤，1905 年浚浦局成立后，斥巨资对黄浦江航道进行疏浚，仅在 1906 年到 1911 年的 6 年间，浚浦局共花费 773 万多两进行上海港航道的疏浚，平均每年要投入近 130 万两，占到当时上海港年税入的 12%多。[18]在陆路运输方面，为了便利上海和其他地区的物资交流和人员流动，铁路和公路的走向，都以上海为中心，向长三角南北两翼拓展，进而把其他重要的城市纳入进来。在城市管理制度方面，租界的设立当然对中国的主权造成了损害，但在客观上有利于城市经济的发展，特别是租界对产权的保护，坚定了国外投资者对上海的长期投资，改善了上海的市政建设。临港集聚又带动了城市的发展，在自我增强机制的作用下，港口和城市形成良好的互动。

三、结　语

本文以区位优势——自我增强为分析框架，考察了近代上海城市迅速崛起的机制。上海处于中国海岸线和长江的交叉点，这种区位条件使得上海港到其他地方的运输成本最小，大量货物通过上海港进出，区位优势为上海港形成临港经济奠定了基础。

区位优势在港口发展初期起很大的作用，大量资源和产业开始向港口及其附近区域集聚。随着资源和产业不断向上海港集聚，交易成本下降，临港集聚形成。而临港集聚具有报酬递增和自我增强的机制。于是优越的区位条件促进了港口发展，港口发展吸引大量资源和产业的集聚，进而形成临港集聚，临港集聚一经形成，就会产生集聚效应。临港集聚又能促进和带动港口城市的发展，随着自我增强机制的发挥，港、城之间产生互动效应，上海逐渐成为航运中心、商业中心和金融中心。

注释：

① [南非]费唐:《费唐法官研究上海公共租界情形报告书》(第一卷),工部局华文处,1931年,第553～555页。

② 全汉昇:《上海在近代中国工业化中的地位》,《中国经济史论丛》,1972年,第697—733。

③ 张仲礼:《近代上海城市研究》,上海人民出版社,1990年,第84页～85页。

④ 丁日初:《再论上海成为近代中国经济中心的条件》,《近代史研究》1994年1期。

⑤ 张忠民:《近代上海经济口心地位的形成和确立》,《上海经济研究》1996年10期。

⑥ [日]藤田昌久等著,梁琦主译:《空间经济学——城市、区域与国际贸易》,中国人民大学出版社,2005年,第151页～153页。

⑦ Masahisa Fujita ,Tomoya Mori :*The Role of Ports in the Making of Major Cities : Self-agglomeration and Hub-effect. Journal of Development Economics* ,1996, 49 :94—97 . Masahisa Fujita ,Tomoya Mori . *Structual Stability and Evolution of Urban Systems . Regional Science and Urban Economice* ,1997. 27.

⑧ 上海社会科学院经济研究所编:《刘鸿生企业史料(下册)》,上海人民出版社,1981年第5页。

⑨ 李小建:《经济地理学(第二版)》,高等教育出版社,2006年,第51页。

⑩ 民国《鄞县通志》,食货志。

⑪ [日]日本东亚同文会编,两湖总督署译:《中国经济全书》(第二辑),1908年,第49页。

⑫ 孙毓棠:《中国近代工业史资料》(第一辑上),社会科学出版社,1957年,第187～191页。

⑬ 徐珂编:《清稗类钞》(第五册),中华书局,1984年,第2368～2369页。

⑭ 冯子明:《民元来上海之交易所》,《民国经济史》银行周报三十周年纪念刊,1945年,第145页。

⑮ 张俊妮,陈玉宇。《产业集聚、所有制结构与外商投资企业的区位选择》,《经济学(季刊)》2006年4期。

⑯ 上海市工商业联合会,复旦大学历史系:《上海总商会组织史资料汇编》,上海古籍出版社,2004年,第25～27页。

⑰ [美]道格拉斯·C·诺斯:《经济史上的结构和变革》,商务印书馆,1992年,第175页。

⑱ 徐雪筠等译:《上海近代社会经济发展概况——(海关十年报告)译编》,上海社会科学院出版社,1985年,第151页。

Regional Advantage and Self – Strengthening: A study on Shanghai development in modern time

Abstract: Many scholars in past analyzed Shanghai' development in modern time from physical and mental factor. This paper tries to analyze the reasons for development of Shanghai by "regional advantage and self – strengthening". At the begin, due to regional advantage, Shanghai had a higher starting point, which gradually formed the pattern of "port – centered cluster". As soon as "port – centered cluster" formed, it would produce gathering effect, then came to build up a mechanism of self – strengthening. At this time, the regional condition had been no longer so important compared with this cluster effect. So many benefits of business and industry had been gathered in Shanghai, and this kind of advantage made Shanghai developed continuously with the effect of "self-strengthening".

Keywords: Shanghai, regional advantage, self-strengthening, in modern time

产业与内港:吴淞江与近代上海城市经济社会变迁

武　强*
（河南大学黄河文明与可持续发展研究中心）

摘　要： 近代上海城市的发展与港口密不可分，上海港以黄浦江为主体，同时包括了作为内港的吴淞江。近代上海的经济地位迅速跃升，吴淞江也由一个以防洪排涝等水利功能为主的河流，逐步转化为以航运为主的河流，并在上海城市经济的对外联系、腹地构建中发挥着举足轻重的作用。在这一功能转化的过程中，它使得沿岸的社会经济系统重新整合，形成了著名的沪西工业区，并成为上海城市生活中的米粮通道，维持着城市的发展。进而以米粮业为首的一批城市产业又积极从事于吴淞江航道的改善，因此，吴淞江在一定程度上成为上海城市组织与政府、租界与华界间复杂关系的集中作用区域。

关键词： 上海港　吴淞江　航运　米粮业　社会经济变迁

近代上海城市的变迁和繁荣，与作为港口的黄浦江关系密切。黄浦江是一条优良的通航河流，也是上海港的主要航道，它联同两旁的码头仓库，组成了近代上海港的主体部分。黄浦江航道的状况，一直是"上海市港生死兴废之关键"。[①]自宋元时期以来，上海港的港区航道不断向海口迁移，"这种港区由吴淞江上游向长江口外的移动，是航道淤浅、船舶吨位增大和外贸比重扩展诸因素结合的必然结果"，[②]但无论如何，历来的研究者都默认黄浦江对上海港的发展具有关键的决定性的意义。

吴淞江是黄浦江的支流，也是一个与上海港相互影响的水道系统，它同黄浦江一起，共同构成了近代上海港的体系。近代之后，吴淞江的功能逐渐由水利向航运转化（最明显的标志是苏州河之名的并行使用，形象地反映着它航运的功能），"长江三角洲水利的重点，从以前的农田灌溉功能逐步向交通运输功能转变，列强介入了水道管理及具体的浚渫事业"。[③]吴淞江航运作

---

* 作者简介：武强（1980—　），男，河南西平人，河南大学黄河文明与可持续发展研究中心讲师，研究方向：历史经济地理、城市。

用的不断凸显，进而被纳入上海港的一部分，也是历史的必然。《上海港史》中，将1936年吴淞江沿岸各码头设施作过一番整理，明显已把它视作上海港的组成部分。[④]戴鞍钢、张修桂等人的研究，同样也把吴淞江的航运功能与上海港的发展联系起来，[⑤]改变了之前对上海港范围仅考虑黄浦江两岸的状况。

因此，吴淞江等大小河流功能的转变，以及它在上海港地位的提升，影响到了上海城市功能布局的变迁和沿岸经济层次的转化，并在一定程度上决定了城市政府和各类机构之间社会关系互动的方式。

一、近代吴淞江功能的转型

近代之前，吴淞江的主要作用体现在水利方面，是太湖的重要泄水通道，经过绵亘三百六十里的吴淞江入海，历代多次疏浚，明代"夏忠靖疏刘河、三泖……海忠介(海瑞，编者注)乃于平地开江"，清代更进行过三次大规模疏浚，但嘉庆中又再次淤浅，"溪港无源，农田失利，暵潦为害"，各漕粮船舶，亦必须改经黄浦，受风涛颠覆之担忧，1816年遂再次疏浚，所需经费由沿江各县分摊。"松江之上海、青浦、嘉定三县输十之三；同沾水利之长洲、元和、吴、常熟、昭文、吴江、震泽、昆山、新阳、娄、太仓、镇洋、宝山十三州县输十之七。"[⑥]这种沿江各县分摊疏浚经费的做法，一直延续到近代。亦可见吴淞江在近代之前已经作为航运线路，沟通内地与上海之间的联系，但在航运与水利(防洪)两种职能中，吴淞江主要是作为水利工程而存在的。近代上海作为一个通商口岸，城市范围开始剧烈扩张，吴淞江的功能也开始变化，航运职能逐渐后来居上，成为吴淞江地位提升的关键。

近代吴淞江纳入上海港区的进程，与对外贸易的日益发展和租界的存在息息相关。早在1861年，英租界初步稳定下来之后，租界工部局就已经着手处理吴淞江的通航事宜，通过建设直达吴淞江畔的马路，进而建设了一批公共码头，"采取适当步骤开放苏州河的航运"。至1862年，吴淞江上已经有些码头因年久失修，出现了不少的不良情况，但此时吴淞江流经区域尚未进入城市化进程，虽然有大批码头相继建成，工部局却并不热心于建设。之后，英租界不断向西发展，郊区逐渐开始城市化进程，吴淞江逐渐增添了港区的功能，其标志是大批码头的兴建。1863年8月，"董事会临时批准了苏州河码头承包商伦尼先生提出的预付款项的申请"；[⑦]1868年8月，工部局工务委员会报告，"山东路北端的码头正在建造之中"；1869年2月，工部局工务委员会报告，"对圆明园路北端的码头也作了修整"；1871年1月，因工部局董事会批准建一合适的木料码头，工务委员会"认为有必要在山西路北首建一上岸码头"。[⑧]这些吴淞江沿岸码头的建成，加速了吴淞江作为内河港区的形成。

（一）吴淞江航道的改善

码头设施的大量出现，使吴淞江的航道疏浚问题开始凸显出来，这也是近代吴淞江面临的主要问题，公共租界和华界地方政府也开始着手处理吴淞江航道事务。1874年12月，工部局工务委员会一致认为需要将吴淞江变成一条宽阔的河流，“考虑到维持河南路下方的苏州河航道以前的宽度”，需要“竭力劝使当地政府着手把泥滩除掉”，为了改善河流的航道，中国当局也确实“正从事于上海各条河浜的勘测工作”，工部局遂准备将这一工作交给地方政府，“希望中国当局不久可能会提出某种计划”。但与租界的热心相比，道台明显不甚积极，甚至表示拒绝对整顿吴淞江之事给予任何协助，称“整顿河道并非他分内之事”，工部局表示不理解，“董事会很想知道那么这是谁的责任呢?”，此时的租界当局，仍将吴淞江认作华界的管辖范围，但中国地方政府对疏浚工作的消极，使租界有了扩展势力范围的可乘之机，同时为了更好地维持城市发展和对外贸易，工部局在确认“中国人将此事袖手旁观”之后，仍然要求工务委员会“设法取得河道浚深至某一深度的估计费用”，为疏浚工作做准备。不过也有董事提出，由于吴淞江的特殊水文条件，若逢大潮“再来一次更大的冲刷，该河流将自行扩大”，[9]而无需考虑疏浚的问题，此事遂被搁置下来。

直到1879年4月，工部局再次讨论是否请中国政府在外白渡桥外侧疏浚苏州河入口处，因为“苏州河已浅得要命，大型船只能在涨潮时才能开进”，同时提供了两份“希望中国政府予以掘深的那部分苏州河的略图”，包括航道宽度、深度，航路界线等要求，并转交上海道台。三个月后，道台转复工部局，声称“已将一些苏州河的航线图交给了上海知县，并要求他就此事提出报告”。至12月下旬，上海地方政府当局同意按照工部局的意愿，疏浚从捕房监狱到外白渡桥的苏州河入口处，“这项工程将于本月20日开工，由中国政府出资”。[10]至此，吴淞江早期的一次疏浚工作遂告一段落。

1887年11月，吴淞江的疏浚再次展开。江苏巡抚委派上海道台全权处理，“先测量河口至新闸一段河道，然后动工疏浚”。这次的疏浚工作，得到了各方的认真关注，上海道台在1889年6月，还主动前往检查外白渡桥和浙江路桥之间的吴淞江改善工程，江苏巡抚黄彭年对此也相当重视，并于1889年8月，亲自前往视察吴淞江疏浚工程，也显示出吴淞江在上海城市发展中的地位越来越重要。截至1889年底，工部局与中国政府共同参与的此次疏浚工程结束，浙江路桥以下的吴淞江基本疏浚完成，12月18日起，“负责官员已开始动工将苏州河从浙江路桥到新闸路桥段加深并拓宽”。[11]

1887年—1891年进行的这次对吴淞江的疏浚，是非常庞大的工程，“这项工程雇用了几千人，工程完毕时，支出的费用已达几十万银子”，虽然当时的海关税务司担心“其结果并不会带来永久性的利益”，因为“在三十年前也进行过类似的工程”。[12]不过，1898年之后，吴淞江的航运功能日益凸显出来，这次疏浚的作用也被证明是巨大的，为吴淞江日后靠泊内河轮船提供了有利条件。工部局也由此获得了向吴淞江沿岸发展的机会，并日益向西扩展自己的势力，甚至多次欲将整个吴淞江纳入租界管辖范围，这也是中外之间关系变迁的反映，并导致了后来吴淞江淤浅问题被多方推诿，难以迅速解决的后果。

(二)吴淞江作为上海港内河港区的繁华

通过历次疏浚，加之上海对外贸易的发达，吴淞江获得了新的发展机遇，开始成为沟通上海与长三角地区非常重要的航道，也奠定了闸北新城区发展的基础，并使得上海港区的范围有了扩大的基础。

吴淞江在近代逐步被纳入上海港的范围，并非是非常顺利的，吴淞江内港的逐渐形成，与航运条件、航运工具的改善有极大的关系。虽然吴淞江早就是苏、常等地与上海交通的要道，但主要的运输工具为民船(帆船)。近代轮运业的产生，使吴淞江内河航运的升级成为可能，“苏、杭内地水道，若以小轮船行驶，极为便捷，历年中外商人皆以厚利所在，多思禀准试办”。[13]海关税务司曾认为在内河航运中，对使用小火轮的要求正在日益增长，但没有授与这种船舶以运货的权力。“这些船只在上海和苏州之间自由地运送着乘客，牵引着官员们的旅游船”，[14]所谓内河小轮“准行内河并带官物，不准带货搭客作贸易之事，以示与商船有别”。[15]

直到《马关条约》签订后，中国政府开放了苏州、杭州等处为通商口岸，准许外国船只“从上海驶进吴淞口及运河以至苏州府、杭州府”，1898年《内港行船章程》的颁布，使吴淞江的内河航运开始发展起来。[16]虽然之后的一段时期内，因厘金税卡的大量存在，吴淞江内河轮运并不十分发达，它作为港区的功能尚未真正发挥出来，“不论上海还是别的地方都没有在多大程度上利用内河对轮船航行的开放，少数带客的汽艇驶往迄今禁止旅客进入的地方，但是它们一点也没有被用于运送商品”，[17]但在1900年后，通行内河的货运小轮数量开始了迅速的增长。

吴淞江的航运，其运输的方便，以及大量使用汽船对整个贸易带来的极大好处，也带动了传统城市苏州的复兴，“如果苏州有较大发展的话，上海或许也会受到影响，但只会是轻度的影响，而它与苏州之间更方便和更频繁的交通将带给上海的更大繁荣，从而将补偿可能会从上海被引到苏州去的一些贸易而有余”。[18]贸易与航运的日益发达，使得吴淞江作为港区的必然性已为多数人所认可，吴淞江连接上海与内地的航线，逐渐遍布长三角地区。“走吴淞江者，由苏州而上达常熟、无锡，或达南浔、湖州”，[19]“内地通行小轮船，取费既廉，行驶亦捷，绅商士庶皆乐出于其途。沪上为南北要冲，商贾骈阗，尤为他处之冠。每日小轮船之来往苏、嘉、湖等处者，遥望苏州河一带，气管鸣雷，煤烟聚墨，盖无一不在谷满谷，在坑满坑焉”。[20]20世纪之后，吴淞江内河航运日益发达，表一即为清末十余年间内河小轮的增长情况(表中包括了吴淞江及其他内河支流)。

表一 上海海关内河小火轮登记增长情况表

年代	登记只数	指数	年代	登记只数	指数
1901	142	100	1907	334	236
1902	144	101	1908	360	254
1903	180	127	1909	360	254
1904	216	152	1910	381	268
1905	275	194	1911	359	253
1906	314	221	1912	283	199

资料来源:上海市工商行政管理局、上海市机器工业史料组编:《上海民族机器工业》上册,中华书局,1966年,第130页。

1898年后吴淞江内河航运不断兴盛,按照《内港行轮章程》在上海登记的内港船只,"1922年为397艘,1931年增加到1152艘。虽然在海关登记的船只,未必都经常往来沪埠,但大部分确是如此,因而以上数字已可充分说明上海与邻近地区之间贸易增加的情况",[21]与广大的民船贸易一道,形成上海内港的繁荣景象。1911年,浚浦局重新修订《浚浦局暂行章程》,规定"自黄浦入长江处起,至潮流停止处止,其境内河身两傍潮到处,有与河道相关之工程",[22]均属上海港范围内。虽然中国政府一直表示反对,但吴淞江已事实上属于上海港的一部分。吴淞江内河港区的形成,"拓展了港口岸线和吞吐能力,加速了进出货物的集散流通,成为近代上海港崛起的重要一翼",[23]并成为近代上海城市与经济发展的另一个强大动力。

二、近代吴淞江与上海城市产业的变迁

20世纪初期,上海港的基本格局已经形成,明显分为苏州河口以南、以北、浦东和内河四大部分,业务上则各有侧重。"浦中帆樯如织,烟突如林,江畔码头衔接,工人如蚁,上下货物之声不绝","南则帆船停泊,航行内地,而纳税于常关;北则轮船下碇,往来长江一带及南北各埠,而纳税于新关;其巨者航外洋,泊吴淞口外。苏杭有小轮通行,码头在美租界吴淞江之北岸"。[24]通过这一热闹的场面,可以看到上海港的分区特征非常明显;但港区仍是传统与现代的结合,既有浓重的前现代特征——帆船、人力装卸,也有现代的特征——轮船、海关。

上海城市与黄浦江的交汇处,是上海港庞大的码头体系,作为内港的吴淞江也不例外。早在1874年,工部局曾讨论"是否要保留河南路底的一个码头",因为内地运到上海的茶叶、棉花和丝绸,"都是在这个码头上岸的,如果拆除这个码头,则货物的运输就会径直通向外国人的居住区",影响到外滩

一带的港区。[25]不过，工部局并没有刻意将吴淞江发展成为另一个港区，而是仅作为调剂货物的一个途径。作为城市边沿的吴淞江，在客观上成为上海港体系的一部分，并真正开始其临港产业的发展。

（一）吴淞江内河港区的产业兴盛

开埠之前，吴淞江港区所在区域，经济已经有所发展，“其市面较盛之区……以新闸沿吴淞江一带地为最”，[26]已经初步形成了之后经济繁盛的基础。1843年之后，与上海租界的发展同步，吴淞江沿岸地区也逐渐开始在经济上有更多起色。虽然作为内河港区尚未完全形成，但民船的运输已十分发达。内河轮运兴起之后，吴淞江沿岸获得了迅速的发展。“一时航运事业非常发达，所有内河客货运大都改用小火轮船”，“汽艇拖着中外商号的货船定期往返于上海和这些新口岸之间”。[27]“往来申、苏、杭，小轮公司码头均设沪北”，“著名的有戴生昌、老公茂、大东（日商）、内河招商等，大都开设在铁大桥下塊（今河南路桥北塊），其他小轮船局尚不少”。更重要的是，不少民船开始以机器作为动力，“上海与苏州、无锡、常州间交通，完全依靠小火轮，俗称无锡快、苏州快”，[28]成为轮运的前驱。

吴淞江上所航行的各种民船，吨位一般都比较小，故而对航道的要求不是十分苛刻。总的来看，行驶在吴淞江上的船只，大部分仍然是传统的帆船，即使如最繁华的上海至苏州航线，“往来苏沪小轮每日四五只”，[29]与庞大的民船比起来，数量非常之少。但机器化毕竟是一个大的趋势，随着内河小轮船的兴起，二者共同构成了上海内河港区的繁盛局面。

对内河小轮船的需求，使机器厂制造小火轮盛行一时，较著名的“吴淞江老港内有公茂、史恒茂、大昌、广德昌等几家；在虹口有恒昌祥、广德兴等几家；在杨树浦有公兴；在南市有求新、兴荣发等几家”。其中，以设在吴淞江畔的公茂机器厂为代表，“1895—1913年间业务大为扩展，制造了不少小火轮，自设老公茂航运局，经营上海、无锡、苏州洞庭山、常熟等地的客货运输业务”。公茂的小火轮制造业务是随着它的航运事业的发展而发展起来的，因为老公茂航运局的发展，有力地支持了公茂船厂的经济周转，使小轮制造能加速进行，而小火轮制造又加强了航运事业中的力量，因此公茂船厂的发展比别家同业为快。1913年以前，“公茂船厂共为老公茂轮船局造过二十只左右的小火轮及拖船”。吴淞江内河港区的日益发达，促使沿港区产业中的其他各层次也获得了自己的发展机会。如小型的机器修理业，“新闸是内河船舶到上海的主要停泊地点，船舶在停泊期间，经常有必要的铁器修理，遂使新闸的铁铺逐渐繁荣起来”，先后有七八家无锡籍船作铁铺在新闸设立，“营业甚盛”。[30]

吴淞江沿线由于其便利的航运条件，虽然开发晚于浦江沿岸的租界地区，但上海港整体的发展，使其迅速成为上海著名的工业区。[31]沪西曹家渡地区，之前“地甚荒僻，绝少行人”，光绪十八年（1892年），“有人购地建筑油车，是为成市之始”，“衣于斯，食于斯者，不下数千人”。更因优越的航运条件，“面临吴淞江，帆樯云集，富商巨贾莫不挟重资设厂经商，除蚕丝、面粉两厂外，若洋纱厂、织布厂、鸡毛厂、牛皮厂、榨油厂、电灯厂，不数年间相继成立，市面大为发达，东西长二里。鳞次栉比，烟火万家，火车站在其西，轮船埠在其东，交通之便，本乡首屈一指”。周家桥一带，“本一小村落”，因“傍吴淞江”，荣家企业于此建筑纺织厂，之后“地价骤贵，亩值万金，百工麕集，遂成市面”。[32]潭子湾，“在彭浦镇西南方四里许，地濒吴淞江，又为彭越浦出口处，从前只有村店数家，今则厂栈林立，商铺日增，居屋多系新建，帆樯往来，运输便利，商业之进步，远逾本镇而上之矣”。[33]因此，江海关税务司曾在1922年称：“过去三年里（1918—1921年），各类工厂象雨后春笋般开设起来，厂址大多在公共租界西北区，沿苏州河的两岸分布。本省的水路运输费用最便宜。可以说，哪里有宽阔的通往江河的水道，哪里就会有工厂”。[34]

这些城区的发展，均生动揭示了在临港产业发展的各个阶段，作为港区的吴淞江对浦西地区经济的带动作用。产业发展亦带动此地区的变化，使之进入城市化的进程当中，也可以说，由于吴淞江内河港区的存在，才使沪西工业区的产生成为可能。

（二）吴淞江沿岸最有影响的产业：上海米市

从一个仅四十余万人的县城，一跃成为人口三百余万的大都市，上海用了不到100年的时间，这也导致城市对粮食的大量需求。“上海为全国商业中心，金融之枢纽，万商云集，人烟稠密，于粮食运销上，实居重要地位。”“米粮销数，每年约须六百万市石左右，为国内各地之冠”，[35]米粮业“为沪上商业中之最为繁要，不可一日间断”，[36]其重要性是显而易见的。上海属太湖平原的东端，城市人口生存所需的粮食，主要来源为苏南、浙北一带，这一地区也正是上海的直接腹地。[37]这些地区的粮食，主要通过黄浦江、吴淞江及其支流，以民船运输的方法销往上海。这些米粮运至上海，首先面对的就是港口体系中的各个专业码头。

沪北吴淞江沿岸一带，在上海开埠之初，并非人口聚集之处，米业的主要市场在南市老城区一带。“南帮、常帮各米船，于产米乡区，载运食米来沪，以应南市各行家销场”。[38]近代之后，沪北吴淞江一带逐渐发展成为米业的另一个重心。光绪三十二年（1906年）以前，闸北一带，“居民寥寥，冷落不堪。论其性质，不过一乡镇而已。当时新闸桥系木板桥，下有三石墩，水流湍激，重载过墩，每多遇险，一般内地米船，乃停泊桥畔，由附近米行，卸下若干，然后直放南市；故当地米行，昰有四五家，大多兼办他种货物，不得视为纯粹米业也。迨后人口渐多，市廛渐盛，美商运碾米机来华，在北市创设美昌碾米厂，华商又在该厂附近，开设源昌碾米厂。于是内地米商，纷纷载运糙米来沪，碾白出售，一时苏州河内，米船齐集，米行米店，应运而盛，闸北米市，由此蒸蒸日上矣”，加之为了应对租界的扩张，闸北新城区迅速成长。由于市面的兴盛，“米行设于米船集合之处，米船停泊于米行汇（荟）萃之区，因此相互关系，故南市集中于三泰码头，而北市集中于苏州河新闸桥一带”，[39]形成了南北两大米市并存的格局。

米业与上海港尤其吴淞江内港，关系则更加密切，根据《上海米市调查》所载，一粒米从产地到上海售与消费者，其路线大致是：如果是已经在产地碾成的白米，其交易流程为米客——经售米粮业——米行——米店——顾客；如果是稻谷直接运至上海，其交易流程为米客——碾米厂——经售米粮业——米行——米店——顾客。除米店与顾客之外，各阶段几乎均与港口有直接关系。由于米粮业是以港口的存在为主要选择依据而设立的，它的装卸就是一种港口直接产业。米客需贩运米粮来沪，通过吴淞江、黄浦江等港区，到达所需的各个码头，再将船上所载米粮，卸交米行或仓库。上海又有专门的米业码头，“南市米业公会筑有新式码头……于米粮到数，记录尚称可靠；北市到米大概多由经售业介绍成交，故经售业公会对于到米数额亦有记录”。[40]

内河运输的种种优势，也体现得非常明显，“查食米运输方法，不外内河、铁路、轮船及外洋四种。就中以内河输入最多，此因江浙产米各区，接近内河，而内河帆运，更有自由上卸诸种便利，为他种运输方法所不及”。[41]因此，从苏州、无锡、常熟、松江、嘉兴等地源源不断运来的各种米谷，使得吴淞江的作用凸显出了关键性的意义。

吴淞江对米市的意义，首先即在于运费的低廉，据《上海米市调查》称，以帆船、轮船运输，一般较火车运输远为便宜。除此之外，“帆船装米，可因米市在数地凑满一船，到沪后可停留三数日不取费用，驳费栈租均可节省，故在今日，帆运仍占重要位置”，而由铁路输入的各种商品中，“铁路之货……粮食极少，无关宏旨”。[42]以水运为主要运输手段的上海米市，与上海港尤其吴淞江产生了紧密的关系。“民食来源，大都由水道来沪，一朝阻滞，仅恃铁路运输，供不应求，遂呈居奇之概。”[43]

于是，米粮业的各个流通层次，就又与上海城市中港口的各产业层次，如仓库、堆栈等仓储业，发生了相应的联系。米粮为体积大、价值低的笨重商品，一般而言，总是需要在销售地提前储存，但上海城市虽然随着商务的日益兴盛，“于是堆栈日多”，但这些仓库，起初并非专为米业而设，“盖米之销数，日有定额，其容积甚大，而房租甚贵，况交通便利，运输敏捷，趸购而零售，非米商之所乐为也”，直到1930年代，“纯粹堆存粮食之仓库，至现在仅南市三泰码头之一豆米业仓库而已”。[44]

虽然米粮业并没有发展出太多专门的仓储业，其他各产业中则有这方面的建设。银行仓库，均集中于北吴淞江两岸，“盖接近麦根路车站，取其运输便利也，各大银行皆有仓库”，经营各类商品的抵押、寄存，不过，银行所设仓库，总计“各仓堆存粮食面积，不及二分之一，而麦豆花生等物，亦已并计在内；至纯粹堆存粮食者，仅中国及上海二银行各有其一”；其他形式的仓库，最常见的有钱庄堆栈、关栈等。钱庄堆栈，主要"散布于苏州河一带，范围大小不一"，"凡营业较盛而与外国银行发生关系者，称曰洋栈，如豫康、安记、鼎记、鸿记等是，否则即称曰某某堆栈。其营业亦以寄存及抵押为主，惟间有因其股本来源性质，而专投资于一种营业者，如棉纱面粉等是"。关栈则主要隶属于中外轮船公司，"凡进出口之货物，报关装运者，均堆存于此"，基本多属临时性质，"建筑在各轮船码头附近，沿江边一带，自虹口以至南市王家码头……因其地价较廉，凡价值不贵而容积较大者，胥卸于此，故粮食亦多"。[45]

总之，米业与港区产业中的各层次，均有所联系，它与港区的互动也较其他产业为多，表现最明显的就是对吴淞江淤浅问题的积极关注，以及由此带来的与城市内部各机构的关系。

三、吴淞江与上海社会经济的相互影响

吴淞江被纳入上海港体系，作为航道加以利用之后，它的繁盛日盛一日。时人评论吴淞江的地位，"江小于浦，亦关系商埠之盛衰"，"沿江两岸工厂林立，轮运利便，端赖此江"。[46]可见经过近代数十年的发展，吴淞江作为上海港区一部分的地位，已经不可动摇。

(一)吴淞江的疏浚问题

吴淞江沿岸的繁华也带来了相应的问题，即上文已经提到的淤浅。如果说近代前期，对吴淞江淤浅问题的关注，主要来自租界当局。那么在吴淞江纳入近代上海港体系后，航道的繁华和淤塞问题便开始为中外双方所关注。对于吴淞江淤塞的缘由，大体有几个解释，上海地方政府方面称："考其致狭之由，皆由沿河地主，先将垃圾烧灰倾倒河滨，不久即成滩地一二丈，先盖水阁一进或二进，仍如前法倾弃垃圾，一二年后就前盖之水阁，改建瓦房，并于屋后增搭水阁。其无房屋之处，亦于沿河涨出之滩地上围以竹笆，或树以木桩，逐多僭占，群相效尤，以致河身日侵月削。"[47]江海关则认为，"两岸土地上发展了工业，导致沿河修筑了很多滩岸。随着上海的逐步发展，两岸工厂陆续建立，河中船只往来日益增多。与此同时，淤泥沉积，河道愈益狭窄"。[48]因此，近代后期的吴淞江，其淤浅问题的原因，已经不是纯粹自然条件的作用，而是加入了更多人为的影响，由此也导致了城市内部各机构之间，就吴淞江命运的争论。

但无论如何，中外双方都认为，这一问题若不加以解决，"势必将河面占尽，不特宣泄失所，而沪埠重要商旅，亦将断绝交通，贻害实非浅鲜"，[49]"有计划地整治和疏浚苏州河是一件十分重要的工作，应认真加以考虑"。[50]民国十年之后，吴淞江淤浅问题日益严重，1923 年 1 月，吴淞江"西段野鸡墩(即虞

姬墩)地方,自阴历十三日下午,因煤船与轮船相交挤塞以来,迄已五天,两端后至船只,至此相继挤住,愈挤愈多……东已塞至北新泾,西已停过黄渡,相接已有数十里之遥"。[51]直到1931年,吴淞江淤浅的情况改变得并不多,"每年在一定季节里水道动辄淤塞,尤其在虞姬墩一带,有时几乎全部阻塞。那里河水有时过浅,附近3—4英里内的小船,往往搁浅,几个昼夜不能移动。等到阻塞略见松动,船只拥挤混乱的情况,就更不用说了。有时不得不规定船只要随潮行船,即在潮涨时上行,潮退时下行,直到混乱现象消失,航道恢复正常为止"。[52]

吴淞江是黄浦江的主要支流,不但为上海的工业带来了很大利益,也是内地同上海之间运载旅客、货物的重要水道。它的淤浅,受影响最明显的是与市民生活息息相关的米市等,吴淞江"为内地往来上海重要河道,挤断后,影响及于米市甚大……米店存底有限,后患堪虞。且蔬菜食物多赖西路运来,迩日莫不因此大涨,他如粪船无到,秽物将无出处,岂不更闹笑话?总之多延一日不通,即沪人士多一日之恐慌"。[53]

黄浦江的疏浚,由于浚浦局的存在,进行得很顺利,但吴淞江却因其主权和法律地位的不确定,导致疏浚问题十分棘手。"远在1919年,浚浦局即曾应江海关港务长的请求,对苏州河下游进行彻底的勘测,但疏浚工作一直迟迟未动",直到1922年,"除苏州河浚河局(Soochow Creek Conservancy Bureau)做了些零星挖泥工作外,别无其他结果。该局是在改进苏州河的问题提出之后由中国当局设立的"。[54]在中国政府与租界当局不断交涉的过程中,也做了相应的努力,吴淞江水利工程局即是较早成立的一个疏浚机构。但被租界视为工作不合格,建议由浚浦局来完成疏浚工作,[55]吴淞江水利工程局随即反驳称,"本局浚河经费,系由吴县吴江昆山等八县农田凑合集而来,且亦早经裁止,绝未尝向沪上商家及船只方面抽收丝毫之捐项,该报谓但知收捐,不知改良航路,尤属完全虚诬之言"。[56]

吴淞江作为上海港区的一部分,带动了沿岸经济的发展,并形成了相对完整的产业层次,使沪西城区在上海产业体系中的地位日益重要。但沿江的城市化,也使得吴淞江的航道状况逐渐变差,甚至吃水很浅的民船也会有搁浅的危险,这也是产业对港区反作用的表现。

吴淞江逐渐在上海城市发展中占据了重要的地位,其疏浚工作再由沿岸农业税承担,已经明显脱离了现实。因此上海城市的部分产业部门,出于自身利益的考虑,逐步承担了这项公共事务。时人亦称:"吴淞江在今日,已含有商港之性质,而农田之关系较轻,则浚河之费,不应尽责之于农田",因而有士绅提出,应将经费筹集方法加以改变:"一酌拨洋关加税";"一酌征工厂之特捐,沿江两岸工厂……可按其出品之价值,而定其捐数之多寡";"一酌征收船捐。江内停泊之船,无不纳捐,如新闸等埠,已为外人收取,宜按约交涉,悉归管理之机关,就原定之捐额,整顿征收",果能如此,则"日积月储,数必不少,应以十之六充疏浚之费,十之四充整理之费,而皆注重于下游,稍有淤浅，即行开挖，务使沙不久停，淤不多积”。[57]对这种理想的规划，一旦涉及到主权问题，便有相当多的困难，但与吴淞江关系最为密切的米粮业，积极的响应，成为之后沪北米业联合会成立的前奏。

（二）吴淞江港区与地方社会的互动关系：从吴淞江水利协会到沪北米业联合会

进入民国之后，因政局变幻无常，吴淞江历年疏浚的主持者也难有定主。“自民国九年以迄十三年间，虽经先后修浚，但系枝节施工，旋作旋辍，加以交通繁盛，及潮流关系，近复淤塞如故，设再不通盘筹划，从事开浚，而全河水利，即受莫大影响”。[58]终于在 1920 年代初，积累的淤浅问题全面爆发，使整个吴淞江水系的航运受到极大影响。上文已提及疏浚之事，其中的主持机构及经费来源，也有了较大的变化，即有了江南水利局——吴淞江水利协会——沪北米业联合会（下文简称米联会）的转变。

1927 年上海特别市成立之前，吴淞江的疏浚主要由江苏省政府来主持。民国三年，江苏省政府筹浚该江，援照田亩带征附捐，以充疏浚经费，设立一江南水利局以主其事。自九年二月开工，至十年一月竣工，实挖出土十七万六千九百十方，计自梵王渡铁桥起，至新闸桥止，长二千八百二十二丈。施工期内，省局因经费支绌，工程几致停顿。

航道淤塞，对于上海城市发展中的各项产业，均大有影响，吴淞江本“为太湖宣泄尾闾，又为苏沪间交通要道，凡沪埠需用之粮食栖石木材等要品，皆由此河转运而来，两岸工厂林立，均赖苏州河为枢纽”。[59]但这条重要的河流，“近年日积淤浅，以致断绝交通，少则数小时或一二日”，“长此以往，非特行旅受累，实与本市商务、沪埠食米，大有关系。……加以沪埠商业日渐发展，人口暴增，运输船只，亦日增不已，新米上市，常有挤轧之虞”。[60]

因此，上海总商会先后邀集上海商业团体及沿江八县公团，于 1923 年设立吴淞江水利协会，以辅佐政府整理水利交通，并订立章程，确立组织方式。[61]虽然该协会成立之后，颇为浩大，但工作的开展却很难顺利进行，后一度筹款六十万，五年为期，沪商及八县农田各任其半。先就新闸以东，至出浦一段施工，十五年五月竣工，长九百二十丈，出土十二万八千三百二十三方，用款二十一万九千余元。本拟续浚新闸以西各段，又以经费不继，遂致中辍。

在吴淞江沿岸工商业日益发达的背景下，再向沿岸各县征收捐税疏浚该水道，已经明显不再合时宜，这是吴淞江水利协会的定位不准确，并导致了米业联合会的诞生。米业与吴淞江内河港区的关系，首先即可在经济关系上反映出来，南市米业公会筑有新式码头，“米船到埠，每担抽捐一分”。[62]《上海豆米行业同业公会米组业规》也有明确规定“无论河货、厂货、栈货，拆包斛见，俱以量器一石议定价格，谓之客盘。每石扣取佣金二角，公益费一分，此项公益费，以备管理码头，雇佣水陆警士、职员伕役，设备消防电灯，布置河筒，疏浚淤积，修葺码头，以及其他为客户设备之公益事业等用途”，[63]此处之“河货、厂货、栈货”，即为上文所说的米客贩来之白米、碾米厂碾白之米以及仓库堆栈中储存之米。而此一条中所规定公益费的用途，基本上都是与港区相关的，可见米业与港区联系的紧密程度。

南市与闸北两地米市，与港区关系的侧重有所不同。南市因地濒接黄浦江，航道疏浚由浚浦局管理，加之民船或内河轮船吃水较浅，故航道无碍，主要在于管理专业码头。因此，南市浦江沿岸的米粮业码头，可尽数拆去，加以重新修建，[64]为产业提供便利。闸北地区则由于航道依靠吴淞江，虽然修建码头没有什么大问题，但常常会由于航道淤塞而倍感艰辛，一旦“潮水小汛”，就会发生“不能靠傍码头装卸货物”的尴尬景象，[65]故北市米业主要关注如何疏浚吴淞江。

沪北米业联合会即是为维护吴淞江航道的通畅而成立的一个机构，以配合上海总商会的号召。在其成立之后，成为吴淞江沿岸最重要的一个机构，它的成立几乎与吴淞江水利协会同时，其职能最初是为了协助该协会筹集款项，所谓“联合各团体，组设沪北米市临时联合会，专为筹集浚河经费”。[66]吴淞江沿岸北市米业行厂经售各帮，于1923年2月共同组织联合会，筹款协助。议决每米一石征捐一分，是为浚淞捐，并呈报上海县知事核准备案。次年则陷入改组问题中，七月将其会员范围覆盖至所有与吴淞江有关的行业，称“沪北米业河货联合会”。之后两年，因吴淞江水利协会疏浚工程进展不顺利，甚至米业各行厂一度脱离该会。1926年，该联合会宣布重新改组，恢复原名。1928年11月，上海特别市政府对其重新登记在案。

沪北米业联合会的最大职能，是向沿江各米行及其他商户征收浚淞捐。1924年后，一度由米业代扣代收该项捐税。至1928年初，将此项权利收回，由米联会自行征收。总的来看，米联会在成立之后，一直在从事与吴淞江疏浚相关的工作，至1929年4月，已经建筑米业码头15座，并准备在吴淞江北岸自雇机船，开浚河床。

沪北米联会自成立后，为维护航道、修筑码头，在米业等各行业中，征收浚淞捐。为本业发展之计，多数米行米店等均表示愿意合作。但由于力量分散，米联会所作的努力，并没有得到最圆满的结果。1923年5月，沪北米业联合会呈请上海总商会注册立案，确立了成员范围，“上海北市米行公会、上海机器碾米公所、沪北经售米粮公会、驻沪常熟米商公会，及行、厂、客三帮重要分子等所组合”，其成立则是由于筹款，“敝会同人，以水利与本业，有连带关系，即本此意，以策进行”，并请求指示如何处理疏浚吴淞江捐款事宜。[67]

米联会曾召开会议，“对于总商会水利协会担任经费问题，公决首先承认开浚苏州河经费每月一千元以上”，并且决定，“函劝各业公团从速认定经费数目，以利水利协会之进行”。[68]对于如何筹集资金，米联会有自己的看法，“米业联合会集捐办法，订定无论厂米船米，每石均扣洋一分，由经售行家厂家代扣，每月由司月会同会计向行家抄数收取，汇总存在会长处，由会长保管，除水利协会经费及一切开支外，如有盈余，另摺存庄生息”，而总商会也函知米联会，需要其“常年认缴一万二千元”。[69]虽然这些款项对于疏浚吴淞江而言，数量明显不足，但也能体现出城市中的产业与这条逐渐融入上海城市的吴淞江之间日益密切的关系。

米联会的存在，是近代上海地区国家权力有所缺失的必然结果。1927年之后，上海特别市港务局成立，由于其不能对黄浦江行使真正管理权，遂转而对全市各黄浦江支流（包括吴淞江及其他小河道）进行整顿。吴淞江则是其首先解决的问题之一，这也引发了国家权力与地方社会的微妙关系。

1930年1月，上海财政局致函港务局，认为沪北米业联合会“系因浚淞而设立，新办事业又为同业谋公益，似与博施济众之慈善团体有别。惟本市公益慈善团体注册，现刻已由钧明令取消，新有公益慈善团体，悉应遵照监督社会团体规则办理，拟先责令该会依据该规则修正章程，改善组织，使不与慈善团体混淆”，加之米业行厂已脱离该会，即不得再沿用米业联合会名称，至于收捐税用以疏浚吴淞江，“系属市政范围，要应收归市办，加以整顿，于浚淞之外益指定两积谷用款之处”。[70]此事遭到米联会的抗议，最终浚淞捐虽收回市办，但仍由米联会暂时负责征收，之后这一关系便延续下来，直到抗战爆发。

（三）沪北米业联合会维持吴淞江港区航道的努力

近代后期上海地方政府疏浚吴淞江，最大的问题是没有足够的经费与技术，因此一度准备请浚浦局协助疏浚，由于事关国家利权，引起城市各组织的激烈反对。米联会对此亦表示反对，又因为其他各业对疏浚一事，并不是十分热心，使得米联会一度决定，自己筹款组织相关人员设备，疏浚新闸桥附近一段吴淞江航道。[71]但毕竟条件有限，最终仍委托吴淞江水利局代为疏浚，[72]反复之下，历次的疏浚工作，一直没有及时展开，导致常熟米公所、全皖旅沪米商公会等，均要求停止缴纳浚淞捐。[73]总商会为此，专程致函各米业团体，就浚淞一事说明情况，各米业团体均表示愿意继续合作，但暂行停征浚淞捐。[74]总之，在米业联合会成立后的一段时间内，尽管为疏浚积极筹款，但疏浚工程并没有收到预想的效果。

1924年，齐卢之战爆发，吴淞江的疏浚工作被迫中断。在缺乏有效领导和管理的情况下，由某些产业联合进行公共设施的建设，结果往往是不尽如人意的。直到上海特别市政府成立，随着专门机构的设立，逐渐强大的政府开始执行权力，对吴淞江的疏浚工作也逐渐重视起来，而沪北米联会出于自身的关系，仍然不断请求相关疏浚工作。最大的一次，即为1929年对乌镇桥、新闸桥一段河道的疏浚。

1929年3月26日，沪北米联会呈请上海特别市港务局，称准备自行开浚吴淞江米船停泊淤浅河道，由米联会勘定地段，提供经费请港务局代为疏浚。勘定吴淞江自乌镇路口起，西至光复路恒康米厂西摆渡口止一段，淤浅最甚，泊船亦多，请求迅速，从事疏浚。随后港务局派人与米联会接洽，称将浚费数目呈报，即可计划施工。4 月 18 日，米联会再次呈请港务局，称"筹款六千元，存入农工银行"。5 月 29 日，上海市政府原则上同意此次疏浚工程。6 月 4 日，港务局开始与米联会商洽具体疏浚事宜。

此次疏浚工程，港务局将新闸桥上下游一段，共分为 6 个区间，逐段疏浚。6 月 24 日，上海特别市港务局制订告示，为疏浚工作做准备，称"定于本月二十七日起，派挖泥机器船，先在该处开始工作，从西至东，陆续疏浚"。但在 7 月 4 日，港务局又通知米联会，称预算经费约共八千元，原筹经费数额不足，需补充后才可兴工。米联会遂回复称除前议筹款六千元外，不足之数，仍由同业继续筹集。11 日，港务局与相关机构等签订承运疏浚之泥合同。7 月 15 日，乌镇路口至西摆渡一段疏浚工作，正式开工。9 月 22 日，工程竣工，疏浚情况见表二。之后，米联会将疏浚所需款项，陆续解送港务局。[75]

表二　1929 年港务局疏浚吴淞江新闸桥一段相关数值表

分段号数	间距(英尺)	面积	平均面积	立方公尺	英尺土方
0		14.68			
1	315	19.13	16.91	532.66	188.08
2	920	20.11	19.62	1085.04	637.35
3	800	22.75	21.43	1714.40	605.35
4	866	12.18	17.41	1512.90	534.20
5	740	19.67	15.93	1178.82	416.24
6	880	24.25	21.96	1932.48	682.35
共计	土方总数　＝　3 063.57				

图表来源：根据《上海市港务局有关沪北米联会请浚吴淞江乌镇路口卷》(附图)，上海档案馆藏，编号：Q211—1—53。

疏浚工程竣工后一周，1929 年 9 月 30 日，沪北米联会主席范和笙，就呈文上海特别市港务局，请求保护疏浚成果，提出"属会遵照章程规定，应办事业，以开浚吴淞江米船停泊淤浅之处为最重要之工作，所需经费亦属最巨。此次呈由钧局代浚吴淞江北岸一段，因会内存款均为前次建筑码头支用，所存无几，故此次浚费，由各委员及各米粮经售号筹垫，总数约近七千元，系以船米每石二分会费担保"，但沿岸情况却不容乐观，"近岸之处，垃圾倾卸，每有以垃圾倾入河沿，为日稍久，难免再见淤浅。更查乌镇桥下及迤东一带暨恒丰桥东西河内，均有竹木排抛系，实足妨碍河流宣泄，应行取缔"，[76]是以保护疏浚成果，任务更加艰巨。

吴淞江每次的疏浚，总是不能维持长久。1929 年 9 月疏浚新闸桥上下游一段吴淞江河道后，为保持其航道的顺畅，次年 11 月，沪北米联会再次请求港务局疏浚新闸桥下游乌镇桥至新垃圾桥一段的吴淞江。这一段河道，"除米船一部分经行停泊外，为各种货船必经之区，且北岸其他厂栈及煤号等林立，均与该段河道有关”，早日疏浚，于运输大有便利。至于疏浚经费，米联会表示由于去年的疏浚工作负债甚巨，单独负担力有未周，又考虑到“市库未充，恐亦为经费所限”，故建议“其中半数呈请市政府核拨，半数由属会暨该河北岸之厂栈地产业主及煤号等筹集，庶官商能力合作，易于进行”。[77]可见，虽然有相应机构的处理，但对吴淞江航运功能的需求日益增加，疏浚工作就有坚持进行的必要，而米联会筹集浚淞捐的努力也有它的必要性了。

除了对吴淞江航道的维护之外，对于米业码头的建设，米联会同样不遗余力。早在1923年5月，沪北米业联合会即致函闸北工巡捐局，提出闸北吴淞江沿岸，“码头过少，米船无停泊之所，往往卸货耽延，客家受无形之损失”。同时声明，“敝会自成立以来，对于水利有筹款补助之责，究其捐款来源，纯由米客所出，是该客对于地方公益，既尽集捐之义务，而地方上之对于客家营业，应代筹补救之方”。根据米客的要求，“以吴淞江新闸桥西一带，应添筑码头四处，一泰昌米厂，一晋昌米厂，一大昌米厂，一浙江兴业货栈，此四处门临河边，米船起卸，最为适宜”，请求闸北工巡捐局批准，早日兴工，“庶使米石得以早卸，米船不致拥挤，即地方民食，亦无妨碍之虞，是一举而受益良多”。[78]

上海特别市政府成立后，鉴于“新闸桥河下一带，向为内地各帮来沪米船停泊之所，其停泊数量，常达数百余艘，对于米粮起卸，异常繁忙，若无米业专用码头，实不足以收整齐便利之效”的情况，“民国十七年、二十年及二十四年间，沪北米业联合会及沪北运米客商联益会先后捐资，请示前上海市工务局，自西藏路桥起，靠北沿河至恒丰路桥止”，建造米业专用码头。如表三所示，共建造水泥码头十座、木码头七座，“各码头前均竖有工务局设置之‘吴淞江第〇号码头沪北米业联合会及沪北运米客商联益会捐资建造’铁牌，以示区别而专为停泊米船，起卸米粮之用”。这些码头经过抗战时期，大部分都被损坏，1946年12月，上海市米商业同业公会，曾就此事请示公用局，“请将吴淞江各米业码头颁发明令仍归米业使用”。建筑如此众多的米业码头，其原因正如沪北米联会所希望的那样，“本市民食，全恃内地到源，以资维持，而到源之多寡，尤有关于米价之上落，是以战前之沪北米业联合会及沪北运米客商联益会等，不惜巨资建造米业码头，亦无非欲使停泊与起卸便利，消灭船客畏难心理，而求到源增加，借收平价之效”。[79]米联会的这些努力，维持了上海这一大都市的普通市民生活，更为上海港和城市经济的繁荣提供了保证。

表三　沪北米业联合会等修筑吴淞江米业码头一览表(1928—1935年)

码头号数	地　　址	1946年时情形
吴淞江第1号码头	新垃圾桥西光复路大陆银行仓库门前	水泥质完整，铁牌已窃去
吴淞江第3号码头	新垃圾桥西光复路蔬菜地货第一市场门前	水泥质完整，铁牌存在

（续表）

码头号数	地　　址	1946年时情形
吴淞江第5号码头	新垃圾桥西光复路福源福康钱庄联合仓库门前	水泥质完整，铁牌已窃去
吴淞江第7号码头	新垃圾桥西光复路朱仁发橹店门前	水泥质完整，铁牌存在
吴淞江第9号码头	新垃圾桥西光复路永德里门前	水泥质完整，铁牌已窃去
吴淞江第11号码头	新垃圾桥西光复路华盛粮行门前	水泥质完整，铁牌已窃去
吴淞江第12号码头	新垃圾桥西光复路沪北竹木行门前	水泥质完整，铁牌已窃去
吴淞江第13号码头	新垃圾桥西光复路沪南和记竹木行门前	水泥质完整，铁牌已窃去
吴淞江第13号甲码头	新闸桥西光复路泰和粮行门前	木材质已损毁，铁牌已窃去
吴淞江第14号甲码头	新闸桥西光复路源丰昌米行门前	木材质已损毁，铁牌已窃去
吴淞江第15号码头	新闸桥西光复路胡荣记号门前	水泥质完整，铁牌已窃去
吴淞江第15号甲码头	新闸桥西光复路万盛泰米行门前	水泥质完整，铁牌已窃去
吴淞江第29号码头	以上码头五座，均系木材建造，沦陷期间悉被拆去，故已无一存在。惟当时所摄照片□保存，可资查考。	
吴淞江第23号码头		
吴淞江第23号码头		
吴淞江第26号码头		
吴淞江第29号码头		

资料来源：《上海市米商业同业公会为请求将吴淞江各米业码头归还本业使用事致上海公用局》（附吴淞江米业码头一览表），上海档案馆藏，编号：S395—1—88—1。其中被毁坏之五座木质码头，号码数有重复，原文如此。

四、结　　语

吴淞江作为太湖曾经的最大的泄水通道，经历数百年的演变，近代之后发生了功能上的转化，由水利功能为主转变为以航运功能为主。上海作为近代中国最大的经济、贸易中心，将吴淞江逐渐纳入上海港体系的一部分，成为重要的内港，并引领着城市经济的迅速发展。

吴淞江作为港区的地位确定之后，孕育了上海的新城闸北地区。同时也在沿岸地区培养了一大批的产业，其中最为明显的是与城市居民生活息息相关的米市的发达。上海城市的日益扩大，人口的不断增长，对粮食的大量需求，使得吴淞江沿岸的米业迅速繁荣，并形成了一股颇为巨大的力量。可以说，吴淞江充分体现了自身沟通上海城市与腹地（长江三角洲）的功能。但随着城市化进程的扩张，人为影响逐渐成为河道状况变化的决定性因素，吴淞江面临着比近代之前更为严重的淤浅问题。

为了自身的利益，同时在客观上也为了上海港的持续发展，吴淞江沿岸地区各机构为疏浚吴淞江付出了巨大的努力。从江南水利局，到吴淞江水利协会，再到沪北米业联合会的产生，都从不同的角度处理着吴淞江的淤浅问题。这些机构中，沪北米业联合会是最为典型的一个机构，它反映着近代吴淞江职能的转化，也体现着近代中国国家权力与地方机构之间的互动关系。

沪北米业联合会的产生，是港口对产业发展直接促进的结果，也是临港产业反过来对港口施加影响的表现。但它在成立之后，缺乏足够的号召力，加之上海城市发展过程中没有统一的港务机构，遂使其对吴淞江的疏浚等港区维护工程的成果十分有限，甚至会累及自身的发展。上海特别市政府成立之后，与整个国家的集权化趋势相一致，沪北米业联合会逐渐失去其对吴淞江航道的影响，并成为协助上海特别市政府的一支社会力量。沪北米业联合会，可以说是城市产业与港口相互关系的一个生动表现，它因港口而生，又反作用于港口的发展。但归根到底，它仅仅是一个产业的力量，不足以影响整个上海港。近代上海港的管理，被数个机构瓜分，这造成了权力的分散，影响着港区的长远发展，对于具有国际化大都市地位的上海而言，需要一个有效的、统一的港务机构来规划和管理。

注释：

① 盛叙功编译，刘虎如校订：《交通地理》，商务印书馆，1931 年，第 154 页。

② 茅伯科、邹逸麟著：《上海港：从青龙镇到外高桥》，上海人民出版社，1991 年，第 3 页。

③ 森田明著：《清代水利与区域社会》，山东画报出版社，2008 年，第 170 页。

④ 茅伯科主编：《上海港史：古、近代部分》，人民交通出版社，1990 年，第 326 页。

⑤ 戴鞍钢、张修桂：《环境演化与上海地区内河航运的变迁》，《历史地理》第 18 辑，上海人民出版社，2002 年；戴鞍钢、张修桂：《回顾与启示：上海地区内河航运的历史变迁》，《上海行政学院学报》2001 年第 2 期；戴鞍钢：《内河航运与上海城市发展》，《史林》2004 年第 4 期。

⑥《江南重浚吴淞江碑》，《上海碑刻资料选辑》，上海人民出版社，1980 年，第 173 页。

⑦ 上海市档案馆编：《工部局董事会会议录》第一册，上海古籍出版社，2001 年，第 622、663、689 页。

⑧ 上海市档案馆编：《工部局董事会会议录》第三册，上海古籍出版社，2001 年，第 681、698、762 页。

⑨ 上海市档案馆编：《工部局董事会会议录》第六册，上海古籍出版社，2001 年，第 647、648、701、702、724 页。

⑩ 上海市档案馆编：《工部局董事会会议录》第七册，上海古籍出版社，2001 年，第 672—673、674、682、694 页。

⑪ 上海市档案馆编：《工部局董事会会议录》第九册，上海古籍出版社，2001 年，第 616、729、740、763 页。

⑫《1882—1891 年海关十年报告》，《上海近代社会经济发展概况（1882～1931）：〈海关十年报告〉译编》，上海社会科学院出版社，1985 年，第 23 页。

⑬《轮船试行》，《申报》1882 年 7 月 8 日，第 1 版。

⑭《1882—1891 年海关十年报告》，《上海近代社会经济发展概况（1882～1931）：〈海关十年报告〉译编》，上海社会科学院出版社，1985 年，第 33 页。

⑮ 交通史编纂委员会编：《交通史航政编》第 1 册，交通史编纂委员会，1935 年，第 482 页。

⑯ 王铁崖：《中外旧约章汇编》第 1 辑，三联书店，1957 年，第 786 页。

⑰《总领事璧利南 1898 年度上海贸易报告》，《上海近代贸易经济发展概况：1854～1898 年英国驻上海领事贸易报告汇编》，上海社会科学院出版社，1993 年，第 948 页。

⑱《总领事韩能 1896 年度上海贸易报告》，《上海近代贸易经济发展概况：1854～1898 年英国驻上海领事贸易报告汇编》，上海社会科学院出版社，1993 年，第 923 页。

⑲ 民国《上海县志》卷一二，《交通》。

⑳《东方杂志》，第 4 卷第 3 号，第 66 页。

㉑《1922—1931 年海关十年报告》，《上海近代社会经济发展概况（1882～1931）：〈海关十年报告〉译编》，上海社会科学院出版社，1985 年，第 257—258 页。

㉒《请废浚浦局暂行章程呈文之附件》，《申报》1922 年 2 月 3 日，第 14 版。

㉓ 戴鞍钢、张修桂：《环境演化与上海地区内河航运的变迁》，《历史地理》第 18 辑，上海人民出版社，2002 年，第 84 页。

㉔ 李维青：《上海乡土志》第一百二十七课，《交通》，上海古籍出版社，1989 年，第 101 页。

㉕ 上海市档案馆编：《工部局董事会会议录》第六册，上海古籍出版社，2001 年，第

641页。

㉖ 姚公鹤:《上海闲话》,上海古籍出版社,1989年,第27页。

㉗ 上海市工商行政管理局、上海市机器工业史料组编:《上海民族机器工业》上册,中华书局,1966年,第128页;《总领事韩能1896年度上海贸易报告》,《上海近代贸易经济发展概况:1854～1898年英国驻上海领事贸易报告汇编》,上海社会科学院出版社,1993年,第923页。

㉘ 上海市工商行政管理局、上海市机器工业史料组编:《上海民族机器工业》上册,中华书局,1966年,第128、135页。

㉙ 民国《上海县志》卷一二,《交通》。

㉚ 上海市工商行政管理局、上海市机器工业史料组编:《上海民族机器工业》上册,中华书局,1966年,第128、130、10页。

㉛ 胡银平:《沪西小沙渡研究(1899—1949)》,硕士学位论文,上海师范大学人文学院2008年。

㉜ 胡人凤续辑,许洪新标点:民国《法华乡志》卷一,《沿革》,上海社会科学院出版社,2006年,第4页。

㉝ 民国《宝山县续志》卷一,《舆地·市镇》。

㉞《1912—1921年海关十年报告》,《上海近代社会经济发展概况(1882～1931):〈海关十年报告〉译编》,上海社会科学院出版社,1985年,第208页。

㉟ 社会经济调查所编:《上海米市调查》,社会经济调查所发行,1935年,引言。

㊱《南市米业方议请自建码头》,《申报》1922年1月17日,第11版。

㊲ 戴鞍钢:《近代上海与周围农村》,《史学月刊》1994年第2期;《上海开埠与苏南地区经济格局的变化》,《史林》1990年2期。

㊳《米业函请指定停泊米船码头》,《申报》1922年1月13日,第15版。

㊴ 社会经济调查所编:《上海米市调查》,社会经济调查所发行,1935年,第1页。

㊵ 社会经济调查所编:《上海米市调查》,社会经济调查所发行,1935年,第5页。

㊶ 社会经济调查所编:《上海米市调查》,社会经济调查所发行,1935年,第15页。

㊷ 社会经济调查所编:《上海米市调查》,社会经济调查所发行,1935年,第49、5页。

㊸《宋子良函商浚淞计划》,《申报》1930年4月12日,第14版。

㊹ 社会经济调查所编:《上海米市调查》,社会经济调查所发行,1935年,第4页。

㊺ 社会经济调查所编:《上海米市调查》,社会经济调查所发行,1935年,第4—5页。

㊻《秦锡田修治吴淞江之意见》,《申报》1922年9月19日,第13版。

㊼《取缔侵削苏州河之布告》,《申报》1922年5月23日,第13版。

㊽《1912—1921年海关十年报告》,《上海近代社会经济发展概况(1882～1931):〈海关十年报告〉译编》,上海社会科学院出版社,1985年,第193页。

㊾《取缔侵削苏州河之布告》,《申报》1922年5月23日,第13版。

㊿《1912—1921年海关十年报告》,《上海近代社会经济发展概况(1882～1931):〈海关十年报告〉译编》,上海社会科学院出版社,1985年,第193页。

51《米粮公会函请疏通苏州河》,《申报》1923年1月6日,第13版。

52《1922—1931年海关十年报告》,《上海近代社会经济发展概况(1882～1931):〈海关十年报告〉译编》,上海社会科学院出版社,1985年,第289页。

53《米粮公会函请疏通苏州河》,《申报》1923年1月6日,第13版。

(54)《1912—1921年海关十年报告》,《上海近代社会经济发展概况(1882～1931):〈海关十年报告〉译编》,上海社会科学院出版社,1985年,第289、193页。

(55)《开浚苏州河之西报论调》,《申报》1922年9月1日,第13版。

(56)《吴淞江水利工程局来函》,《申报》1922年9月3日,第16版。

(57)《秦锡田修治吴淞江之意见》,《申报》1922年9月19日,第13版。

(58)《市政府积极筹浚吴淞江》,《申报》1931年2月3日,第13版。

(59)《取缔侵削苏州河之布告》,《申报》1922年5月23日,第13版。

(60)《苏州河修浚问题》,《申报》1922年3月26日,第14版。

(61)《吴淞江水利协会开会纪》,《申报》1923年1月20日,第13版。

(62) 社会经济调查所编:《上海米市调查》,社会经济调查所发行,1935年,第5页。

(63) 严声谔编:《上海商事惯例》,新声通讯社出版部,1933年,第513页。

(64)《南市米专码头开幕记》,《申报》1930年11月16日,第16版。

(65)《米客请开苏州河》,《申报》1923年1月29日,第13版。

(66)《米商赞助吴淞江水利协会》,《申报》1923年4月1日,第13版。

(67)《沪北米联会呈请立案》,《申报》1923年5月8日,第13版。

(68)《米业会议总商会水利协会案》,《申报》1923年6月6日,第14版。

(69)《碾米业开会纪》,《申报》1923年6月13日,第15版。

(70)《上海市港务局有关整顿沪北米业联合会征收浚淞捐办法卷》,上海档案馆藏,编号:Q211—1—6。

(71)《沪北米联会定期如今特别会》,《申报》1923年11月9日,第13版;《北市米业联合会特会纪详》,《申报》1923年11月25日,第13版。

(72)《米业进行自办浚河计划》,《申报》1923年11月29日,第13版。

(73)《常熟米公所函请停抽浚淞捐》,《申报》1924年1月22日,第13版;《全皖旅沪米商公会开会纪》,《申报》1924年1月26日,第13版。

(74)《米业浚淞问题近讯》,《申报》1924年2月16日,第14版。

(75)《上海市港务局有关沪北米联会请浚吴淞江乌镇路口卷》(附图),上海档案馆藏,编号:Q211—1—53。

(76)《沪北米联会请出示保护新浚乌镇路口卷》,上海档案馆藏,编号:Q211—1—28。

(77)《闸北米联会请浚吴淞江新垃圾桥一段河道卷》,上海档案馆藏,编号:Q211—1—66。

(78)《沪北米联会请开辟四码头》,《申报》1923年5月6日,第15版。

(79) 上海市米商业同业公会为请求将吴淞江各米业码头归还本业使用事致上海公用局》(附吴淞江米业码头一览表),上海档案馆藏,编号:S395—1—88—1。

The Industry and the Inner Harbor: Woosong River and the Social Economical Transformation of the Modern Shanghai City

Abstract: The relationship between the city and port of modern Shanghai was very significant, Huangpu River was the main part of modern Shanghai port, and Woosong River was also another crucial part. The function of modern Woosong River had a transforming from irrigation to water transport, had a important effect in the external communication and hinter construction of modern Shanghai. In this transforming process, Woosong River integrated the social economic system of the river basin, took shape the Huxi industrial area, became the food industry channel and maintained the Shanghai city development. Especially, food industry was the main force to keep the Woosong River channel well; therefore, Woosong River had been the main affect area of the local organization and government, foreign power.

Keywords: Shanghai Port, Woosong River, Water Transport, Food industry, Social Economical Transformation

《辛丑条约》与上海浚浦局

薛理勇*
（上海市历史博物馆）

摘　要： 上海于1843年开埠，迅速发展为中国乃至远东最大的港口城市。黄浦江是上海的主航道，但河道淤塞、航运设施落后影响和妨碍了上海港的进步和发展。1901年，清廷与列强签订《辛丑条约》，规定在上海设黄浦河道局，正式成立时称上海浚浦局，即今上海航道局的前身，为上海继续保持世界航运上的地位起了积极作用。

关键词： 辛丑条约　上海浚浦局　上海

中国东临大海，长江入海口就在中国南北海岸线的中点上。习惯上，中国把长江以北的洋面称之“北洋”，以南的洋面称之“南洋”，清朝的“北洋水师”和“南洋水师”、“北洋通商大臣”和“南洋通商大臣”等就是以此得名的。北洋依托的是一马平川的华北平原，千万年来黄河夹带的泥沙进入大海后就沉淀下来，在北洋形成绵延百里的滩涂，北洋没有天然的深水港，只有一种称之为“沙船”的平底浅船才适宜在北洋水域航行；南洋依托的陆地多山地丘陵，近海多岛礁，水深浪急，只有深水船才能在这里迎风劈浪。上海位于长江入海口的南岸，也是南洋的顶端。从北洋南运的货物必须在上海港卸货后改装深水船才能继续南下浙江、福建、广东等地；同样，从南洋北运的货物也必须在上海港卸货后改装上沙船才能继续北上。于是，上海优越的地理位置就注定了她是中国近海南北航运的枢纽港，南北货物的集散地。同时，上海可以通过“黄金水道”——长江与长江中下游的四川、湖北、江西、安徽等省沟通，又通过江南密布的水网与相邻的江浙城市交通，上海更是内河航运的中心。1843年11月17日上海正式开埠，原来驶入广州港的外轮改驶上海港，仅十几年后，上海的外贸总量便超过广州，成为中国最大的外贸港。上海通过许多条航线与世界各地的港口建立了联系，于是，上海又成了国际航运的重要港口。

---

* 作者简介：薛理勇（1947—　），男，祖籍福建福清，上海市历史博物馆研究员，研究方向：上海历史。

1850年以前，世界航海通行的是木质帆船，吨位在300吨以下。以1832年东印度公司定造的远洋船"阿美士德勋爵号"（Lord Amherst）为例，该船当时驶抵中国，并曾从澳门北上抵达厦门、福州、宁波、上海，是最早驶进上海港的西洋货船。该船的吨位即300吨，而且是当时很大的船。而进入1850年后，铁壳的火轮船逐渐替代远洋航运的木帆船，船的航速提升，吨位增加。美国学者罗兹·墨非《上海——现代中国的钥匙》（Rhoads Murphey《*Shanghai, key to modern China*》）中讲：

> 上海《北华捷报》（*North China Herald*）发表的船舶吨位一览表，表明1850至1860年间，进入上海港的外洋轮船的平均容积约为1 000毛吨；1860至1869年间船舶平均容积达2 300毛吨。

火轮船的长度和宽度明显增加，吃水深度也越来越大，原来只有木船航行和停泊的上海港已经跟不上形势发展的要求了。1852年《北华捷报》发表的《上海港口章程》："鉴于航道狭窄，锚地有限，倘要行驶到苏州河口，限定船只的全长不得超过165英尺。"同样，上海港的许多码头最低潮位时水深约3米，足以泊靠大多数木船。而到1860年后，虽然港口已经疏浚、加深，但仍无法停靠吃水较深的火轮船。于是，人们只得将货船泊在江心，先将部分货物卸到驳船上，当船身向上浮升后再泊到码头卸货、装货。毫无疑问，这些"多余"的动作延迟了船只的装卸货时间，增加了许多运输成本。1870年后，一些更大的船已经难以驶进黄浦江，于是部分外轮只得泊在吴淞的黄浦江口，通过驳船卸去部分货物后再驶入黄浦江。1874年，英商怡和洋行得到上海道台沈秉成的特许，允许其组织"吴淞道路公司"，兴建吴淞——上海的公路，以解决吴淞至上海的货物运输，不久他们将"吴淞道路公司"改组为"吴淞铁路公司"（Woosung Railway Co，ctd），正式投资修建"淞吴铁路"，成为中国出现的第一条铁路。淞吴铁路于1876年7月3日开通，但一年后就因多种原因被废除了，此略。

影响上海港通航和泊岸的自然因素有两大方面，其一是吴淞口外因长江夹带的泥沙而冲积形成的沙洲，其二即黄浦江近岸处日积月累形成的滩地。从1872年起，总部设在上海的旗昌、怡和、太古等航运公司不断联名致信海关总税务司赫德，赫德也通过多种途径希望中国政府疏浚黄浦江，控制吴淞口内外的涨沙。外国驻上海领事、驻华公使也通过外交途径，甚至提出通过提高外轮的附加税用于疏浚河道的建议。根据中外签订的相关条约的规定，黄浦江和苏州河是上海最大的通航河道，其主权永远归于中国政府。而保守的大清政府根本不把海上航运当一回事，事实上中国也没有远洋航运的机构，他们不愿意花钱出力为外国人服务，甚至有官员认为："吴淞口内外的沙洲就是用来防止吃水深的兵舰进入中国的天然屏障。"所以，一直到19世纪末，虽然有英商自行从国外购置的挖泥船在黄浦江沿江码头作业，具体作用仅仅是保证和加深泊位的吃水深度，解决不了上海港面临的衰败危机。

19 世纪末北方爆发了义和团运动，1900 年 5 月，义和团运动发展到北京、天津附近，清廷希望借助义和团的“妖术”打击外国列强。6 月，英、德、俄、法、美、日、意、奥等八国以“保护侨民”为由组成“八国联军”，并进入北京，战争以清政府的战败而宣告结束，1901 年中国被迫于列强签订《辛丑各国和约》，即《辛丑条约》。条约共 12 款，还有附件 19 个，涉及多项内容，其中第十一款第二条规定：

> 现设立黄浦河道局，经管整理改善河道各口。所派该局各员，均代中国暨诸国保守在沪所有通商之利益。预估后二十年，该局各工及经管各员，应每年支用海关银四十六万两。此数平分，半由中国国家付给，半由外国各干涉者出资。该局员差并权责及进款之详细各节，皆于后附文件内列明(附件十七)。

该条款规定，立即组织建立“黄浦河道局”来经营、管理、整治、改善黄浦江水道。附件中表述的更加详细，规定组成该局的人员由上海道、海关税务司、各国驻上海领事馆、上海通商总局，在上海的航运公司的代表、公共租界工部局、法租界公董局的代表，以及每年进出中国各港口的船只吨位在 20 吨以上的公司的代表构成，估计共 19 人。

附件中对正本所确定的用于黄浦河道局的经费的来源也作出了详细说明：

> 第三十条：该局进款开列于后：甲、法国租界及公共租界各地产，无论有无房间，安估价每年值千抽一。乙、黄浦两岸，自江南制造总局之下界向港口(其名为滦华港)作一直线，自该线起至黄浦入扬子江处为止之各地产，亦按甲字征抽。此地估价，亦按第二十八条所述由举派人断定。丙、非中国式样船只，数逾一百五十吨者，进出上海、吴淞及黄浦之各他口岸，均按每吨抽钞银五分。非中国式样船只，自一百五十吨以外者，抽以上所言之钞银四分之一。每船无论进出若干次，均每四个月抽收一次。非中国式样之船，在扬子江中行驶，专为领取江照行至吴淞者，免抽以上所有之钞银，惟来往之时，不得在吴淞有商贾之行，仅能取水购食而已。丁、凡在上海、吴淞及黄浦之各他口岸报海关之货，均按估价值千抽一。戊、中国国家每年津贴该局之款，应与外国干涉者每年所付该局各款总数相同。

1905 年 9 月，清朝外务部与十一国公使签订《修浚黄浦河道条款》，规定设立“浚浦工程局”，海关税务司与上海道台具有同等的权力。11 月 1 日，该局正式成立，由辜鸿铭任总办，聘请荷兰人奈格为总工程师，局址设在九江路四川路东北转角的洋房内。

上海港的历史可以追溯到元朝初年，那时是木船年代，对港口的要求不高，所以上海一直没有航道的疏浚、建设、管理机构，而浚浦工程局是上海有史以来的第一个航道管理机构，它可以被认为是今日的上海航道局的前身。

浚浦工程局是根据清廷与十一国签订的《修浚黄浦河道条款》而设立的，其同时受海关税务司和上海道署的管控。1910 年底，由于经费严重不足，筹款又十分艰难而撤销。1912 年 4 月 4 日，中华民国国务总理与英、美、德、法各国再次正式签订《办理浚浦局暂行章程》，并正式建立“上海浚浦局”，聘瑞典人海登斯丹为总工程师，1921 年该局成立上海港口技术委员会，由该委员会提出浚浦报告并实施黄浦江的疏浚和治理工作。从此，上海浚浦局就成为独立的河道管理机构。

浚浦局的职能是多样性的，但其最主要的工作就是疏浚黄浦江，保证航道之畅通。据上海浚浦局所编的《上海港》称，在 1905 年至 1930 年间，该局挖运的黄浦江淤泥计3 370万立方码，估计约一半的淤泥用船运到洋面，倾倒在海里。为了节省时间和成本，他们将部分淤泥倾倒在黄浦江下游一河面较宽的湾口，就是当时的“周家嘴”江边，计划在黄浦江疏浚工程暂告段落时，再将其倾倒在大海中。不久，这些堆积的淤泥变成了一个长约 3.5 公里，平均宽度约 40 米的“新陆地”，而将这些积土运到大海又是一大笔钱。1927 年，上海浚浦局干脆向南京国民政府申请，买下了这块“新陆地”的产权，并将浚浦局及相关的机构迁入此地。这块“新陆地”因临近“周家嘴”而被叫作“周家嘴岛”。1945 年抗战胜利后改称“复兴岛”，并在原浚浦局俱乐部处建立“复兴岛收还纪念碑”。

解放后，原上海浚浦局改组为上海航道局，岛上的部分土地由航道局及下辖机构使用。上海海洋渔业公司、上海渔轮公司、中华造船厂等租用了部分土地，原上海浚浦局俱乐部之地则被改建为复兴岛公园。

如今，黄浦江作为港口主航道的功能已渐渐退去，而作为上海城市的景观河道日益凸显，也许，上海人民还应该为“母亲河”作出更多的关怀和贡献。

Study of Boxer Protocol and Shanghai Dredging Bureau

Abstract: With port opening in 1843, Shanghai rapidly achieved its statue as the biggest port city in China even in Far East. As the main channel in Shanghai at the time, Huangpu River was in the condition of silting - up and backward shipping facilities, which turned out to be restricts on the development of Shanghai port. In 1901, Qing Court was forced to sign Boxer Protocol. Under the terms of the treaty, a Conservancy Board in charge of Huangpu River was to be created. It formally named Shanghai Dredging Bureau when set up. As the predecessor of present - day Shanghai Waterway Bureau, Shanghai Dredging Bureau played an active role in keeping Shanghai advanced in world shipping industry.

Keywords: Treaty of 1901, Shanghai Dredging Bureau, Shanghai

上海城市精神与全球城市目标下的国际航运文化转型

杨权斌*
（上海海事大学）

摘　要：近代上海城市的发展直接受惠于开埠以后的世界文化交流。上海在快速发展航运经济的同时，促使城市文化的多元融合与文化创新，并呈现出独有的港市文化开放性、交互性、集聚性特征。上海的城市精神融汇了中华民族文化的蓝色基因、世界海洋文化的拓新特质、人类科学文化的成果和现代和谐世界的人文理念。上海在打造“全球城市”的过程中，必须致力于国际航运文化转型，坚持“海派文化”的核心价值文化导向，努力建构“城以港兴”的港口型城市的人文环境，提升“形神兼备”的国际航运中心的文化魅力和建设“与时俱进”的国际都市人类家园。

关键词：上海　城市精神　国际航运文化　港市文化　文化转型

“城市是人类文明进程的记录者，是文明产物的集合体。”① 有着六千年文明史的上海在百年城市建设与成长历程中，凝聚了“海纳百川”的多元思维与融合创新的开放气质，创造了“港兴城兴”的海派文化与城市精神。近代上海城市发展直接受惠于开埠以后的世界文化交流，中国的“黄色文明”与世界的“蓝色文明”在这里交汇、融合、发展，引领中国港口城市的文化跃迁。随着 2020 年建设成为国际航运中心、国际金融中心的中国国家战略目标的实施与推进，上海这座现代化港口型大都市正在用国际航运文化的聚集，进一步丰富和养育城市精神，并以新时代的上海城市精神与品格促进上海国际航运中心建设的文化转型。

* 作者简介：杨权斌（1954—　），男，江苏靖江人，编审、教授，研究方向：国际航运跨文化文流与管理、媒介传播。

一、上海城市发展基于港航文化的融汇与文化创新

上海在发展过程中追求兼收并蓄、与时俱进的城市文化品格，强化基于港航文化的多元融合与文化创新。

上海地处长江和黄浦江入海的汇合处，是长江三角洲冲积平原的一部分。上海从一个以渔业和棉纺织手工业为营的小镇起源，由于良好的港口位置，19世纪时上海开始展露锋芒。1842年《南京条约》签定后，上海成为中国对外通商的口岸之一，并很快因成为东西方贸易交流的中心而迅速发展。20世纪30年代，上海成为跨国公司开展贸易和商务的枢纽。改革开放以来，特别是2001年国务院明确了上海建设国际经济、金融、贸易、航运中心的目标，以洋山港为标志的国际航运中心建设快马加鞭，上海开始了港航、金融、贸易、经济、文化方面的新跨越。上海有着特殊的地理位置与区域优势，在具备发展经济的有利条件的同时，形成了快速发展的多元文化融汇与文化聚合的动力机制，并呈现独有的港市文化开放性、交互性、集聚性特征。

（一）上海港市文化发展的开放性

上海处于海洋与陆地的结合处，上海港同时辐射辽阔的东海、蜿蜒的长江和广袤的长三角大地，有着多重的人文社会环境、广阔的经济活动腹地和便利的交通贸易条件。加之江南地区丰富的物产与优美的环境，上海自建城以来就为人们的生存发展提供了良好的精神与物质条件，在历史发展的进程中展示着“海纳百川”的开放的港市文化情怀。1990年上海市人民代表大会常务委员会发布的上海市市标，以沙船、螺旋桨和市花白玉兰三种图案组成。三角图形似轮船的螺旋桨，象征着上海是一座不断前进的港口城市；图案中心扬帆出海的沙船，是上海港最古老的船舶，它象征着上海是一个历史悠久的港口城市；沙船的背景是迎着早春盛开的白玉兰，展示了上海高洁、真挚的港市人文情怀和开放、辉煌的明天。

（二）上海港市文化发展的交互性

上海城市因港口而生，因航运而兴。在不断拓展海上交通与航运贸易交往的过程中，海路将上海与世界各国、各民族连接起来，促进了不同文化的相互交流。上海不仅成为外来文化的最先着陆地，而且成为本土文化的最先辐射场。上海在1843年开埠通商后，随着三条主要的国际航线及一些国内航线的开通，中外的多种文化通过航路在这里交汇、互动，上海很快成为国内外的航运中心。②

上海港市文化的交互性特征建立在城市广泛交流的基础上，上海港的开放促进了来自世界各地的港航人员在交流中互相学习，包括学会尊重、理

解不同的文化习俗，共同维护港航公共准则，并在航运经济与文化的互动中确立共同利益原则，认可不同的精神价值追求；上海港航文化的交互性促进城市人文社会建构与进步，完成更高层次、更大广度的文化积累、知识交换和资本运作；上海城市文化的交互性促进政治民主、经济开放、文化包容，浦江两岸蜿蜒分布的不同功能的码头反映了上海城市交往发展的历史，浦西的外滩和浦东的陆家嘴则集中展示了上海城市交往实践的兼收并蓄的文化品格。

（三）上海港市文化发展的集聚性

上海城市在发展的历程中，港市文化的根基由不确定性、多元性而逐步走向集聚性。港航人员在自然的流动中逐步对上海城市产生家园的认同感，港航企业的管理者在资本运作、经济管理的过程中引发对上海城市情感的投入和文化认同，上海城市也因此逐步建构起极富个性的集聚性文化体系。资料显示，自上海开埠以来，大部分的中外航运企业集中在上海。“以创办资本 1 万元以上的华商航业而言，1929 年前，全国有 407 家，而开在上海的是 108 家。外资在华航业，1896 年前共有 15 家，其中，10 家在上海。”③中国近代最早、规模最大的民族航运企业——轮船招商局于 1872 年创立于上海，在她漫长的发展历程中，有 79 年将其总部设在上海。“100 年之后的今天，招商局作出决定，投资千万元重新装修这座历史建筑（招商局总部大楼——编者加），重现它昨日的风采，这也许是招商局决策者们希望在上海重铸辉煌的那份情感的物化。”④

今日的上海，已经发展成为一个国际化的大都市。一些学者和管理者也提出了上海未来建设全球城市的目标，全球城市的形成，源于跨国价值链的形成和跨国公司的经营。全球城市是国际金融和贸易中心，是跨国公司总部的所在地。跨国公司为了能够配置和协调位于全球各地的经营活动，需要集中化的管理、控制和配套服务。跨国公司总部的集聚，形成了专门从事高端知识服务的行业，如金融服务公司、商业顾问、律师事务所、广告公司、计算机服务和中介经纪公司等。高端知识服务行业的发展，带动高端人才和消费服务业的集聚。

二、上海城市精神彰显“海派文化”与蓝色文明进程

在城市文明发展的进程中，城市精神展现的是一座城市发展的生机。城市精神不是几个标志性建筑就能代表的，如同人类，如果只有骨架，没有强大的精神支撑，即使拥有再健壮的肌肉，也会被轻易击败；城市精神也不是曾经的文化辉煌，因为时代在发展，城市精神也要在继承中发展；城市精神是一个城市的历史文化、建筑风格、市民文明程度、价值取向等的综合体，

集中展现一座城市政治、经济和文化的精神面貌。

上海市第九次党代会明确号召，与时俱进地培育城市精神，大力塑造海纳百川、追求卓越、开明睿智、大气谦和的新形象，使全市人民始终保持艰苦奋斗、昂扬向上的精神状态。这一目标表明了上海城市精神未来的发展方向，是塑造上海城市精神魅力的行动指针。

（一）上海城市精神是中华民族文化蓝色基因的展示

城市精神是城市的灵魂和精神支柱，通常是指一个城市所表现出来的价值取向和文化品格。上海城市精神植根于中国文化与“舶来文化”的融合，但归根结底，“中国文化是自强不息和开放兼容的文化。”因为“中国文化像大海一样汇纳百川，表明中国人对自己文化的自信和对其他文化的尊重”。“一部完整的中国文化史显示：中国文化历来具有坚韧、顽强的生存能力和吸纳、融合域外文化的创新发展机制。从文化交流的角度来审视中国文化，不难看出，中国文化是在与域外文化的交流融会中逐步发展到今天的。没有与域外文化的交流，中国文化断然不会发展到像今天这般的灿烂辉煌。”“中国文化不仅惠及近邻东亚汉文化圈内，而且‘泽被’远西，对包括欧洲在内的世界其他文化也影响深远。”[⑥]

上海城市精神是被称为“海派文化”的价值源泉。她是在中国江南传统文化（吴文化）的基础上，与开埠后传入的对上海影响深远的欧美文化等融合而逐步形成的，既古老又现代，既传统又时尚。她是中华民族文化蓝色基因的展示，具有开放而又自成一体的独特风格。海派文化中讲究实用、精于算计而又细腻、精致的倾向，与江南传统士大夫浪漫、颓废、唯美的心理传统融合在一起，为上海文化打上了深深的烙印。在此基础上形成的城市风格，是港口型城市风格与江南地区城市民俗的综合。这一港市文化发展的历史脉络，造就了“海纳百川”的上海城市精神。

（二）上海城市精神是世界海洋文化拓新特质的展示

如前所说，上海港市文化具有开放性、交互性、集聚性特征。上述特征互为因果，面向海洋的开放、交互、集聚必然带来拓新。上海城市发展的历史表明，世界海洋文化的拓展创新，包括经济活动范围的拓展创新、生活资料来源的拓展创新、商贸市场的拓展创新、人文精神影响力的拓展创新以及人居空间环境的拓展创新。郑和下西洋和哥伦布、达伽马、麦哲伦大航海，尽管由于航海价值观的差异而产生的影响不同，但东西方海洋文化的拓新特质是一致的。

上海国际航运中心战略实施以来，洋山港的选址与开港，临港新城的规划与开发，翘起上海港包括黄浦江、外高桥港口资源整合和上海城市转型发展的杠杆，推动着上海建设全球性城市的进程。今天的上海吸引了世界各国的精英，他们带来了各自领域的先进经验，也推动着上海城市精神的塑造。越来越多的世界人才和跨国公司汇聚到上海，越来越多的全球商界的总部落户上海。上海的航运地理环境正在改善，上海海派文化的历史传统正在发扬光大，中国航海博物馆坐落临港新城、中国国际航运文化节连续3年在上海举行等，上海的港航文化基础设施、政府的政策支持与市民的蓝色文明素质越发显现她的国家元素与世界气质，越发彰显上海"追求卓越"的城市精神。

（三）上海城市精神是人类科学文化成果的凝聚

世界港航活动是人类科学文化的集大成，在港口型城市建设的过程中，航运活动使上海与世界联系起来，上海城市精神是人类科学文化成果在这里的凝聚。自轮船问世，航船就担负起时代科技成就集中展示与传播的重任，港口城市也因此扮演"新技术、新产品、新材料、新文化"的"摇篮"，成为新思想、新概念的载体和传播交流的平台之一。上海为打造一流的航运服务业，致力于航运软环境建设，努力构建集科学精神、科学理念、科技成就、科技实力与智慧成果于一体的服务平台。

一座城市最好的"经营"，是以文化为核心，"以文化的方式，将城市的特色与文化历史，作为铺展现代城市生活的基本底色"。[6]上海是国际化的港口城市，但更是中国的开放的上海。人类航海文化发展中的开明、开放特质和中国儒家文化中睿智的价值观，为上海塑造城市精神提供了丰富的"海派文化"资源。在儒家文化开放式的上海城市家园里，"开明睿智"的上海城市精神元素契合现代中外港航企业的"竞合之道"。

（四）上海城市精神是现代和谐世界人文理念的宣示

在世界大多数国家与民族的观念里，最大的东西莫过于浩瀚的海洋；在中国"天人合一"的价值理念里，最令人难以忘怀的是"海天一色"。海洋和谐是世界各国人民共同的价值理念和美好追求，也是中国"和谐世界"理念的具体体现。上海城市精神中对"大气谦和"的解读，是现代和谐理念的宣示，也是大海般胸怀的展示。海洋与航运影响着港口城市的社会生活方式与人文感受，港口、航运与城市的连接、互动、发展，本质上是人文的连接、互动、发展。因为人文精神总是顽强地从科学精神中表现出来，人类的思维方式、价值观念、管理模式强有力地改变着科技图景、社会百态、生活走势，科技发展也越来越体现人的文化取向。

中国的航海文化，是世界海洋文明的组成部分，展示着大气、包容的"和而不同"的理性精神。"海上丝绸之路"是和平的航海之路，"海上丝绸之路"把世界各文明古国，如希腊、罗马、埃及、波斯、印度和中国连接在一起，形成一条连接亚、非、欧的海上大动脉，使这些古代文明经过相互交流与和谐合作而放出异彩，给世界各国和人民的文化发展带来巨大的影响。上海城市精神倡导的"大气谦和"的城市品格，不仅被世界其他港口城市所认同，可以极大地推动和谐世界的发展。而且有助于上海城市在自身建设的过程中，积极处理好与其他城市及地区的关系，体现一个开放城市所具有的国际大都市的广博胸怀和影响力。

三、上海“全球城市”建设中的国际航运文化转型及其路径

上海城市发展的历史与上海的城市精神向人们昭示，上海依托海洋、港口、航运，推动国际贸易、国际经济、国际金融的发展，不断以大海的胸襟、港口的包容和航运的动力赋予国际化城市的文化活力。远望未来，上海正站在新的时代起跑线上，致力于从经济中心、国际化城市发展成为“全球城市”，成为实施“四个中心”国家战略的重要场所。

全国人大常委会原副委员长、中国管理全球论坛主席许嘉璐指出，中国经济的转型不应该只是结构、技术、产品和管理的转型，还应该有文化的转型，因为文化是一切的基础。为了实现经济转型时期上海国际航运中心建设的总目标，上海需要借鉴国际经验和惯例，不断创新航运业的体制、机制和政策，通过国际航运文化转型与创新路径促进“全球城市”建设环境的优化，使上海国际航运中心建设切实发挥对上海城市、对长三角地区乃至全国的带动和示范作用。

（一）全球理念：坚持“海派文化”的核心价值文化导向

如前所述，“海派文化”是上海城市在吸收融合中西文化因素的基础上，创造的富有自己独特个性的文化，其特点是“吸纳百川、善于扬弃、追求卓越、勇于创新”。上海国际航运文化转型与建设要以全球化的理念和视野定位与引导，因为在未来的城市之林中，城市将以什么形象出现，这是城市文化经营的一个重要前提。为此，上海城市发展的理念要坚持把“海派文化”作为“全球城市”的核心要素来引导。

上海国际航运文化转型必须主动适应国际航运中心的功能定位和发展模式。所谓主动适应，就是通过海派文化的“吸纳百川、善于扬弃”，使上海国际航运文化价值导向接轨“世界标准”，即国际港航业人士对于一个国际航运中心文化精神、价值观、发展模式、发展水平、国际地位和对国际港航业贡献度等内容的综合评价。它包含两个层次，第一层次是心理认同，是客户对国际航运中心服务质量、技术水平和精神面貌等的直接感受，表现为关注程度、满意程度和信心期待等，是深层次和潜在的；第二层次是事实认同，是客户基于心理认同而作出的反应和相关的行为事实，具体表现在投资选择、航线设计、合约期限、合作参与深度以及规则标准被国际同行采纳的程度等，是浅层次和外在的。心理认同是事实认同的动因和实质，事实认同则是

心理认同的表现和结果，二者本质上都是对一定区域和行业范围内人的道德、价值观、理念、技术等文化内涵的认同，共同构成了业态文化认同这一国际航运中心建设所不可或缺的新指标。

上海国际航运文化转型必须大力丰富“海派文化”的历史内涵。上海国际航运文化的价值导向要发扬海派文化“追求卓越、勇于创新”的光荣传统和城市精神，一方面大力宣扬中国航海文化“热爱航海、勇于开拓、和平友好、科学航海”的核心价值理念，不断提高全民对航海精神、航海文化价值观等核心理念的认知度和认同度，提升对航海文化建设的重要性认识；另一方面借鉴世界海洋文化、蓝色文明发展史与航运企业文化发展案例，在张扬人类航海文化“开拓创新”共通核心理念的同时，引导港航从业人员打造具有中国行业特色和上海地区特点的航运文化，倡导全民特别是青少年确立海洋意识、学习航运科学、关注中国海权、献身航运事业，使之成为“海派文化”新的重要组成部分，为不断丰富和完善中国航海文化理念体系、促进我国国际航运事业的发展发挥积极作用。

（二）国际视野：建构“城以港兴”的港口型城市人文环境

港口对于一个国家、一个城市具有深远的战略意义。按照城市学的理论和城市实际的功能划分，世界上城市的功能定位大致有3个等级：一是“世界城市”，又称“全球城市”，世界城市或全球城市担负的是世界主要角色责任，目前能够称为全球城市的只有纽约、东京和伦敦；二是国际城市，巴黎、大阪、香港、新加坡等属于国际城市；另外细分还有国家城市、地区级城市。⑦国家发展改革委员会交通运输司司长王庆云曾指出，港口已经在国民经济发展中起到战略性资源的作用，拥有港口资源也就拥有了经济发展的基础和条件。2006年以来，以上海港为代表的“亿吨大港俱乐部”成员其建设和生产均高速发展，对带动经济快速发展所发挥的巨大作用已为世人所共睹。上海列入国际港口型城市，但目前还不是国际城市，还处在向“国际城市”发展的进程中。

世界城市往往占据着最优越的地理位置和具有无可替代的区位优势，并以很高的开放度和特有的人文环境在全世界范围内吸纳能量。上海的港口提供了国际多元文化交流汇聚的场所，上海城市功能和文化样式要实现现代化，就要进行充满活力的制度性安排，承担起洲际间、城市间的交往、汇聚、合作、信息集纳和发射等责任。上海国际航运文化的转型过程中，要以“港城互动”制度来科学推动港口型城市的文化建设，包括对内积极推进各港口间服务和资源的共享，鼓励相互之间合资合作，有序实现基础设施、服务设施、公共信息、市场网络等资源的共享，制定统一的服务技术标准；对外统一打出上海国际航运中心的服务品牌，提供优质高效的综合服务，体现港航管理的集体效能，提升上海国际航运中心组合港乃至长三角港口群的形象和竞争优势。

世界城市的发展，尤其是文明城市的建设，应该更直接得益于城市人文环境的良性互动影响。良好的城市文化环境会使人觉得这座城市有种独特的意象和吸引力，使人在精神上产生共鸣，行为上产生共振。世界几大国际航运中心城市，都有着深厚的航运文化底蕴。良好的人文传统、人文特征和人文形象是国际港口型城市形成的一个重要因素。伦敦依靠悠久的航海传统和文化、众多优秀的海事人才等建构起了良好的人文历史条件，成为国际性港口城市人文环境建设的标杆。上海港口型城市文化是上海建设世界城市的灵魂，上海国际航运文化转型要在国际文化的观照下，制定符合自身特色的港口型城市文化发展战略，包括市民海洋文明素质教育、海洋民俗民情、港航企业文化与航运管理部门形象传播等各种文化活动，以及与之相配套的各种港航类城市文化设施。需要强调的是，良好的城市文化环境的营造，要在找准自己的位置与特色的基础上，认真处理好营造特色与学习借鉴的关系，以开放的眼光和博大的胸怀进行广采博纳，在弘扬历史的传统上发展文化特色。如上海黄浦江老港区的改造、浦东新区临港地区港城建设的成功，很大程度上取决于对上海港历史文脉的传承与现代港城管理的国际化视野和远见卓识。

（三）航业聚焦：提升“形神兼备”的国际航运中心文化魅力

上海国际航运中心建设的总体目标是：到2020年，基本建成航运资源高度集聚、航运服务功能健全、航运市场环境优良、现代物流服务高效，具有全球航运资源配置能力的国际航运中心；基本形成以上海为中心、以江浙为两翼，以长江流域为腹地，与国内其他港口合理分工、紧密协作的国际航运枢纽港；基本形成规模化、集约化、快捷高效、结构优化的现代化港口集疏运体系以及国际航空枢纽港，实现多种运输方式一体化发展；基本形成服务优质、功能完备的现代航运服务体系，营造便捷、高效、安全、法治的口岸环境和现代国际航运服务环境，增强国际航运资源整合能力，提高综合竞争力和服务能力。实践表明，上海国际航运中心建设以来的行业聚焦，已经并将会更大程度上提升上海城市的文化魅力。

一般说来，城市的国际化建设意味着城市功能、城市形态、城市运作、城市内外部联通等多个方面的高度集聚，甚至在城市的标识物、城市服务业的标准化等诸方面都达到国际化要求。上海国际航运文化转型要从上海建设国际航运中心的国家战略出发，加强上海国际航运中心城市航运资源的整合与辐射。从历史上看，19世纪上海港开埠后的行业集聚效应影响极其明显，无锡、南通凭借着与上海便捷的沟通交往，首先形成了近代民族工业城市；而苏州、嘉兴、杭州、南京等城市也紧随其后，加强了与上海的聚合互动，发展成为经济兴盛的近代工商业城市。从长三角未来的发展看，上海国际航运中心的建设进一步扩大了长三角城市群对外开放的深度和广度，使长三角的经济发展深入融合到全球产业分工体系中，保持与全球经济的密切联系，对中国承接国际产业转移、引进吸收国外先进技术、发展先进制造业和现代服务业、推动中国企业参与国际全球产业分工，进而增强长三角城市群国际竞争力将起到非常重要的作用。同时，通过国际航运中心的建设，完善航运相关的硬件设施和提升航运要素的服务功能，改善上海的进出口贸易环境，使国际航运中心的枢纽功能辐射整个长三角城市群，有力地推动上海国际贸易中心的建设。

交通运输部副部长、中国航海学会理事长徐祖远在第3届中国国际航运文化节暨第2届世界海员日嘉年华开幕式上的致辞中认为："尽管中国已成为世界航运大国，全球航运重心亦正向东方转移，但真正的国际航运中枢、航运金融、保险、海事仲裁、船舶交易、船舶检验等国际和民间组织及航运研究咨询、权威媒体等高级服务和智囊机构仍然在欧洲。"他特别指出："航运文化并没有，也不会随着经济发展转移到亚洲，转移到中国。""航运文化是航运强国战略的根。"⑧因此，上海国际航运中心建设在致力于航业聚集的同时，要着力提高航运的综合实力和国际影响力，要特别加强航运文化建设，提升"形神兼备"的国际航运中心文化魅力。

（四）生态管理：建设"与时俱进"的国际都市人类家园

生态文化管理既是现代城市文化建设的主要手段，又是促进城市可持续发展的基本条件。在港口、城市、航运、文化互动融合的城市生态文化系统中，它们之间的作用是一个双向互动的过程，城以港兴、港城互动；航运兴市、文化育人。对城市而言，港口首先是一种文化的存在；对港口而言，航运必然是一条生命线。上海国际大都市建设必须高度关注城市与自然的相互关系，重视城市家园的生态问题，以有效地利用港航资源，改善城市的生存发展环境，力求与时俱进和可持续发展。世界城市或全球城市追求建构可持续城市、创新城市、宜居城市、智慧城市的发展愿景。上海国际航运文化转型必须借助上海国际航运中心建设进程进行生态管理。

第一，港口资源科学配置是城市可持续发展的关键。国际航运中心建设的基础是国际化港口，港口相关的管理部门有几十个，条线的冲突在所难免，因此，港口管理能否形成"一港一政"的管理体制和"一门式服务"的管理方式，形成统一规划、统一管理、统一协调、统一调度的资源配置方式，是确保港口有效、高效运作的重要前提。上海国际航运中心涉及区域的港口城市都在致力于发展港口经济，但最大的问题是行政区划与经济区划的不重合，影响到了区域内城市群的科学规划与发展。因此，要从上海国际航运中心区域经济发展的角度来明确长三角港口群中各港的定位，其战略的重心所在就是"洋山港——新上海港"的建设。早在1977年由交通部协调成立的"上海组合港办公室"，目的是将三地港口资源进行整合，优势互补，实现多赢。从"符号化协调机构"难以组织受不同区划和管理体制等制约的港口成型，到有专家评论上海南北两翼各自组成"一体化"港口可能引起新一轮重复建设，基于共同愿景、港航资源整合和跨文化管理，上海国际航运中心建设才能加快进程，包括加快整合“行政区划一体化”为“区域一体化”的进程。[9]

第二，建构航业多元合作机制是创新城市发展的平台。上海城市“创新驱动、转型发展”的动力机制在于经济，而经济发展的动力在于创新管理。在新的经济转型期，上海国际大都市建设过程中应加快形成政府、国际航运企业、国际航贸市场和社会各层面的多种合作机制，合作内容可以包括港航股权合作、设定相同的服务标准、稳定费率、共同投资兴建码头基础设施、联合对员工进行培训、相互之间进行技术开发和转让等。上海作为上海国际航运中心和长三角地区港口城市的桥头堡，应借鉴欧美港口城市管理当局和港口企业对口合作的成功范例，在船舶运输管理信息系统、航运市场营销系统、港航共同研究与公众相关的项目以及人才培养和人员培训等方面创新合作管理。

第三，港航功能与服务体系的合理定位是宜居城市、智慧城市发展的基础。城市的功能体现为能为所有市民提供完善的设施、场所、机构和服务，要有良好的布局，包括建筑物和公共设施都能够体现适用和文化特色，能从科学与细节的结合上应对诸如材料、能源、能耗等问题。[10]从国际上来看，全球城市发展与国际航运中心建设存在着相互依存、相互影响的关系，如中国香港、纽约、鹿特丹等。航运业的发展一方面可以促进城市产业的发展和经济繁荣，但同时也对城市环境、交通等方面带来多重影响。因此，航运中心建设与城市本身的发展需要保持协调关系，这种协调关系随着时间的演变往往需要动态调整。位于上海东南端的临港新城是洋山深水港的配套工程之一，由主城区、重装备产业区、物流园区、主产业区、综合区5个功能区域组成，是上海国际航运中心建设的重要组成部分和核心功能区，在上海新一轮发展中具有举足轻重的地位与作用。作为未来上海中心城区的重要布局与建设，上海市和浦东新区政府需要充分尊重和遵守生态管理法则，建设一座集先进制造、现代物流、研发服务、出口加工、教育培训等功能为一体的现代化综合型海滨城区。

注释：

① 陈宇飞:《城市文化概论》,文化艺术出版社,2008 年,第 1 页。

② 朱耀斌、戴玉鑫:《港口文化》,人民交通出版社,2010 年,第 53 页。

③ 凌弓:《近代上海航运发展与城市变迁》,《社会科学》1996 年第 12 期,第 48—51 页。

④ 胡政主编:《招商局与上海》,上海社会科学院出版社,2007 年,第 178 页。

⑤ 王介南:《中外文化交流史》,山西人民出版社,2004 年,第 5—11 页。

⑥ 陈宇飞:《城市文化概论》,文化艺术出版社,2008 年,第 94 页。

⑦ 陈宇飞:《城市文化概论》,文化艺术出版社,2008 年,第 141 页。

⑧ 徐祖远:《中国亟待提升航运软实力和话语权》,http://www.cnshipnet.com/news/8/35790.html。

⑨ 杨权斌:《从洋山港看上海国际航运中心区域合作的路径》,《中国港口》,2006 年第 1 期,第 25—26 页。

⑩ 陈宇飞:《城市文化概论》,文化艺术出版社,2008 年,第 211—212 页。

Shanghai's City Spirit and International Shipping Culture Transformation in the Process of Building a Global City

Abstract: The development of modern Shanghai has directly benefited from world cultural exchange after its opening to the outside world. While rapidly developing shipping economy, Shanghai is promoting its diversified cultural integration and innovation, which is characterized by its unique cultural openness, interaction and integration of a port city. Shanghai's city spirit is a combination of the blue gene in Chinese culture, the adventurousness in world ocean culture, the outcome of human science and cultural wisdom, and the belief in a modern harmonious world. In the process of building a global city, Shanghai should commit itself to the transformation of international shipping culture while adhering to the core values in "shanghai style culture", make every effort to create a human environment which is beneficial to port development, uplift the cultural glamour of an international shipping center both internally and externally, and build a cosmopolitan human home which is keeping pace with the times.

Keywords: Shanghai, City Spirit, international shipping culture, port city of culture, cultural transformation

历史时期上海地区漕运研究综述与展望

张晓东[*]
（上海社会科学院历史研究所）

摘　要： 本文对涉及历史时期上海地区漕运研究的已有成果分四个方面进行回顾和综述，并以此为基础对该课题未来进一步的研究角度和论题提出刍议。

关键词： 上海　漕运　经济　社会

一、引　　题

漕运是中国特有的历史事物，漕运制度是中国特有的制度，现有研究中，不少学者都把漕运的涵义等同于漕运活动或是漕运制度，其实两者是有区别的。工具书对漕运的定义一般很简洁，《康熙字典》转引《说文解字》，把"漕"解释为"水转谷也"，"又水运曰漕"；[①]《辞海》释"漕"为水道运粮，释"漕运"为"本意指水路运输，后专指中国历代政府将所征粮食解往京师或其它指定地点的运输（主要为水运，间或有部分陆运），起源很早"；[②]《汉语大词典》把"漕"解释为"水道运输"[③]，把"漕运"解释为"旧指从水道运输粮食，供应京师或军需"；[④]《辞源》释"漕运"为"水道运输"，"唐宋以来，指东南各地水运粮食往京师或指定的公仓"；[⑤]《汉语大字典》[⑥]对"漕"定义为"水道运粮，也指水运他物"，"也指可供运输的河道"。

李治亭的《中国漕运史》一书把"漕运"定义为"漕运是中国古代的水上运输，它由国家经营，处于中央政权的直接控制之下，通过漕运，把征收的税粮及上供物资，或输往京师，或实储，或运抵边疆军镇，以足需要，并借此维护对全国的统治"。[⑧]吴琦在《漕运与中国社会》中把"漕运"的涵义总结为：(1)漕运是封建中央政权通过水道强制性转运官粮等物资的一种形式；(2)

---

* 作者简介：张晓东(1977—　)，男，上海社会科学院历史研究所助理研究员，研究方向：中国漕运史和军事史。

漕运主要运往京师，以满足京城皇室、官兵及百姓的用粮需要；(3)漕运与封建社会的政治、经济、军事、文化、社会生活等各个领域都有密切联系，具有广泛的社会功能。而漕运生成的原因，一是官僚机构粮食供应的需要，二是封建军事体系供养的需要，三是遏制社会不安定因素和赈济灾荒的需要。[9]陈峰在《漕运与古代社会》中认为"漕运"是"一种由封建中央政府组织的、大规模水路物资征运制度"。日本学者星斌夫认为："所谓漕运，就是把以税粮为主的官有物资，通过水路由地方运送到京师，有时则从京师运送到地方的一种制度。"[10]鲍彦邦认为："漕运一词，在封建时代是指人民在赋役形式之下，向政府提供粮食的一种运输方式。……我国的漕运可以分为陆运、河运和海运。"[11]彭云鹤把"漕运"定义为"故而凡由水道运送粮食（主要指公粮）和其它公用物资的专业运输"，均可称为"漕运"，而把"漕运制度"定义为"围绕这一活动所制定的各种制度"，并认为"从春秋战国、秦、汉、直至魏晋南北朝，乃是我国漕运制度的创始和初步发展时期"。[12]

学术领域对漕运的定义主要有以上几种，共同特征是把漕运看成一种满足古代国家经济需要的活动或制度，这种活动或制度以运输粮食为主要内容，看似是经济制度或经济活动，但是为政治服务的意向很强烈。以往漕运史的研究表明，汉唐宋和元明清有很大的阶段性不同。我个人认为漕运制度包含了征收、运输、储备、管理四方面的制度，分别对应漕粮赋税征收、漕运交通运输、漕运仓储建设、漕运组织管理（包括官制法规）等方面的内容。

自秦汉开创全国性的漕运活动之后，对两千年来的中国社会产生了深远的影响。从社会史的角度观察漕运与社会的关系，一直是社会史、经济史学者关注的热点。近年来北方运河社会的研究有了很大的进步，而漕运与江南社会的研究也有一定成果。但江南水乡地理条件与北方人工运河带有很大不同，虽然自春秋时期吴王夫差就曾开辟邗沟运河，可除官运外地方社会并不一定特别依靠人工河。江南和北方运河带的另一个重要区别是，前者因唐宋经济重心南移是重赋所在和主要漕粮来源，后者是漕运运途所经。因此，研究观察漕运与江南社会应该有不同的方法视角。上海地区自元代组织海运和运河改道之后就是江南漕运要地，自元至清，海运和河运多次反复，上海地区多次充当海运的起点港，成为漕运枢纽。因此在江南苏松常嘉湖各府县中具有特殊地位，故欲对漕运与传统上海社会做一深入研究，特先立文做一相关学术回顾。本文所说的上海地区，即以明清松江府为地理范围的地区。

二、研究成果回顾综述

漕运史作为专门史，以往的研究是比较丰富的。社会经济史也有很多成果涉及历史时期江南的社会发展，其中也有论及漕运的，但限于主题和篇幅，本文只集中于和漕运与上海社会研究关系密切的成果，以及参考价值较高的论著。有不少研究论著因为主要关注全国宏观历史形势或是以江南地区为研究对象，但因缺乏对上海地区府县具体情况的涉及，虽有一定参考意义，但尽量不予赘述，还请见谅。

第一，漕运与地方社会。上海地区处在江南漕运重赋之地的核心，地方社会的变迁受到漕运制度和漕运活动的重大影响。明清江南重赋问题方面的研究很多是和江南漕粮负担包括上海漕粮负担密切相关的，仅择要论述。

对于明清经济史研究而言，江南漕运和江南重赋都是重要课题。杨亚非《试论明代漕运方式的变革》[13]，论及漕运方式变革在东南、江南地区的社会效果，指出实行支运法之后农民赋税负担加重，逃亡问题严重；而兑运法减轻了江南农民漕运负担，在东南地区产生了良好的社会效果，漕粮兑运部分不断增长；长运法施行之后，白粮仍旧是农民家庭的沉重负担，但在当时条件下已经算是比较完善的。

林金树《明代江南民田的数量和科则》[14]统计了这一论题的相关数据，并论述了社会原因。李文治的《清道光后改革漕制议——江南农村经济变化、漕运体制矛盾加剧与议行改制》[15]以重漕区江南太湖流域为中心，论述了江南农村经济变化、漕运体制矛盾加剧以及议行改制等相关问题。张照东的《论清代水路漕运方式的演变及其社会经济影响》[16]论及清代江浙地区包括上海地区船运业的发展，认为“所谓‘漕运’，实际上是田赋转输的一种形式，它兼有赋役、运输的双重性质。就其具体内容而言，主要包括漕粮的征收、运输和交仓三大项……从漕粮运输方式的发展演变过程看，‘自古漕运所从之道有三：曰陆、曰河、曰海。陆运以车，水运以舟，而皆资乎人力。所运有多寡’”，文章也论及了漕粮海运和沿海民间航运业的关系。张氏另一篇论文《道咸时期雇商海运漕粮的得失》[17]从经济效果、浮勒问题等角度，运用数据对海运的社会经济影响，主要是消极方面进行分析。他的《清代漕运与南北物资交流》一文[18]则在漕运粮和漕船载货总量的基础上作了论述。鲍彦邦的《明代漕运研究》[19]是按照专题对明代漕运制度运行十一个方面的问题进行较全面深入研究的个人论文集，其中对漕运制度各方面消极后果的研究尤为重视。鲍彦邦的论文《明代漕粮运费的派征及其重负》[20]对明代江南主要府县漕粮运费派征的各种名目及其数据作了很好的统计分析。《明代白粮解运的方式与危害》一文论述了江南白粮的来源、用途与特点，白粮解运的组织形式，解纳的经过及其危害等问题。《明代漕粮折征的形式及原因》一文研究了明代漕粮折征的发展演变，认为从漕粮折征的变迁来看，正德以后东南地区赋役沉重，加上自然灾害，造成农村经济的萧条和残破，运船奇缺、运军疲累逃亡以及运河淤塞达到严重程度，表明漕运制度的破坏。

赵全鹏的《明代江南粮、布对北部地区的贡献》[21]论述了京师对江南粮食的需求及影响，北方军事集团对江南地区棉布的需求及其影响两个问题，而他的另一篇论文《明代漕运中的商业活动》[22]则从漕运基建、漕粮征收、漕粮运输、漕粮仓储四个方面论述漕运与明代商业、特别是与江南商业的关系。陈峰的《清代漕运运输者的私货运销活动》[23]曾估算北上漕船的私货流通量，估计每年达到177.84万石以上。王健的《上海漕河庙小史》[24]研究了漕河庙的沿革和历史资料的流传等相关问题。倪玉平的《从帆船到铁路：漕运与中国交通工具近代化》[25]论述了漕粮海运与木帆船业兴盛的关系，洋轮入侵与沙船业衰落的关系，创办轮船招商局，铁路参与漕运等问题。吴滔的《清代日记所见江南地区的水运》[26]研究了航道与日常生活，船作为交通工具和临时居所的作用等问题。曹志敏的《从漕运的社会职能看道光朝漕粮海运的行之维艰》[27]指出"漕运附带土宜，供应京师百物，海运后失去着落"。陈波的《元代海运与滨海豪族》考察了元代东南滨海豪族的兴衰，指出了"海运世家"的存在，以其对漕运的控制为中心研究了他们在元代中后期的江南社会转换中发挥的作用及其与国家权力之间的复杂互动。[28]元代海运世家往往兼大地主、官僚、士绅、海商于一身，文中所论滨海豪族居于浙西、苏南。

江南重赋是一个深刻的经济问题，明清文人的著作中都谈论到了"重赋"的现象。今人也一直关注重赋现象的起因和表现，以及对江南地方社会的影响，甚至有人认为重赋是导致江南工商业经济转型的重要原因。殷崇浩的《叙乾隆时的漕粮宽免》[29]一文中论及了江南各府县白粮的宽免问题，《乾隆时漕粮宽免的原因及其作用》[30]一文则论述了乾隆时期漕粮宽免的社会原因和社会影响。俞玉储的《清代前期漕粮蠲缓改折概论》[31]一文讨论了蠲缓改折措施在江南诸地的影响。赵全鹏的《明代漕运与江南重赋》[32]一文从漕运粮食消耗、漕运力役向赋税的转化两方面论证了明代漕运与江南重赋的关系，认为重赋是漕运加给江南社会的重要方面，考察对象为整个江南地区，未对各府分别统计分析。清代自康熙年间开始标榜"永不加赋"，并实行过很多蠲缓改折、宽免措施，但实际加赋仍然以隐秘的方式进行。范金民的《江南重赋原因的探讨》[33]一文分析了关于重赋原因的各种主要观点，以及历代重赋现象的逐步形成的历史过程。陈峰的《简论宋明清漕运中私货贩运及贸易》[34]对漕运过程中携带私货贩运导致的商业现象有所研究。郑可晟的《明代重赋出于政治原因说》[35]认为明初在江西、陕西也曾实行过重赋现象，论证出明太祖朱元璋在对明军进行顽抗的地区都曾实行了重赋以示惩罚，不独江南如此，以此认定江南重赋主要出于政治原因。晏爱红的《清代漕粮加赋初探》一文[36]集中分析档案文献，考察清代江南漕粮历次加赋的事实和其隐蔽性、复杂性。任道斌的读史札记《明朝万历年间松江的苛税杂役》[37]对当时苛税杂役名目作了介绍，也有一定参考价值。

第二，漕粮海运问题研究。清代海上漕运是重要的历史变化，特别是晚清实行漕粮海运是近代史的大事件，使上海再度成为漕运枢纽。而最初为解决漕粮海运而设的轮船招商局的成立也是近代的重要史事。关于这两个问题的研究也非常丰富，但其中专门从对上海城市和社会角度进行的研究极少,本文仅从与上海地方历史相关角度,选择参考价值高的研究成果予以介绍评价。

元初上海地区一度成为海上漕运的起点港,在元明清时期几度成为海运起点港和漕运枢纽,在漕运体系中占据了显要的位置,这方面的研究可以显示上海地区在全国漕运中的地位变迁。吴楫华的《明代海运及运河的研究》[38]是一本非常扎实的学术著作,极富参考价值,他的论文《元朝与明初的海运》[39]也对江淮往来辽东的海运做了全面系统的梳理考察,运用了统计和定量的方法分析海运岁额,有很多精善的结论。潘锦泉的《元代海运综述》[40]一文总论了元朝海运的各个方面,包括统计了元朝历年全国海运、运出、运到的漕粮数量。

明代也曾实行过短暂的海运,但不是以上海地区为漕运起点港。清代随着商业和船运业的发展,要求以海运替代弊端丛生的河运的呼声日益高涨,实行海运的合理性也日益明显。倪玉平曾对晚清漕粮海运进过行长期的系统研究,《清代漕粮海运与社会变迁》[41]一书是他对清代漕粮海运研究的力作,研究内容包括漕运观制、道光海运、帆船时代海运、轮船海运以及漕粮海运与政治变革、经济演变、社会变动的关系等等重要课题,研究视野开阔,较为深刻。对于上海相关的重大漕运活动,如贺长龄、陶澍赴上海组织海运,验兑漕粮,探讨道光二十八年青浦教案和海运的关系。[42]统计了道光六年江苏白粮征收运解数字,其中包括当时上海地区的各县。该书曾多次对比苏浙两省的征米、减赋等运作方面的问题。第七章"漕粮海运与经济演变"也对上海地区沙船业、钱庄业的行业性盈利作了论述。[43]通过从同治十二年到宣统三年清朝灭亡期间的招商局经营活动数据统计,对漕运活动在招商局经济活动中所占地位作了分析,[44]漕粮海运对于招商局前期发展尤为重要,而光绪三年以后虽然数量不大但是其稳定的收入来源,后期招商局承运的漕粮在总量上有了增加。第八章"漕粮海运与社会变动"统计了同治年间海运船商身份,包括姓名、年龄、籍贯、运粮数等信息,其中多人籍贯为上海。[45]倪玉平的论文《漕粮海运与清代运输业的变迁》、[46]《漕粮海运与清代社会变迁》、[47]《道光六年漕粮海运的几个问题》[48]、《清代漕粮海运与经济区域的变迁》[49]都有一定参考价值。《西方势力与晚清漕粮海运》[50]着重分析了西方势力屡屡插手海运漕粮的行为。《李鸿章与晚清漕粮海运》[51]论述了从观察问题到建议决策,再到主持上海轮船招商局创办的过程中李鸿章对晚清漕粮海运的不可或缺的历史作用。《清代漕粮海运与经济区域的变迁》[52]论及海运对沿海经济进步的积极影响。《招商局与晚清漕粮海运关系新说》[53]认为招商局并非真的由于沙船不敷海上漕运而设,而是洋务派官僚借漕粮海运之名兴办洋务事业。在招商局成立初期,漕粮海运固然是支持招商局的重要砝码,但随着时间发展,这一收益率逐步降低,在义和团时期漕运收入由盈转亏,直至清朝结束。《试论清代的漕粮海运文化》[54]论述了祭神、建会馆、撰写诗歌为特色的清代海运文化,包括论述上海地区相关的文化活动。

《清代咸丰初年江浙漕粮海运中的省际矛盾》[55]论述了江浙两省在漕粮海运中的地域利益集团矛盾及其表现，包括在选择上海还是浏河口放洋的争执等问题。《从帆船到铁路：漕运与中国交通工具近代化》[56]认为清末漕粮海运对于运输工具的变迁具有重要的推动作用。

在其他关于海运漕粮的研究中，易升运的《关于清代嘉道年间的漕粮海运问题》[57]探讨了漕粮海运问题的提出，海运、河运主张的激烈争论，海运为何中途缀止等问题。指出上海沙船业商人已经成为前期商业资本家，沙船帮成为资本主义萌芽的行业组织，认为顽固派官僚保守自己的既得利益，影响改革，而正在兴起的商人资本对守旧官僚构成利益争夺。这一改革对旧制度没有触动，但是减轻了一些人民负担，反映了商业资产阶级的利益和愿望。丁进军的《终清一代漕运未废》[58]指出直到宣统三年内河漕运活动仍未终止。陶用舒的《论陶澍与丙戌海运》[59]一文分析了陶澍组织海运活动的成功主要依靠三个因素，其中第二个因素是"用商、利商、依靠商人"，重视支持上海沙船帮的航运力量，而这支沙船帮是带有资本主义萌芽性质的船商集团。郑师渠的《道光五年试行海运漕粮述略》[60]指出上海驳兑最为繁忙，江南各州县漕粮运赴上海，多者八九万石，少者二三万石，远者六七百里，近者一二百里，海运主持官员为此进行了细致的组织设计。

1872年成立的轮船招商局是李鸿章扶持创办的中国新式航运企业，也是中国近代设立最早、历时最久、规模最大的航运企业。这样一个在中国和上海历史中极其重要的企业，最初是为解决漕粮海运的问题而设立，虽然它的经营业务很快从为官方提供漕运力量扩展开去，一开始就确定"分运漕粮，兼揽客货"的经营方针，且漕运最多占百分之二十左右，在漕运结束后仍然作为重要的近现代中国航运企业存在，一直经营到民国年间。但其初期活动和海上漕运的关系仍然十分明确，招商局的成立使上海再次成为漕运枢纽大港，且使漕运形式从官办转为官督商办，呈现官商结合的文化特色。该企业立足上海，对上海城市社会发展和清末漕粮海运都留下了深刻的历史影响，也有不少值得关注的研究成果。招商局的研究汗牛充栋，还曾有大量相关档案资料得到整理公布，[61]但以航运企业史角度的学术成果最为丰富。本文以上海为基点的漕运活动与轮船招商局的关系研究为回顾重点，过去研究洋务运动很多要谈到轮船招商局，但都以企业史角度为主，多不涉及上海地区海上漕运与社会的视角。夏东元的《盛宣怀督办轮船招商局》[62]论述盛宣怀督办经营招商局的过程，吴心伯的《李鸿章与轮船招商局》[63]论述李鸿章对开办、维持招商局的历史功过。招商局史研究会编的论文集《招商局与近代中国研究》[64]中陈振汉的《"官督商办"制度与轮船招商局的精英(1872——1903)》研究早期招商局船政运作，并对漕运运作效果进行探讨，而汪熙的《从轮船招商局看洋务派经济活动的历史作用》一文认为漕粮运输工具的变化及运输组织商业化是招商局产生的三个特殊历史条件之一。陈潮的《晚清招商局新考》[65]一书从"运漕"之需和"分洋商之利"两个角度分析李鸿章、曾国藩、丁日昌等洋务派人士为开创招商局而进行的探索筹备活动，而该书的重点是放在招商局与外资航运业相互影响的企业史层面进行论证。胡政主编的《招商局与上海》[66]对招商局创立的原因、过程和之后的发展，在此过程中历史名人的贡献和航运业的变化都有很好的论述，但该书的重点并不包括漕运史。虞和平、胡政主编的论文集《招商局与中国现代化》[67]集萃了一批优秀论文，如其中王开玺的《李鸿章与轮船招商局的创建》、陆兴龙的《从轮船招商局的开办看早期的官督商办》、罗苏文的《官督商办：轮船招商局近代产权变迁之一(1872—1884)》都对初期办局活动做了探索，戴鞍钢的《轮船招商局与近代上海港》探索了招商局航运建设活动对上海港口建设的刺激，其他如倪玉平的《招商局于清代漕粮海运关系再研究》、江太新的《招商局与清季漕运》等文章都对历史时期漕运和上海社会的关系有所论及。张后诠的《招商局史(近代部分)》[68]是分量较重的经济史力作，撰述了招商局自酝酿创办时期到共和国建国前夕的历史，详细论证了由于西洋轮船业的竞争导致本土沙船业的衰落，严重影响漕粮运输，从而促使洋务派官僚主导倡办招商局的历史过程，深入探讨了招商局成立后开创时期的运作经营，矿企投资和相应的船舶港口码头建设等诸多方面的问题，包括论述了其轮船运营活动中所承担的漕运和官物运输活动。

第三，漕运与上海港口、航运业关系的研究。漕运运输活动需要港口，也需要航运力量包括造船力量的支撑。历史上上海地区出现了不止上海镇一处港口，很多港口都很发达，在地域中占有一席之地，评价漕运与上海港口的关系以及上海地区漕运港的变迁和地位是很重要的问题。上海地区航运业的发展是清代数次海运民间运输力量的重要保证。

陈正书的论文《论不同经济形态下开发上海自然交通资源的不同观念》[69]从自然地理的角度论述了上海交通条件的优势，以及历史时期开发活动体现的观念。

戴鞍钢曾致力于上海港口历史，特别是近代史的全面深入探索。他在《港口·城市·腹地：上海与长江流域经济关系的历史考察》一书中从开埠前后上海与内地经济关系、上海的崛起、上海与长江三角洲经济变迁、上海与长江流域市场网络等方面解释了良好的区位优势、便利的水陆交通对上海发展的重要意义。其论文《内河航运与上海城市发展》[70]讨论了开埠以来内河航运业与上海城市发展的关系。

中国水运史丛书之一的《上海港史》[71]指出，在元代上海港初步形成的阶段，漕粮海运给上海港带来两个结果，“第一，上海港成为漕米集疏中心之一”，“第二，海运漕粮开辟了北洋海运航线，加上原来就有的由闽广船及西洋各国的商船开辟的南洋海运航线”，[72]使上海成为海运航线和长江航运的交汇点。在明代，粮食是上海港运输另一项大宗货物，进出港口的粮食有两类，一类是本地输出的漕粮，一类是内地输入供本地居民使用的米谷。成化年间松江府有 40 艘漕运船，一次可运粮食 13200 石。[73]而在该书的清代部分，作者指出道光以前沿袭明制，采用河运的方式，松江府各县漕船由青浦县北大盈浦出吴淞江入娄江，绕昆山县南、汇齐自太仓州镇洋县开来的漕船，再经 70 里至苏州阊门，然后沿运河北上。[74]清代部分还对清代港口和城市的共同促进角度作了论述，指出："光绪年间上海一地每年要输入粮食约 200 万石，计 12 万吨，主要经长江运到上海港。漕粮数量有限。以 1882 年为例，招商局轮船所承运的漕粮共 58 万余石，仅 3.2 万吨，加上有限的沙船运输的漕粮，最多不会超过 4 万吨。"[75]

中国水运史丛书系列的《上海内河航运史》[76]"古代部分"是较系统的上海内河航运专门史著作。其第一章"上海地区水运的开发"指出隋代大运河南北贯通后，不仅大大地推动了上海地区的航运事业，而且还促使地处偏僻的上海村落，开始逐步发展成为市镇。[77]上海"在唐宋的漕运中，承担着极为繁重的任务，如南宋景定四年(1263 年)华亭县的税粮总数便高达422 820余石，约合 1.06 万吨。""当时运送粮食的线路主要由大运河北上。上海地区的粮食在华亭镇港和青龙镇港集中装船后，经吴淞江西抵苏州，再进入运河至扬州，而后继续北上到京城。"[78]作者认为华亭县建立后，上海地区的内河航运通过承运大批漕粮、食盐、酒类以及少量的丝、纸、手工业品，经历了唐宋两朝的初步发展阶段，并开始进入一个新的发展时期，[79]并对华亭港、青龙镇港等市镇港埠的兴起以及上海地区市舶机构设置都做了探讨。该书第二章"元明时期上海内河航运的发展"第一节"海运的兴起与衰落"指出，上海海舶运输成为较系统的运输行业是在元代形成的，元统治者在上海地区组织海运促使当地海运业兴盛。虽然海运在元朝已自成体系，但终究与内河航运仍有着千丝万缕的联系，因此从宏观看，元代的海运实质上也是古老的内河航运业的发展、延伸与补充。[80]在作者看来，海漕运输的成功，为形成上海地区海运体系奠定了基础，而海运的发展，则将上海的航运业，逐渐分拆为分工明确、职能各异的内河航运和海上运输两大"专业"，这反映了上海地区航运事业发展的总体水平。元代时期上海地区海运的兴起与发展，是上海地区内河航运发展到一定水平的产物，这一时期的海运可以视作上海地区内河航运的延伸与发展。[81]由于水利失修、航道淤塞，以及太湖流域自然灾害等原因，到元代后期，海船进出上海港已不方便。大德以后到明朝初期新的黄浦江航道形成之前，位于上海西北、长江南岸的太仓、浏河因北上的漕船与外国的商舶云集，颇有取代上海港的态势。[82]第二节"内河运输能力显著提高"则指出纵观上海内河官督粮运，从元代的短途驳运到明代前期的长途承运，乃至明代中后期的专业粮运的变化发展，海运和河运的密切关系呈现为：海漕的兴起，促使内河短途粮运的兴盛；海漕的废弛，推动上海内河粮运向长途承运、专业运输的演进和发展。[83]此外在这一章里还研究了"港口的发展与造船技术的提高"等几方面的问题，论述了在市镇发展背景下、航运力量的推动下，上海地区逐步地形成了以大港口为主，小港口为辅的完整的港口水运体系。[84]第三章"清前期上海内河航运的繁荣"第三节"内河航运的繁盛"认为准带"土货"的内河漕运、招商海漕的内河驳运、商品粮的内河运输、豆类的内河转运，共同刺激了上海内河航运的发展，对上海内河航运起到了刺激作用。

辛元欧的《上海沙船》[85]一书是上海地区航运业历史研究的杰作，指出元代发展北洋海运，在上海成批建造平底沙船型海船[86]。该书第三章"明清沙船业的繁荣及其衰落"，论述了明代沙船功能的扩展，清代沙船业繁荣的现象，沙船业对上海城市经济的促进作用，沙船运输业中的资本主义萌芽，鸦片战争后上海沙船业的衰落等问题。该书作者对沙船各方面技术水平的分析也非常有助于揭示漕船的技术条件和运行状况。

此外，在论文方面，李伯重的《明清江南地区造船业的发展》[87]一文对明清江南造船业生产规模的扩大及其特点作了研究。陈伟的《16 世纪江南及周边地区漕船建造地浅析》[88]考证了 16 世纪江南及周边地区漕船建造地，所附列表中可见松江府也有一处造船厂。日本学者松浦章也有中文论文研究上海地区航运业，如《近代上海南市和沙船航运业》[89]论述了清末南市沙船航运业，他的《清代江南内河的水运》[90]一文也有一定价值。

第四，其他上海地域史和漕运史研究。

彭云鹤《明清漕运史》，以明清漕运制度为论述中心，线索清晰，视角广阔，然而论述较其他漕运史专著简略，当论及到漕运社会影响的时候，主要是从整体面貌着手，较少论及地方社会的具体情况。

鲍彦邦的相关研究主要是他在《暨南学报》发表并于后来结集为《明代漕运研究》的系列论文，上文已基本谈到。

李文治、江太新合著的《清代漕运(修订版)》[91]特点是考证严谨，资料详实。该书第二章"清代长江流域农业生产的发展与漕运的持续"第一节"太湖流域的水利工程"，对苏州、松江、湖州、杭州四府的水利工程做了统计，苏州府的统计最详细。第四章"漕粮赋税制度"统计了各省府漕粮中正米、耗米(包括正改兑)、改征、折征，以及各种附加税的数目，也统计了漕粮的豁除蠲缓、新垦升科数据，并以苏州府、浙江省为例统计分析漕运税制事例。第六章"漕运官制和船制"第二节"船制"论述了包括苏松粮道的漕船数目和变动，全国的造船厂和漕船木料，漕船种类和容积等问题。第七章"运丁和屯田"第一节"卫所与屯丁"对相关数据做了考证，对漕运吏治腐败的论证较多。第十章"清中叶后农村经济的变化及其对漕粮征收的冲击"论证江南经济变化对漕粮征收的冲击，统计了杭州、嘉兴、湖州三府蚕丝业和棉花种植和苏南灾害以及江南人口等方面的数据。第十一章"道光后漕运改制政策(上)"第三节"江苏、浙江两省裁减漕粮正额"、第十二章"道光后漕运改制政策(下)"对招商局海运活动和江苏历年海运情形及海运粮额等问题作了相关统计和分析。第十三章"漕运的停止"第二节"江苏、浙江、山东三省停止征漕"，讨论了停止征漕的时代背景改折及征实起运的争议等问题。第十四章"漕运与商品经济"，讨论了带运南货和北方运河商业城市发展以及漕运带来的商品流通对社会经济的影响诸问题。这些统计和研究显然是对上海地区漕运与社会开展进一步研究的重要学术成果。

吴贵芳的《古代上海述略》[92]是1949年以后第一部较为系统地叙述古代上海历史的学术著作，其《海运粮赋》一文简论了元代海运概况。张仲礼主编的《近代上海城市研究》一书基本未对漕运相关问题予以关注，仅把明清沙船业和相关漕粮官盐运输活动称之为"封建航运业"，以极小篇幅论及。[93]

熊月之主编的《上海通史》[94]第2卷《古代》[95]研究了古代上海历史。第五章"生计：盐、谷、棉、船"对宋元明清社会经济面貌做了论述，对于当地"赋重役繁"和"重赋的缘起"，以及赋役改革做了探讨，并以"崇明船帮"的主题论述了元初海上漕运和沙船业的发展面貌。第九章"走向近代"指出黄浦江治理和上海港崛起的密切关系，对清代鸦片战争之前上海港在江南港口中主导地位的确立作了论述。该书附表包括历年招商局漕运数量统计表、清代江浙漕粮海运数额表、招商局运漕占江浙海运比例表、江苏裁减漕额表、漕粮海运船只事故表、晚清漕粮截留赈济表，虽然只有江苏裁减漕额表按照府县直接展示相关数据，仍有重要参考价值。《上海通史》第4卷《晚清经济》[96]，第一章"近代航运体系初步形成"研究了上海航运业发展，第七章"上海城市大交通跨入新时代"也对"轮船招商局崛起与上海航运市场国际化格局初步奠定"做了梳理探讨。

李伏明的《制度、伦理与经济发展——明清上海地区社会经济研究》[97]，探究明清上海地区社会经济发展状况，是上海地区社会经济史专著，对本课题有一定参考价值。其第五章"明清上海地区的官田和重赋问题"，从国家与社会之间的矛盾和田赋拖欠赋役制度及其社会经济后果等问题入手，论述了上海地区的官田与重赋问题。

英国学者伊懋可（MarkElvin）也曾经比较系统地研究了晚清上海的历史，其论文《市镇与水路：1480——1910年的上海县》对当时上海地区的市镇和水上交通的关系有所研究。[98]

以上为主要研究成果，限于论文篇幅和主题，凡是关于档案资料整理发布的文章不予赘述。

三、总结与展望

综上所述，漕运与上海社会研究已经有了一定的相关研究成果和结论。在以上成果的基础上，我认为还有几个方面的研究可以深入，予以展望。

关于上海地区漕运港的研究。按照上述研究，特别是《上海内河航运史》、《上海港史》，再参照地方史资料，上海地区曾作为漕运港使用的港口不仅有海港，还有不少内河港、镇港，除了上海镇港还有青龙镇港等，这都值得研究考察。历史时期上海地区的漕港和漕路分布，以及他们的网络关系都是需要进行研究的，而从海运漕粮所启发的全国漕运大局看古代上海港口地位变迁，仍是值得深入总结的。

仓储同港口、船舶一样是漕运的重要设施，储备是漕运制度的重要功能。过去笔者研究汉唐漕运，漕仓一直是重要研究内容和突破原有研究的方向。从目前研究的著作和地方志资料中可以看出上海地区存在为漕运专设的仓储，这些仓储的运行和管理、选址和布局都可以进行新的研究。而对江南地区的义仓、社仓等仓储虽然已有一定研究，但是对漕仓的研究仍有很大的不足。

过去漕运制度的研究喜欢关注上层建筑，全国范围的宏观制度运作一直是研究重点，近年来基层社会所受的影响开始得到很多新的关注。从元明清以来历代食货志、会典、漕运全书、漕运则例、文编、地方志所反映的情况看，历代上海地区府县赋税都有详细的数字，包括每个朝代不同年代江南各府县的漕粮数字增减变化都很详细，还有可利用的角度，可以做统计研究，以探索地方社会所受漕运的影响。

从地方文化史角度来观察，中国自古以来就有丰富多样的民间信仰形式存在，历史时期的上海地区也不例外。从资料来看，也确实存在和漕运相关的民俗以及民间信仰，也还可以继续深入整理研究。

以上均系个人浅见，因个人学力所限，再加上准备仓促，综述回顾难免挂一漏万，研究展望也处在初步阶段，请同仁见谅，不吝赐教。

注释：

① 《康熙字典》，中华书局，1958年，第645页。

② 辞海编辑委员会：《辞海》，上海辞书出版社，1980年，第986页。

③ 汉语大词典编委会：《汉语大词典》，汉语大词典出版社，1990年，第6册，第70页。

④ 汉语大词典编委会：《汉语大词典》，汉语大词典出版社，1990年，第6册，第70页，第72页。

⑤ 广东广西湖南河南辞源修订组：《辞源》，商务印书馆，1983年，第1869页。

⑥ 汉语大字典编辑员会：《汉语大字典》，湖北辞书出版社、四川辞书出版社，2006年，第3册，第1718页。

⑦ 李治亭：《中国漕运史》，（台湾）文津出版社，1997年，第6页。

⑧ 吴琦：《漕运与中国社会》，华中师范大学出版社，1999年，第4页。

⑨ 陈峰：《漕运与古代社会》，陕西人民教育出版社，2000年，第2页。

⑩ [日]星斌夫：《明代漕运的研究》，日本学术振兴会，1963年。

⑪ 鲍彦邦：《明代漕运研究》，暨南大学出版社，1995年，第1页。

⑫ 彭云鹤：《明清漕运史》，首都师范大学出版社，1995年，第1页、第15页。

⑬ 杨亚非：《试论明代漕运方式的变革》，《社会科学战线》1986年第2期。

⑭ 林金树：《明代江南民田的数量和科则》，《中国社会经济史研究》1987年第3期。

⑮ 李文治：《清道光后改革漕制议——江南农村经济变化、漕运体制矛盾加剧与议行改制》，《中国经济史研究》1989年第1期。

⑯ 张照东：《论清代水路漕运方式的演变及其社会经济影响》，《社会科学战线》1989年第2期。

⑰ 张照东：《道咸时期雇商海运漕粮的得失》，《历史档案》1988年第2期。

⑱ 张照东：《清代漕运与南北物资交流》，《清史研究》1992年第3期。

⑲ 鲍彦邦：《明代漕运研究》，暨南大学出版社，1995年。

⑳ 鲍彦邦：《明代漕粮运费的派征及其重负》，《暨南学报》1995年第2期。

㉑ 赵全鹏：《明代江南粮、布对北部地区的贡献》，《社会科学》1995年第5期。

㉒ 赵全鹏：《明代漕运中的商业活动》，《史林》1996年第1期。

㉓ 陈峰：《清代漕运运输者的私货运销活动》，《西北大学学报》1997年第4期。

㉔ 王健：《上海漕河庙小史》，《上海文博论丛》2009年第3期。

㉕ 倪玉平：《从帆船到铁路：漕运与中国交通工具近代化》，《石家庄学院学报》2010年第1期。

㉖ 吴滔：《清代日记所见江南地区的水运》，《华北水利水电学院学报》2011年第1期。

㉗ 曹志敏：《从漕运的社会职能看道光朝漕粮海运的行之维艰》，《淮阴师范学院学报》20011年第5期。

㉘ 陈波：《元代海运与滨海豪族》，《清华元史》第一辑，商务印书馆，2011年。

㉙ 殷崇浩：《叙乾隆时的漕粮宽免》，《中国社会经济史研究》1987年第3期。

㉚ 殷崇浩：《乾隆时漕粮宽免的原因及其作用》，《武汉大学学报》1988年第4期。

㉛ 俞玉储：《清代前期漕粮蠲缓改折概论》，《历史档案》1990年第2期。

㉜ 赵全鹏：《明代漕运与江南重赋》，《历史教学问题》1995年第2期。

㉝ 范金民：《江南重赋原因的探讨》，《中国农史》1995年第3期。

㉞ 陈峰：《简论宋明清漕运中私货贩运及贸易》，《中国经济史研究》1996年第1期。

㉟ 郑可晟:《明代重赋出于政治原因说》,《南开学报》2001 年第 6 期。
㊱ 晏爱红:《清代漕粮加赋初探》,《中国经济史研究》2009 年第 4 期。
㊲ 任道斌:《明朝万历年间松江的苛税杂役》,《中国社会科学院研究生院学报》1981 年第 1 期。
㊳ 吴楫华:《明代海运及运河的研究》,见《中研院历史语言研究所集刊》之 43,(台湾)商务印书馆,1961 年。
㊴ 吴楫华:《元朝与明初的海运》,《中研院历史语言研究所集刊》,(台湾)商务印书馆,1956 年。
㊵ 潘锦泉:《元代海运综述》,《北华大学学报》2004 年第 6 期。
㊶ 倪玉平:《清代漕粮海运与社会变迁》,上海书店出版社,2005 年。
㊷ 倪玉平:《清代漕粮海运与社会变迁》,上海书店出版社,2005 年,第 90—97 页。
㊸ 倪玉平:《清代漕粮海运与社会变迁》,上海书店出版社,2005 年,第 431—433 页。
㊹ 倪玉平:《清代漕粮海运与社会变迁》,上海书店出版社,2005 年,第 471—475 页。
㊺ 倪玉平:《清代漕粮海运与社会变迁》,上海书店出版社,2005 年,第 482—484 页。
㊻ 倪玉平:《漕粮海运与清代运输业的变迁》,《江苏社会科学》2002 年第 1 期。
㊼ 倪玉平:《漕粮海运与清代社会变迁》,《江淮论坛》2002 年第 4 期。
㊽ 倪玉平:《道光六年漕粮海运的几个问题》,《清史研究》2002 年第 3 期。
㊾ 倪玉平:《清代漕粮海运与经济区域的变迁》,《石家庄师范学院学报》2005 年 4 期。
㊿ 倪玉平:《西方势力与晚清漕粮海运》,《中国经济史研究》2004 年第 4 期。
51 倪玉平:《李鸿章与晚清漕粮海运》,《安徽史学》2007 年 1 期。
52 倪玉平:《清代漕粮海运与经济区域的变迁》,《石家庄学院学报》2005 年第 4 期。
53 倪玉平:《招商局与晚清漕粮海运关系新说》,《学术月刊》2008 年第 5 期。
54 倪玉平:《试论清代的漕粮海运文化》,《故宫博物院院刊》2008 年第 2 期。
55 倪玉平:《清代咸丰初年江浙漕粮海运中的省际矛盾》,《学术月刊》2009 年第 1 期。
56 倪玉平:《从帆船到铁路:漕运与中国交通工具近代化》,《石家庄学院学报》2010 年第 1 期。
57 易升运:《关于清代嘉道年间的漕粮海运问题》,《华中师院学报》1985 年第 2 期。
58 丁进军:《终清一代漕运未废》,《历史档案》1987 年第 1 期。
59 陶用舒:《论陶澍与丙戌海运》,《江苏大学学报》1995 年第 3 期。
60 郑师渠:《道光五年试行海运漕粮述略》,《历史档案》1999 年第 3 期。
61 陈旭麓、顾廷龙、汪熙主编:《盛宣怀档案资料选辑之八—轮船招商局》,上海人民出版社,2002 年。
62 夏东元:《盛宣怀督办轮船招商局》,《上海研究论丛》第 1 辑,上海社会科学院出版社。
63 吴心伯:《李鸿章与轮船招商局》,《上海研究论丛》第 1 辑,上海社会科学院出版社。
64 招商局史研究会编:《招商局与近代中国研究》,中国社会科学出版社,2005 年。
65 陈潮:《晚清招商局新考》,上海辞书出版社,2007 年,第 53—60 页。
66 胡政主编:《招商局与上海》,上海社会科学院出版社,2007 年。
67 虞和平,胡政主编:中国社会科学出版社,2008 年。
68 张后诠:《招商局史(近代部分)》,中国社会科学出版社,2007 年,第 68—74 页。
69 陈正书:《论不同经济形态下开发上海自然交通资源的不同观念》,《史林》1989 年第 2 期。

⑦⓪ 戴鞍钢:《内河航运与上海城市发展》,《史林》2004 年第 4 期。

⑦① 上海卷史编纂委员会:《上海港史》,人民交通出版社,1990 年。

⑦② 上海卷史编纂委员会:《上海港史》,人民交通出版社,1990 年,第 26—27 页。

⑦③ 上海卷史编纂委员会:《上海港史》,人民交通出版社,1990 年,第 49 页。

⑦④ 上海卷史编纂委员会:《上海港史》,人民交通出版社,1990 年,第 76 页。

⑦⑤ 上海卷史编纂委员会:《上海港史》,人民交通出版社,1990 年,第 207 页。

⑦⑥ 上海内河航运史研究会:《上海内河航运史》,人民交通出版社,1995 年版。

⑦⑦ 上海内河航运史研究会:《上海内河航运史》,人民交通出版社,1995 年版,第 14 页。

⑦⑧ 上海内河航运史研究会:《上海内河航运史》,人民交通出版社,1995 年版,第 23 页。

⑦⑨ 上海内河航运史研究会:《上海内河航运史》,人民交通出版社,1995 年版,第 24 页。

⑧⓪ 上海内河航运史研究会:《上海内河航运史》,人民交通出版社,1995 年版,第 39 页。

⑧① 上海内河航运史研究会:《上海内河航运史》,人民交通出版社,1995 年版,第 43 页。

⑧② 上海内河航运史研究会:《上海内河航运史》,人民交通出版社,1995 年版,第 46 页。

⑧③ 上海内河航运史研究会:《上海内河航运史》,人民交通出版社,1995 年版,第 49 页。

⑧④ 上海内河航运史研究会:《上海内河航运史》,人民交通出版社,1995 年版,第 72 页。

⑧⑤ 辛元欧:《上海沙船》,上海书店出版社,2004 年。

⑧⑥ 辛元欧:《上海沙船》,上海书店出版社,2004 年,第 58—62 页。

⑧⑦ 李伯重:《明清江南地区造船业的发展》,《中国社会经济史研究》1989 年第 1 期。

⑧⑧ 陈伟:《16 世纪江南及周边地区漕船建造地浅析》,《才智》2011 年第 1 期。

⑧⑨ [日]松浦 章:《近代上海南市和沙船航运业》,见《近代中国的城市和乡村》第一编《近代城市社会》,2005 年。

⑨⓪ [日]松浦 章:《近代上海南市和沙船航运业》,《清史研究》2001 年第 1 期。

⑨① 李文治、江太新:《清代漕运(修订版)》,社会科学文献出版社,2008 年。

⑨② 吴贵芳:《古代上海述略》,上海教育出版社,1980 年。

⑨③ 张仲礼主编《近代上海城市研究》,上海文艺出版社,2008 年,第 150—152 页。

⑨④ 熊月之主编:《上海通史》,上海人民出版社,1999 年。

⑨⑤ 熊月之主编:《上海通史》第 2 卷,《古代》(马学强著)上海人民出版社,1999 年。

⑨⑥ 熊月之主编:《上海通史》第 4 卷,《晚清经济》(陈正书著)上海人民出版社,第 308—323 页。

⑨⑦ 李伏明:《制度、伦理与经济发展——明清上海地区社会经济研究》,中国文史出版社,2005 年。

⑨⑧ [英]伊懋可:*AnotherHistory:Essays on chin afroma Euopean Perspective*,Wild Peony1996 年。

Summarize and forecast of studing on water transportation in shanghai and in history

Abstract: This thesis summarizes research achievements on water transportation in shanghai from four aspects, and forecast future studing aspects and themes base on it.

Keywords: shanghai, Water transportation, economy, society

中国近代海关之航标

张耀华*
（上海海关）

摘　要：长期以来人们把近代航标锁定为由海关洋员包揽的非海关自身职责。本文除详细叙述海关职掌航标的历史背景外，还从近代海关设置航标管理机构，设置海班职位，赫德既控制中国航标权又引领中国航标走向近现代化，海关为航标提供充足经费等四个方面，依靠确实可靠的资料予以叙述，充分证实航标是海关自身职责之一，赫德是把中国封建落后的海关制度和航标制度推向近代化的不可忽视的历史人物。

关健词：史论　海关职责　航标

中国近代海关之航标和中国近代海关与航标，“之”和“与”一字之差，真可谓天壤之别。“之”字用在偏正词组，表示领属关系，海务港务及其航标是海关本身的职责；“与”字用于连接词组，表示两个平行事物的连接关系，长期以来人们把海务港务及其航标误解为由洋人包揽的事务，并非海关本身职责。用一般规律理解或特殊规律判断，必然产生歧义：(1)海关本是一个税收机构，却插手港口管理。对于这样一种不正常的隶属关系，就连1862年初被任命的港务长贺克莱也大惑不解，他在1864年呈交总税务司的信中说：“港务长一职系由中国政府同签约各国一致同意推荐的，只是为了节省经费，港务长办公室才设在海关里面，薪金是由中国政府付给，由海关转交。一直到今天为止，我从来没有听到一个人对我讲过，港务长是属于海关的。我认为这是一个独立部门，从世界上其他港口看，没有一个港务长是属于海关的”；①(2)当代专家、学者、读者以现代海关职能套用近代海关(洋关)职责以及他们查阅资料的局限性，主观地认为：建国以来传统的海关职能包括监管、征税、查私、统计(1987年正式确定)，凡此以外的职责，皆为非海关事务。又认为，聘用外国人帮办税务、建立洋关、推行外籍税务司制度，虽然带有浓厚的半殖民地政治色彩，但它们有根据和条约规定，而海务港务之建制和职

* 作者简介：张耀华(1940—　)，男，江苏淮安人，高级关务监督，研究方向：中国海关通史。

责则含糊不清。更有甚者认为，近代海关征收船钞属于代征税性质，所以海务港务绝非海关的自身职责；(3)建造灯塔和保管灯塔是海务最重要的任务之一，既然海务与海关风马牛不相及，那么建造和保管灯塔与海关自然毫无关系了。海务、港务及其航标不是中国近代海关本身的职责，而是洋人包揽的非海关事务。这在海关历史教科书、海关概论、海关史学术论文等方面，皆毫无例外地坚持此说。

笔者广为收集、潜心研究海关史料，并先后参加《上海海关志》、《上海对外经济贸易志》和《中国海关通志》等著作的编纂创作。现从以下几方面论证和解读，近代航标是中国近代海关本身职责之一，敬请各位专家指正。

一、海关职掌航标的历史背景

(一)鸦片战争前西方列强刺探我国沿海港口情报

1. 19 世纪 30 年代英国对上海的窥探

19 世纪 30 年代，英国为了推行对外殖民扩张政策，加紧对中国沿海一带军事、政治、经济等各方面情况的侦察活动。1831 年 6 月初，德籍传教士郭士立乘坐一艘中国商船从暹罗出发，沿途经过福建、浙江、山东到达天津，后返回上海，对上海港作了初步窥探，把上海称为是“南京和整个江南省的贸易中心，是中国国内贸易的主要商业城市”。[②] 翌年初，东印度公司的“阿美士德号”鸦片船从澳门出发，开始了收集中国沿海重要港口情报的航行。该船经过厦门，绕道台湾，驶回福州、宁波。同年 6 月 18 日，“阿美士德号”抵达长江口的前一天，江苏巡抚林则徐、苏松镇总兵关天培和苏松太道吴其泰，得知该船的消息后，即派遣兵船前往堵截，并张贴告示，不准与该夷船交易货物。但惯于走私的林赛和郭士立一面趁夜色尾随中国帆船航行，一面偷偷地测量航道。他们不顾吴淞炮台的开炮警告，仍换乘小艇，窜进黄浦江，在小东门外的天后宫靠岸。林赛和郭士立公然闯进道台衙门提出贸易要求，当即遭道台拒绝，并命令他们仍回广州贸易。“阿美士德号”在上海停留期间，他们抓紧测量航道，绘制海图。一个多月后，郭士立搭乘另一艘飞剪船“气精号”再次到中国沿海进行侦察航行。至于如何打开上海这座大门，他毫不掩饰地说：“绝对不能用磋商交涉达到目的”，[③] 弦外之音，昭然若揭。

2. 上海在开埠前属于江苏省苏松太分巡道的管辖范围

苏松太分巡道通常简称为上海道，由于江海关监督是由上海道兼任，所以，当时的海关不仅是征收关税的机构，而且还是管理港口船只贸易等事务的官署。故海关道台是明正言顺的负责管理上海港口的行政官员。在《南京条约》订立以后，清政府又颁布旨令，派遣管理各口的开市人员，“着两江总督壁昌、江苏巡抚孙宝善督同候补道员咸龄和苏松太道宫慕久核实办理”。[4]海关道管辖上海港口的职责更加明确。外国侵略者侦察后认为要控制港口，就必须控制海关，而一旦控制海关，管理海务港务及其航标、航道、引水等，就“顺理成章”了。

（二）鸦片战争的爆发和不平等条约的签订

1. 鸦片战争的爆发

鸦片战争爆发的根本原因是什么？有人说是因为林则徐开展禁烟运动，引起英国对华发动鸦片战争；又有人说清朝海关高筑关税壁垒使英国出口贸易受阻，激怒英国对华发动鸦片战争。历史事实证明，这些都不是理由，而只不过是英国对华发动侵略战争的借口。其一，严厉禁止鸦片进口，这是任何一个主权国家皆有的权利，如果说开展禁烟运动会引发战争，在世界范围内不是要一片混战了吗？其二，鸦片战争之前，中国海关税率并非世界最高，与英国、美国等国家相比，中国海关税率明显较低。因此，英国对华发动鸦片战争的根本原因是：19 世纪三四十年代以来，英国产业革命使其国内生产过剩，必须对外实行殖民扩张政策，倾销过剩商品，掠夺廉价原料，推行殖民统治。英国对华发动鸦片战争蓄谋已久，并非一朝一夕的头脑发热。早在 1835 年，林赛向当时的英国外交大臣巴麦尊正式提出武装入侵中国的建议，并策划具体行动的步骤。[5]

2. 不平等条约的签订

清政府在两次鸦片战争中战败，先后被迫与西方列强签订《南京条约》、《五口通商章程》、《天津条约》、《通商章程善后条款》等不平等条约。条约规定中国割地、赔款、开埠等，最明显的条款是海关逐步丧失关税自主权、海关行政管理权等。从表面看，没有一款是谈到侵犯航权的，但是也没有一个条约不涉及航权的。造成这种状况的原因有两个：一是外国列强采取瞒天过海的手法，将劫夺航权隐藏在税则之中；二是清政府昏庸，外国侵略者在战前窥探中国沿海港口的细节和实情，按照外国人的意向将海务、港务操作程序和习惯做法写入不平等条约，清政府官吏误以为这些都是具体工作，并无大权要事，因而将其上报由皇帝钦定批准。

清政府重税轻权。1876 年签订《烟台条约》时，英国要求增开长江口岸。当时李鸿章不是怕丧权而是怕税收损失，“……似不在停泊处所之多寡，在口岸内外之分别……如此办理，该总税务司担保洋税毫无偷漏，厘课并无耗损”。李鸿章的这段话，等于说丧失主权没有关系，只要收得到税就可以了。

（三）海务港务与海关主权同被丧失

1. 五口通商后，英国驻各地领事以战胜国姿态，趾高气扬的对待清政府的官员和民众。英国驻沪领事阿礼国乘上海青浦事件、太平天国革命势力冲击江浙、小刀会起义以及泥城之战等，逼迫清政府同意西方列强的无理要求。英、美领事乘机以“履约”、“保障关税征收”为名，于咸丰三年(1853年)9月，单方面公布所谓《海关行政停顿期间船舶结关暂行章程》。上海道台吴健彰先后在陆家嘴、虹口、闵行三地征税时，都遭到英、美、法三国领事的拒绝和刁难。在此情况下，驻上海领事阿礼国乘机制订“聘用外国人帮办税务”方案，借助于美国公使麦莲的强制，协迫两江总督怡良同意吴健彰与三国领事签订关于江海关组织的协定备忘录，并成立江海关税务监督委员会，洋关首先在上海设置。对这个与清政府管理贸易政策直接冲突、意图夺取税收控制权的机关，从国家层面考虑应该慎重一些，所以，咸丰皇帝及中央朝廷未予正式承认。但是西方列强乘第二次鸦片战争清军节节败退之机，以及洋员职掌的江海关每年税收成倍增长的实际状况，还未等战争全部结束，立即迫使中央朝廷同意签订《天津条约》和《通商章程善后条约:海关税则》。该条约规定“各口画一办理”，“邀请英(美、法)人帮办税务并严查漏税，判定口界，派人指泊船只及分设浮桩、号船、塔表、望楼等事”。清廷在以条约形式批准和实行“邀请英(美、法)人帮办税务”、“各口画一办理”后，各通商口岸陆续聘任洋人，逐步形成了以外籍总税务司为核心的中国近代海关管理体系。

2. 1858年，中英《通商章程善后条约》第十款指出:“任凭总理大臣邀请英人帮办税务并严查漏税，判定口界，派人指泊船只及分设浮桩、号船、塔表、望楼等事”，把设置航标的海事行政权，全部交由海关税务司办理，而海关税务司全部是外国人，因此海事行政权也就为外国人所掌握。同一条款又规定:“其浮桩、号船、塔表、望楼等经费，在于船钞项下拨用”，船钞本是中国政府的税务收入，从船钞项下拨付，也就是要由中国政府负担航标的一切费用。因此西方列强既掌握了航标的设置和管理大权，又具备了可靠的经费来源。根据中英《天津条约》第三十二款:“通商各口分设浮址、号船、塔表、望楼，由领事官与地方官会同酌视建造。”于是各条约口岸纷纷建立航标体系。在天津渤海湾西北岸外缘设置灯塔。1866年，在英国人把持下建成曹妃甸灯桩。在19世纪70年代末和80年代初，先后在通往广州港的广东沿海水道、珠江进口至黄埔外港以及黄埔外港至广州内港，设置警船灯塔、灯浮及灯桩共37座，这些航标设施全部被外国人操纵。在上海，自1869年至1900年，先后建成大戢山灯塔、花乌山灯塔、佘山灯塔、吴淞灯塔，以及自鸣声浮、浮桩等。在宁波，先后建造了虎蹲山灯塔、七里屿灯塔、鱼腥脑灯塔和唐脑山灯塔。其他各口也都先后设立了各种形式的航标。

二、设置航标管理机构

(一)晚清时期设置的航标管理机构

1863年赫德担任清朝第二任海关总税务司，1864年8月制定并经总理衙门批准的《通商各口募用外国人帮办税务章程》27条，正式规定各地海关税务司和港务长等的调职和撤职均由总税务司作主，港务长在港内行事要听命于本口岸海关税务司，经费收支归总税务司收支报销。港务长的任免权属于总税务司，港务长的管理权属于各口税务司，港务长事实上成为税务司的下属。

1868年4月25日，海关总税务司署以总税务司第10号通扎(即通令)通知各关，宣布成立船钞股，其任务为“建设与管理沿海内河灯塔、灯船、浮标、雾号及其它各项航行标识，撤除航路沉没船只，疏浚港口水道，管理碇泊事务，以及延用专门人才，分任各职”，直属海关总税务司领导。船钞股由一名海务税务司负责，下设灯塔工程师二名、港口工程师一名。将全国沿海划分南、中、北三段管理，每段设一名段巡工司，南、中、北三段巡工司的驻地分别为福州、上海、烟台。段巡工司业务上接受海务税务司领导，行政上接受辖区口岸海关税务司指示，负责段内所辖沿海及各港航标的设置、巡视、检查港内浮标、标桩、灯标及引水等，并检查理船厅的工作。理船厅则直接负责和管理其辖区内的航标，并履行海关监察长有关税务方面的职责。⑥

1881年总税务司署裁撤南北段巡工司，专设1名各口巡工司，由上海理船厅兼任，继续负责职员调配、行政事务及理船事宜。之后，总税务司署所属的船钞部门逐步形成灯塔处、营造司(处)和理船厅三个机构，另附带有杂役。灯塔处负责管理灯塔的维护、灯塔人员的给养、灯塔和海关驻地间的交通运输等；营造司(处)专管灯塔、浮标和附属建筑物的设计、工程建筑等事宜，并负责提供技术、仪器设备等；理船厅负责统辖各口岸理船厅，管理泊船界内的航船行政(港口管理)，包括航船的停泊地段、泊船界内航船的秩序、灯塔及浮标的界限、制订行船章程等。

1899年时，按照海关职责划分，总税务司署所设机构可分为4个部门：属于征税部门内班编制的主要有总办、机要(秘书)、汉文、审计、统计(造册处)、驻外(驻伦敦办事处)等职位或部门，各有1名税务司分管；属于船钞部门的灯塔处、营造司(处)和理船厅，由海务巡工司(税务司级别)主管；属于教习部门的同文馆，由总税务司兼管(3年后同文馆并入京师大学堂，脱离总税务司署)；属于邮政部门的邮政总办，负责管理邮政事务，由1名税务司专管。

(二)民国时期设置的航标管理机构

1912 年总税务司署改组机构设置,所属机构(职位)改用民国新名称。除造册处和驻伦敦办事处名称未作变动外,总税务司署内各部门名称都有调整。总税务司署船钞部改为海政局,由海务巡工司继续负责灯塔设置及维护,重点实施对已建灯塔的改造。同年 3 月,总税务司署在其所属船钞部门所设的营造司(处)基础上组建工程局,负责统一管理海关关产,包括房地产、工厂、船舶、机械、灯塔等,总部设在上海。总税务司署将原船钞部门所属的其余两个机构——灯塔处和理船厅合并,改为海政局,下设巡工科、理船科、灯塔科、运输科和华属海政局 5 个部门。

1929 年南京国民政府成立后,总税务司署海政局改称海务科,继续负责灯塔建造及设备更新事务。同年底,总税务司署所属工务科撤销,其人员及职能并入已于一年前成立的总税务司署海务科(由总税务司署海政局改称而来)。1942 年 8 月,总税务司署在重庆南岸龙门浩新码头设立海务巡工司办事处,具体负责由总务科兼管的海务管理事务。同年 9 月,该办事处更名为总税务司署海务科(总务科海务股裁撤),成为专门负责海务管理的单独科室。

1946 年 8 月起,总税务司署陆续对下设的各办公机构进行调整。其中海务科下设总务股、工程股、造船股、灯塔股、测绘股、军械股、材料股和江务股。

1947 年总税务司署将沿海灯塔划分为上海、青岛、厦门、广州 4 个辖区进行管理,并依次称为第一、第二、第三及第四辖区。其中第一辖区灯塔的日常检修、维护及补给供应等工作由海务巡工司直接负责;第三辖区的工作由驻厦门的灯塔巡视员负责;第二、第四辖区的工作分别由胶海关及九龙关临时安排的缉私船负责。

三、设置海班职位

(一)晚清时期设置的航标人员

1868 年 4 月 25 日海关总税务司署通令第 10 号,为船钞部组成事宜通令各关税务司,海务税务司其协办人员包括 1 名理船营造司、1 名文案、2 名灯塔营造司以及 3 名段巡工司。其中北段巡工司驻芝罘(烟台),监督下列港口理船厅、芝罘(二级)、天津(二级)、牛庄(二级)。中段巡工司驻上海,监督下列港口理船厅:上海(一级)、宁波(二级)、镇江(三级)、九江(二级)、汉口(一级)。南段巡工司驻福州,监督下列港口理船厅:福州(一级)、厦门(一级)、淡水(三级)、台南(三级)、潮州(一级)、广州(二级)。各理船厅在其辖区监督下列人员：港口引水员、持照引水员、灯塔看守、巡港吏。海务税务司与海关税务司同级，巡工司及咨议营造司与海关副税务司同级，而一、二、三级理船厅分别与一、二、三等通事同级。分派一名熟谙中文之海关通事任海务税务司文案。巡工司与理船厅保管各自账目并亲自登录，必要时准有一名海关通事协助。

1875年，总税务司在海关征税部门设置内、外班的基础上增设海班，负责海关巡缉船只驾驶和缉私事宜，主要由驾驶人员、管轮、水手、技工及差役等组成。其中，由洋员充任的职位主要有管驾官、正管驾、副管驾、正管轮、副管轮、炮手首领等，管驾官为海班的首领。海班华员不得担任上述职位，仅可充任舱面执役、机器执役和船室执役3个职位。除所设的船钞部门外，总税务司署将署内的职位，包括所设的上海造册处和驻伦敦办事处内的职位，除个别后勤岗位外均列入征税部门的内班编制。总税务司署官署内只设内班人员，各地海关的内、外、海班人员，均归总税务司署的内班人员管理。

（二）民国时期设置的航标人员

总税务司署海政局及工程局内也分别设有华属海政局和华属工程局。洋员（洋班）大多充任各级海关机构的首领及要职，而华员（华班、华属）则多任低等级职位。1912年总税务司署将其原船钞部门所属灯塔处和理船厅两个机构合并改为海政局，下设巡工科、理船科、灯塔科、运输科和华属海政局5个部门。巡工科内设有巡工司、副巡工司、巡江工司、供事、管驾、测量师、绘图师等职；理船科内设有理船厅、指泊所、入水匠、信旗吏、巡江吏等，其职权为测量船只吨数、验查损伤船只、调查失事缘由、验看领水执照及办理设立、迁移、修理、改造浮桩号船及灯表等事务；灯塔科设有巡灯司、值事人、灯船弁、水手等职，承担灯塔管理事务；运输科内分为洋班和华班两班，洋班主要由管驾官、正副管驾、正副管轮、训艇弁等人员组成，而华班主要由水手、火夫、舱役、无线电报员等人员组成；华属海政局主要由值事人、指泊手、巡役、水手、听差、匠役、杂差等华员组成。1924年工程局调整内设部门，分设营造科、图画科、督工科和华属工程局4个部门。新增的华属工程局配置有匠董、机器匠、听差、水手、匠役、杂差等。

1928年总税务司署工程局改称为工务科，原工程局下设的营造、图画、督工等科改为股。翌年，总税务司署工务科撤销，所管事务并入海务科。1928年总税务司署海政局改称为海务科，下设巡工股、工程股、港务股、灯塔股和海务运输股等5个股，另附设有杂项部门。巡工股设有海务巡工司、海务监察、巡江事务长、军械员、盐船员、小轮检查师、测量员、灯塔管理员、税务员、制图员、河道管理员等；工程股设有总工程师、工程师、电机副工程师、机械副工程师、灯塔机师、无线电工程师、制图员、机匠、煤气匠等；港务股设有港务长、港务员、指泊员、验船员、速记员、军货栈管理员、港口警察、港口救火职员、港务办事员等；灯塔股设有灯塔巡视员、灯塔管理员、灯塔看守夫等；海务运输股设有浮标巡视船船长、小轮监察员、小轮驾驶员、小轮机师、水手、火夫、舱役等；杂项部门设有河道员、警察守卫队、机师火夫、水手海员、关役差役、巡役信号手等。

四、海关总税务司赫德既控制中国航标权，又引领中国航标走向近现代化

（一）航标管理制度

十九世纪60年代，总税务司署就灯塔的选址、建造、经费使用等发布通令，要求灯塔的建造须符合实际需要，以节约开支、稳妥安全为原则；其位置选定须经认真测定，由熟悉港口特性、潮汐、水流的专家进行协助，对确属危险的航道才可设置，一旦建成则必须维持灯塔灯光不灭，以确保航行安全。1869年起，总税务司署船钞部开始在黄海、渤海、东海、南海海区及港、澳、台海域建造灯塔，并根据灯塔所处的海区分别设计不同的塔身色彩，如东海海区灯塔多为黑色、红白相间或白色，渤海胶州湾的团岛灯塔则为黑白相间，粤东沿海汕头港进口处的德州岛灯塔为红色。另外，海务部门还根据中国沿海多雾的气候特征，设置灯塔雾锣、雾钟等，以防船只在恶劣天气因无法目测航行标识而导致碰撞、触礁事故的发生。

1877年海关总税务司赫德下发通令，规定：海务部门须派员每年对每座沿海灯塔至少巡检1次；日常的灯塔巡检工作由各口税务司派灯塔运输船的船长率领进行；灯塔建设工作由海务巡工司和总营造司共同管理；灯塔位置选定之后由总营造师将其设计方案及工程指标报请总税务司审批，其土建部分费用由灯塔所在口岸的海关承担，灯笼和灯器则由总税务司署驻伦敦办事处公开招标，签订订货合同；总营造师监督各口营造师的土建工程，并负责验收建成后的灯塔；海务巡工司发布航船通告。

1884年总税务司署颁布的《新关灯塔灯船诫程》规定：灯塔值班须分三个时间班次，其中日落到亥正（晚22点）为第一班，亥正到丑正（凌晨2点）为第二班，丑正到晨正（上午8点）为第三班，1天1换；灯塔值班任务主要是守灯，各塔的备用灯须保持正常，发现问题应即速修复；灯塔旋转机须按时保养，定期校对旋转周期；灯塔各处房屋建筑、塔身围墙应保持原色，不得擅自改变，并且每年须粉刷1次，台风过后应及时修补损坏的围墙道路、码头地面、塘堰沟；每半年须采购1次灯塔物料，经灯塔主事造册上报后由船钞股或理船厅代购，所购物料须经逐一清点并检验其成色、数目，同时还须做好记录。

1903年海关总税务司署的制定《各海关设立灯塔、浮桩指示行船章程》，

对灯塔类型、规格等作出统一规定，要求海务部门将所有灯塔的丛集灯头改成白炽纱罩灯头，以增加光亮度。翌年，海务部在福建三都澳口外的东涌（东引）岛建造灯塔，并统一配置白炽纱罩灯头，这是沿海灯塔使用白炽纱罩的开始。1909年，海务部门完成半洋山、沙埕港外七星山及温州附近的冬瓜屿等处沿海灯塔的改建或更新工作，除次等改装为白炽纱罩灯头外，还改装新式镜机并燃用煤油蒸气。与此同时，海务部门还加大对灯塔站房屋及码头道路的修建，各处通往灯塔的道路少则三五百米，多则数公里。

（二）先进的航标设备

自1869年至1876年，海关总税务司署的海务部门在中国沿海建造灯塔数量已有64座，并按特级和一至六级划分。其中，规模较大的有烟台港外的崆峒岛灯塔、山东半岛东端的成山角灯塔、长江口北侧的佘山灯塔、长江口南侧申甬航线的大戢山灯塔、长江口外的花鸟山灯塔、闽江口外的东犬岛灯塔、台湾海峡北口的牛山岛灯塔、广东东部沿海的南澎岛灯塔。其中，南澎岛灯塔塔高22米，灯高92米，灯质为闪白12秒，射程24海里，是粤东沿海干线进入台湾海峡南口的重要标志；花鸟山灯塔塔高17米，灯高89米，灯质为闪白15秒，射程为24海里。每座大型灯塔还配备供守灯人员居住的工作、生活用房，以保持灯塔正常运作，如长江口外佘山的附属设施面积达679平方米；舟山群岛的东亭山灯塔配有各类房屋24间，建筑面积达621平方米；杭州湾口的鱼腥脑灯塔附属设施也达311平方米。

1893年起，由于海关征收的船钞增长而经费充足，海务部门重又开始兴建沿海灯塔，而且采用先进设备。如同年海务部门建造的位于香港海域的横澜洲灯塔，采用亚洲地区最先进的设备，除装有1座信号灯外，还以石油为燃料，配置新式头等灯和旋转水银浮漕的灯机，其照明仪器浮于水银之上，可向四周发射灯光，同时还可消除旋转时产生的摩擦力，每15秒可旋转一周。

1895年海务部门在浙江温州三门湾外建北渔山灯塔，该灯塔使用直径2660毫米牛眼透镜，铸铁塔身，煤油纱罩灯头，为当时中国所建灯塔之最。同年，总税务司要求海务部门重点更新航标设备及进行技术改造，将灯塔改装成明灭相间的头等灯机并安装雾笛、改燃煤油，或改装成新式闪光灯机等，如九段、牛庄两灯塔设置明灭相间的灯机，花乌山、南澎岛（南）、东碇岛、牛山岛及东山岛灯塔改燃煤油，大戢山灯塔改装新式闪光灯机。而对地处险要位置的灯塔则设雾炮，如南海海区的临高、横澜洲、石碑山、表角及南澎岛灯塔，东海海区东碇、乌丘屿、牛山岛、北渔山、北碇、东犬岛、大戢山灯塔，黄海、渤海的成山头、崆峒岛、猴矶岛等15座灯塔均设雾炮，下雾时每隔10分钟或5分钟放一次，雾炮听程2至4海里。

1924年海务部门将山东半岛东端的成山角灯塔、厦门口外的北碇岛灯塔、庙岛列岛（位于黄海、勃海海区）的猴矶岛灯塔、南海海区南澎岛灯塔、东海海区的东碇岛灯塔改为新型灯机，光亮增至40～75万支，光亮度较以前激增10倍多；在南海海区近台湾海峡南口的南澎岛灯塔装置旋转频闪灯机；在花鸟山、佘山、东亭山(外洋鞍岛)、镆铘岛、成山角及南澎岛等灯塔装置低音雾笛，称地亚风(Di aphone)雾号，听程5至10海里。

1927年海务部门首次在长江口外的花鸟山灯塔上建无线电指向标，并于3年后正式投入使用，该装置为WB——2B型无线电导航设备。该设备由英国马可尼公司生产，波长1000米，电码XNS，晴天每半小时发放2次，昼夜不停，每次发放莫尔斯电码1分40秒；天气阴晦或有浓雾时，每6分钟1次，连续发放。晴天、雾天发射的转换方式用电门控制，信号作用距离100海里。

二十世纪20年代末，海关开始在沿海设置无线电指向标，当时称无线电桩。1927年，在长江口花鸟山灯塔建指向标，设备从英国进口，1930年正式对外开放。这是中国沿海第一座无线电指向标。1933年，海关又在大戢山、佘山灯塔设指向标，与花鸟山指向标可配成一组使用，以提高船舶定位的精度。1941年，海关在成山角设指向标。据统计，在1949年以前，中国沿海建有指向标10座(包括苏军管理的旅大地区4座)。

五、海关提供充足经费确保航标稳定发展

古代海关征收的船钞，传统上作为财政收入上缴国库。1855年，江海关应航商要求，参照国外利用船钞修建助航标志的办法，用征收的船钞在长江口设铜沙灯船，率先在中国用船钞(吨税)建设航标。此后，沿海各海关互相仿效，用所征收的船钞建设港口的助航标志。但由于当时清廷财政拮据，对外要偿付战争赔款，对内需军费镇压太平天国农民运动，用于改善港口助航设施的费用甚少，远不能满足外商对航运设标的要求。1858年中英《天津条约》附约《通商章程善后条约·海关税则》第十款规定："……浮桩、号船、塔表、望楼等经费，在于船钞项下拨用。"从此，由海关征收的船钞(吨税)，就成为中国航标经费的来源。

1864年清政府财政有所缓和，当时海关总税务司赫德报请总理衙门"将各口所收船钞拨给十分之一，作力改善航标的基金……"，⑦并获准于1864年1月1日起执行。至1868年3月31日，航标基金达白银10万两，用于宁波、烟台、天津等地设立灯塔3座、灯船一艘及灯浮、灯标数处。长江仅镇江关利用船钞在其辖段内设置的航标就有7座。1868年3月13日，经清政府批准，海关总税务司署以总税务司通扎通知各关，自1868年4月1日开始，将所收船钞的十分之七按季度汇到东方银行赫德的"C"帐户内，作为改善沿海及内河助航设施的经费。⑧

中华人民共和国建立后，洋人把持海关和航标实权的时代已一去不返，

独立自主的人民政府对各行各业进行合理分类和确立归属。现在争论近代航标是否属于近代海关自身职责已无现实意义，但是编写志书就不同了。志书的篇目结构总体要求就是结构合理、层次分明、归属得当，而且按照当时年代真实情况，特别是按古代海关、近代海关、当代海关单独立卷的《中国海关通志》，更要实事求是、准确无误地编入篇目。《中国海关通志》（第二卷即近代卷）第六篇为税费征管（概述）。

第一章税则
第一节海关税则
一、晚清税则
二、民国税则
第二节常关税则
一、沿革
二、各地常关税则
第二章税种
第一节海关税
一、货物关税
二、物品关税
三、沦陷区海关税
第二节常关税
第三节附加税
一、进出口附加税
二、二·五附加税
三、赈灾附加税
四、其他附加税
第四节代征税
一、代征各捐
二、统税
三、货物税
四、其他代征税
第五节规费、杂费
第三章稽征管理
第一节国定税则委员会
第二节货品分类
第三节货品估价
第四节评议制度
第五节其他（简略）
第四章减免税　退税（简略）。

从《中国海关通志》(第二卷即近代卷)第六篇税费征管篇的简略目录来看,近代船钞只能编入"第二章第一节海关税之下货物关税的船钞(吨税),而绝对不可以编入第四节代征税。

船钞由海关征收,又用于海关之航标,这怎能算是代征税?从1864年至1949年的贸易统计栏目内,每年进口正税皆包括船钞,船钞一直是海关货物进口正税之一,这是记录在案的真实数字。毫无疑问,航标是近代海关直接管辖的职责之一。

据统计,自1868年至1910年的43年内,海关海务部门用于海务、港务的各项费用总计约15 216 347库平银两。

六、结　语

综上所述,近代中国航标的产生及发展,与近代中国海关的产生及发展有着同样的历史背景。鸦片战争以后,由于清政府的腐败和落后,被迫与西方列强签订了一系列不平等条约,中国政府和中国人民深受其害,整个社会陷入半殖民地半封建社会。由于西方列强对中国尤其是海关(关税)、海务(航标)等重要经济部门实行"蚕食"政策,渗透和控制了中国海关(关税)、海务(航标)等,中国政府和中国人民深受其害,这是永远不能忘记的耻辱。在这样特殊的历史背景和社会条件下,赫德等人跟随英国外交部来到中国,他们不会忘记外国列强在华的侵略势力和利益,带有浓厚的政治色彩。但是,毋庸讳言,李泰国、赫德、韩德善等洋员,被中国政府聘用期间,他们为海关(关税)、海务港务(航标)等部门引进了西方的管理制度和先进的科学技术设备。本文从"设置航标管理机构"、"设置海班职位"、"海关总税务司赫德既控制中国航标权,又引领中国航标走向近现代化"、"海关提供充足经费确保航标稳定发展"四个方面进行论述,不仅证实航标是海关自身职责之一,而且也展现了洋员被中国政府聘用期间,为海关(关税)、海务港务(航标)等部门,在引进西方的管理制度和先进的科学技术设备方面的业绩。虽然现代海关制度和"长河二号"远程无线电导航系统、RBN/DGPS全球定位系统,要比洋关制度和无线电指向标领先很多,但是在十九世纪60年代至二十世纪40年代,外国人管辖的海关(关税)、海务港务(航标)等部门,在当年的管理制度和技术设施上处于领先地位。赫德是把封建落后的海关制度和航标制度推向近代化,不能忽视的历史人物。1997年10月,李汶同志以国际航标协会历史文物灯塔顾问组成员的身份,参加了第三次国际历史文物灯塔顾问会议,并代表中国灯塔部门在会上详细介绍了大连老铁山、上海泖塔(古代建造)、舟山花鸟山、温州江心屿、海南临高等五处中国历史文物灯塔,申报"世界历史文物灯塔",经会议审查一致通过,并经IALA理事会批准,于1998年初公布了包括中国五座灯塔在内的"世界历史文物灯塔100强"。

注释：

① 参见《上海港史》(古、近代部分)，人民交通出版社，1986年，第166页，转引自《上海海关档案》(一)，编号：6—335。

② 参见《中国沿海三次航行记》，转引自《传教士与近代中国》，上海人民出版社，2004年。

③ 参见《中国沿海三次航行记》，转引自《传教士与近代中国》，上海人民出版社，2004年。

④《道光朝夷务始末》第六十九卷。

⑤ 参见《中国航海史》中华人民共和国海事局，2000年，第23页，转引自胡夏咪(H. H. Lindsay)致外交大臣巴麦尊的私人信件。英国外交部档案编号：F. O. 11/12。

⑥ 参见《中国航标史》，中华人民共和国海事局，2000年，第23页，转引自班思德著《中国沿海灯塔志》，海关总税务司署，1932年。

⑦ [英]魏尔特：《赫德与中国海关》第十一章，厦门大学出版社，1993年。

⑧《总税务司通扎》一卷，第二号。

Aids to Navigation of Modern China Customs

Abstract: People confirmed modern aids to navigation that its was nonCustoms duty for oneself to taking on everything by Customs foreign staff for a long time. The writer detailed narrated that Customs had administered of historical background and Modern Customs set up the contralling organization of Aids to Navigation, It had set up Customs Staff position, Inspector general of Customs Robert. Hart control power of aids to navigation, and recommand aids to navigation of China that it had been moved towards modern times, Customs supplied sufficient funds for aids to navigation, more than four respect narrate of reliable reference to be full proofed that aids to navigation was Customs duty for oneself, Robert. Hart have become an indelible historical figure already which he had carried feudal backward in Customs system and aids to navigation system recommend to Modernization.

Keywords: historical theory, Customs duty, aids to navigation

再论民国初年南京临时政府抵押轮船招商局资产借款事件

张姚俊*
（上海市档案馆）

摘　要：辛亥革命后，缺乏财源一直是困扰革命党人的主要难题。南京临时政府成立后，为了解决日益严重的财政危机，打算以轮船招商局的资产作为抵押，向日本企业寻求贷款。虽经孙中山、黄兴等竭力推动，但此事招致招商局多数股东的抵制，日方也在谈判过程中暴露出鲸吞招商局的野心，加之西方国家的干涉，借款之事终告搁浅。财政危机成为孙中山不得不接受议和，并让位于袁世凯的主因之一。
关键词：南京临时政府　财政危机　招商局　资产抵押

民国初年，南京临时政府为解财政上的燃眉之急，欲以轮船招商局的资产为抵押，向日本寻求贷款。[①]孙中山、黄兴、陈其美等人虽竭力推动此事，但前有招商局多数股东的抵制，后有日方提出将抵押贷款改为中日合资的无理要求，加之西方国家的干涉，借款之事终告搁浅。财政危机成为孙中山不得不接受议和，并让位于袁世凯的主因之一。

民国初年的招商局借款事件是辛亥革命期间中国金融史上的一桩大事，可是，目前对这一历史个案的研究尚显薄弱。据笔者所见，大凡有关辛亥革命的史著对此事虽有提及，但然有所述者均不足以窥其全貌。在专文论述方面，杨天石先生撰有《孙中山与民国初年的轮船招商局借款——兼论革命党人的财政困难与辛亥革命失败的原因》一文，对招商局借款一事的起因、经过、结果及其影响进行了较为全面的分析；代鲁先生的《南京临时政府所谓汉冶萍借款的历史真象》，也对招商局借款事件作了简要论述。[②]

在纪念辛亥革命一百周年之际，上海市档案馆编辑出版了《辛亥革命与上海——上海公共租界工部局档案选译》一书。书中所刊的工部局警务处档案披露了一些与招商局借款事件相关的新史料。本文将结合新近公布的

---

* 作者简介：张姚俊（1975—　），男，浙江余姚人，馆员，研究方向：上海城市史、招商局史。

史料，对民初的招商局借款事件，尤其是对1912年2月1日的招商局临时股东会再作一探讨，以期进一步还原该事件的历史真相。囿于学力，笔者不揣浅陋，求教于方家。

一、拮据的财政与由此引发的危机

对于革命党人来说，资金一直是困扰他们的难题。辛亥革命之前是如此，武昌首义之后，经费问题更趋严重。各地的革命政权虽然在军政方面取得了完全胜利，但由于前清政府留存的库藏十分有限，革命党人又将废除清廷的苛捐杂税作为新政权的基本经济政策之一，再加上爆发革命的各通商口岸的海关税收均为西方列强所攫取，因此各地军政府普遍出现了财政拮据的状况。以上海为例："上海光复时，各衙门竟然不名一文。在制造局内仅存银3万两，这笔款子他们不能动用，因为必须留作工人的工资"。③

财政经费捉襟见肘所造成的欠饷则直接导致了军心不稳，沪军都督陈其美就接二连三地遭遇此类麻烦。1911年12月18日下午4时，驻于湖北会馆的一营敢死队就因多日未曾领到军饷而发生骚动。士兵们威胁称，如果拿不到饷钱，众人便散伙。值班军官向他们保证说，两天内一切当可解决。这些敢死队员告诉该军官，他们当兵时原希望能得到军饷，倘若事情并非如此，倒不如回去讨饭或偷窃。④22日，驻于安徽会馆的500名士兵推派40名代表前往都督府请见陈其美，原因同样是他们未领到本该于阴历月底发放的军饷。陈答应不会拖欠他们的军饷，但称目前手头无款，须稍待。⑤

上海周边地区同样由于军费问题出现了社会动荡。12月27日，昆山发生骚乱。起因是当地的革命军试图强征钱粮，招致民间的反抗，结果40名百姓被杀，革命军亦死5人。⑤

中华民国建立后，无论是中央层面，还是地方军政府，新生政权的财政危机丝毫没有缓解的迹象。根据张謇的估算，南京临时政府"行政并外交费用，至少须每年三千万两。如是估计，中央政府每年支出以极少之数核计，须有一万二千万两"。⑦在需费如此浩繁的情况下，"各省地丁杂税，既未能应时解集，济中央之急需。而海关收入税金，外人又以赔款为辞，暂不缴付"。⑧仅靠海外华侨和国内民众的捐款，政权运转难以维系。尽管临时政府发行了100万元军用钞票，但因其市场信用很低，在流通中遭到人们的冷遇，多数商家不肯接受这种货币。⑨

由于民国初创，革命局势尚不明朗，大半北方地区依然在清政府的控制下，南方各地的革命政权也只是在形式上归于一统。临时政府要应付巨额的军政开支，指望国内的财源看来是不现实的。在这种情况下，孙中山等人被迫将解决财政困难的希望，寄托于国外贷款上。可借贷之事又谈何容易，没有适当的抵押资产，又有谁肯轻易放贷呢？"盖南北未统一之前，外人既守中立，而南京政府，亦不便自我开端，资北方以口实，自不得不假资本金为凭借，以求间接之吸收。”[10]当时，临时政府主要有以两淮盐课为抵押向苏浙铁路公司借款、向华俄道胜银行借款、四国借款和汉冶萍借款等谋求海外借款的活动。本文所要论述的招商局借款也是其中之一。

二、招商局借款事件的前奏

轮船招商局自1873年1月17日于上海南永安街挂牌开业之后，在其发展初期，从运漕北上到兵员南下，营业日臻兴旺。但1883年中法战争爆发后，由于法国军舰对招商局船舶实施恐吓骚扰，招商局所有航线被迫中断。海上不靖导致招商局“筹码周转困难”，不得不在1884年用上海北栈（即招商局第一码头）和中栈（即招商局第二码头）两处产业向英商天祥洋行抵押743 000两，此事便成为招商局以局产抵押获取贷款的开端。[11]尽管此后，招商局也多次采取资产抵押的资金运作方式，可是民国初年的招商局借款事件却与招商局以往的抵押借款过程大相径庭。简言之，过去的抵押借款是以招商局为主体，由其自身根据营运的需要定夺是否借款及借款数额，而在民初的借款事件中，招商局几乎失去了主导权，成为南京临时政府对外筹款的抵押物。于是，整个事件就在国家、企业及股东三方利益的相互博弈之间不断发酵。

在辛亥革命期间，轮船招商局可谓劳苦功高。举例来说，1911年12月21日，有2 500名士兵自广州搭乘招商局船抵沪，他们会同前些时候到达的2 500名士兵和来自吴淞的增援部队一起去往汉口。[12]26日，两艘载有粤军的招商局轮船开往长江上游（以逻辑推论当去往武汉——笔者注），另一艘装有军火的船随行。[13]27日，同样来自广州的1500名士兵搭乘招商局轮船抵达上海，他们并未下船，而是乘坐原船继续前往南京。[14]仅从上述事例即可见，在保卫武汉和克复南京的战役中，招商局所属的客货轮实则担负着运兵及军火物资的运输工作。招商局在长江中下游地区的革命光复运动中发挥了积极作用，功不可没。

然而，革命党人需要的不仅仅是后勤保障，怎样获取充足的资金才是他们的心病。就在南京临时政府成立后不久，即1912年1月2日，内阁会议便决定：为“筹措军饷，拟将招商局抵押一千万两”。[15]孙中山为此致电沪军都督府：“指示向招商局借款1 000万元，如该局不肯借款，则要求该局在3天内呈报盛宫保及李经迈（李鸿章之子）所持有的股票数目。”[16]

此一决定立刻遭到招商局多数董事的反对，他们的理由很简单，招商局资产已经抵押给英国汇丰银行了。原来，上海光复后，革命党人频繁征用招商局船只以应军需，已卸任的招商局董事会会长盛宣怀及董事会高层一干人担心会进一步发生强捐、押收、接管等情形，遂决定以所有局产为抵押品，向汇丰银行借款150万两。此举意在以外商贷款为挡箭牌，保护招商局资产不受损失。当然，作为一家大型民族资本企业，向革命党提供经济支持也是招商局义不容辞的责任。董事会会长伍廷芳从借款中提取10万两无偿捐献给革命军，他还将捐款中的1.5万两直接汇往伦敦，购买飞机，以加强革命军的装备。[17]怎奈区区10万两对于革命党的巨额用度而言，不过是杯水车薪，解决不了根本性问题。

于是，革命党方面想到了抵押招商局资产对外借款的办法。1911年12月初，黄兴等与日本大仓洋行上海支店进行接洽，拟以招商局所有财产为抵押，借款400万元。事实上大仓洋行上海支店只是日方的代言人，在其背后有着强有力的政治和经济支撑。日本外务大臣内田康哉于1911年12月7日给驻沪总领事有吉明的电函中直截了当地的称："大仓洋行上海支店在日本邮船及日清汽船两公司的支持下，正与招商局以该局所有财产为抵押进行四百万元之借款交涉。此项款额之筹措，已经确有把握，望我总领事即向该支店询明详情，尽量予以协助，促其实现。"[18]日本邮船、日清汽船株式会社正是招商局的竞争对手，它们出面直接接洽此事自然诸多不便，于是将大仓洋行上海支店推到前台，自己则在幕后提供财务支持，日本政府也从外交上给予助力。

可是，有吉明却对借款一事另有看法。他一针见血地指出："招商局本身此时并无资金需要，只是革命军为筹措资金而强迫该局以其所有产业充当抵押借取外债，故交涉颇难望其成立。"[19]可见，有吉明从一开始就不看好以招商局资产抵押借款的事，后来的事实也证明了这点。

就招商局管理层而言，虽然辛亥革命前该局营业状况就已不振，革命期间又不可避免因战事遭受亏损，但汇丰银行的借款使他们有了底气。"纵令其半数被革命军征去，以所余半数仍可维持十个月，故已全无必要另行借款，筹措资金。"再者，抵押了全部资产之后，"营业必受债权者之监督，且其经营使用亦必受到诸多束缚"，更何况当时国内政局动荡，招商局的董事们更是不愿意拿自己的全部家当押为赌注，"将来不论胜败属谁，在日后整顿该局财产时必将发生问题，故对借款之议多不赞成"。[20]

可是，董事们的如意算盘还是落空了，紧迫的局势逼使南京临时政府不得不对招商局采取高压手段。1月20日，招商局接到沪军都督府转来的由广东北伐军总司令姚雨平、光复军总司令部李燮和、浙军司令官朱瑞、沪军先锋队司令洪承默、辅军师团长黎天才、第一师团长柏文蔚等18位军事首长联署的致招商局公函。公函措辞严厉，函内称"区区债务，安忍重累贵局？若使民国不幸，中道倾跌，覆巢之下，安有完卵？……执事等别有谋划，欲危民国，以利一己，是为我民国之公敌，我军人等当先诛之！且贵局除官股外，大半为盛氏私产，例应清查没收。兹姚等要求于执事等，请即日将该局抵押一千万两暂借于中央政府，以充军用，由政府分年偿还，其利息亦政府任之。望见信后于四十八句钟内赐复！如执事等游移不允，姚等将执干戈与贵局从事！执事等其勿悔！事关军事与外交秘密，并望勿借口开股东会议以为逶遁之地”。函中，众指挥官更是道破了招商局借款汇丰银行的真实用意，并予以谴责：“闻贵局借名在汇丰银行抵押一百五十万元，以为抵制民军之计，手段虽狡，心肝全无，思之殊为愤愤！”㉑

军界如此重压，招商局上下倒也慌了手脚。在局内主事的梁庆榴、唐国泰急函董事会会长、时任南京临时政府司法总长的伍廷芳，谓“如蒙中央政府承认担保本息并有受押之主，自当允照办理。惟各股东多在远地，迫于时刻所限，不及布告通知。未识会长意旨如何？尚望主持，速示复夺”。㉒字里行间充斥着急切之意。不料伍廷芳这时做起了“甩手掌柜”，他在回函中先是坚辞会长及董事之职，并表示“至抵押一节，弟实未能兼顾，仍将原函交奉。其函内所请之事，如能办到，似可将就，望由会中诸公按章公决可也”。㉓用一封百余字的复信就将抵押借款这只“烫手山芋”扔了回去，可见，伍廷芳明知其事难为，与其夹在临时政府和招商局之间左右为难，不如退避三舍，但求清净。

会长脱身事外，其他董事也当起了“鸵鸟”。1 月 22 日，招商局董事会开会讨论。当日到会之董事，“除粤省二人赞成，余则规避”。由于众董事意见相左甚远，招商局一面恳请“由中央政府速觅此项银主受押”，“一面由董事等电招各省股东来沪，于十日之内开大会共同决议”。㉔1 月 24 日起，招商局董事会在中西各报陆续数日发布广告，决定于 2 月 1 日在上海张园召开临时股东会，商议抵押借款之事。

然而，临时政府方面连这 10 天都等不及了。黄兴于 22 日当即电令陈其美，“请于明日午前促其立即回答，不能俟以十日。否则，将会同海军部下拘获候令也”。㉕与此同时，派遣温宗尧与英、美、法等国驻沪领事开始交涉，试探向这些国家借款的可能性。实际上，没等南京方面下令，陈其美早在 1 月 16 日就将招商局会计主任施禄生拘禁于吴淞，以示警告。㉖后来，经过双方的讨价还价，1 月 26 日下午 3 时，招商局接到了沪军都督府转来的黄兴电函，“准其展限至二月一日开会之日为限”㉗。

三、招商局临时股东大会及其后果

2 月 1 日，招商局临时股东大会如期于张园安垲第召开。按照会后陈其美给孙中山的电报称，“各股东全体承认，无一反对者。询属热心爱国，深明大义”。㉘然而，从新近披露的公共租界工部局警务处档案有关此次会议的记录来看，陈其美并没有向孙中山报告实情。

据 2 月 1 日的警务处《警务报告》载，当天约有两百名股东出席，会议从下午 3 时开始，至 3 时半结束。关系到招商局命运的重要事项，仅仅讨论了 30 分钟，就达成了一致意见，更何况还是在多数股东先前对此有不同看法的情况下实现的，这好像有点让人匪夷所思。

那么临时股东大会上究竟发生了什么呢？原来，会议开始后，招商局一姓丁的职员首先在会上宣读了一份公文。文内称“招商局接到陈英士都督转来陆军司令官们的一项要求，要该局以商船为抵押，借款1 000万两，充实军库之需，限48小时内答复。这类大事未经诸股东同意，局董不能做主，故要求延期10天，以便召集会议，延期已获准。孙逸仙博士也曾与招商局通过信，说已找到愿意贷款的人。陆军总长黄兴也曾去信说，押船仅是形式而已，航运业务可以照常，毫无关碍。”

公文读毕，陈其美起身，代表临时政府讲话。他说：“发起战争首在推翻满清，建立民国。战争开始以来，已克复十余省。士兵只有血肉，军费须赖人民提供。除了向外国人借款外，别无筹款办法，但若无抵押，外国人不肯借款，唯一可作抵押品的就是招商局的轮船和资产。该资产和轮船是属于中国人的，如果他们允许去抵押，新政府决不会忘记他们，一定会及时给予帮助。倘若得不到款子，就不能建立民国，结果是中国不统一。诸位股东由此可见，会上要做出的决定关系着祖国未来的命运。”[29]

张园园主张叔和继而发言，他表示，作为招商局的一名股东，虽不是大股东，他赞成这项建议，并希望所有到会股东亦予以支持。

张叔和的一番话赢得与会者的掌声，可是，接下来的事情就有点不着边际了。那位丁姓职员又站起来说，从股东们接受这项建议时所表示的态度来看，没有投票表决的必要，宣布这项建议通过，于是大会休会。[30]一次事关招商局前途的股东大会如此草草收场，不禁令人生疑。难道股东们对张叔和发言附和的掌声就等于对借款一事投了赞成票了？难道一个职员就能有如此权力，操纵股东大会？由于史料的缺失，这位丁姓者究竟是何人，在招商局身居何职，一时无从查考。不过有一点是显而易见的，沪军都督府（至少是陈其美）对会议施加了压力和影响，“出席股东中亦并非无人抱有不同意见，只是惧怕为日后留下后患，不敢发表意见而已”。[31]至于陈其美是否得到了临时政府高层的授意，尚难以定论。对于这样的表决过程和结果的合法性，就连日本人也满腹狐疑。有吉明在致内田康哉的函件中称：“会议历时仅三十分钟，草草做出决定，故对此项决议之效力颇多疑问。”[32]

果不其然，招商局的股东们，尤其是那些没有出席临时股东大会的股东们，很快就对2月1日会议的结果提出强烈抗议。他们认为陈其美无权参加招商局的股东会议，陈亲临张园股东会是对到会人士的威胁。股东们还拟就了抗议书，送呈南京，并要求负责人士赴宁与政府商谈，可是无人主动请缨。[33]招商局在临时股东大会后第二天致孙中山、黄兴的电报中如是报告：“昨日开股东会，实到四千三百九十六股，仅得十成之一，其余多数股东皆以路远期促，不及到会。当有粤澳港股东甘作培等二十九户共六千五百余股来电力争，又有粤代表陈理云等来电反对，又有港股东邓荣基堂等共二十八户五百四十二股来函不承认，又有旅沪未到会之股东投函声明会场不及过半数之股东决议、否决，均作无效。”[34]

从以上叙述来看，招商局的股东大多反对抵押借款之事，那他们的理由究竟是什么？不妨略作了解。

旅港股东邓荣基堂等认为“招商局为完全商股，并无官股，既为商业，系商人自享之利益。即欲急公奉上，亦须由商人出自至诚，政府断无干预攘夺之权”。部分未到会的旅沪股东从法律层面分析以为，“盖少数不到场可认为默许，若多数不至，不能作为默许也。民军既口共和，则凡事皆须照共和做去。故无论如何，到场不及半，决不能认为今日之会为有效”。江粤股东赵尚勇等更是怒火中烧，称“中国航路所在，即中国主权所在。专制满奴尚设法保护，今中华民国共和时代，定当加意维持，岂有破坏之理？”[35]

孙中山在接到陈其美的报告后，喜出望外，认为“事可速成”，并当即请招商局方面“迅即派员来宁与政府接洽一切”。[36]在获知临时股东大会的详细经过之后，他也不得不承认“其间尚有不及周知情形不免误会者”。为安抚招商局众股东，南京临时政府给予招商局非常优惠的3项待遇。其中除继续强调“此项借款，其本利具由中华民国政府担任偿还，不使招商局受丝毫之损害”外，还包括“招商局如承认此次借款，中华民国当承认招商局为民国国家邮船公司”，以及“扩张其外洋航路、予以相当之补助津贴”。[37]

四、招商局借款事件的结局

也就是在与招商局股东们为临时股东大会所通过的决议而僵持不下的同时，孙中山与黄兴于2月6日与日本邮船株式会社上海支店长伊东米次郎初步达成借款意向，并签订《契约书》草案。日方之所以如此迅速地想与南京临时政府完成这笔交易，也是出于与西方国家角力、争夺中国航运市场份额的目的。前文已述，南京方面于1月下旬即派温宗尧与欧美各国就抵押招商局资产借款一事展开交涉。英国太古洋行对此事甚为积极，而且有情报称“德商集成洋行已向孙逸仙等提出申请，愿提供一千万元之借款，年利七厘五毫，限期十年”。[38]商场如战场，英德商人如此紧紧跟随，日本人也毫不示弱。日本邮船、日清汽船株式会社迅即向南京临时政府言明，日方“业已备妥现款一千万两，极力争取孙、黄等人许下借款时必与日本商谈之诺言”。但日本实则并没有筹措好钱款，不然有吉明也不会要求内田康哉“敦促我国财团速下决心，发出声明，筹备款项”，[39]其良苦用心不言自明。

《契约书》草案写明：“以招商局现有水陆财产之全部为抵当借款之目的，借款额共日本金货一千万元。利息：年利七厘半。交款五年后，分十五年偿还。”对于招商局与汇丰银行那笔债务，草案也做了安排，“轮船招商局从前对于汇丰银行负债银一百五十万圆，此时即行还清，解除对于该银行之义务”。草案的第四条第四项规定：“轮船招商局若至期不能支付本借款之本银或利息时，日本邮船株式会社无论何时获得其营业权，不受招商局当事者之干涉，得直行其营业。凡一切抵当物，日本邮船株式会社得为买却、借贷、转抵当等之适宜处分。”第六项进而又规定，在契约执行期间，“其借款之抵当物不问其为全部或一部，不得再向他人为抵当或赁贷”，[40]由此足见日方的思虑甚为周密。

在草案的所有条款中，最引人注目的是第四条第五项：“日本邮船株式会社于本借款成立时，对于轮船招商局之营业、财产及会计得常置监督者。”[41]这显然是日方欲图通过借款达到控制招商局的目的，这一条是招商局方面断然不能接受的。正是知道这一点，受孙中山委托前往上海与招商局商定借款事宜的汪精卫在将《契约书》草案呈达招商局前，特地将第五项划去，还注上“删去”二字。

2月10日，招商局董事会再次开会。由于会议原定12日举行，后临时提前两天召开，所以出席的董事仅5人，伍廷芳派代表温宗尧参加，陈其美和汪精卫也一同与会。此次会议通过了汪精卫草拟的广告稿，意在安抚各股东，无须为局产抵押借款而担忧。

树欲静而风不止，《契约书》虽已草签，招商局董事会也再行开会对借款一事予以认可，可是围绕着借款展开的纷争并没有就此平息。2月13日，招商局董事梁庆榴致函董事会，对借款问题提出两项疑问。其一，“此次押款，系由临时政府担任，将来新政府成立能否仍生效力?”解决之道“似宜得一切实之担保，免日后发生种种险象，方为妥协”；其二，“招商局产业久为外人所觊觎，一有不慎，外人即乘机干涉”。梁据此认为：“此事似宜于订立合同时，两方均请律师签字，订明无论如何只惟政府是问，不得借端派人到局干预局事而使局中有丝毫之损失，并受股东将来之责备最为要着。”[42]

从招商局的利益着眼，梁庆榴的两点疑惑是有道理的。在此次抵押贷款中，招商局既不是抵押人，亦非抵押权人，而它名下的资产却悉数成了抵押物。按照经济学理论，一旦债务履行期届满，抵押权人未受清偿，那抵押权人可以与抵押人商议以抵押物折价或以拍卖、变卖该抵押物所得的价款优先受偿。作为抵押人，南京临时政府的稳固性受到了招商局股东们的质疑，而作为抵押权人，日本邮船株式会社及其幕后的日本政府对长江航运权益垂涎已久，又使招商局股东们惴惴不安。一种“人为刀俎，我为鱼肉”的惶恐感弥漫于招商局上下。

为了避免被逼迫在《契约书》上签字的窘境，招商局总办陈辉廷于2月9日离沪赴港。[43]事实证明梁庆榴的担忧并非杞人忧天。2月12日，三井财阀理事长益田孝致电时在南京与临时政府进行谈判的三井物产上海支店长森恪：“为便于即时调拨资金，余等劝孙、黄立即召开招商局临时股东会，发行附加七分利优先股票，其资本额再增一千万两，其中五百万两由日本人应募之，余五百万两日后可依支那人之希望，以为借款之条件，当由日本人认购。”同日，益田再次致电森恪，告以盛宣怀十分满意，约定将全力相助，“议案倘得承认，余相信数日内款额即会汇拨。此电乃与邮船公司商妥之结果，要新政府保护外国人之股票所有权”。[44]日方的这一无理要求使其吞并招商局的野心昭然若揭。

当然，日本人要实现自己的图谋也非易事。西方国家出于自身的利益考虑，自然会出面反对。2月5日，英国驻日大使前往外务省表达英国政府对日本给予南京临时政府借款之事的立场。英国大使称：“借款之一部分，无疑将提供革命军作为军费使用，希望贵国政府加以制止。英国政府将继续尽最大努力制止本国财团向官、革双方之任何一方提供借款。”[45]或许是得知日方与南京临时政府草签了借款协定，英国为防止日本在长江航运中进一步扩张其势力，遂开始向南京方面抛出更优惠的条件。以太古洋行和汇丰银行为代表的英国企业界向财政总长陈锦涛表示，“可按日本所提条件提供一千万乃至一千五百万两之借款”。[46]

中国国内的其他政治力量也对招商局借款之事抱有相左意见。坐镇武昌的黎元洪致电孙中山，略谓：“侧闻中央政府有以招商局财产为抵押借取外债之议，本人不敢以为然。盖清朝兴办之各种事业，仅电报局与招商局取得些许成效，尤以招商局为国家之重要交通机构。若以该局为抵押让与外人，则扬子江流域交通事业将悉归于外人掌握之中。故望权衡利害轻重，再加考虑，另行设法。”[47]当然，黎元洪之所以反对抵押招商局借款，不仅是出于保护国家航运权益的考虑，更主要的是南京临时政府同时还想抵押湖北的汉冶萍公司举借外债，这严重触犯了湖北军政府的利益，黎元洪故而对南京方面以国家支柱企业为抵押进行借款的行为均持异议。

对于日方要求将抵押贷款改为合资经营的企图，黄兴和南京临时政府参议院也坚决反对。与此同时，中国的政治形势急转直下，朝着不利于南京临时政府的方向发展。2月12日，清宣统帝溥仪宣布退位，授权袁世凯组织“临时共和政府”。翌日，孙中山向临时参议院提出辞呈。3天后，袁世凯被临时参议院推选为第二任临时大总统。尽管拱手让出了政权，孙中山却仍希望在其任内圆满解决招商局借款一事。他于2月16日致招商局的电文中依旧敦促道：“清帝退位，其旧日之邮传部当然消灭。袁公虽被举，但未接事以前，亦无干涉民国政令之权力。请勿信谣言，仍遵前约办理，以免自误。”[48]

与孙中山的执着相反，日本驻沪总领事有吉明则看淡招商局借款一事的前景，他不无担忧地向外务省报告说：“袁世凯方面势力正在日益增长，孙、黄方面的实力日趋衰退，倘若我方徒以革命党方面之所谓保证为盾牌而向孙、黄等人施加压力，不但全无奏效之可能，反而将使彼等愈益陷于更加困窘之境地，我方之借款终必无法实现，不如尽早放弃为宜。若再进一步策划活动，不独有伤于北方袁世凯之感情，且必惹起南方伍廷芳及其他进步党人之反感，且与对英关系亦将产生不良后果，徒劳无益，不如尽早放弃为佳。”[49]

果不出有吉明所料，2月28日，四国银行团在沪经汇丰银行向南京临时政府代表交付了 200 万两。"此项款额,原系袁世凯为南京政府表示资助而在北京与四国银行团交涉成立之短期借款,并未规定以某项产业为抵押,仅规定俟将来新政府成立、大借款实现之时,从中扣还。"也就是说,南京临时政府在不要任何抵押的前提下,就获得了财政支持。袁世凯之所以如此"慷慨",是"亟欲利用南方目前之困境而向其提供财政援助,使南方感到不以袁为靠山即将寸步难行"。[50]而日本政府则因被排除于这次四国银行团的借款之外,深感忧虑。内田康哉十分清楚,"此时我方如以草合同为依据迫使对方签订正合同,无论如何不能实现"。故此,他告诉驻华公使伊集院:"我国资本家已决定,一面努力为日后之交涉保留余地,一面迫使对方约定不以招商局财产为抵押向他国进行借款交涉,在此基础上暂缓签订正合同。"由于袁世凯政府上台、四国银行团借款资金的到位及招商局股东们的反对,使中日之间的招商局抵押借款交涉终成罢论。然而,内田对这一结局反倒非常满意。因为在日本政府看来,其与南京临时政府若正式达成招商局借款协议,获取的最多只是长江航运的垄断权,而参与四国银行团对将来的袁世凯政府进行政治大借款,则可能攫取更多的利益。所以在给伊集院的电报里,他毫不掩饰地称:"以招商局为抵押之借款交涉似已成为罢论。事实果真如此,固然甚好。倘若中国与四国银行团之间发生微妙变化,致使以招商局财产为抵押之借款终于成立,届时我国被排除于此项借款之外,如此结局,颇为不妙。"[51]

孙中山、黄兴等苦心谋划的招商局借款一事就此搁浅。

五、对招商局借款事件的两点看法

民初的招商局借款事件从开议到罢论,前后历时近 3 个月,事涉南京临时政府、招商局、日本政商两界及以英国为代表的西方国家,其史实虽不复杂,前文已述,可其中仍有值得探讨之处。以笔者愚见,主要有以下两点:

(一)早有预谋的临时股东会?

1912 年 2 月 1 日在张园举行的招商局临时股东会是此次借款事件中较为重要的一次会议。这次会议被许多股东定性为"有意献媚民军,听信朱葆三、王益亭之言,将局产擅行借押,假张园数千股之名义、十余分钟之时限、两书记之报告,即作为四万股股东全体承认"的阴谋之举。不少股东对这次会议的决定不仅强烈反对,甚至扬言对擅自定议的议董、局董"当以洋枪、炸弹对待,不共戴天!"[52]由此可见,招商局董事会与普通的中小股东之间在借款问题上存在尖锐的矛盾。虽然,中小股东把矛头指向董事会,董事会成员实则也只是"替罪羊",他们在临时政府的软硬兼施下,唯唯诺诺。董事们虽不能说毫无作为,但至少也是束手无策、应对无力。作为董事会会长的伍廷芳以退为进，借款事件发生期间的几次招商局重要会议，都不曾出现他的身影。总办王子展面对临时政府的不断逼索，数度前往日本驻沪领事馆寻求人身保护，他本人及几个大股东甚至还想把招商局"一举卖却了事"[53]。

2月1日的临时股东大会原本是招商局的内部会议，更何况会议的议题关系重大，其他无关者自然不应该、也不能被允许参加。可是，沪军都督陈其美不但亲临会场，还发表讲话。再联系到会前临时政府的屡屡紧逼，陈其美此时现身股东大会，其用意显而易见。

正是在临时政府的重压之下，明哲保身的群体性心理在与会股东中占据了绝对优势，导致临时股东会出现了集体缄默，而这种沉默恰恰为官方利用，即不反对就等于默认，进而通过了借款议案。

再者，出席临时股东大会的股东人数并不多，仅为招商局全部股东的1/10，这样的股东会通过的任何议案都不具效力。这么简单的道理，陈其美不可能不知道，但他在向孙中山报告时，并未提及这一关键问题。这从一个侧面也凸显出临时政府方面急于求成的心态。

还有一点当值得注意，对于张园临时股东大会的结果，日本方面其实早已有预见。有吉明在1月24日给内田康哉的报告里就有如下叙述："此次招商局决定召开临时股东总会讨论借款问题，乃系处于革命党压力之下以及常务董事中有蔡某者早与革命党发生关系，并垄断该局局务之结果。股东总会召开之日，很有可能仅由出席股东做出决议，进行此项借款。"[54]有吉明所说的这个蔡某是何许人？在众多史料里，从未出现过蔡姓董事，这还需要其他资料的验证。但是，将有吉明的这段话与数日后的临时股东大会会议过程相对比，可以让我们基本确定这次股东大会当是早有预谋的。那么，陈其美是否直接授意会议的组织者迅速通过决议，或是幕后操纵者还另有其人，有待进一步考证。

（二）"虚抵"还是实抵？

实际上，临时政府和招商局之所以在抵押借款问题上一直无法形成一致意见，主要原因之一是两者对抵押性质的认识存在偏差。临时政府从一开始就十分明确地向招商局点明了这次借贷的实质："政府不过假手贵局以为保证，一切债权，自有政府负其责任，与贵局无涉。"[55]但招商局在临时股东会开会前却要求临时政府"有确实担保并相当利益，俾可有词宣告各股东不致临期反对"。[56]难道招商局提出将担保落到实处，仅仅是为了使借款动议案得到股东的赞同？这其中应该也包含招商局方面在发现抵押借款之事无可避免的情况下，尽可能争取利益自保的深层次目的。

对于招商局这一要求，黄兴明确指出："惟该局所称请中央政府许以确实担保并相当利益等语，似于国家借押该局之旨未能领会。""国内财产，皆须国力保护，不得已而借以抵押外债，实因新造国家，不当索国家之担保；若使国家不可信，复[覆]巢之下无完卵，担保物安能作用？该局特未之思耳？

至借该局抵借外债，原属虚抵，于该局权利，略无更变，更无要求特别利益之理。”[57]言下之意，招商局方面只顾自保，不明国家民族大义。

招商局的股东们则对此不能表示赞同，旅港股东邓荣基堂等认为：“如果欲取商业之股份为政府不时之需，以视满清收铁路为国有何如？”[58]把抵押招商局资产对外借款与清政府变商办铁路为国有，以此“厚集洋债”的做法相提并论，可见招商局的许多股东对借款一事的强烈抵触情绪。

我们应该看到，辛亥革命期间，招商局几乎倾其所能支持革命。与此同时，招商局的经营体制也发生了重大转变。招商局成立之初即为官督商办的体制。其间虽有数次改组，但始终摆脱不了这一体制。至1909年，划归邮传部管辖，并改组为股份公司，实行的仍是“官督商办”。辛亥革命爆发后，尤其是清帝退位之后，原先管理招商局的邮传部自然消亡，招商局也因此进入一个完全商办的时代。既然是商办，既然是股份制经营，维护股东的权益自然是招商局义不容辞的责任，更何况招商局顺应历史潮流，在辛亥革命中居功甚伟。然而，南京临时政府因为财政所困，急于筹款，轻视了商民利益，低估了以国家支柱企业为抵押举借外债的风险性。从日本方面后来要求参股招商局的企图不难看出，如果这场借贷一旦成功，招商局资产这一“虚抵”之物完全可能沦为日本人的囊中之物，届时中国的长江航运权就将无从谈起。

临时政府视借款为“虚抵”，好比“草船借箭”，招商局股东们却担心假戏真做，最后落得个羊入虎口。在这一虚一实的矛盾无法调和的情况下，双方岂能达成一致意见？

从更深层次来分析，由于革命党人既缺少彻底的反帝反封建纲领，也无法找到正确解决财政问题的途径，为了尽早举北伐之师、缓解财政困顿，只得一味谋求举借外债。在此过程中，革命党人又急不可耐，难免出现“厉行征发”的情况，触动了原先对革命抱以热情支持的中产阶层的根本利益，从而造成南京临时政府在筹划借债之事上举步维艰，难以得到中产阶层的支持。

招商局借款事件最后因南京临时政府易主而不了了之。历史是无法假设的，但可以假想的是，即使招商局抵押借款成功了，即使以孙中山为首的临时政府获得了1000万两贷款，恐怕还是难以填补巨大的财政沟壑，难以实现挥师北伐、建立全国性政权的期冀。“孙中山让位于袁世凯固然反映出革命党人对袁的本质认识不足，但主要原因则在于他们无力筹集为争取彻底胜利所必需的经费。”[59]孙中山等无力筹款的缘由，很大程度上在于与南方绅商阶层在共和政体如何运作方面没有达成共识，招商局借款是如此，汉冶萍借款亦是如此。

注释：

① 学界一般将此事件通称为“招商局借款事件”，然此称谓易使人产生“招商局主动寻求借款”之误解。但为方便起见，除标题外，行文中均沿用该通称，特此说明。

② 杨天石：《孙中山与民国初年的轮船招商局借款——兼论革命党人的财政困难与辛亥革命失败的原因》，《中国社会科学》1997 年第 4 期；代鲁：《南京临时政府所谓汉冶萍借款的历史真象》，《近代中国》第七辑，立信会计出版社，1997 年。

③ 上海市档案馆编：《辛亥革命与上海——上海公共租界工部局档案选译》，中西书局，2011 年，第 40 页。

④《辛亥革命与上海——上海公共租界工部局档案选译》，中西书局，2011 年，第 69—70 页。

⑤《辛亥革命与上海——上海公共租界工部局档案选译》，中西书局，2011 年，第 76 页。

⑥《辛亥革命与上海——上海公共租界工部局档案选译》，中西书局，2011 年，第 82—83 页。

⑦ 张孝若：《南通张季直先生传记》，《辛亥革命》第 8 册，上海人民出版社、上海书店出版社，2000 年，第 50 页。

⑧ 高劳：《临时政府借债汇记》，《辛亥革命》第 8 册，上海人民出版社、上海书店出版社，2000 年，第 562 页。

⑨ 胡绳武、金冲及：《辛亥革命史稿》第四卷，上海人民出版社，1991 年，第 145 页。

⑩ 高劳：《临时政府借债汇记》，《辛亥革命》第 8 册，上海人民出版社、上海书店出版社，2000 年，第 562 页。

⑪《上海调查资料》(交通事业篇之二)：《招商局轮船股份有限公司》，江南问题研究会，1949 年，第 5 页。

⑫《辛亥革命与上海——上海公共租界工部局档案选译》，中西书局，2011 年，第 74 页。

⑬《辛亥革命与上海——上海公共租界工部局档案选译》，中西书局，2011 年，第 80 页。

⑭《辛亥革命与上海——上海公共租界工部局档案选译》，中西书局，2011 年，第 82 页。

⑮《申报》，1912 年 1 月 25 日。

⑯《辛亥革命与上海——上海公共租界工部局档案选译》，中西书局，2011 年，第 109 页。

⑰《关于招商局内部情况的报告》，《日本外交文书选译》，中国社会科学出版社，1980 年，第 353 页。

⑱《内田外务大臣致有吉驻上海总领事电》(1911 年 12 月 7 日)，中国社会科学出版社，1980 年，《日本外交文书选译》，第 351 页。

⑲《有吉驻上海总领事致内田外务大臣函》(1911 年 12 月 18 日)，中国社会科学出版社，1980 年，《日本外交文书选译》，第 351 页。

⑳《关于招商局内部情况的报告》，《日本外交文书选译》，中国社会科学出版社，1980 年，第 353 页。

㉑《招商局办事董梁庆榴、唐国泰致伍廷芳函稿》(1912 年 1 月 20 日)，《历史档案》1983 年第 3 期。

㉒《招商局办事董梁庆榴、唐国泰致伍廷芳函稿》(1912 年 1 月 20 日)，《历史档案》1983 年第 3 期。

㉓《伍廷芳复轮船招商局董事会函》(1912 年 1 月 21 日)，《历史档案》1983 年第 3 期。

㉔《招商总局致孙中山、黄兴电稿》(1912 年 1 月 22 日)，《历史档案》1983 年第 3 期。

㉕《黄兴致陈其美电》(1912年1月22日),《历史档案》1983年第3期。

㉖《辛亥革命与上海——上海公共租界工部局档案选译》,中西书局,2011年,第124页。

㉗《黄兴致陈其美等电》(1912年1月25日),《历史档案》1983年第3期。

㉘《孙中山致招商总局电》(1912年2月2日),《历史档案》1983年第3期。

㉙《辛亥革命与上海——上海公共租界工部局档案选译》,中西书局,2011年,第119页。

㉚《辛亥革命与上海——上海公共租界工部局档案选译》,中西书局,2011年,第120页。

㉛《有吉驻上海总领事致内田外务大臣函》(1912年2月2日),《日本外交文书选译》,中国社会科学出版社,1980年,第360页。

㉜《有吉驻上海总领事致内田外务大臣函》(1912年2月2日),《日本外交文书选译》,中国社会科学出版社,1980年,第359页。

㉝《辛亥革命与上海——上海公共租界工部局档案选译》,中西书局,2011年,第124页。

㉞《招商总局致孙中山、黄兴电稿》(1912年2月2日),《历史档案》1983年第3期。

㉟《轮船招商总局致孙中山、黄兴函稿》(1912年2月3日),《历史档案》1983年第3期。

㊱《孙中山致招商总局电》(1912年2月2日),《历史档案》1983年第3期。

㊲《孙中山致招商局函》(1912年2月6日),《历史档案》1983年第3期。

㊳《有吉驻上海总领事致内田外务大臣函》(1912年2月2日),《日本外交文书选译》,中国社会科学出版社,1980年,第360页。

㊴《有吉驻上海总领事致内田外务大臣函》(1912年1月25日),《日本外交文书选译》,中国社会科学出版社,1980年,第358页。

㊵《孙中山致招商局函》(1912年2月6日),《历史档案》1983年第3期。

㊶《孙中山致招商局函》(1912年2月6日),《历史档案》1983年第3期。

㊷《梁庆榴致董事会函》(1912年2月13日),《历史档案》1983年第3期。

㊸《辛亥革命与上海——上海公共租界工部局档案选译》,中西书局,2011年,第125页。

㊹李廷江:《日本财界与辛亥革命》,中国社会科学出版社,1994年,第257页。

㊺《内田外务大臣致伊集院驻清公使、山座驻英临时代理大使电》(1912年2月8日),《日本外交文书选译》,中国社会科学出版社,1980年,第361页。

㊻《有吉驻上海总领事致内田外务大臣函》(1912年2月13日),《日本外交文书选译》,中国社会科学出版社,1980年,第362页。

㊼《松村驻汉口总领事致内田外务大臣函》(1912年2月26日),《日本外交文书选译》,中国社会科学出版社,1980年,第364页。

㊽《孙中山致招商局电》(1912年2月16日),《民国档案》2006年第3期。

㊾《有吉驻上海总领事致内田外务大臣电》(1912年2月28日),《日本外交文书选译》,中国社会科学出版社,1980年,第367—368页。

㊿《伊集院驻华公使致内田外务大臣电》(1912年2月29日),《日本外交文书选译》,中国社会科学出版社,1980年,第368—369页。

51《内田外务大臣复伊集院驻华公使电》(1912年3月2日),《日本外交文书选译》,中国社会科学出版社,1980年,第369页。

52《轮船招商总局致孙中山、黄兴函稿》(1912年2月3日),《历史档案》1983年第3期。

53《有吉驻上海总领事致内田外务大臣电》(1912年1月6日),《日本外交文书选译》,中国社会科学出版社,1980年,第354页。

54《有吉驻上海总领事致内田外务大臣电》(1912年1月24日),《日本外交文书选译》,

中国社会科学出版社，1980 年，第 357 页。

⑮《招商局办事董梁庆榴、唐国泰致伍廷芳函稿》(1912 年 1 月 20 日)，《历史档案》1983 年第 3 期。

⑯《招商总局致黄兴电稿》(1912 年 1 月 24 日)，《历史档案》1983 年第 3 期。

⑰《黄兴致陈其美等电》(1912 年 1 月 25 日)，《历史档案》1983 年第 3 期。

⑱《轮船招商总局致孙中山、黄兴函稿》(1912 年 2 月 3 日)，《历史档案》1983 年第 3 期。

⑲ 杨天石：《孙中山与民国初年的轮船招商局借款——兼论革命党人的财政困难与辛亥革命失败的原因》，《中国社会科学》1997 年 04 期。

Discuss once more the question of the Nanjing Provisional Government was going to raise a mortgage on the property of China Merchants in the early years of the Republic of China

Abstract: After the Revolution of 1911, lack of funding was always the main problem to revolutions. In order to solve the increasingly serious financial crisis, The Nanjing Provisional Government was going to raise a mortgage on the property of China Merchants, get loans from Japanese enterprises. Although Sun Yat - sen, Huang Xing tried their best to realize this thing, majority stockholders of Merchants againsted it, Japanese also wanted to merger Merchants, western countries to meddle in this matter too. The thing failed at last. Financial crisis was one of main reasons to Sun Yat - sen abdicated Yuan Shikai.

Keywords: Nanjing Provisional Government, Financial Crisis, China Merchants, Pledge of Assets

元明时期上海的海运业变迁

周运中[*]
（厦门大学历史学系）

摘　要： 本文认为宋元时期上海地区的海运业已经较为发达，但是明代实行严厉的海禁政策，导致明代前期上海地区的海运业大为衰落。明代中后期，上海的海运业虽然有所恢复，但是已经不及华南，主要原因是上海更靠近政治中心。所以现在上海重新成为中国的航运中心，是历史的大势所趋。

关键词： 上海　嘉定　郑和　航运

上海是一个因为海运而兴起的城市，关于上海最初的兴起史，前人未能完全探明。笔者最近的研究结果表明，上海在南宋后期崛起，在华亭县内部取代了青龙镇的地位，在长江三角洲地区取代了江阴的地位。前人没有弄清上海设镇的时间，笔者根据最近发现的史料，提出上海设镇在淳祐十一年（1251 年）到宝祐四年（1256 年）之间，最有可能的是江阴市舶务裁撤的 1255 年。宋末的上海市舶分司兼任上海监镇，上海的长官兼管海防，辖有被招安的海盗张瑄的船队，职务重要。元初忽必烈至元二十九年（1292 年）立上海县，元初上海的因漕立县，主要体现在豪族聚居与漕粮激增这两方面。漕运豪族是上海县的支配者，与上海县互相依存。宋末和元初上海迅速发展的经济基础都是航运业，宋元之际上海的发展是连贯一体的。

笔者的前文[①]只研究了宋元之际上海的发展概况，其实元代和明代上海的海运业还有问题值得进一步探讨。

一、从海港到僻乡的嘉定

元代台州人陶宗仪是上海最大的海运豪族费氏的女婿，他的《南村辍耕录》卷二十八说：

---

*　作者简介：周运中（1984—　），男，江苏省滨海县人，博士，厦门大学历史学系讲师，研究方向：中国海洋社会史和历史地理学。

> 吴兴钱泰窝云，至正初，二贾自嘉兴，来平江，买舟。至海口，收市舶货。[②]

至正初年，有两个商人从嘉兴路到平江路（今苏州市），买船到海口，收购海外贸易的货物。平江路的海口，无非是常熟、昆山、嘉定三州之地，当时的嘉定州属于平江路，辖有今苏州河北岸和浦东新区北部，即包括后世的宝山、川沙两地。平江路最重要的海港是太仓刘家港，元代的刘家港不仅是江南漕粮北运的起点，也是外商辐辏之地，被誉为“六国码头”。靠近刘家港的嘉定也是海运发达之地，《南村辍耕录》卷二十八又说：

> 嘉定州大场沈氏，因下番买卖，致巨富。一日自番中还，先报家信有云，番船今到何处，发金甲先回。金甲者，碓坊甲头也。后因逐一干仆，仆出此书首告，以为玉印未到，金甲先回。沈厚赂官府得理，闻者亦可为戒！[③]

这里说嘉定大场镇的沈氏，因为到海外经商，成为巨富。有一次从海外来信说，海船还在国外，但是先叫金甲回来。金甲是一个姓金的碓坊甲头，但是一个被沈氏驱逐的仆人告发官府，说金甲是海外的军队，沈氏意图谋反。沈氏出资贿赂官府，此案才得了结。

元代的大场镇之东是江湾镇，向东到黄浦江入海口，当时还是人烟稀少之地。因为在虬江岸边，而虬江是吴淞江下游入海要道，所以海运发达。清代嘉定六君子之一的张云章（1648—1726年）说：

> （嘉定）县境边海，岁必浚水道，以利蓄泄。而巡抚仪封公，尤讲明水利，命公（张其仁）督浚虬江。虬江者，吴淞江入海之要道也。淤久而不疏，其流如线，甚者为平陆矣。向之开浚官吏，必隐其上户之半以自饱，而驱贫无力之人供其役。公则饬六百三十里之户役，无一人得漏藉者。通力合作，以萃于斯。亲履其地劳来之，三十余日不至县治。听讼则于一荒祠大树之下，由是民争赴功，颇复故道。[④]

清朝初年的虬江已经淤塞不通，但是明代之前的虬江则是吴淞江最主要的入海口。当时吴淞江主泓直向东入海，不是今天黄浦江的下游。

张云章说他的祖先：

> 高祖讳台，字子方，号西郊。父隐川公，隐川公四子，皆于横港里东西列宅。我高祖行第四，居最西，能日增廓其业，致累巨万。少赘于江湾镇之沈氏，江湾之田宅遂甲其镇，号半镇张家。家奴百余人，督之往耕，未明而起，至其地犹先诸耕者。横港之距江湾将二十里，率以为常，

> 所经历辄以兴作早晚验其土之人，兴废不数年立判。环横港之居数顷皆辟草莱为膏腴。其尤硗确者，设土窑烧瓦，甓以平之，堂寝皆资以成。别为曾叔祖治居，相并加崇闳焉。[5]

张云章的高祖父兄弟四人，住在横港里，他的高祖张台住在最西，因为入赘江湾镇沈氏，因而暴发，田产为江湾镇第一，号称半镇张家。张台每日督促家奴百余人到江湾镇二十里外的横港耕地，把荒地垦为良田。土壤贫瘠的地方，设窑烧瓦。这个江湾镇沈氏，无疑就是大场镇沈氏。张台住在江湾镇最西部，靠近大场镇。

张云章的高祖是元末明初之人，明代建立之后，朱元璋、朱棣父子不仅实行中国历史上前所未有的错误海禁政策，而且严厉打击江南的富家大户，所以张云章在此篇文章又说：

> 公之兄有奉县帖役以北运者，时未有漕卒，皆民间大户任之。任之者，其家必破尽乃已。兄嫂阖门而哭，公曰无忧，吾当代之兄，未以其言为真也。公力请行，毕事而归，得羡金数百，推其半与兄。

张云章高祖的兄弟有人被政府任命为粮长，要自己出资，把地方的税粮通过海路运到北京。明初的粮长往往倾家荡产，这当然就是明朝统治者最愿意看到的景象。于是张台代替兄弟运粮，以其雄厚的资产作为支撑，总算没有破产。

张云章在同卷《曾祖守郊公遗事》又说他的曾叔祖挥霍家产，变卖田产。由于上海不产米，嘉靖间改收粮为征银，万历末年又准备改为收粮，他的曾祖张炯到北京朝廷去上访，于是征银成为永制。可是张炯晚年为官布所困，被捕入狱，家业倾废。

明代的张氏不能像元代的沈氏那样从事海外贸易，而且还要深受官府的刻意压迫，这是嘉定地区富户的写照。元代通衢之地的嘉定，在明代和清代人看来居然是苏州府最偏僻的地方，张云章说："吾邑处东南濒海，于吴郡最为僻壤。"[6]钱谦益说："嘉定僻在海隅。"[7]

二、明初上海的航路

永乐三年（1405 年）到宣德八年（1433 年）间，郑和下西洋时七次都路过上海，也有陈常、盛氏等上海人参加。[8]但是在记载下西洋航路最详细的明代书籍《顺风相送》中，居然没有记载从南京到福建的航路，此书序言说："予因暇日，将更筹比对稽考通行较日，于天朝南京直隶至太仓并夷邦巫里洋等处更数针路、山形水势、澳屿浅深，攒写于后，以此传好游者云尔。"序言最后又说："永乐元年，奉差前往西洋等国开诏，累次较正针路、牵星图样、海屿水势山形，图画一本，山为微簿。"可见此书与郑和下西洋有关，具体内容的考证也可以印证，笔者已有考证。[9]但是该书没有太仓到福建的针路，全书第一篇针路《各处州府山形水势深浅泥沙地礁石之图》，从福州五虎门到波斯湾内的亚实记(阿曼的中提埃摩尼雅特群岛)，显然是郑和下西洋的针路总括，其中没有福州以北的针路，其他部分也都是从福建、广东出发去海外的针路。

成书稍晚于《顺风相送》的类似著作《指南正法》，偏重于东洋航路，书中有明郑(1662～1683年)的地名东都、思明，说明成书于明清之际。该书序言说："指定手法乃漳郡波吴氏，氏居澳，择日闲暇，稽考校正。自天朝南直隶至太仓，沿而福建，而广东，并交趾、七洲、夷邦南巫里洋等处更数、针路、山形水势、澳屿浅深、礁石沙泥，撰录于后，以与诸人有志远游于此者共识之耳。"又说："若遇南巫里及忽鲁谟斯，牵星高低为准，各宜深晓。"可见该书祖本的作者也是明代人，而且这段文字和《顺风相送》序言很像，很可能是同源著作。该书的祖本也是郑和下西洋时的航海著作，第一篇针路《大明唐山并东西二洋山屿水势》其实就是《顺风相送》的《各处州府山形水势深浅泥沙地礁石之图》的同源著作，但是《指南正法》全书详于东洋，所以此篇起于太仓刘家港，终于泰国湾的乌头浅，最前的四条是：

> 太仓刘家澳：打水九托，好抛船；
> 宝山：打水五六托，湖嘴出弘口正路，过浅上丈；
> 茶山：打水七八托；
> 滩山、五屿：打水念四五托。

这里把刘家港称为刘家澳，说明该书经过福建人的改写。福建人最擅长航海，福建地名多澳。《顺风相送》的抄录者也是福建人，索性把福建以北删去，而该书保留。

《指南正法》的《敲东更数》说："北积谷三更至普陀，过见茶山，又见松江上海县，水浅不可行。"因为福建船吃水深，所以不敢到上海近岸水域。

《郑和航海图》的针路说："太仓港口开船，用单乙针，一更，船平吴淞江，用乙卯针，一更，船到南汇嘴。平招宝，用乙辰三更。船出洪，打水丈六七，正路见茶山在东北边。过用巽巳针，四更，船见大小七山，打水六七托。用坤申及丁未针，三更，船取滩山。"图上没有标出上海，招宝山到南汇嘴的海岸也被严重压缩。这是因为郑和的宝船以福船为主，吃水很深，所以不能靠岸。船队里的小船从吴淞江到南汇嘴，而大船走茶山(今佘山岛)。滩山五屿的五屿就是许山岛，许误为午，又误为五。《郑和航海图》画出滩山、许山，图上的洪就是长江主泓，也即《指南正法》的泓口正路。

元代嘉定人能直接用大船到海外贸易，但是明末的航海图书已经多把上海航路忽略，直接原因是福建船只不适宜在长江三角洲航行，根本原因是明代上海的海运业已经衰落。

三、晚明上海商人的复兴与局限

明代寓居嘉定县的徽州府休宁县人程嘉燧（1565—1643 年）被誉为明末嘉定四君子之一，他说同乡程汝概：

> 既冠，从其父商游……尝涉齐、鲁、燕、赵之郊。其后逾瓯越，至闽海，游历漳，与番舶贸货还，远旋遭疾以殁，年仅若干，万历十年岁壬午也。[10]

万历十年（1582 年），程汝概死于福建。这时的很多江浙人需要到福建才能接触到外国商人，而且到福建的上海商人不多，他们主要从事国内尤其是北方的商业。

明代松江人的《云间杂志》卷中说：

> 近来中国人都从海外商贩，至吕宋地方，获利不赀。松人亦往往从之，万历三十七年，焦慎君偕一仆商于彼。归而渡海，为六月十八日，舵坏，风飘至鬼山，山不甚高，长可百里。有庙在上，中多白骨，庙内外，白镪遗地，舟过其下，即为乱石所破，有死而已。于是有力者剖海舟，裂绵编筏作归计，焦亦令仆佐之。编讫，仆举身跳筏曰："官人不得相顾矣。"焦号泣呼之，不应。不意筏轻浪大，遥见诸人尽溺，而仆亦饱鱼腹矣。所存惟贮水一器颇巨，焦以三木架其三面，而与同事者三人，共坐其中，解裙为帆，时二十四日也。日啖生米少许，幸风驶三日夜，见渔舟，疾呼救命，出大银钱二赠之，渔人翼至舟，知为闽地，月余抵家。假令当时偕仆登筏，又安得独生哉？乃知天意有在。[11]

这里说吕宋贸易开辟之后，松江人也往往去吕宋贸易。因为是跟随福建人去，所以说从之。万历三十七年（1609 年）焦氏从吕宋回闽，船坏，搁浅在鬼山。这个鬼山肯定不是台湾岛或澎湖岛，因为这些地方早已为中国人熟知。鬼山长百里，应在巴坦群岛或巴布延群岛。焦氏的仆人抛弃焦氏，上了新造的小船，没想到这一行人出海就翻船，全部遇难。焦氏反而因祸得福，用木桶在海上漂流，在台湾海域遇到福建渔船，后来回家。焦氏和仆人参加了福建的商队，他没有自己的船只。

1521 年，麦哲伦环游地球时首次到达菲律宾宿雾岛，并死于此地。1528—1542 年西班牙人四次前往菲律宾，都以失败告终。1565 年西班牙人抵达宿雾岛，顺着洋流返回墨西哥。1571 年，西班牙人把菲律宾总部从宿雾北移到马尼拉，在西班牙人到达东方之前，中国、日本的商船已经活跃于东南亚。1570年，西班牙人在民都洛岛(Mindoro)救了一艘中国商船。中国商人为了感谢西班牙人，开辟了福建到马尼拉的固定商路。西班牙人把东方商路和美洲联系起来，开创了墨西哥Acapulco与马尼拉之间的固定航路，从而把东西半球紧密联系起来。马尼拉大帆船每年把墨西哥的白银输入中国，把中国商品通过美洲输入欧洲。[12]据研究菲律宾输入明朝的白银总量可能达到8 000—9 000万两，晚明时期每年输入100—200万两。[13]上海人参与福建商队去吕宋贸易，距离这一商路的开辟只有不到二三十年时间。因为中国商人从吕宋得到大量来自美洲的白银，所以焦氏身上有很多银钱，甚至遭遇船难之后身上还带有一些。

《云间杂志》同卷说：

> 郡西东塔弄内居民陆姓，万历壬子，出海商贩，同舟者一百二十人。至第三日，风驶舟，撼山麓，众欲登山，见牛大于象，异兽满目，有噬人之意，不敢登。而舟中水大至矣，溺死大半。余者各凭竹木，听其飘荡。赖东南风，一日夜飘至定海者八人。遥见海岸矣，岸上疑倭奴浮水而至，箭铳俱发，又毙六人。其二人则被生擒，讯知为中国人，解道验，无他，故放归，陆其一也。[14]

这里说万历壬子(四十年，1612年)，松江人陆氏出海贸易，过了三天，被风吹到一个岛上，异兽满目，不应是中国大陆的沿海岛屿，很可能是台湾岛。不过下文又说一日夜就凭借东南风，漂回定海县，似乎有些远，也有可能是浙江沿海岛屿。这里没说他们的起航地，推测可能是在浙江东部岛屿，而非上海。

焦竑给万表所作的墓志铭说：

> 海运虽极险远，第浙中海船于远番皆能通之，松江与太仓、通、泰州有沙船，淮安有海雕船，尝由海至山东蓬莱贸易云。离天津不远，若以松江、太仓近海岁粮，厚与顾直，量运三四万石，使海道渐谙，为事变之备。[15]

明代后期的浙江、福建海船能到外国贸易，因为这里海岸水深，以福船为主。但是松江、太仓、通州(今南通市)、泰州一带的沙船和淮安府的海雕船，吃水较浅，所以多往北方山东贸易。海雕船，疑即海鹘船，据辛元欧先生考证，这也是一种带有披水板的沙船。[16]

明末谈迁说：

> 闽、粤入颛贩海，今延及浙、直。自太仓、崇明出洋，载淡水，人日给

> 六瓯，泊岛亦可汲，或未易泊。抵日本对马岛或早弥岛，将至，舟声三炮，岛人出迓，登货于邸主。延款一日，听岛主定直。华人多杂居者，亦好花木书籍。[17]

他说福建、广东人专门到海外贸易，近来才影响到浙江、南直隶。从太仓、崇明出海，可以到日本贸易。明末人已经忘记了元代长江三角洲海外贸易的繁荣景象，元代的江浙人就是直接用巨舶到海外贸易的。但是经过了明初的海禁，再次恢复海外贸易的江浙人已经远远不及华南商人。

上海在宋末元初因为海运飞速崛起，在宋元时代盛极一时。可惜明初的海禁政策导致中国海运业和海洋文化的全面衰落，兴盛千年的泉州等城一蹶不振，上海也受到影响。明代中后期福建、广东等地的海外贸易最先复兴，上海的复兴趋势明显不及华南。因为华南远离中国政治中心，所以成为东亚和世界的新航运中心。葡萄牙人 1541 年在舟山六横岛建立的双屿港城，1548 年被朱纨摧毁。葡萄牙人南移澳门，因为天高皇帝远，才得以立足。如果从纯粹的经济规律出发，葡萄牙人无疑应选择江浙海域立足，这个例子说明明代政治对海洋贸易有强烈的影响。1683 年，清代灭亡明郑之后，又闭关锁国，所以 17 到 18 世纪的台湾从世界航运中心又变成了封闭的农业社会，这是政治因素影响海运的又一显著证明。

明末到清代的上海航运业仍以北洋航线为主，上海商人需要加入福建商人的船队才能从事海外贸易。如果明朝不实行海禁政策，上海完全可以利用长江三角洲的巨大腹地及南京的特殊政治地位全速发展，地位或在华南之上。所以今日的上海成为中国第一大港是历史发展的大势所趋，而且是晚到了几百年的一个结果。

注释：

① 周运中：《宋元之际上海的兴起》，《学术月刊》2012 年第 3 期。

② [元]陶宗仪：《南村辍耕录》，中华书局，1959 年，第 354 页。

③ [元]陶宗仪：《南村辍耕录》，中华书局，1959 年，第 342 页。

④ [清]张云章：《朴村文集》卷二十三《郡别驾韩城张公署嘉定县德政碑》，《四库禁毁书丛刊》集部第 168 册，北京出版社，1997 年，第 107 页。

⑤ [清]张云章：《朴村文集》卷十九《高祖西郊公遗事》，《四库禁毁书丛刊》集部第 168 册，北京出版社，1997 年，第 75 页。

⑥ [清]张云章：《朴村文集》卷九《嘉定四先生集后序》，《四库禁毁书丛刊》集部第 168 册，北京出版社，1997 年，第 2 页。

⑦ [清]钱谦益：《牧斋初学集》卷三十二《嘉定四君集序》，《四库禁毁书丛刊》集部第 114 册，北京出版社，1997 年，第 346 页。

⑧ 盛巽昌：《随郑和下西洋的上海人》，《航海》1981 年第 2 期；谢平安：《郑和船队里的另一位上海医生》，《航海》1983 年第 1 期；盛巽昌：《随郑和下西洋的上海马陆人》，《航海》1983 年第 5 期。谢文说《嘉兴府志》记载下西洋的枫泾镇人陈以诚也是上海人，但是枫泾镇本来分属嘉兴、松江，所以陈以诚是嘉兴人，不是上海人。

⑨ 周运中：《郑和下西洋新考》，待刊。

⑩ [明]程嘉燧：《松园谒庵集》卷下《故处士程君墓志铭》，《四库禁毁书丛刊补编》集部第 67 册，北京出版社，2005 年，第 44 页。

⑪ [明]佚名：《云间杂志》，《四库全书存目丛书》子部第 244 册，齐鲁书社，1997 年，第 497—498 页。

⑫ 李毓中主编、译注，陈柏蓉协译：《台湾与西班牙关系史料汇编 Ⅰ》，“国史馆台湾文献馆”，第 122—124 页。

⑬ 李隆生：《晚明海外贸易数量研究——兼论江南丝绸产业与白银流入的影响》，秀威资讯科技股份有限公司，2006 年，第 150 页。

⑭ [明]佚名：《云间杂志》，《四库全书存目丛书》子部第 244 册，齐鲁书社，1997 年，第 494 页。

⑮ [明]焦竑：《焦氏澹园集》卷二十八《荣禄大夫南京中军都督府都督同知前提督漕运镇守淮安总兵官鹿园万公墓志铭》，《续修四库全书》，上海古籍出版社，2002 年，第 1364 册，第 327 页。

⑯ 辛元欧：《上海沙船》，上海书店出版社，2004 年，第 149—150 页。

⑰ [清]谈迁撰，罗仲辉、胡明校点校：《枣林杂俎》，中华书局，2006 年，第 571 页。

The Change of Shanghai Shipping Industry from Yuan to Ming

Abstract: This article pointed out that Shipping Industry of Shanghai during Song and Yuan Dynasty was very flourishing, but it went to decline during early Ming Dynasty because Ming Dynasty carried out severe policy to forbid non - governmental overseas trade. Though Shipping Industry of Shanghai went to restore during middle and late Ming Dynasty, but it was inferior to South China because Shanghai was more near capital. Shanghai has been biggest port nowadays is historical trend.

Keywords: Shanghai, Jiading, Zhenghe, navigation